U0125863

"新时代中国语言文学研究"丛书

总主编 石亚洲

新时代中国语言文学研究

2020 年卷

主　编　江傲霜

副主编　陈天序

中央民族大学出版社

China Minzu University Press

图书在版编目（CIP）数据

新时代中国语言文学研究 . 2020年卷 / 江傲霜主编 . —北京：
中央民族大学出版社，2024.4
（新时代中国语言文学研究丛书 / 石亚洲主编）
ISBN 978-7-5660-2165-6

Ⅰ.①新… Ⅱ.①江… Ⅲ.①汉语—语言学—文集 ②中国
文学—文学研究—文集 Ⅳ.① H1-53 ② I206-53

中国国家版本馆 CIP 数据核字（2024）第 074936 号

新时代中国语言文学研究（2020年卷）
XINSHIDAI ZHONGGUO YUYAN WENXUE YANJIU（2020NIAN JUAN）

主　　编	江傲霜
副 主 编	陈天序
策划编辑	赵秀琴
责任编辑	王海英
封面设计	舒刚卫
出版发行	中央民族大学出版社

　　　　　　北京市海淀区中关村南大街 27 号　　邮编：100081
　　　　　　电话：（010）68472815（发行部）　　传真：（010）68933757（发行部）
　　　　　　　　　（010）68932218（总编室）　　　　　（010）68932447（办公室）

经 销 者	全国各地新华书店
印 刷 厂	北京鑫宇图源印刷科技有限公司
开　　本	787×1092　1/16　印张：21.75
字　　数	334 千字
版　　次	2024 年 4 月第 1 版　2024 年 4 月第 1 次印刷
书　　号	ISBN 978-7-5660-2165-6
定　　价	87.00 元

版权所有　翻印必究

"新时代中国语言文学研究"丛书
编委会

总主编：石亚洲

编　委：（按姓氏音序排列）

曹立波　　朝格吐　　陈天序　　江傲霜

姜镕泽　　李锦芳　　刘正发　　王卫华

张铁山　　张　翔　　钟进文

前 言

　　1950年，北京大学东语系的马学良、于道泉、李森等语言学大师调入中央民族学院（1993年11月更名为中央民族大学），创建了新中国第一个中国少数民族语言文学学科。此后，著名语言学家闻宥先生，著名古典文学学者、李白研究专家裴斐先生等，也先后在此弘文励教。经过几代人70多年的共同努力奋斗，中央民族大学的中国语言文学学科已建设成为重要学科，其中，中国少数民族语言文学成为全国民族语言文学专业历史最早、专业方向最多、学术研究覆盖面最广的学科。

　　目前，中央民族大学中国语言文学学科在学科目录内的8个二级学科均招收博士和硕士研究生，并有中国语言文学一级学科博士后流动站。整个学科，凝练成为中国少数民族语言文学与文献综合研究、汉语言文学、语言学及应用语言学3个代表性学科方向，充分发挥学科优势和特色，立足服务国家重大战略需求和民族团结进步事业，聚焦国家语言资源保护、传承与发展以及教育领域的科学研究、人才培养和社会服务。

　　为适应学校"双一流"建设发展需要，加强体制机制创新，推动学术力量整合，2019年中央民族大学党委研究决定对学校的中国语言文学学科资源进行梳理整合，并成立中央民族大学首个学部——中国语言文学学部（以下简称"学部"）。学部成立后，负责统筹中国语言文学一级学科建设工作，整合相关资源，搭建学科综合交叉平台，统筹重大科研项目，推进跨学院科研平台建设。通过上述措施，中央民族大学中国语言文学一级学科整体水平得到快速提升，一批国家级科研项目相继获批，每年产出一大批重要学术成果。

　　为了进一步展示学术成果、推动学科发展、形成学术品牌，经学部研究决定，按年度出版学部学术成果。本丛书名称为"新时代中国语言文学研究"，从2019年开始，每年公开出版1卷本。丛书编委会总主编由副校长、学部主任石亚洲担任，相关学院在任院长担任各卷主编并组织组稿编选。各卷选取论文，以2019年学部成立以来学部各单位教师公开发表在重要期刊上的学术论文为主。坚持按照符合主题、规模控制、优中选优原则选取论文，收录论文统一用国家通用语言文字表述。同时，每卷主编汇编一篇本专业研究前沿研究综述，编排在每卷卷首。应该说，本丛书从年度角度收录了学部全体教学科研人员最具代表性的学术成果，也较为全面反映了近几年中央民族大学中国语言文学学科学术水平。

中国语言文学学部下设中国少数民族语言文学学院、文学院、国际教育学院，研究领域较为广泛，所以，本丛书各卷主编根据当年度所发表论文的内容和主题，各自设计栏目，收编论文。同时在编辑过程中也做了以下统一处理：

1. 为了便于读者阅读及参考，每篇论文首页均有作者简介，每篇论文均有摘要和关键词，每篇论文均在文后标明原发表期刊和发表时间。

2. 出于体例统一的考虑：注释统一为页下注；参考文献均列在各篇文章文后，保留原信息，按照相关格式要求著录。

3. 论文中所引的原著内容，只要不是原则性的问题，本文收录时皆以原著为准，以便读者更好地理解原著。

4. 本丛书收录的论文时间跨度较大，作者与编辑对部分内容进行了修改。

丛书编委会

2024年4月7日

目　录

2020年国际中文教育研究综述

江傲霜

2019年12月，孙春兰副总理在国际中文教育大会上提出了"国际中文教育"这一新概念，将在不同教学环境下汉语二语教学的多元化名称如"对外汉语教学""汉语国际教育""国际中文教学""华文教学"等统一为国际中文教育。

国际中文教育是一个包容性很强的概念，指将海内外各类汉语作为第二语言教学的活动。其不仅包括国内面向留学生的"对外汉语教学"，还包括国外面向当地人的汉语教学和面向华侨华人的华文教学。国际中文教育这一名称具有事业和学科的双属性，既可以用来指称国际中文教育事业，也可以指称国际中文教育学科。吴应辉、梁宇（2020）指出："国际""中文""教育"三个关键词，既突出了交叉的主干学科，又凸显了国际特色，高度概括了学科内涵，是一个恰切的学科名称。"国际中文教育"集海内外中文教育力量，共同推进国际中文教育事业的发展（李泉，2020），进而形成更加开放、包容、规范的交叉学科理念和新发展格局（王辉，2020）。李泉（2020）认为，汉语不应该有对内和对外之分，在新的学科发展背景下，国内的对外汉语教学不应被边缘化，而应结合国内外专业生态环境的变化，确立集成、融合、多元的发展理念，明确发展成为以非学历汉语教学为核心与基础的学科，建设成为世界汉语教学与研究的"后方基地"。

2020年，被称为中文教学与学科研究的转型之年。突如其来的新冠肺炎疫情给全球中文教学带来了巨大影响，线上网络教学几乎全面替代了线下课堂教学，国际中文教育事业受到前所未有的冲击，引起了学界的高度关注，针对疫情下的国际中文教育展开宏观和微观的研讨层出不穷。崔希亮（2020）指出"是疫情的突发让我们更加清楚地意识到网络时代带给我们的机遇和挑战清晰地到来了"。大规模线上教学对运用信息化手段推进教育教学方式改革具有革命性意义，最重要的是极大地促进了教育观念的转变（刘利民，2020）。疫情后面临的挑战，既包括汉语学习者之间的教育不公平加剧，中文教育资源配置及利用不均衡问题凸显（陆俭明，2020），也包括中文教师的信息素养亟待提升，数字化教学资源建设亟待加强，传统的教育教学模式亟待改革，线下的教学管理模式亟须创新等（李宝贵、李慧、璩大盼，2020），以及国际中文教育市场化机制不健全，海外孔子学院服务留学教育意识仍有待提高（文秋芳、杨佳，2020）。针对后疫情时代国际中文教育发展战略，专家学者建议要加强学科建设，重新规划国际中文教育学科建设的顶层设计，赋予国际中文教育在学科体系中的准确定位（陆俭明，2020），科学制定在线中文教育教学发展规划，建立国际中文在线教育系列标准。在巩固国际中文教育语言主业的同时，增加汉语的科技、思想、文化含量，适当调整孔子学院在全球的结构布局，把更多的教育资源和资金投放到有需求却又无力发展中文教育的发展中国家（陆俭明 等，2020）。微观研究主要集中于线上中文教学模式、教学方法调查研究。真实多样的师生互动、生生互动是最为优质的教学资源（李宇明，2020），研究者通过探讨有效的线上中文教学平台、中文教学模式和教学方法，依据学生的需求设计教学内容，调动学生的积极性，提高课堂参与度，促进认知的深加工，实现有意义的学习（林秀琴、吴琳琳，2020）。随着疫情的常态化发展，线上教学也将成为线下教学的有力补充。国际中文教育的从业者应顺应新形势，学习新知识，掌握新技能，迎接国际中文教育智能化时代的到来（林秀琴、吴琳琳，2020）。

中国政府于2019年4月成功举办了第二届"一带一路"国际合作高峰论坛，并发布了《共建"一带一路"倡议：进展、贡献与展望》的官方报告。"一带一路"倡议的提出，对国际中文教育事业的发展，既是机遇又是挑战。中外经济合作的深入化，能够加速中文成为世界性通用语言，而中文教育标准如何与其他外语标准对接，如何培养高素质、复合型国际化中文教育人才，则是"一带一路"倡议推进过程中，亟待解决和深入研究的议题。本年度的研究成果中，"一带一路"沿线国家中文教育发展依然成为研究热点。李宝贵、庄瑶瑶（2020）认为，将中文纳入共建"一带一路"国家国民教育体系面临纳入进度不一、教育延续性弱、教育资源适配度偏低和孔子学院/课堂助力作用发挥不够充分等现实挑战，应加强中外政策沟通与对接、服务沿线国家中文需求、重视中文纳入成效、促进科技赋能中文教育。赵成新（2020）指出要发挥孔子学院作为中外联络的纽带作用，主动服务于"一带一路"倡议，根据当地情况和自身优势，发展特色项目，同时支持区域、国与国之间孔子学院的合作，实现资源贡献与合作。

　　在国际中文教育领域中，教师教育一直是研究热点。2020年发表的国际中文教师教育研究论文主要涉及汉语国际教育两个研究系统、国际汉语教师教育的转型、汉语教师专业素养和就业几个方面。赵金铭（2020）指出目前汉语国际教育包括"语言教学"和"师资培养"两个系统，二者虽互相关联，却各有特点，成为不同的研究领域。语言教学为师资培养提供教学资源，师资培养为语言教学输送优秀教师。当前汉语国际教育两个系统的研究重点应为大力提升孔子学院汉语教学，大力加强对世界青少年学习者的教学研究，汉语国际教育知识体系的构建与创新所关涉的所有领域的研究，都应以汉语本体为依托，体现汉语特点，要加强对学习对象的研究。高皇伟（2020）指出新时代、新教育对国际汉语教师质量提出了新要求：智慧教育的新目标、新需求和新方式为国际汉语教师知识、技能以及手段的发展和升级提供了新的平台和空间。教师教育知识要从"金字塔型"转向"蜘蛛网型"，教师技能训练要从"教育者本位"转向"学习者本位"，教师教育手段要从"传统静态型"转向"移动信息型"，提倡"以人的成长为核心，以行业发展为依托，以文化转化为旨趣的新时代智慧型国际汉语教师教育"方案，为推动中外人文交流、民心相通及构建人类命运共同体提供强力支撑。朱志平（2020）认为"国际汉语教师教育者"有别于一般师范教育者，加强国际汉语教师教育者国际视野的培养，有助于汉语二语教学在转型中获得中外对比在教育、语言与文化领域的营养补充，改变目前"汉语国际教育"学历教育与国际汉语教师赴外培训"双轨并行"的态势，有助于中国的教育改革引领世界潮流，培育出能引领世界中文教学的国际中文教师。在"大数据＋教育"背景下，第二语言教学方式也发生了诸多变化，对教师素养提出了新的要求。袁萍、刘玉屏（2020）从内涵和要素、评价指标、现状及发展研究三个方面梳理国内外教师数据素养研究，并对国际汉语教师数据素养研究现状及存在问题进行了分析并提出有效建议。其文章指出：在基础理论研究方面，应解构国际汉语教师数据素养内涵，构建国际汉语教师数据素养模型，逐步建立并完善国际汉语教师数据素养基础理论；在应用研究方面，从原则、解构、内容等方面制定国际汉语教师数据素养标准，开展国际汉语教师数据素养实证研究；从提升数据驱动教学能力及教师专业发展的角度出发，充分利用汉语教学实践中与教学有关的各类数据开展行动研究，在研究实践中不断提升数据素养。由此可见，国际中文教师教育须紧密结合国家战略需求，建设出一支复合发展型的国际中文师资队伍，才能保证优质教学资源不断产出，实现中外文明互通和创新性交流，从而提升中国在国际舞台上的话语权。

教材是国际中文教学的载体。随着国际中文教育事业的发展，国际中文教材资源越来越丰富，教材编写理念更具开放性和灵活性，编写语料向真实语料扩展，更加贴近生活，语体意识不断增强。教材体系在纵向级别设计上不断细化，难度递增的科学性逐渐加强，教材配套日趋完善，体系化、现代化教材编写模式逐步建立。李宝贵等（2020）利用CiteSpace软件绘制科学知识图谱，对自改革开放以来出版的国际中文教材进行可视化分析，发现研究热点主要集中于教材编写理论、内容要素、体例结构、教材类别、教材评估、教材对比、国别化教材、本土化教材研究等方面，研究呈现明显的阶段性特征，建议今后国际中文教材研究应重视教材评估研究、加强"需求导向"研究、充分利用多元研究方法以及加强团队合作研究。王春、彭爽（2020）针对当前国际汉语教材研发出版呈现纸媒比例大、多媒体前景广，普适性国际汉语教材多、本地化汉语教材少，通过汉语教材多、专用汉语教材少等特点，指出国际中文教材研发出版因应5G时代转型升级要求，借助新媒体技术，升级传统教材编写的思维范式，依托技术支撑，实现国际汉语教材的多模态式革命；融入全新业态，实现国际汉语教材的跨文化双向传输模式转换。李池利、袁娟娟（2020）基于生态语言学理论，主张从语言的"整体性和多样性""批评话语分析""和谐话语分析"视角研究教材评估，并提出构建国际中文教材生态评估模型，采用整体评估、内部和外部评估为一体的评估方式，对教材进行多维度和多角度评估，从而保证教材评估的科学性和系统性。

中文作为第二语言教学与习得研究一直是学者们关注的研究热点。目前，互联网汉语教学法尚处于依附传统汉语作为第二语言教学法的发展阶段。2020年，全球在新冠疫情下所倡导的"停课不停学"，为互联网中文教育实践检验提供了契机，使互联网教育迎来迅速发展的黄金期。吕军伟、卢燕萍（2020）以60节在线汉语作为第二语言综合课教学视频为考察对象，对互联网汉语教学法进行了研究，结果发现现有互联网汉语教学法对学生汉语听、说、读、写技能有不同程度的提升效果，影响因素主要来自教师、环境和学生三方面。文章进一步明确了互联网汉语教学法的具体内涵及发展方向，提出提升互联网汉语教学法的有效性策略。吕文璐（2020）从生物学角度解释文化传播原因，在分析语言模因的基础上，结合中文作为第二语言的教学实践，提出了相应的中文教学建议。其文章指出：人们的语言习惯和态度会对某些语言模因是否可以生存和被复制产生影响；教师在进行教学设计时，尽量以多元有趣、贴近学生生活实际的方式呈现语言要素；教师必须精准把握教材，学生接触到的才是有效的模因；在语言学习的初级阶段，一定量的背诵记忆有助于学生后期学习中更好地模仿与应用。郝美玲等（2020）以汉语水平为初级和高级的两组成人学习者为研究对象，考察了解码和听力理解对其阅读理解成绩的相对贡献，发现对于高级汉语水平学习者，听力理解的成绩可以显著预测阅读理解成绩的变异，建议在第二语言阅读教学初期，加强解码技能的训练，同时将篇章理解策略融合进听力教学和阅读教学中。曾立英、任倩倩（2020）聚焦国际汉语词汇教学研究指出：国际汉语词汇教学应精选教学材料，注意教学材料的分级和分层处理；在词汇教学内容上，注重词的音、形、义的教学和语素教学；同时，教师还应发挥自身创造性，提升词汇材料的教学，如进行词的联想教学、贴合语境进行教学以及鼓励学生适度猜测词义等，从而帮助学生提高词汇的理解与产出能力。

2020年国际中文教育领域内的研究成果比较丰硕，涉及国际中文教育宏观、中观和微观的问题。既有思辨性研究，又有实证性研究；不但有专业领域问题的深度研究，也涌现出将国际中文教育与其他学科交叉融合的创新性研究。这些研究成果表明国际中文教育事业向着系统化、纵深化和科学化方向发展，同时也将继续推进国际中文教育研究的发展。

参考文献：

崔希亮，2020. 全球突发公共卫生事件背景下的汉语教学[J]. 世界汉语教学，42（3）：291-299.

高皇伟，2020. 中美高校二语教师培养模式研究[M]. 北京：科学出版社.

郝美玲，孙真真，曹晶晶，2020. 从简单阅读观看汉语作为第二语言的阅读理解发展[J]. 汉语教学学刊，6（2）：9-20，151.

李宝贵，李慧，璩大盼，2020. 四十年间国际中文教材研究的热点、趋势与特征[J]. 汉语教学学刊，6（0）：118-137，143.

李宝贵，庄瑶瑶，2020. 中文纳入"一带一路"沿线国家国民教育体系的特征、挑战与对策[J]. 语言文字应用，29（2）：89-98.

李池利，袁娟娟，2020. 汉语国际教育教材生态评估构想[J]. 汉字文化，（5）：128-132.

李泉，2020. 新时代对外汉语教学研究：取向与问题[J]. 语言教学与研究，（1）：1-10.

李宇明，2020. 数据时代与语言产业[J]. 山东师范大学学报（社会科学版），65（5）：87-98.

林秀琴，吴琳琳，2020. 关于线上国际中文教学的调查与思考[J]. 国际汉语教学研究，7（4）：39-46.

刘利民，2020. 线上线下混合学习将成为教育新常态[J]. 中小学数字化教学，4（7）：26-28.

陆俭明，2020. 顺应科技发展的大趋势语言研究必须逐步走上数字化之路[J]. 外国语（上海外国语大学学报），43（4）：2-11.

陆俭明，崔希亮，张旺熹，等，2020. "新冠疫情下的汉语国际教育：挑战与对策"大家谈（下）[J]. 语言教学与研究，42（5）：1-16.

吕军伟，卢燕萍，2020. 基于互联网的汉语作为第二语言的教学法的发展及问题[J].北部湾大学学报，35（1）：93-100.

吕文璐，2020.基于模因论视角下的汉语作为第二语言教学[J].汉字文化，32（19）：22-23.

王春、彭爽，2020.新技术背景下国际汉语教材研发出版策略演技[J].出版光脚，（24）85-87.

王辉，2020.国家治理视野下的应急语言能力建设[J].语言战略研究，5（5）：13-20.

文秋芳，杨佳，2020.从新冠疫情下的语言国际教育比较看国际中文在线教育的战略价值[J].语言教学与研究，42（6）：1-8.

吴应辉，梁宇，2020.交叉学科视域下国际中文教育学科理论体系与知识体系构建[J].教育研究，41（12）：121-128.

袁萍，刘玉屏，2020.大数据时代国际汉语教师数据素养研究透视[J].民族教育研究，31（6）：119-125.

曾立英，任倩倩，2020.国际汉语词汇教学材料的选择、处理与提升[J].中国大学教学，57（9）：53-58.

赵成新，2020."一带一路"视域下孔子学院的功能与实现[J].河南大学学报（社会科学版），（2）131-137.

赵金铭，2020.汉语国际教育的两个研究系统：语言教学与师资培养[J].国际汉语教育（中英文），（1）3-9.

朱志平，2020.论"国际汉语教师教育者"的国际视野[J].河北师范大学学报（教育科学版），22（1）：39-45.

语言学与语言政策研究

从彝文文献看名物化标记su³³的语法化路径及其功能扩张^①

胡素华　邹雨橙

摘要： 本文结合彝文文献文本和彝语口语，系统描写了语素su³³的共时和历时特征，探索其语法化路径及语法功能的扩张。su³³是个使用频率较高的多功能虚词，其主要功能是名物化标记。它由实义名词su³³ "人"语法化而来，语法化路径有两条：一条是实义名词最初语法化为动词名物化施事者标记和形容词名物化属性标记，然后语法化为修饰性定语标记、关系子句和补足语子句标句词、分裂句标记，再进一步语法化为定指标记，最后重新分析为表示确定的语气词；另一条是实义名词su³³ "人"语法化为不定指的指他代词su³³ "别人"，与其他人称代词一样可以通过声调屈折变化来表示领属格，然后进一步语法化为涉他命题陈述句的情态发语词，作语用成分位于句首。

关键词： 彝语；彝文文献；语法化；名物化标记

　　名物化（名词化）（nominalization）传统上是指在语法上将其他词性的词，一般是动词和形容词，转化为名词的过程。世界上大多数语言都有一种或多种方式将动词、形容词转化为名词，这些名词可以表示：（1）与这些动词或形容词相关的事实、行为、品质或事件；（2）动词动作的实施

　　作者简介：胡素华，文学（语言学）博士，中央民族大学中国少数民族语言文学学院教授、博士研究生导师，主要研究方向为藏缅语族语言、语言类型学、社会语言学、彝语和彝文文献、文字学研究；邹雨橙，中央民族大学中国少数民族语言文学学院2017级博士研究生。

　　基金项目：国家社会科学基金重点专项冷门 "绝学"之 "彝文文献《玛牧特依》译注及语言学与哲学研究"（2018VJX052）；国家民委 "领军人才计划"科研项目 "彝族口述史诗和哲学经典的传承与嬗变（2019）"。

　　①　论文曾在 "《民族语文》创刊40周年学术研讨会"上宣读，与会专家、匿审专家提出了宝贵的修改意见和建议。此一并谨致谢忱！论文发表时有修改，特此说明。

者；（3）动词动作的结果物；（4）动词动作所涉及的工具；（5）动词动作的方式；（6）动词动作的处所；（7）动词动作的时间；（8）动词动作的原因等。名物化标记（nominalizer）就是把动词和形容词转化为名词的动作符（算子）（operator）。随着研究的深入，Comrie 和 Thompson（2007）进行了跨语言比较，指出名物化有词汇层面（lexical）和小句层面（clausal）之分，前者将动词、形容词等转化为新的名词，后者能将一个小句名物化。Shibatani（2019）认为名物化能通过换喻性指谓（metonymic denotation）扩大指称范围，但若要确定具体的指称对象，则需要依靠语境来缩小范围，其换喻所产生的语法结构能表示事件、事件参与者（如施事者、受事）、工具、处所及结果等概念。

彝语的名物化标记 su³³ 由名词虚化而来，以名物化标记为主要功能的 su³³ 究竟有哪些词汇意义和语法意义、意义间关联如何、语义类型如何等问题尚未被深入、系统地讨论过。彝族有丰富的文献材料，以往的研究没有涉及这些反映历时演变的语料。本文旨在通过反映彝语历时特征的彝族史诗《勒俄特依》及教育典籍《玛牧特依》的语料，更为全面、系统地描写 su³³ 的语法意义并探讨其语法化路径，以期深化彝语的研究，同时使研究成果能对语言类型学、语法化理论研究有所裨益。

彝族史诗《勒俄特依》ŋɯ³³yo³³thɯ³¹zɿ³³（以下简称《勒俄》）为彝语音译。史诗名中的 thɯ³¹zɿ³³ "特依" 是个双音节词，义为 "书" "经书" "典籍"。ŋɯ³³yo³³ "勒俄" 的意义模糊一些，一般解读为 "耳闻" "传说"。ŋɯ³³ "勒" 应源于同族词 ŋɯ³¹bo³³ "耳" 和 ŋa³³ "听闻"。《勒俄》是 "故事诗"，即叙事史诗，其语言形式（即 "音"）有诗的韵律特点，也有口语的叙事性和故事的完整性（即 "义"）。一方面，其大多数诗句为五言（少数为七言）韵文，朗朗上口，适合口述史诗口耳相传的传承方式，所述内容是叙事性的；另一方面，除五言和七言之外还有很多口语化的非诗体句，包含丰富的多功能语法词（胡素华，2019）。教育典籍《玛牧特依》①ŋa⁵⁵mu³³thɯ³¹zɿ³³（以下简称《玛牧》）是流传于四川凉山彝族地区影

---

① 彝族学者罗家修（罗洪阿且）收集了 14 种版本，综合整理出了一个较为完整全面的《玛牧》，全文的语言有诗的韵律特点。该版本于 1985 年由四川民族出版社使用现代规范彝文出版，总计 11606 字，共有 2264 行，以五言（2147 行）为主，间有少数为七言（95 行）、六言（10 行）、九言（8 行）、四言（3 行）、十二言（1 行）。本研究的《玛牧》语料来自此版本。

响最大的一部世俗（民众）典籍。"玛牧特依"中的 ma^{55} "玛"义为"教育、训世"，mu^{33} "牧"义为"行为、文明"，$thu^{31}z\eta^{33}$ "特依"如前所述义为"书""经书""典籍"，故"玛牧特依"也译为"训世经"或"训世诗"。它传授伦理道德、人生观、价值观，是彝族民众为人处事的准则，同时也传授人文历史、风俗习惯、典章制度、社会关系等方面的知识。与现代彝语口语相比较，文献文本中实词的构词及"实词→虚化的词→更虚的虚词"的语法化链条显得更为清晰，故其语言特点是我们研究彝语历时演变的最好语料。

一、以往对现代彝语名物化标记 su^{33} 的研究

彝语诺苏话（北部方言，下文简称"彝语"）的 su^{33} 由实词"人"演变而来，如彝族自称 $no^{33}su^{33}$ "诺苏"中的 su^{33}。未虚化前，它是实词，也是构词的自由语素，能与 $\dot{t}i^{55}$ "年轻"、ηi^{55} "做法事"构成 $su^{33}\dot{t}i^{55}$ "小伙子"、$su^{33}\eta i^{55}$ "巫师"等词。su^{33} 虚化后能将构词语素（包括动词、形容词词根）、词类（包括动词、形容词）、短语、小句等不同层次的语言结构进行名物化，指称与动作相关的人、物等，如例（1）、例（2）。许多学者对 su^{33} 的功能和性质进行过定性的研究：陈士林、边仕明、李秀清（1985）将 su^{33} 描述为结构助词和定语助词；陈康、巫达（1998）将 su^{33} 归入后缀；小门典夫（2006）将 su^{33} 界定为名物化词和限定词；Liu 和 Gu（2011）对 su^{33} 的名物化语义作了分类描写；Jiang 和 Hu（2011）从生成语法角度，探讨了 su^{33} 的标句词（complementizer）功能和形式；陈国光（2016）将 su^{33} 称作名词化助词。归纳起来，以往的研究对 su^{33} 的词性、出现的位置和功能作了描写：能作定语标志、能使动词和形容词名物化、有定指功能、能充当关系子句和补足语从句标句词。

较为系统地分析 su^{33} 的虚化过程的是戴庆厦、胡素华（1999）一文，他们认为 su^{33} 的语法功能和语义特征分为两类：一类是放在"名+定"结构后面，只表语法结构；另一类是放在动词、形容词、处所名词之后，既是构词词素，又起结构助词的作用。同时，su^{33} 既有强调、停顿的语法意义，也是一个成分完整的归结标志，还能与形容词性词组构成名词性结

构，指称具有形容词所表示的特性、状态，su³³ 与（数）量词组成词组时，强调"某一个"特指的事、物或人。胡素华（2002）进一步全面地分析了 su³³ 的功能，认为 su³³ 除了表强调和停顿外，其语法功能包括：①为名物化助词，放在动词、形容词后起整合（名物化）功能，如例（1）、例（2）；②具有虚实两重性，位于处所名词之后，既是构词词素，又起结构助词的作用，如例（3）；③能充当表定指的结构助词，放在"名+定"后，具有定指和整合（名物化）功能，如例（4）；④在名量结构之后充当定指标记，如例（5）；⑤为语气词，用于判断句中，起语气加强作用，在肯定句中，句末判断词可以省略，疑问句中判断词不能省略，如例（6）。

（1）a³¹–dzɯ³³=su³³ kha³¹ŋo⁴⁴ dzo³³=zi³¹sʅ³³.

　　　NEG①–吃=NML　多少　　有=CONT

　　　"没吃的（人）还有多少？"

---

① 语法标注符号为：1PRO（first person pronominal 动词第一人称一致关系），1S（first person singular 第一人称单数），2S（second person singular 第二人称单数），3S（third person singular 第三人称单数），ACC（accusative 宾格标记），ADV（adverbial 状语标记），ATT NMZ（attributive nominalizer 定语名物化标记），ATTR（attributive 定语标记），CAUS（causative 致使形式），CL（classifier 量词），CLIT（clitic 附缀），COMP（complementizer 标句词），CONN（connective 复句关联词），CONT（continuative 持续体标记），COP（copula 系词），D DEM（distal demonstrative 远指代词），DAT（dative 与格标记），DEF（definite 定指标记），DI QUOT（direct quotation 直接引语标记），ERG（ergative 作格标记），EXIS（existential verb 存在动词），FOC（focus 焦点），GEN（genitive 属格），HON（honorific 尊称），HRS（hearsay evidential marker 听说示证标记），IMPF（imperfective 未完成体），INC（inchoative 起始体），IND PRO（indefinite pronoun 不定指代词），ITR（interrogative 疑问），LN（loan word 借词），LOC（locative 处所格标记），LOG（logophoric pronoun 移情自指代词），MAS（masculine marker 雄性标记），MOD（modality 情态标记），NEG（negative 否定），NML（nominalizer 名物化标记），NMLZ（nominalization 名物化结构），NP（noun phrase 名词短语），PAUS（pause 停顿），PFV（perfective 完成体标记），PFX（prefix 前缀），POE（poetic 诗体专用），PROH（prohibitive 禁止前缀），PRON（pronoun 代词），PROS（prospective 将行体标记），PST（past 过去时），Q PRON（question pronoun 疑问代词），QUOT（quotation 引语标记），REL（relativizer 关系化标记），RES（resultive 结果补语标记），STAN（stance marker 确定立场标记），STAN IND（stance indicative 确定直陈标记），TOP（topic 话题标记），等号（=）表词或短语结构的限定成分，双等号（==）表小句结构的限定成分，连接号（–）表两个语素相连。

（2）ŋa³³tɕi³³=su³³a³¹–ka⁵⁵.

我　酸＝NML NEG–喜欢

"我不喜欢酸的（食物）。"

（3）sɿ³¹tshɯ³³=su³³ tshɿ³¹ tɕo³¹ ŋi³³.

四　村＝人：NML 这边　　　坐

"四村的（人）坐这边。"

（4）a⁵⁵ka³³ ła⁵⁵ a³³ ʂɿ⁵⁵=su³³ ga⁵⁵ a³¹–tɕhi³³.

阿呷　裤 新＝DEF.NML 穿　NEG–想

"阿呷不想穿新裤子。"

（5）i³³ti⁴⁴=gu⁴⁴–su³³ zo³³=si⁴⁴ la³³.

衣服＝CL–DEF　拿＝RES　来

"把那件衣服拿来。"

（6）thɯ³¹zɿ³³ tshɿ⁴⁴ gɯ³³ si³¹ ɕi⁴⁴ mu³³=su³³ ŋɯ³³.

书　　　些 拿 什么 做＝STAN　COP

"这些书是拿来做什么的？"

二、史诗《勒俄特依》中 su³³ 的功能

su³³ 的多种功能在彝族史诗《勒俄》中反映得很充分，我们能从中窥出其发展脉络。进行分类和描写后可将 su³³ 的功能分为如下几类：

（一）su³³ 为名物化标记

su³³ 可以对词汇即动词和形容词进行名物化，也可以对小句进行名物化，即名物化关系子句和补足语小句，表示与动词或形容词相关的事实、行为、品质或事件。

1.词汇名物化

世界上大多数语言都有一种或多种方式将行为动词转化为行为名词、将静态动词或形容词转化为状态名词，即词汇型名物化。su³³ 对词汇进行名物化的类型有：

将形容词名物化为具有该性质特征的经历者：

（7）vi⁵⁵ɕe³¹ zɿ³³=su³³ ndi³¹, phu³¹ŋo³³ dʐɿ⁵⁵= su³³ ndi³¹.

　　衣 铠甲长=NML 争　　田地　　小=NML 争

　　"长子争衣甲，幼子争田地。"（12：258—259）①

将动词名物化为动词的名词论元——施事者、经历者或动作结果：

su³³ 可将行为动词转化为该动作的实施者，这个过程就是施事行为名物化。这是一种能产的机制，广义的施事者也包括经历者。例如：

（8）sɿ³³ ŋi³³=su³³　　　　　fu⁵⁵-ɕi³³.

　　血 含有：EXIS=NML 六-CL

　　"有血者六类。"（05：092）

su³³ 可将行为动词转化为表具体动作的结果，例如：

（9）o³³=ɣa³³ tʂa⁵⁵tʂa⁵⁵ khɯ³³=su³³ ḷ⁵⁵.

　　头=LOC 喜鹊　　筑巢=NML 卸掉

　　"卸掉头上的喜鹊巢。"（05：056）

而表示抽象动作的结果、处所、工具及与时间相关的动词名物化时，不用 su³³ 而用其他的名物化标记。

表抽象的动作结果的用名物化标记 lu³³，例如：

（10）sɿ³¹-lu³³ tshi³³ŋi⁴⁴ ɕi³³.

　　　懂-NML 十　 二 类

　　　"知识十二类。"（11：217）

表处所的名物化标记用 dɯ³³，dɯ³³ 原义为"地"，例如：

（11）ma³³=tshu³¹ dzʯ³³=dɯ³³　　 dzi³³.

　　　竹子=CL 生长=地：NML 剩下

　　　"剩下一丛竹子生长之地。"（11：131）

表工具的名物化标记用 du³³。例如：

（12）tsɿ⁵⁵=du³³ ʂɯ³³=ho³³=li³³　　 khu⁴⁴ tsi³¹.

　　　挖=NML 铁=CLIT：类=TOP 里　 装入

<hr>

① 括号内的数字，"12"表示引自《彝族史诗〈勒俄特依〉（ꀉꎖꄮꒌ）译注及语言学研究》（胡素华，2019）中译注部分第十二章，冒号后的数字258—259表示第258行至259行（该书中已标序号）。下同。

"装进铁类农具。"（11：070）

表时间的名物化标记用 ko³³，它同时也是状语从句标记和动名词化（gerund）的标记。例如：

（13）gu³³tshη⁵⁵ dʑi³¹==ko³³-nɯ³³

　　　九 代　成==ADV.NML-TOP.CONN

　　　"到了第九代时。"（06：11）

2.小句名物化

小句名物化是指对整个小句进行名物化的操作，主要包括关系子句和补足语子句。

关系子句：

关系子句是一个完整的小句结构，不作主句的论元，而作主句核心名词的限定结构，su³³ 作为关系化词（relativizer），是连接关系子句和名词核心的联系项，实际上也是其名物化功能的扩展。例如《勒俄》中：

（14）nɔ³³-ʂʅ³³ thi⁵⁵-dʐu̩³³==su³³

　　　黑彝-黄 这儿-定居==REL.NML

　　　"居于此的黑彝之流。"（12：215）

（15）ni³¹dʐu³¹ a⁴⁴he³³ ndʐη⁵⁵==su³³=li³³

　　　祖 灵牌 老鼠　咬==REL.NML=TOP

　　　"被老鼠咬的祖灵牌呢。"（11：233）

上例（14）中小句 thi⁵⁵-dʐu̩³³ "居于此"修饰限定核心名词 nɔ³³-ʂʅ³³ "黑彝之流"；例（15）中小句 a⁴⁴he³³ndʐη⁵⁵ "老鼠咬"修饰核心名词 ni³¹dʐu³¹ "祖灵牌"。

补足语子句：

补足语子句也是一个完整的小句结构，在整个句子中充当一个名词论元。su³³ 作为标句词（complementizer）标记补足语子句，也是其名物化功能的扩展。小句被名物化后可表示动作行为和状态本身。例如：

（16）mu³³-dʑi³¹ mu³³-dʑi⁴⁴==su³³

　　　天-形成　地-形成==NML.COMP

　　　"已形成的天地"（01：34）

（二）定语助词

su³³ 作为定语助词，即定语标记（attributive marker），连接限定语和中心语，这种功能在现代口语中不常见。例如：

（17）ndzʐ̩³³n̩i³³　ʂ̩⁴⁴si³³=n̩i³³　　　　mu³³khɯ³³=su³³　o³³l̩i⁵⁵……

　　　　子妮诗色=TOP.PAUS.DI QUOT　远方=人：ATTR　表哥

　　　　"子妮诗色问道：'远方的表哥……'"（10：144）

（三）定指标记

su³³ 用于名量短语之后，表示定指，如下例（18），在现代彝语中也如此。史诗中它偶尔也可以直接加在数词上表示其指涉特征为定指，现代彝语中很少有此用法，如下例（19）：

（18）a³¹m̩³³ʐ̩³³==ma⁴⁴-su³³

　　　　女儿　大==DEF：CL-DEF

　　　　"（那个）长女"（11：242）

（19）ho³³ɣa³¹　n̩i³¹tsi³³n̩i⁴⁴=su³³ gi⁵⁵.

　　　　火阿　二十二=DEF绝

　　　　"火阿那二十二支皆绝嗣。"（06：45）

（四）确定语气标记

su³³ 用于句末表示确定语气标记（stance marker）。此句式源于 su³³ 为名物化标记的句式，su³³ 将其前的成分名物化后构成一个名词谓语肯定判断句，句末原是有判断词 ŋɯ³³ 的，因肯定句的判断动词（系词）可省略，su³³ 便位于句末。由于其虚词性加之肯定句式所赋予的语气，su³³ 重新分析为确定语气标记。

（20）khu⁵⁵=n̩i³³　　lu³³khu⁵⁵==su³³.

　　　　岁=TOP.CONN 龙　岁==STAN IND

　　　　"属相也为龙。"（07：123）

三、教育典籍《玛牧特依》中 su³³ 的功能

在《玛牧》中 su³³ 有如下几种意义和语法功能。

（一）为实词或自由语素"人"义

例（21）、例（22）中的 su³³ 为实词"人"义，例（23）中 su³³ 是构词成分，su³³ga⁵⁵"致富"可以拆析为：su³³"人"+ga⁵⁵"穿，富"。

（21）su³³ ʐu³³ ŋgu⁵⁵ ʐu³³==su³³.

　　　　人 生长 向上 生长==STAN

　　　　"人是往上长的。"

（22）su³³ mu³³ do³¹ mu³³ ʐu³³，su³³ tshʅ⁴⁴ do³¹ tshʅ³¹ ʐu³³.

　　　　人 文明 话 文明 说　　人 粗鲁 话 粗鲁 说

　　　　"文明人说文明话，粗鲁人说粗鲁话。"

（23）vo³³tsho³³ gu⁵⁵ŋi³³ kha⁵⁵，gu⁵⁵ŋi³³ su³³ga⁵⁵=la³³.

　　　　人类　　勤俭　　有用　勤俭　　富裕=来：INC.PROS

　　　　"人类勤俭为好，勤俭能致富。"

（二）为名物化标记

1. 词汇名物化

将动词名物化后转指行为施事者：

（24）khu³³=su³³ ŋge³³=su³³==li³³　tha³¹-zo³³.

　　　　偷盗=NML 撒谎=NML ==TOP PROH-学习

　　　　"不要学习偷盗者和撒谎者。"

（25）hi³¹ kɯ⁵⁵ pa³³ kɯ⁵⁵=su³³，kha³³　ʐʅ³³=dɯ³³　tɕho³¹ ɣɯ³¹.

　　　　说　会 转达会=NML　Q PRON 去=地：NML 朋友　得到

　　　　"能说会道者，所到之处都有朋友。"

将动词短语名物化后转指行为施事者：

（26）kɯ⁵⁵=li³³ ʂɯ³³ dzʅ⁴⁴==su³³，　　　　　kɯ⁵⁵-zɯ³³ʂa³³=li³³ == vo⁴⁴.

　　　　工匠=TOP 铁 打==NML.COMP.STAN 工匠-MAS 辛苦=去：INC=PFV.POE

　　　　"工匠是打铁者，工匠很辛苦啊。"

由上例可看出，su³³ 相当于古代汉语的"者"，置于动词短语后，充当施事者、经历者的名物化标记，含有"人"义。例如：

（27）"知我者谓我心忧，不知我者谓我何求！"（《诗经·王风·黍离》）

将性质形容词名物化后转指有此属性或品质的人：

（28）di³³=su³³ dzɯ³³=lu³³ go³³，ho³³=su³³　zo³³=lu³³ go³³.

　　　　差=NML 吃=NML 尽 能干=NML 学=NML 尽

"差者享受美食，能者享受学习。"

（29）ʂa³³=su³³　　hɯ³¹-tha³¹-di³³,　ga⁵⁵=su³³　hɯ³¹-tha³¹-ʐ̩³³.

　　　　贫穷=NML 看-PROH- 差　　富裕=NML 看-PROH- 高

　　　　"不要蔑视穷人，不要仰视富人。"

将性质形容词名物化后转指有此性质的物：

（30）a³¹-ndzɯ³³=su³³ lo⁵⁵ dɛ³³,　la³¹gu⁵⁵=su³³ fu³³ tʂho⁴⁴.

　　　　NEG- 美观=NML手　制作　弯曲=NML　烧　校正

　　　　"不美的（东西）要用手改造，弯曲的（东西）要煅正。"

（31）ŋɯ³³=su³³ mɛ³¹lɛ³³ hi³¹, ŋɯ³³=su³³ ɣa⁴⁴ -tha³¹-ta³³.

　　　　正确=NML 先前　说　正确=NML后面-PROH-放

　　　　"正确的（东西）先说，不要把正确的（东西）放在后面。"

2.小句名物化

关系子句：

（32）ndzɹ³³mi⁵⁵ ko⁴⁴ dzo³³==su³³,　　　　　　　　lu̥³³dzi³³ di³³ tha³¹-mu³³.

　　　　王　　　　PRON.PFX- 生活/在==REL.NML 百姓　差-PROH-做

　　　　"活在世上的王，不要对百姓做坏事。"

su³³ 可以做关系化标句词，它同时还具有定指的功能。例（33）中的动词短语 ɣa³³ tshɹ⁵⁵ ɣa⁴⁴-zu³³ "后面出生的"进一步固化为名词短语，具有名物化功能的 su³³ 也转变为定指标记：

（33）ɣa³³ tshɹ⁵⁵ ɣa⁴⁴-zu̥³³ == su³³ ,　dzɯ³³=lu³³　pha⁵⁵mo³¹ tʂa³³.

　　　　后　代　后- 生==NML.DEF　吃=NML　父　母　吃：CAUS

　　　　"后生们，要让父母享美食。"

补足语子句：

如下例（35）。

分裂句：

这两部文献中没有典型的分裂句。分裂句也是一种小句名物化，在现代彝语口语中较常见，如例（59）。

（三）为确定语气标记

su³³ 用在句末，有确定态度的语气标记功能，它也可以重新分析为补足语标句词。例如：

（34）su³³⁻⁴⁴ zu̱³³ ŋgu⁵⁵ zu̱³³==su³³, ha³³nɔ³³ ŋgu⁵⁵ tɕhɛ³³==su³³.

　　人　　长　往上 长== STAN　乌鸦　往上　跃== STAN

　　"人往上长，乌鸦往上跃。"

例（34）是一个名词句，属小句名物化，省略了句末的系词 ŋui³³ "是"，补上后如下：

（35）su³³⁻⁴⁴ zu̱³³ ŋgu⁵⁵zu̱³³==su³³ ŋui³³, ha³³nɔ³³ ŋgu⁵⁵ tɕhɛ³³==su³³‑ŋui³³.

　　人　　长　往上 长==COMP.STAN COP 乌鸦　往上　跃＝COMP.STAN‑COP

　　"人是往上长的，乌鸦是往上跃的。"

（四）su³³ 为指他代词

与上述的词汇名物化标记、小句名物化标记（关系化词和补足语标句词）、定指标记、确定语气词的演化路径不同，su³³ 还有另外一条演化方向，即实义"人"演化为指他人称代词。它与移情自指代词（logophoric pronoun）i³³ 构成相对的意义，二者常用于格言警句中，如例（36）。这种构式在以训世内容为主的《玛牧》中出现得较多。su³³ 作为指他代词，与其他人称代词一样，可以用声调屈折来表示领属范畴，如例（37），与其他代词不一样的是它无单复数之分。

（36）i³¹　　dzui³³ su³³ tha³¹‑tʂa³³, i³¹　　　　do³¹ su³³‑tha³¹‑kui³³.

　　3S.LOG.GEN 财　IND‑PRO‑PROH‑吃:CAUS 3S.LOG.GEN 话　IND‑PRO‑PROH‑听:CAUS

　　"自己的钱财不要给别人吃，自己的话（真心话）不要说给别人听。"

（37）a³³ho³³ tɔ³³ gu⁵⁵ ŋi³³, su³¹‑mo³¹　　　i³¹‑mo³¹　　　sʅ³¹.

　　幼儿　抱 臂弯 坐　IND PRO.GEN‑母　3S.LOG.GEN.‑母　认识

　　"幼儿抱在怀，能识己母他母。"

和文献语言有所不同的是，现代口语中的他指代词和移情自指代词的领属格形式都是55调，而在文献中都是31调。例如：

（38）i³³　　i⁵⁵　　　i³³ti⁴⁴ ga⁵⁵, su⁵⁵　　　i³³ti⁴⁴ a³¹‑ga⁵⁵ ==a⁴⁴.

　　3S.LOG 3S.LOG.GEN 衣服　穿　IND PRO.GEN 衣服　NEG‑穿==QUOT

　　"他/她说他/她穿自己的衣服，不穿别人的衣服。"

领属格的 su⁵⁵ 进一步发展为位于句首的情态发语词，与常见的发语词不同，su⁵⁵ 有情态意义，即表达说话者的态度，表示对所陈述的人的行为的理解与共情（赞美和同情）态度。su⁵⁵可以指小句中的施事者，如例（39），或受事者，如例（40），也可以指小句之外情景中的人，如例（41）。这种功能在两部文献中未见，只见于现代彝语口语中：

（39）su⁵⁵　i³³　　　　a³¹-dzɯ³³=o⁴⁴　mu³³==ko³³,　nɯ³³　ɕi⁴⁴　ti⁵⁵　ɭ³¹==a³¹ ？

　　　MOD 3S.LOG　NEG-吃=INC　QUOT==CONN　2S　　什么　　强劝==ITR

　　　"人家说了他不吃了，你还要强劝什么呢？"

（40）su⁵⁵　a⁴⁴zi³³　tsho³³　tsɿ⁵⁵=ʂɿ³³　la³³ko⁴⁴ba³³.

　　　MOD　孩子　　人　　骂=RES　　厉害

　　　"（可怜的）孩子被人骂惨了。"（对"孩子"表示同情和理解）

此例的 su⁵⁵ 也可以理解为领属格形式，句子可以解读为"人家的孩子被人骂惨了"。

（41）su⁵⁵　　kha³¹mu³³= mi⁴⁴　hɯ³³=za³¹.

　　　MOD　非常=FOC　　　好=HRS

　　　"听说非常好呀。"

四、亲属语言名物化标记的形式和来源

藏缅语大多使用虚词或词缀（有的虚词和词缀不易区分）来充当名物化标记。充当名物化标记的虚词多为助词，除彝语的 su³³ 外，还有基诺语的 mɤ⁴⁴、景颇语的 ai³³ 等。例如：

（42）nə⁴² tʃɤ⁴⁴xɤ⁴⁴mɤ⁴⁴　ɑ tsɔ⁴⁴, ŋɔ⁴² tʃɤ⁴⁴mi⁴² mɤ⁴⁴ ɑ tsɔ⁴⁴.

　　　你　大　　（助词）　吃　我　小　　（助词）　　吃

　　　"你吃大的，我吃小的。"（基诺语：盖兴之，1986）[64]

（43）ŋ³¹nan³³ ai³³　ko³¹　să¹¹poi⁵⁵ tha²³¹ ŋa³¹ ai³¹, ŋ³¹sa³¹ ai³³　ko³¹　mat³¹

　　　新　（名物化）（语气助）桌子　（结构助）在 （语尾助）旧 （名物化）（语气助）遗失

　　　sai³³.

　　　（语尾助）

　　　"新的在桌子上，旧的遗失了。"（景颇语：刘璐，1984）

而傈僳语的名物化标记 e⁵⁵ 则是词头，加在形容词前表示名物化，如例（44）；哈尼语的 jo³³ 也是词头，使形容词具有名词性质，但并不产生

新的意义，如例（45）。还有少数形态丰富的语言用纯粹的词缀，如荣红羌语，见例（46）：

（44）ko⁵⁵ —— e⁵⁵ko⁵⁵　　ni³⁵tʃhɿ⁴² —— e⁵⁵ni³⁵tʃhɿ⁴²

野　　　野的　　　绿　　　　绿的

（傈僳语：徐琳、木玉璋、盖兴之，1986）

（45）mo⁵⁵ —— jo³³mo⁵⁵　　ŋi⁵⁵ —— jo³³ŋi⁵⁵

长　　　长大　　　红　　　红的

（哈尼语：李永燧、王尔松，1986）

（46）su-m　　　the: qɑ leʐz su.

教－名物化　那：量 IS 书　教

"那个老师教我。"（荣红羌语：黄成龙，2013）

藏缅语族每个语言中都有多类名物化标记，其分工和形成机制不尽相同。有的语言名物化标记的分工与语义角色有关，例如藏语名物化标记用 mkhan 来表示行为者、用 sa 来表示处所或与格、用 yag 来表示非完成体的受事或工具、用 -pa 来表示完成体的非行动者核心名词（Yap & Matthews，2008）。而有的名物化标记与生命度等级相关，例如曲古羌语（黄成龙，2013）中，有生命的名词使用 -m，工具名词使用 -s，其他无生命名词使用 -tɕ~-s。

亲属语言中功能相似的名物化标记来源不太一致。例如傈僳语（徐琳、木玉璋、盖兴之，1986）与彝语相似，能在动词后加名物化标记 su⁴⁴（源于实词"人"义）表示"与动作相关的人"；而怒苏语（孙宏开、刘璐，1986）中，su³⁵ 能表示"人"，但更通用的名物化标记却是来源暂不明的助词 ɑ³¹。戴庆厦（1989）曾对缅彝语的助词进行了比较研究，认为缅彝语诸语言的助词大多不同源。胡素华（2002）也指出，彝语支语言的定语助词中，仅有傈僳语的 ma⁴⁴ 和基诺语的 mɤ⁴⁴ 同源，可见名物化助词是在彝语支各语言分化以后才产生的，其分化程度各语言不同。

但各亲属语言间的名物化标记在演化路径和功能类型方面却存在一致性。例如拉祜语助词 ve³³，能名物化，如例（47），也能关系化，如例（48），还能表领属，如例（49），足见三个功能间的紧密关系。

（47）ŋa⁵³ lɛ³³ ni³³ ve³³ tha²¹ fa¹¹, zo⁵³ le phy³³ ve³³ tha²¹ fa¹¹.

　　我　（助）红　（助）（助）爱　他　（助）白　（助）（助）爱

"我爱红的，他爱白的。"（常竑恩，1986）

（48）a³³ŋi³³ la³¹ ve³³ tshɔ³³ u³⁵ te⁵³ ɣa⁵³ lɛ³³　dzɔ⁵³mɔ⁵³te³³ ve³³.

　　昨天　来　的　人　那　一　个（话题）　　当官　　　　　的

"昨天来的那个人是当官的。"（李春风，2014）[275]

（49）ɔ³¹e³³　ve³³　ɔ³¹ŋi³³ma³³

　　妈妈　　的　妹妹

"妈妈的妹妹（小姨）"（李春风，2014）

　　纳西语的 gə³³ 也有与 ve³³ 相似的功能，既能标记名物化，如例（50），也能充当定语助词，其定语可以是修饰性的，如例（51），和领属性的，如例（52）：

（50）duɯ³¹ —— duɯ³¹gə³³　　xy³¹ —— xy³¹gə³³

　　大　　　大的　　　　红　　　红　的

"大的"　　　　　　　"红的"

（51）xy³¹ gə³³ bɑ⁵⁵bɑ³³ duɯ³³ bɑ³¹.

　　红　的　花　　一　朵

"一朵红的花。"

（52）ŋə³³ gə³³ ku³³mu³¹.

　　我　的　帽子

"我的帽子。"（纳西语：和即仁、姜竹仪，1986）

　　其他藏缅语族语言如拉萨藏语（Delancy，1986，1999）、Kiranti 语（Ebert，1994；Bickel，1999）、Chantyal 语（Noonan，1997）、独龙语（Lahaussois，2002，2003）、Rawang 语（LaPolla，2008）的名物化也都与关系化相关联（共用同一个标记）。例如 Chantyal 语（Noonan，1997）中，名物化标记 –wa 能充当关系化标记，能出现在类分裂（cleft-like）结构中，能表示说话人的态度和语气。而拉萨藏语（Delancey，1986，1999；Agha，1993）的名物化标记 –pa 同样也能充当关系化标记、补足语标记，能出现在类分裂结构里，能表示说话人的态度语气。

五、名物化的类型学比较及启示

彝语名物化标记su³³在语义、功能和演化路径上表现出许多与亲属语言和跨语言共性一致的特征。

（一）名物化的语义角色共性

彝语名物化和其他跨语言名物化的语义特征具有共性。Koptjevskaja（1993）提出"参与者名物化（participant nominalization）"，即名物化派生出的名词性成分在句子中充当论元，具有指称功能，参与者（例如人、对象、处所等）承担的语义角色包括施事、受事、位置或工具等。彝语的su³³能指称施事者、经历者和动作结果，而藏缅语族中部喜玛拉雅语支的Magar语中，词缀-cʌ（-cyo的变体）能指称与动词相关的施事、受事、处所，如例（53）—例（55）：

（53）ŋa-o　　bɦoya-ke dus-cʌ　　　　bɦormi taɦi-raɦi-a.

　　　1S-GEN 弟弟-DAT 帮助-ATT.NMZ 人　　　到-来-PST

　　　"那个帮助过我弟弟的人到了。"

（54）ŋa-e ŋa-o　　boi-e　　phinɦi-cʌ　　cho rʌ dal jak=le-aŋ.

　　　1S-ERG 1S-GEN 妈妈-ERG 烹饪-ATT.NMZ 米 和 扁豆 喜欢=IMPF-1PRO

　　　"我喜欢我妈妈做的米饭和扁豆。"

（55）ho-se-ko-e　　　　por-di-s-ak-cʌ　　　　　sip ku-laŋ　　le？

　　　D DEF-DEF-HON-ERG 读-LN-ITR-CAUS-ATT.NMZ 学校 哪里-LOC IMPF

　　　"他任教的学校在哪里？"（Grunow-Hårsta，2011）

英语的-er也能将动词名物化，指称与动作相关的施事者、工具等概念，如writer"作家"、washer"洗衣机"。

从跨语言共性看，表施事者的名物化更具有普遍性，彝语中通过su³³名物化后最典型和常见的也是表施事者。

（二）名物化与关系子句的关联

彝语的su³³既是名物化标记，又是关系化标句词。DeLancey（2002）曾指出：藏缅语族中多数语言的名物化与关系化联系紧密，关系化是小句名物化的亚种（subspecies）。Comrie和Thompson（2007）也在进行跨语言比较后得出"名物化的一个功能是能作为关系从句修饰核心名词""在某些语言中，关系化与名物化难以区分"的结论。

同时，在这种"名物化–关系化"相关性的共性中，产生了一些复杂的变异。例如古藏语的关系化结构是一个名物化了的小句，后置型关系子句无属格标记，而前置型则有，如例（56）：

（56）ltad=mo lta-ba-'i 　　 lam du

　　　 风景　　 看–NOM–GEN 路 LOC

　　"在看风景的路上。"（DeLancey，2002）

Limbu 语（尼泊尔东部和印度地区的汉藏语）的关系结构比古藏语更复杂，它有 3 种类型的关系子句（因关系子句中核心名词的语法角色而异），最简单的是使用名物化标记 –pa，与藏语相似，但其名物化结构无属格标记，如例（57）：

（57）naːm-ille cɔ-ba 　　 hoːrik

　　　 太阳–ERG 吃–NOM 皮肤

　　"晒伤的皮肤"（DeLancey，2002）

也就是说在名物化与关系化紧密相关的共性下，不同的语言也会产生一些变异，出现不同的表现形式。

（三）名物化与修饰限定结构的关联

彝语的 su³³ 能标记修饰性定语，也符合跨语言共性尤其是藏缅语共性。DeLancey（1999）指出，修饰性的小句总是名物化的，它与核心名词的关系，要么是领属的，要么是同位的。如古藏语的关系子句是名物化了的小句，可前置于名词核心起修饰作用，也可后置于名词核心表同位关系。同样地，Shibatani（2019）也提出了名词性结构的两种用法，一是名词短语用法（NP–use），具有指称功能；二是修饰用法，具有限定功能。

以汉语为例：

名词短语用法：[[在那边看书的]NMLZ]NP 是张三

修饰用法：[[在那边看书的]NMLZ 孩子]NP 是张三

Shibatani（2019）认为，名词短语的标记和名物化标记不一定同形，前者可能扩散到修饰用法。如日语的 no，只适用于名词短语，但汉语"的"同时适用于做名词短语的标记和名物化标记。彝语上例（17）中 mu³³khɯ³³su⁴⁴o³³li⁵⁵"远方的表哥"里，su³³ 用来标记 mu³³khɯ³³"远方"修饰 o³³li⁵⁵ "表哥"的关系，属于名词短语用法扩散到修饰用法的结果。

（四）语法化路径

Yap 和 Matthews（2008）揭示了一些亚洲语言（Chantyal语、藏语、日语、韩语、汉语等）在名物化发展过程中重复出现的模式以及语言特性变化的证据，并归纳了东亚语言名物化标记的一些常见语法化路径，如图 1 所示[①]：

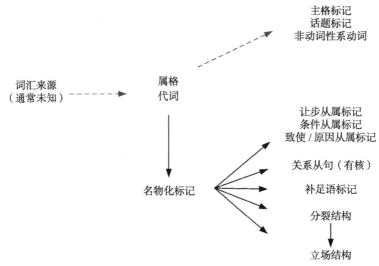

［资料来源：（Yap & Matthews，2008）³²⁸］

图 1　一些东亚语言名物化标记的常见语法化路径

其他一些东亚语言也表现出"代词/属格→名物化标记→表说话人立场的语气词"的语法化路径，如现代日语的 no[②]、冲绳日语的 nu、汉语方言潮州话的 kai 等（Yap & Matthews，2008）。但并非所有亚洲语言名物

---

① 浅灰色虚线箭头表示词汇来源未知或受其他语法结构影响。"立场结构"为原文 stance structure 的暂译，指 sentences which signal speaker perspective or attitude "表达说话人观点或态度的句子"。

② 虽然日语中补足语标记、分裂结构和关系从句结构是否起源于代词 no 尚存争议，但多数文献都能证明 no 的代词用法在其发展出名物化/补足语标句词功能的过程中起着至关重要的作用。

化标记的演化路径都与图1一致。韩语的名物化标记 –n kes 同样能充当补足语标记、分裂标记、立场标记，但它不是由代词演变而来，也未演变出让步、条件从句从属标记的功能，如图2所示：

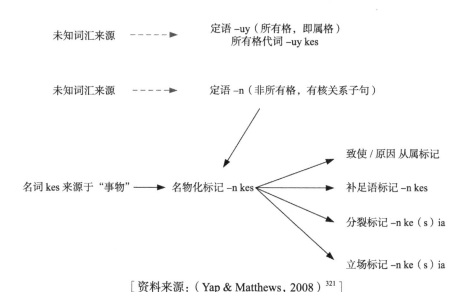

未知词汇来源　⎯ ⎯ ⎯ ▶　定语 –uy（所有格，即属格）
　　　　　　　　　　　　　所有格代词 –uy kes

未知词汇来源　⎯ ⎯ ⎯ ▶　定语 –n（非所有格，有核关系子句）

名词 kes 来源于"事物" ⎯⎯▶ 名物化标记 –n kes

致使 / 原因 从属标记

补足语标记 –n kes

分裂标记 –n ke（s）ia

立场标记 –n ke（s）ia

［资料来源：（Yap & Matthews，2008）[321]］
图2　韩语名物化标记 –n kes 的语法化路径

彝语 su³³ 的演变与图1、图2有同有异。一方面，su³³ 充当名物化标记的功能与代词平行发展，而非由代词演化而来，虽然没有表示致使/原因、让步和条件标记的功能，但能充当修饰定语标记；另一方面，su³³ 的"人→名物化标记→确定语气标记"的语法化路径具有类型学共性，除了能表确定语气外，它同样参与了分裂结构（与系词 ŋɯ³³ 共同标记），但由于文献常用简练的语句来表达，分裂结构在文献中不太常见，而现代彝语口语中则较多，如：

（58）ŋa³³ xa³³pi⁵⁵ vɿ³³==su³³=li³³ ʂo³³mo³³tshɿ³¹ɲi³¹ ŋɯ³³.

　　　1S 青菜 买==NML=TOP 前天　　　　　COP

　　　"我是前天买的青菜。"

（59）ŋa⁵⁵　　　bo³³dʐo⁴⁴=mu³³ i³¹kho³³ pho³¹=su³³ mu³³ka⁵⁵ a⁴⁴mo³³ ŋɯ³³.

　　　1S. GEN 为，替=ADV 门　　 开=NML 木呷　 妈妈　　 COP

　　　　"是木呷的妈妈替我开的门。"

　　彝文文献与现代彝语口语中su³³的语法化路径基本一致，结合两类语料，su³³的语法化路径可用下图3表示：

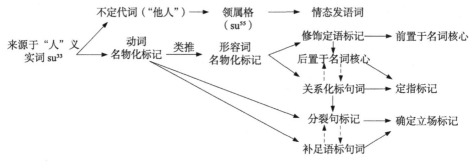

图3　彝语名物化标记 su³³ 的语法化路径

　　由上文和图3可以看出，彝语诺苏话的名物化标记su³³来源于"人"义，其功能扩张路径有两条。一条路径是："人"→指他代词→（领属格）→情态发语词；另一条路径是："人"演变为动词名物化标记，因类推机制而扩散至形容词名物化标记，然后进一步语法化为修饰限定标记、关系化标句词、分裂句标记，最后语法化为定指标记；动词名物化标记也可以直接发展为分裂句标记和补足语标句词，二者通过再分析机制而语法化为表确定语气的立场标记。这几个功能的演变方向是交织在一起的，其间的语法化路径错综复杂，既有单向性又有双向性。上图中虚线箭头表示演变方向的可能性，而实线箭头则表示确定的演变方向。

参考文献：

常竑恩，1986. 拉祜语简志 [M]. 北京：民族出版社：61.

陈国光，2016. 彝语应用语法 [M]. 北京：民族出版社.

陈康，巫达，1998. 彝语语法（诺苏话）[M]. 北京：中央民族大学出版社.

陈士林，边仕明，李秀清，1985. 彝语简志 [M]. 北京：民族出版社.

戴庆厦，1990. 藏缅语族语言研究 [M]. 昆明：云南民族出版社.

戴庆厦，胡素华，1999. 凉山彝语的结构助词 su³³，中国语言学的新拓展：

庆祝王士元教授六十五岁华诞[M]. 香港：香港城市大学出版社.

盖兴之, 1986. 基诺语简志[M]. 北京：民族出版社.

和即仁, 姜竹仪, 1985. 纳西语简志[M]. 北京：民族出版社.

胡素华, 2002. 彝语结构助词研究[M]. 北京：民族出版社.

胡素华, 2019. 彝族史诗《勒俄特依》（ꅩꉎꄯꒉ）译注及语言学研究[M]. 北京：中国社会科学出版社.

李春风, 2014. 邦朵拉祜语参考语法[M]. 北京：中国社会科学出版社.

李永燧, 王尔松, 1985. 哈尼语简志[M]. 北京：民族出版社.

刘璐, 1984. 景颇语简志[M]. 北京：民族出版社.

罗家修搜集整理, 1985. 玛木特依（教育经典）（彝文版）[M]. 成都：四川民族出版社.

孙宏开, 刘璐, 1986. 怒苏语简志[M]. 北京：民族出版社.

小门典夫, 2006. 凉山彝语词类研究[M]. 成都：四川民族出版社.

徐琳, 木玉璋, 盖兴之, 1986. 傈僳语简志[M]. 北京：民族出版社.

BICKEL B, 1999. Nominalization and focus constructions in some Kiranti languages[M]// Yadava, Yogendra P, Warren W, Topics in Nepalese linguistics. Royal Nepal Academy.

COMRIE B, THOMPSON S, 2007. Lexical nominalization[M]//Language Typology and Syntactic Description. Cambridge University Press.

DELANCEY S, 1999. Relativization in Tibetan[M]//Yogendra P, Yadava , Warren W, et al., Topics in Nepalese linguistics. Royal Nepal Academy.

DELANCEY S, 2002. Relativization and nominalization in Bodic[C]. Annual Meeting of the Berkeley Linguistics Society.

EBERT K H, 1994. The structure of Kiranti languages[C]//Universitaet Zuerich Arbeiten des Seminars fuer Allgemeine Sprachwissenschaft 13.

GRUNOW–HÅRSTA K, 2011. Innovation in nominalization in Magar: a Tibeto–Burman language of Nepal[M]//Foong Ha Yap, Karen Grunow–Hårsta, Janick Wrona, Nominalization in Asian Languages. John Benjamins: 227.

JIANG LI, HU S, 2011. An Overt Determiner and Complementizer in a

Classifier Language[C]//Gao Ming-le, Proceedings of GLOW in Asia VIII 2010: Universals and Variation. Beijing: Beijing Language and Culture University Press.

KOPTJEVSKAJA-TAMM M, 1993. Nominalizations[M]. Routledge.

LAHAUSSOIS A, 2002. Nominalization, relativization, genitivization in Thulung Rai[C]. Annual Meeting of the Berkeley Linguistics Society.

LAHAUSSOIS A, 2003. Nominalization and its various uses in Thulung[J]. Linguistics of the Tibeto-Burman Area, 26(1): 33-57.

LAPOLLA R J, 2008. Nominalization in Rawang[J]. Linguistics of the Tibeto-Burman Area.

LIU H, GU Y, 2011. Nominalization in Nuosu Yi. Nominalization in Asian Languages[M]//Foong Ha Yap, Karen Grunow-Hårsta, Janick Wrona, Nominalization in Asian Languages. John Benjamins: 313-342.

MASAYOSHI S, 2019. What is nominalization? Towards the theoretical foundations of nominalization[M]//Roberto Zariquiey, Masayoshi Shibatani, David Fleck, Nominalization in languages of the Americas. John Benjamins: 15-167.

MATISOFF J A, 1972. Lahu nominalization, relativization and genitivization[M]//JOHN P K, Syntax and semantics. New York/London: Seminar Press: 237-257.

NOONAN M, 1997. Versatile nominalizations[M]//Joan Bybee, John Haiman, Sandra A. Thompson, Essays on language function and language type, in honor of Talmy Givón. John Benjamins.

Relativization as nominalization in Tibetan and Newari[C]//Paper presented at the 19th International Conference on Sino-Tibetan Languages and Linguistics. Ohio State University, Columbus.

YAP F H, MATTHEWS S, 2008. The development of nominalizers in East Asian and Tibeto-Burman languages[J]. Typological Studies in Language, 28: 309-341.

（原载于《民族语文》2020年第2期）

论中国少数民族语言资源保护可持续
精进路径^①

丁石庆

摘要： 中国语言资源保护工程一期以其空前的规模、先进的理念、现代化技术手段等时代性特征获得了丰硕的成果，并产生了广泛的国际影响。当下，该工程一期顺利收官，二期蓄势待发。基于一期以规范性、统一性为主要原则所采集的语料资源，如何在二期开展对这些语言资源的精准保护与深度开发应用等议题业已提到议事日程。本文依据一期少数民族语言调研专项任务的工作实践与相关调查数据，兼顾少数民族语言资源复杂性、多样性、不平衡性等特点，主张在中国语言资源保护工程二期乃至"后语保时期"秉持"可持续发展"的理念继续推进后续工作，其理据如下：首先，符合联合国教科文组织首个以"语言多样性"为主题的永久性重要文件——《岳麓宣言》——的基本思想，以及其长期极力倡导的维护世界范围内语言与文化多样性格局的核心理念；其次，有利于贯彻和落实党和政府制定的"科学保护各民族语言文字"的英明决策；第三，符合我国少数民族语言国情。文章认为，以"可持续发展"为切入点的设计

作者简介：丁石庆，文学博士，中央民族大学原中国少数民族语言研究院教授、博士研究生导师，主要研究方向为阿尔泰语系（达斡尔语、哈萨克语等）语言与文化、人类语言学、文化语言学、语言资源学等。

基金项目：国家社会科学基金重点项目"中国北方人口较少民族语言资源保护的理论与实践研究"（15AYY012）；语保工程民语调研专项任务"民族语言管理项目"（YB1912BO12）。

① 本文曾于2019年9月22日在浙江金华召开的"第六届语言资源国际研讨会"上以"'分'与'合'：民语语保可持续发展要略"为题宣读。

思路，可为制定精准的"科学规划"，构建"统筹管理"的创新机制，寻求"跨界合作"的最佳方式，落实"同步实施"的科学方案提供基本导向，并可以做到点面兼顾，多元并举，逐步实现少数民族语言可持续性发展精准保护、梯次开发、合理应用的远程目标。

关键词：语言资源；语言保护；可持续推进

一、引言

中国语言资源保护工程（以下简称"语保工程"）自2015年启动以来，以其空前的规模、先进的理念、现代化技术手段等时代性特征，显著区别于以往我国语言与方言普查及语言文字使用情况调查，并被誉为迄今为止世界范围内最大的语言文化项目。2018年9月在湖南省长沙市召开了首届世界语言资源保护大会，大会通过的《岳麓宣言》标志着语保工程已产生了广泛的国际影响。[①]语保工程的实施，使"科学保护各民族语言文字"的国策更加深入人心，进一步推动了我国语言文字工作的开展，并强化了全民珍爱母语和语言资源保护意识，极大地提升了母语群体的民族自豪感与历史使命感。

当下，语保工程一期顺利收官二期启动在即，意味着语保工程又将开始新的征程。而基于语保工程一期少数民族语言语料资源的开发应用，尤其是少数民族语言资源保护可持续发展问题业已提上议事日程，对新时期、新形势下的民族语言学界的学科发展理念及方法观均提出了巨大的挑战。本文结合语保工程一期少数民族语言调研专项任务的工作实践，根据我国少数民族语言资源复杂性、多样性、不平衡性等特点，主张在二期乃至"后

---

① 本届世界语保大会由联合国教科文组织、中华人民共和国教育部、中国联合国教科文组织全国委员会、国家语言文字工作委员会、湖南省人民政府联合主办，湖南省语言文字工作委员会、湖南省教育厅、长沙市人民政府、北京语言大学、湖南大学共同承办，主题为"语言多样性对于构建人类命运共同体的作用：语言资源保护、应用和推广"。大会通过的《岳麓宣言》也是联合国2019年"国际本土语言年"的基础性文件。2019年2月21日（国际母语日），教育部、联合国教科文组织驻华代表处、中国联合国教科文组织全国委员会、国家语言文字工作委员会在京共同举行发布会，正式发布了联合国教科文组织首个以"保护语言多样性"为主题的重要永久性文件——《保护和促进世界语言多样性　岳麓宣言》。

语保时期"秉持"可持续发展"的理念推进后续工作,其理据简述如下:

其一,语言本身就是一种自成体系的特殊文化,作为文化整体中的核心组成部分,语言与文化整体之间还具有一种特殊的内在层次自相似性,这也意味着一种语言与一种民族文化存在天然的密切关系。联合国教科文组织长期以来极力倡导维护世界范围内的语言与文化多样性格局,而《岳麓宣言》则是联合国教科文组织首个以"语言多样性"为主题的永久性重要文件,宣言中有关语言资源保护的三大共识与20项倡议,凝练了世界范围内语言保护的先进理念与智慧路径,其意蕴深邃,价值无限。《岳麓宣言》也将成为语保工程及"后语保"时期顶层设计与统筹规划的科学指南和核心依据。

其二,我国是一个多元语言资源大国。我国各少数民族使用的约130种语言分布于汉藏、阿尔泰、南亚、南岛、印欧五大语系的十余个语族,语言结构上有孤立语、黏着语、屈折语等类型,还有数种混合类型的语言,它们都是珍贵的语言资源,有重要的多学科综合研究价值。我们应坚持民族平等与语言平等的基本原则,采取多种手段和有力措施,贯彻并落实党和政府的"科学保护各民族语言文字"的英明决策。

其三,因人口数量及实际语言使用人口等诸多因素的不同,我国各少数民族语言资源的结构、类型、发展状态等诸多方面也都存在一定差异,某些语言内部方言甚至土语间彼此在诸多方面也存在不平衡性等特征。基于规范性与统一性等原则,语保工程少数民族语言调研专项任务一期采集并积累的颇具规模的语料资源,兼具基础真实性、多元可比性、可持续性等特征,其价值和效用也得到最大的凸显。但由于语保工程在时间、范围、工作内容等方面的相关规定和要求,以及人力、物力、财力等条件的限制,亟待补充能够体现不同语种极具个性化特色的语料资源,这也是语保工程二期及后续工作将重点完成的任务之一。

鉴于上述情况,本文认为,语言资源保护及开发应用是一项任重道远的宏伟规划与战略部署,语保工程少数民族语言调研专项任务二期及后续可持续发展工作中,应在统筹构建少数民族语言资源保护可持续发展机制进程中制定科学的差异化实施方案,并探索"科学规划""统筹管理""多头实施""跨界合作"等可持续精准推进路线图。

二、科学规划

我国少数民族语言资源保持类型复杂多样，其源自我国少数民族彼此间实际存在的多方面差异。近些年来，国内语言学界有关语言资源专题的讨论愈见深入，其中不乏有关语言资源保持类型或语言活力排序的研究成果。其中，陈章太先生将我国的语言资源分为超强势、强势、弱势、超弱势、语言活力严重萎缩等5种类型。[1]黄行、孙宏开、李锦芳等也分别对大多数少数民族语言活力及濒危语种进行了初步排序。[2][3][4]上述学者的研究成果对认识我国少数民族语言资源及其保持类型具有重要的参考价值。

在中国语言资源保护工程一期少数民族语言调研专项任务实施进程中，我们发现，主要发音合作人对任务的完成具有举足轻重的作用，而其遴选过程耗费时间长度、是否具有可海选或精选空间等指标，可视为衡量语言活力的重要尺度。如蒙古、藏、维吾尔、哈萨克、朝鲜、彝、壮、傣等语种均具有海选发音合作人的充足条件；而柯尔克孜、锡伯、苗、侗、布依、哈尼、白、拉祜、傈僳、黎、水等有文字的语种也会有一定遴选发音合作人的余地；但诸如塔吉克、达斡尔、土族、东乡、景颇、独龙等无文字人口较少民族则较之上述两类语言有很大困难；而有一定濒危迹象的语言，如乌孜别克、塔塔尔、图瓦、东部裕固、西部裕固、保安、康加、赫哲、鄂伦春、鄂温克、俄罗斯、门巴等语言，发音合作人的遴选则困难重重。

另外，所采集到的语料资源的缺失情况、语义丰富度、语法结构表现力、口头文化的类型是否多样等具体数据指标实际上也体现了一种语言资源的类型与活力。以北方少数民族为例，依据上述语料资源的各类数据和相关指标，我们可将北方民族的各语种大致上分为以下几类：[5]

A类（丰厚型）：维吾尔语、蒙古语、哈萨克语、朝鲜语；

B类（削弱型）：柯尔克孜语、锡伯语；

C类（萎缩型）：土族语、达斡尔语、撒拉语、东乡语；

D类（濒危型）：塔吉克语、鄂温克语、西部裕固语、东部裕固语；

E类（极度濒危型）：鄂伦春语、保安语、图瓦语、塔塔尔语、乌孜别克语、赫哲语；

F类（趋于消亡型）：满语、俄罗斯语 ①。

我们发现，除了满语与俄罗斯语外，以上对北方少数民族语言从A至E的分类结果与上述各位学者的分类和排序大致接近。其中尤为与黄行基于各类统计和测定数据的结果惊人一致。由此，我们也可将以上六类基本认定为我国北方少数民族语言资源或语言活力分类情况，将其推而广之，构建我国少数民族语言资源保持类型及语言活力的分类与排序系统，并以此作为科学规划的参考依据，制定兼具多元性、变通性、精准性的实施方案，以避免简单化、"一刀切"的做法。

三、统筹管理

一般来说，我国少数民族语言的分布地域与语系、语族甚至语支归属大体一致，其所处的地理环境与人文社会环境相差不大，在语言结构类型上与语言资源保持类型也有一定共性。我们可参照这些共性来规划并设计和统筹考虑语言资源开发及应用层面的相关问题。

表1　语保工程少数民族语言调研专项任务2015—2019年立项调查点统计表

语系	语（语种）	规划调查点		2015—2019			
		一般	濒危	一般	濒危	总计	占比
汉藏	藏缅（49）			139	58	197	45.81%
	侗台（17）			62	12	74	17.21%
	苗瑶（9）			43	4	47	10.93%
	总计	310	110	244	74	318	73.95%
阿尔泰	突厥（14）			24	7	31	7.21%
	蒙古（7）			28	6	34	7.91%
	满-通古斯（5）			5	5	10	2.33%

① 在以上学者的语言资源和母语活力排序中，东部裕固语和俄罗斯语未在其列，根据我们的调查材料，东部裕固语应与西部裕固语同排在D类，俄罗斯语则属于极度濒危或趋于消亡型语言。

续表

语系	语（语种）	规划调查点		2015 — 2019			
		一般	濒危	一般	濒危	总计	占比
阿尔泰	总计			57	18	75	17.44%
南亚	孟高棉（13）			10	10	20	4.65%
南岛	台湾语群（17）	310	110	1	1	2	0.47%
	回辉话（1）				1	1	0.23%
印欧	俄罗斯、塔吉克（2）			4	1	5	1.16%
其他	朝鲜语（1）			3		3	0.70%
	混合语（6）				6	6	1.40%
总计				319	111	430	100%

　　表1数据显示，语保工程一期少数民族语言调研专项任务调研类课题共计立项430个点。其中，一般点立项319个，濒危点111个。其涵盖了我国56个民族使用的约130种语言的360个方言或土语，其中也包括了诸如僜人、临高人、本人等人群的语言。这些语言分属汉藏、阿尔泰、南亚、南岛及印欧五大语系十余个语族，也包括了未定语系语言和混合语。其中，汉藏语系318个点，占比七成以上，藏缅语族语言又以语种最多，调研点立项数197种和占比高达45.81%在各语族中独占鳌头。藏缅语族内部情况错综复杂，濒危语种和未能澄清的历史遗留问题也最多，需要重点关注。壮侗语族仅次于藏缅语族，其调研点数量及占比接近阿尔泰语系三个语族的总和。汉藏语系和阿尔泰语系2个语系6个语族的调研点总数为393个，占比为91.39%。而剩余的其他3个语系中除了南岛语系台湾语群的语言情况较为特殊外，绝大部分都是濒危或极度濒危语种。

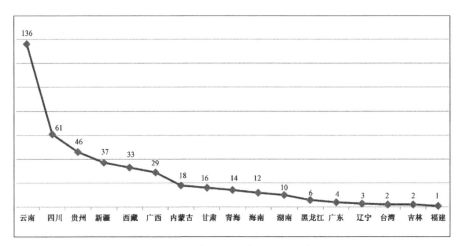

图 1　各省区调研点分布数量表

图 1 显示了语保工程少数民族语言专项任务调研点的省区分布数量。数据显示：云南省分布最多，其中以汉藏语系藏缅语族的彝缅语支、景颇语支为最多，南亚语系的语言也全部分布于该省。四川省次之，语种以汉藏语系藏羌语支语言为主。贵州省分布的语言以汉藏语系苗瑶语族语言为主，夹杂了部分藏缅语族语言。新疆维吾尔自治区分布的语言以阿尔泰语系突厥语族语言为多，仅有少量的同语系其他语族的语言和印欧语系的两种语言（即塔吉克语和俄罗斯语）。西藏自治区分布的语言以藏语支为主，其中以藏语为主，仅有少量的门巴、珞巴等语言。广西壮族自治区分布的语言以汉藏语系壮侗语族语言为主，仅有少量同语系的藏缅语族和苗瑶语族的语言。内蒙古自治区以阿尔泰语系蒙古语族语言为主，也有个别同语系满-通古斯语族的语言。甘肃和青海两省交界，分布的少数民族语言较杂，既有汉藏语系的藏语，也有阿尔泰语系蒙古语族的土族语、东乡语、保安语、东部裕固语，另有同语系突厥语族的西部裕固语、撒拉语等，在此还形成了诸如唐汪话、五屯话、河州话等几种混合语。湖南省分布的语言以汉藏语系的苗瑶语族语言为主。由于各种原因，其他省区立项的调研点较少。其中，黑龙江、广东、辽宁等省境内分布的语言本身就很少，其调研点也相对少。台湾虽然分布了十余种南岛语系的语言，且绝大多数为濒危语种，但因各种原因，语保工程一期少数民族语言调研专项任务仅立

项并完成了两个语言点的调查任务。

统筹管理的目的是便于我国少数民族语言资源的统筹规划与科学管理，表1和图1的数据为此提供了重要信息和相关数据。相关数据显示，"滇""川""黔""新""藏"等省、自治区是重点片区。其中，"滇"区以汉藏语系藏缅语族彝缅语支与景颇语支为主，包括所有南亚语系语言；"川"区以汉藏语系藏缅语族藏羌语支为主；"黔"区以汉藏语系苗瑶语族为主；"新"区以阿尔泰语系突厥语族为主；"藏"区则以汉藏语系藏缅语族藏语支为主。另外，因地理距离上较为接近，"桂""粤""琼"三区、"甘"与"青"两区、"蒙"与"黑"两区均可合并视为一个片区。

按照地域统筹管理，还将为设立语言文字博物馆、语言培训基地、语言保护示范区、语言研发应用区、语言体验馆等提供便利条件。建议以上述片区划分为依据，委托各片区高等院校及科研单位合作创建中国少数民族语言资源保护及应用分中心，负责片内少数民族语言资源保护工作的统筹和实施等工作。

四、同步实施

根据上述科学规划的基本原则，我国的少数民族语言资源保护及开发工作实际面临着不同的工作内容，涉及语言保存、保护及保护基础之上的开发、应用等不同层次和不同重点的任务。语保工程二期工作启动在即，中央民族大学中国少数民族语言资源保护研究中心基于语保一期工作基础提出了三个层次的总体工作规划，简述如下：一是继续夯实和补充一期工作基础，其中包括继续补充重点语言调查和对一期调研资料进行完善提升，并开展少数民族地区国家通用语言文字使用情况调查等工作；二是开展基于一期少数民族语言语料资源基础之上的开发应用工作，包括编制国家通用语言文字和民族语言对照文本，建设少数民族语言词汇、语法例句数据库，以及构建各类语言电子词典、搭建少数民族语言资源调研智能手机平台等，从而为语言文化博物馆建设及文创产品开发应用奠定基础；三是深化和拓展新时期少数民族的语言资源，包括建设与开发"一带一路"沿线多语言信息门户与跨语言搜索引擎，开展民族地区语言能力与语言文化多样性建设，推进新时期民族语言学科的创新性发展，开发多民族语言知识图谱及智能服务系统，推动信息化条件的语言服务和应用等。

实际上，上述内容仍属宏观层面的规划任务，还应补充完善如下不同层次的细类规划：

（1）针对濒危型和极度濒危型的语言，当务之急是实施抢救性措施，其中包括重点采集和摄录语言中的特色语言成分、不同场景下的自然话语及口头文化等文本资料和音像资料。

（2）对萎缩型尤其是其中无文字的语种则应采取抓紧制定记音符号，并以举办培训班等多种形式推广并普及，以使母语人群达到熟练运用记音符号记录母语资源、阅读相关母语文字读本的能力。

（3）丰厚型语言兼具多渠道深入开发应用的优势和条件，甚至个别语言的产业化条件业已成熟，其实施深度开发应用的步伐不妨迈得更大更快一些。

（4）以下两类语言则要采用计划单列的办法。一类是语言内部各方言甚至土语差异较大的语言，另一类是诸如满语、混合语等特殊类型的语言。前者需根据不同情况实施更为细化的方案，后者则需以每种语言的特殊情况为个案制定独立的工作方案。

综上所述，以上内容各异、重点不同的工作方案应视不同情况同步实施。

五、跨界合作

语言资源是一种特殊的资源，从宏观角度来说，语言资源的保护与开发应用与诸多内部与外部条件密切相关。

首先，与使用这种语言资源的母语人群相关。这也可以说是语言资源保护与开发应用链条中最关键的环节和可能基础，其理论依据如下：其一，个体对母语的使用情况是体现语言使用功能综合性的指标。其二，语言传承环节涉及母语个体的绝对数量以及占总人数的比例。一种语言实际使用人数的多少是决定一种语言的使用密度大小、使用范围的宽窄的基本指标。其三，语言传承还涉及家庭成员的母语能力。上述三个方面可能会在母语的传承中影响到母语个体的整体质量，进而影响由其组成的家庭母语氛围的营造和代际传承能力。其中，母语个体的语言观念则至关重要[6]。当然，上述母语人群的各类行动都需要民族地区相关部门尤其是学会等组织的精心组织和鼎力支持才能奏效。

其次，在语保工程实施进程中，语言学专家是不可或缺的重要力量，他们充当了母语社群与政府之间的桥梁。他们具备对语言资源及其相关材料进行采集、加工、整理、分析研究的能力，国家与政府部门也要基于专家所提供的调查材料和相关依据制定相应的政策和规划目标。实际上，这项工作也给往常习于以惯性思维范式从事语言调查研究的专家学者们提出了新的挑战。近年来国内语言学界在热议语言资源保护及相关论题时，提出了诸多极具前瞻性的真知灼见，尤其是语言学科需在理念、方法和人才培养模式上转型的倡导，以及树立并强化语言资源观和语言服务意识的呼吁，已经引起社会和学界普遍的关注与反思。这些都在一定程度上为语保工程的实施起到了推动作用。

再次，因语言资源的开发及应用涉及社会环境、相关政策、设施、资金等外部条件，政府相关部门职能工作人员要具有一定历史使命感和时代责任感，这也是新时代、新时期给我们政府工作人员提出的新挑战。面对新形势、新任务，我们需要坚持民族平等，努力强化中华民族共同体意识和新的语言资源观，营造宽松和谐的人文环境和社会氛围，积极统筹人力、财力和物力，助推这项"功在当代，利在千秋"的伟大事业。

语言资源的保护与开发应用作为一个系统工程，除了需要民间、学者及政府三方面的分工合作外，也急需在管理机制上有一定突破与创新，如探索跨部门、跨学科、跨地域、跨院校等的密切配合，互补长短的机制等。如以语保工程二期少数民族语言调研专项任务的重头戏 —— 跨境语言调查研究 —— 为例，具体到工作内容时，语言学专家必须认真听取民族学、历史学等学科和数据库专家的意见来制订工作方案，同时还要基于教育部和国家民委达成的共识，征得外交部、安全部、公安部等多部门的同意及协调配合才能开展工作。而在具体任务的实施进程中，则需上述各部委、高等院校，尤其是民族高等院校与外语院校的积极配合与分工合作。

六、结语

综上所述，可持续发展及其相关实现路径是基于我国少数民族语言资源、语言活力和语言文字使用现状而提出的。据此，我们还获得如下认识：

（1）语保工程是一个系统工程，也是一项长期的人文关怀工程。我们应坚持民族平等的基本原则，统一认识，齐心协力，在夯实语保工程一期少数民族语言调研专项任务所获语料资源的基础之上，继续统筹与整合资源，贯彻和落实党和政府"科学保护各民族语言文字"的英明决策，积极探索少数民族语言资源保护及开发应用的可持续发展路径。

（2）我们应秉持实事求是的态度和精益求精的科学精神，从我国的语言国情和少数民族语言资源现状及发展态势出发，制定精准的"科学规划"，构建"统筹管理"的创新机制，寻求"跨界合作"的最佳方式，落实"同步实施"的科学方案。我们坚信基于宏观统筹长远规划，以可持续发展理念为切入点的思考和路线图，可以做到点面兼顾，多元并举，可为少数民族语言资源保护可持续性发展找到一条精准保护、梯次开发、合理应用的推进路径，为语保工程及"后语保"战役奠定扎实的基础。

（3）在语言资源保护和开发利用中，"人"始终是一个重要和关键因素，其中，母语群体和政府相关部门的负责人及专家学者，分别扮演着各自不可替代的重要角色。他们的认识、理念、态度及合作默契程度决定了工作推进的顺利与否和质量高低。我们应坚持"以人为本"的重要原则，深度挖潜，激发内生语言活力，并借助外力，营造宽松的外部环境，加速少数民族语言资源保护与开发应用的智能化步伐，逐步实现少数民族语言资源保护可持续发展目标。

参考文献：

[1]　陈章太.论语言资源[J].语言文字应用，2008（1）：40-46.

[2]　黄行.少数民族语言活力研究[M].北京：中央民族大学出版社，2001：183.

[3]　孙宏开.中国少数民族语言活力排序研究[J].广西民族大学学报（哲

学社会科学版），2006（5）：6-10.

[4]　李锦芳.中国濒危语言认定及保护研究工作规范[J].广西大学学报（哲学社会科学版），2015（2）：107-114.

[5]　丁石庆.语言资源保持类型与数据采集层次：以北方民族语言为例[C]//张世方.语言资源：第1辑.北京：商务印书馆，2018：21.

[6]　丁石庆.语言保持动程中的传承与强化[C]//张公瑾，丁石庆.浑沌学与语言文化研究新起点.北京.中央民族大学出版社，2015：10.

［原载于《中央民族大学学报》（哲学社会科学版）2020 年第 6 期］

布依语否定副词mi^{11}与范围副词共现的位序及语义量特征分析

周国炎　王封霞

摘要： 布依语否定副词mi^{11}与范围副词能够共现在句子状语的位置上，以连续性或非连续性的方式共同修饰中心语。共现的位序有四种表现形式。本文运用逻辑语义学原理，从量性特征角度进行分析，发现这四种共现位序的语义量有三种可能性：减量、增量和表达主观小量。共现的语义量变化受到语义管辖范围、语义指向的影响和制约。

关键词： 布依语；否定副词；范围副词；共现位序；语义量

一、引言

否定是相对肯定而言。否定范畴是人类语言的一个基本语法范畴。王力（1985）指出："凡能在消极方面否定某一件事情者，叫做否定作用。表示否定作用的词叫做否定词。"关于否定词的含义，Jesperson认为，人类语言中的否定词含义都是"less than（少于、不及）"；Horn把否定词视为元语言否定，认为元语言否定的一个重要特点是它不会触发否定极性项（转引自尹洪波，2011）。国内对否定词的语义研究，如王力（1985）

作者简介：周国炎，语言学及应用语言学博士，中央民族大学中国少数民族语言文学学院教授、博士研究生导师，主要研究方向为侗台语族语言与文化、少数民族语言应用研究；王封霞，中央民族大学中国少数民族语言文学学院2023届语言学及应用语言学博士毕业，现为贵州财经大学文学院教师，主要研究方向为应用语言学和少数民族语言。

在讨论否定语分量时，认为否定语总比肯定语的分量轻些；戴耀晶（2000）在讨论否定语否定范畴时指出，量的否定是否认事物或事件在数量上的规定性，语义含义是"少于"；石毓智（2001）赞同Jesperson的观点，认为"汉语中的否定词'不'和'没'用于否定结构之后，否定的含义也是少于、不及其原来的意义程度，是一种差等否定"。从逻辑语义学角度看，"否定副词是从逻辑的角度划分出来的，所表示的是逻辑意义"（张谊生，2014）。"它们与具有量性特征的范围副词共现，相当于一元逻辑算子对某一个量的运算，运算的结果可能为：不变、减量、增量三种情况"（尹洪波，2008，2011）。如"常序'不都'是局部否定，变序后，'都不'是全部否定"（张谊生，1996a）。"不都"这种局部否定，尹洪波（2008，2011）认为在语义上是减量。邢福义（2001）讨论的递进复句呈现一个特征，往往前一个分句有"不+限定副词"类词语，后一个分句出现某种量的增加。邢福义（2001）和尹洪波（2008，2011）的观点都符合Quirk *et al.*（1972）否定范围的"右向原则"，即"从否定词到句末或者句末修饰性状语之前均在否定范围之内"（张春柏，1984）。王力（1985）[127]也曾指出，否定词所否定者，有时候不是某一个单词，而是整个的仂语（词组的旧称，引用保留。下同）。因此，"不"管辖其后仂语，"不+限定副词"后面的分句自然会出现量的增加。

　　副词是布依语词类之一，具有重要的语法、语义、语用功能。喻世长（1956），喻翠容（1980），陈娥、周国炎（2013），周国炎、王伟（2015），陈娥（2015，2016，2019），周国炎、刘朝华（2018）等都对布依语副词进行过研究。其中，陈娥（2016）认为布依语副词连用就是两个或多个副词同时出现在句子状语位置上，以连续性或非连续性的方式共同修饰中心语。在前人研究的基础上，本文依据布依语第一土语的语料（部分引自贵州省望谟县委、县政府2014年拍摄的布依语电视剧《金龙练》；部分来自周国炎（2011）以及作者自省语料），尝试运用逻辑语义学原理，从量性特征角度出发，分析布依语否定副词 mi[11] 与范围副词共现的位序及语义量特征。

二、否定副词mi¹¹与范围副词共现的位序

李宇明（2000）指出范围副词是与主观量表达关系密切的副词之一，其中总括类范围副词及限定类范围副词表达的量性特征最明显。陈娥（2016，2019）将布依语范围副词划分为表总括、统计、限定、外加四类。我们在此基础上，结合周国炎（2011）的研究，主要讨论布依语总括类和限定类这两类范围副词，具体请见表1：

表 1　布依语总括类副词及限定类副词

总括类副词	liŋ³³/ɕiŋ³³ "尽是，全是"、ɕiŋ³³ɕiŋ³³ "全都"、to⁵³ "都"、ɕai¹¹ɕuə¹¹ "完全，全部"、kuə³³leu³¹/ kuə³³ɕai¹¹ "全部，齐全"
限定类副词	tam³¹ "只，仅"、ka³³ "只，仅仅，自个儿，独自"、tam³¹ka³³ "只，唯独"、ɕaːu³¹ "才，只，仅仅"

（一）否定副词 mi¹¹ 与总括类副词共现位序

据袁毓林（2004），现代汉语的否定副词"不"，是个焦点敏感算子，只能否定在它右边的邻接成分。布依语否定副词 mi¹¹ 相当于汉语的"不"，前置于其所修饰的成分。布依语总括类副词则可以前置和后置于其所修饰的成分，它与否定副词 mi¹¹ 共现有两种位序形式：一种是 mi¹¹ 与总括类副词同时出现在中心语之前，另外一种是 mi¹¹ 与总括类副词中间插入中心语。

1. 总括类副词（to⁵³）>[①]否定副词 mi¹¹ > 中心语

布依语总括类副词 to⁵³ "都"为汉语借词，它与否定副词 mi¹¹ 共现，前置于 mi¹¹ 及中心语，修饰 "mi¹¹+中心语" 短语。例如：

（1）xe⁰, tuə¹¹tɕap³⁵ ni⁵³ni³¹taŋ¹¹ŋɔn¹¹to⁵³mi¹¹ʔo³⁵na⁵³,

　　哼　个 冤大头　 这 到 天 都 不 露面

　　zam³¹to⁵³ zaːt³³ taŋ¹¹kun¹¹tin²⁴pai⁰.

　　水　都　烫　　到　脚面　　了

---

① "＞"表示先于。

哼，这个冤大头整天都不露面，火都烧眉毛了。(《金龙练》)

（2）woi^{35}ku^{53}ma^{11}to^{53}mi^{11}ʔau^{24}lɯ^{11},

我　什么　都　不　要　哪

tam^{31}woi^{35}xaɯ^{53}mɯŋ^{11}xaːn^{2} woi^{35}saːm^{24}tuəŋ^{35} siən^{35}ɕi^{33}pan^{11}.

但　我　让　你　答应　我　三　件　事　就　成

我什么都不要，只要大人答应我三件事。(《金龙练》)

（3）xe^{0}, xa^{24}mi^{11}xa^{24}naːŋ^{11}ɕi^{33}woi^{35}ziən^{11}mɯŋ^{11}nau^{11}to^{53}mi^{11}suən^{35},

哼　配　不　配　小姐　就　我　跟　你　说　都　不　算

ʔau^{24}ɕim^{24}naːŋ^{11}.

要　看　小姐

配不配得上小姐我跟你说了都不算，得看小姐。(《金龙练》)

例（1）中，否定副词 mi^{11} 先修饰谓语 ʔo^{35}na^{53} "露面"，to^{53} "都" 再修饰短语 mi^{11}ʔo^{35}na^{53} "不露面"；例（2）中，mi^{11} 先修饰 ʔau^{24} "要"，to^{53} "都" 再修饰 mi^{11}ʔau^{24} "不要"。

2. 否定副词 mi^{11} > 中心语 > 总括类副词

布依语否定副词 mi^{11} 与总括类副词 liŋ^{33}/ ɕiŋ^{33} "尽是，全是"、ɕiŋ^{33}ɕiŋ^{33} "全都"、cai^{11}ɕuə^{11} "完全，全部"、kuə^{33}leu^{31}/ kuə^{33}ɕai^{11} "全部，齐全" 等共现，否定副词 mi^{11} 位于中心语和总括类副词之前。例如：

（4）xe^{0}, ɕin^{24}za^{24}ʔdai^{31}tɕi^{53}ɕoi^{31}　zaːi^{31}, tam^{31}mi^{11}xo^{11}sam^{24}liŋ^{33}.

哎　真　找得　几　个(孩子)　确实　可是　不　中意　都

哎，确实真找到了几个孩子，可是都不中意。

（5）leu^{31}ʔbaːn^{31}wɯn^{11}mi^{11}pu^{31}laɯ^{11}paːŋ^{24}te^{24}ɕiŋ^{33}.

全村　人　没谁　帮　他　都

全村人都不帮他。

（6）nau^{11}kaːi^{35} tɕa^{53}fai^{31}te^{24}ʔau^{24}ɕen^{11}, leu^{31}xo^{53}mi^{11}ʔau^{24}ɕai^{11}ɕuə^{11}.

说　个　树苗　那　要　钱　大家　不　要　全部

听说那个树苗是要钱买的，大家就都不要了。

（7）po^{33} te^{24}ɕiəŋ^{35}ʔi^{35}mi^{11}ʔau^{24}tiəŋ^{11}xaɯ^{53}te^{24}kuə^{33}leu^{31}.

父亲　他　故意　不　把　糖　给　他　全部

他父亲故意没把糖都给他。

以上例子中，总括类副词位于中心语之后，符合布依语正偏结构的特点。否定副词 mi¹¹ 与总括类副词之间插入中心语。

（二）否定副词 mi¹¹ 与限定类副词共现位序

布依语限定类副词是对事物范围、数量或动作行为的限定，可修饰名词、代词、动词和数量短语，一般出现在中心语之前。如 tam³¹ "只，仅"、ka³³ "只，自个儿，独自"、tam³¹ka³³ "唯独"、ɕaːu³¹ "才，只，仅仅" 等，它们与否定副词 mi¹¹ 共现有两种位序形式。

1. 限定类副词 > 否定副词 mi¹¹ > 中心语（谓语动词）

否定副词 mi¹¹ 与限定类副词连用，且中心语为动词时，mi¹¹ 可直接前置所修饰的动词。例如：

（8）ŋɔn¹¹ʔaːŋ³⁵zaːn¹¹te²⁴xe³⁵tɕai²⁴xe³⁵tɕaɯ⁵³to⁵³taŋ¹¹leu³¹,

　　天　贺新房　　那 远亲近邻　　　　都 到 全

　　ka³³ mi¹¹ zan²⁴ɕoi³¹　luk³³ɕin²⁴zaːn¹¹te²⁴.

　　唯独 不 见　个(小孩)儿 亲　家　他

　　乔迁新家的那天，远亲近邻都来了，唯独不见他的亲儿子。

（9）lap³³jaːŋ¹¹pjak³⁵, te²⁴tam³¹mi¹¹maːi⁵³kɯn²⁴pjak³⁵kaːt³⁵kaːn⁵³jeu²⁴.

　　所有　蔬菜 他 唯独 不 喜欢 吃 蔬菜　杆 青

　　所有的蔬菜中，他唯独不喜欢吃青菜。

（10）ʔbaːn³¹ni³¹jaːŋ¹¹maˑ¹¹to⁵³zo³¹kuə³³, ka³³mi¹¹zo³³kuə³³toi³¹naːm³³to³³.

　　村　这 什么　都 会 做 仅 不 会 做 土碗　而已

　　这个村什么都会做，仅仅不会生产土碗。

（11）po³³ku²⁴ɕaːŋ³³ku⁵³maˑ¹¹to⁵³kuə³³, tam³¹ka³³mi¹¹kuə³³taŋ³⁵to³³.

　　父亲我　手艺 什么　　都 做 仅仅　　不 做 椅 而已

　　我父亲什么手艺都会，仅仅不做椅子。

上例中，限定类副词位于最前端的位置，修饰后面的 "mi¹¹+中心语"。例（10）和例（11）句末语气词 to³³ "而已" 表加强语气。

2. 否定副词 mi¹¹ > 限定类副词 > 中心语

当句子中心语扩大到名词、量词、代词等体词性词语时，否定副词 mi¹¹ 不能直接修饰中心语，而是出现在限定类副词之前。例如：

（12）pai^{11}ma^{24}za^{24}ka:ŋ^{53}sai^{33}te^{24}<u>mi^{11}ka^{33}</u>te^{24}pu^{31}to^{33},

　　　时候来　找谈事　　那不只他个一

　　xo^{53}za:n^{11}te^{24} je^{53}ma^{24}tem^{24}.

　　　群　家　他　也　来　添

　　当时来谈事的不只他一个人，还有他们家族的人。

（13）<u>mi^{11}ka^{33}</u>muɯ^{11}ʔju^{35}za:n^{11}taɯ^{11}za:n^{11}, xa^{31}li^{31}nuəŋ^{31}muɯ^{11}tem^{24}.

　　　不只　你　在　家　守家　　还有　弟弟　你　添

　　不光你在家看家，还有你弟弟。

（14）<u>mi^{11}ka^{33}</u> na:ŋ^{11}wa^{24}pai^{24}, po^{33}te^{24}je^{53}pai^{24}.

　　　不　只　小姐　阿花去　父亲她也　去

　　不仅阿花小姐去，她爸也要去。

（15）<u>mi^{11}ka^{33}</u> ɕoi^{31} ni^{35}te^{24}ma^{24}ʔjam^{35}ta:i^{35}, ɕoi^{42} la:u^{31}te^{24}je^{53}ma^{24}.

　　　不　只　个（小孩）小　那　来　拜　　外婆　个（小孩）大　那　也　来

　　不光小儿子来外婆家拜年，大的那个孩子也来了。

上例中，否定副词 mi^{11} 均前置于限定类副词，与之共同修饰或限制中心语。如例（14）否定副词 mi^{11} 与限定类副词 ka^{33}"只"一起修饰中心语 na:ŋ^{11}wa^{24}"阿花小姐"；例（15）否定副词 mi^{11} 与限定类副词 ka^{33}"只"一起修饰 ɕoi^{31}ni^{35}te^{24}"小的那个"。

此外，当否定副词 mi^{11} 与限定类副词之前出现主语，该结构的中心语通常为动词，这时 mi^{11} 要否定的对象不仅仅是谓语中心本身，而是受到一定限制的行为、性质状态、范围或数量，mi^{11} 需位于限定类副词之前。张谊生（1996a，2001，2014）将汉语中此类副词连用位序称为"变序"。他认为"否定副词的否定对象不再仅仅是谓语中心本身，而是受到了一定限制的动作行为或性质状态时，否定副词就需要改变常序，位于其限制性副词之前"（张谊生，2014）。下面为布依语的例子：

（16）te^{24}<u>mi^{11}ka^{33}</u>tɕi^{53}lau^{53}ma^{24}kɯn^{24}, xa^{31}tɕi^{53}pai^{24}ka:i^{24}.

　　　他　不仅　酿酒　来　喝　还酿去卖

　　他不仅酿酒来自己喝，还酿去卖。

（17）te^{24}<u>mi^{11}ka^{33}</u>ʔdam^{24}ʔda:i^{31}ma^{24}juŋ^{33}, xa^{31}ʔdam^{24}pai^{24}ka:i^{24}.

　　　她　不仅　栽　麻　来　用　还　栽　去　卖

　　她不仅栽麻来自己用，还拿去卖。

例（16）ka³³"仅"限定 tɕi⁵³lau⁵³ma²⁴kɯn²⁴"酿酒来喝"，否定副词 mi¹¹否定 ka³³tɕi⁵³lau⁵³ma²⁴kɯn²⁴"仅酿酒来喝"这个行为。同样，例（17）否定副词 mi¹¹是否定 ka³³ʔdam²⁴ʔdaːi³¹ma²⁴juŋ³³"仅栽麻来自己用"的行为。

综上，可将布依语否定副词 mi¹¹与范围副词共现位序归纳为四种形式：①总括类副词（to⁵³）> 否定副词 mi¹¹ > 中心语；②否定副词 mi¹¹ > 中心语 > 总括类副词；③限定类副词 > 否定副词 mi¹¹ > 中心语（谓语动词）；④ 否定副词 mi¹¹ > 限定类副词 > 中心语。

三、否定副词 mi¹¹ 与范围副词共现的语义量

李宇明（2000）[30]将量范畴划分为物量、空间量、时间量、动作量、级次量和语势，依据这几种量以及逻辑语义学，认为否定副词对某一个量进行运算结果是"不变、减量和增量"。我们主要讨论布依语否定副词 mi¹¹与范围副词共现时语义减量、增量以及表达主观小量的表现形式。

（一）语义减量

否定副词 mi¹¹与总括类副词和限定类副词共现都有语义减量的情况。

1. 否定副词 mi¹¹ 与总括类副词共现语义减量表现

在"总括类副词（to⁵³）> 否定副词 mi¹¹ > 中心语"位序中，总括类副词 to⁵³"都"占宽域，否定副词 mi¹¹占窄域，表示完全否定，符合"位序前的副词其语义管辖总要比位序后的副词更宽"（张谊生，1996a）[92–93]的原则。例如：

（18）te²⁴taːm⁵³seu⁵³, tɕaːŋ²⁴xɯn¹¹tɕiə¹¹lau¹¹to⁵³mi¹¹kaːm⁵³pai²⁴.

　　　他　胆　小　　半夜　　哪里　都　不　敢　去

　　　他胆子小，晚上哪里都不敢去。

（19）leu³¹po¹¹lɯk³³ʔbɯk³⁵to⁵³mi¹¹ziəŋ¹¹mɯŋ¹¹toi³⁵wɯən²⁴,

　　　所有　姑娘　　都　不　和　你　对　歌

　　　sam²⁴tɕet³⁵pjaːu¹¹pai⁰.

　　　心　疼　特别　了

　　　所有姑娘都不跟你对歌，太心疼你了。

例（18）、例（19）中，总括类副词 to^{53} "都" 在否定副词 mi^{11} 之前，管辖否定副词，表示全部否定，与"汉语里'都/全不/没'是完全否定"（张谊生，1996a，2001；尹洪波，2008，2011）相同。

在"否定副词 mi^{11} ＞中心语＞总括类副词"位序中，否定副词 mi^{11} 与总括类副词 lin^{33}/ɕin^{33} "尽是，全是"、ɕin^{33}ɕin^{33} "全都"、ɕai^{11}ɕuə^{11} "完全，全部"、kuə^{33}leu^{31}/ kuə^{33}ɕai^{11} "全部"等共现，表示完全否定时语义量是零，表示部分否定时语义量是部分。具体表现为：

其一，否定副词 mi^{11} 与 lin^{33}/ɕin^{33} "尽是，全是"、ɕin^{33}ɕin^{33} "全都"、ɕai^{11}ɕuə^{11} "完全，全部"共现，总括类副词占宽域，mi^{11} 占窄域，语义上表完全否定。例如：

（20）kwaːi^{24}mi^{11}ʔdai^{31}tuə^{11}tɕin^{33}zon^{33}ʔdiən^{24}te^{24},

　　　　怪不得　　　　　个　金龙练　　　　那

　　tɕi^{53}ŋon^{11}tan^{11}xam^{33} mi^{11}ma^{24}zaːn^{11}ku^{24}kuə^{33}xon^{24}ɕin^{33}.

　　几　天　到　晚　不来　家　我　干活　　都

　　怪不得那个金龙练，几天都不来我家干活。（《金龙练》）

（21）ku^{24}ʔdai^{31}ɕum^{33}ṇa^{24}mɯn^{11}ma^{24}ɕe^{33}ɕi^{33}leu^{31}ʔdaːŋ^{24}mi^{11}xum^{11}

　　　　我　得　包　药　你　来　泡　就　全身　　不　痒

　　ɕin^{33}ɕin^{33}pai^{0}.

　　都　　了

　　我用你开的药来泡，全身都不痒了。（《金龙练》）

（22）te^{24}xa^{11}tɕai^{11}pai^{24}ta^{53}kun^{33}, tam^{31}leu^{31}zaːn^{11}mi^{11}thun^{24}ji^{24}ɕai^{11}ɕuə^{11}.

　　他　要　想　去　打工　　但　全家　　不　同意　　全部

　　他想去打工，但全家人都不同意。

例（20）中，在句法上，mi^{11} 先修饰动词 ma^{24} "来"，构成短语 mi^{11}ma^{24} "不来"，然后再一起受句末总括类副词 ɕin^{33} "都"修饰。语义上，总括副词 ɕin^{33} "都"占宽域，管辖否定副词 mi^{11}，mi^{11} 占窄域，表示完全否定。例（21）中，总括副词 ɕin^{33}ɕin^{33} "都"在句法上修饰短语 mi^{11}xum^{11} "不痒"，语义上 ɕin^{33}ɕin^{33} "都"占宽域，mi^{11} 占窄域，表完全否定。

由此，当句法上总括类副词修饰 "mi^{11}＋中心语"、语义上管辖否定副词 mi^{11} 时，表示完全否定。

其二，否定副词 mi^{11} 与总括类副词 kuə^{33}leu^{31}/ kuə^{33}çai^{11} "全部，齐全"共现，mi^{11} 占宽域，总括类副词占窄域，表示部分否定。例如：

（23）te^{24}pei^{31}çen^{11}ku^{24}pai^{0}, tam^{31}çi^{33}<u>mi^{11}</u>pei^{11}kuə^{33}leu^{31}.

　　　他　还　钱　我　了　但是　　不　还　全部

　　　他还我钱了，但是不全部还。

（24）pau^{35}mo^{24}la:u^{24}te^{24}pai^{24}kuə^{33}siən^{35}wa:i^{33},

　　　布摩　　　害怕他去　做　坏事

　　　çiəŋ^{33}ʔi^{35}<u>mi^{11}</u>son^{24}mo^{24} xaɯ^{53}te^{24}kuə^{33}leu^{31}.

　　　故意　　不　教　摩经给　　他　全部

　　　布摩害怕他去做坏事，故意不把摩经全部教给他。

（25）muŋ^{11}pai^{24}çiŋ^{53}wuɯ^{11}je^{53}<u>mi^{11}</u>çiŋ^{53}kuə^{33}leu^{31},

　　　你　去　请　人　　也　不　请　全部

　　　pu^{31}çiŋ^{53}mi^{11}taŋ^{11} te^{24}çi^{11}n̦au^{35}.

　　　人　请　不　到　那就　生气

　　　你去请人也不全部请，没请到的人就会生气。

根据语义的"虚实分指"（张谊生，1996a），布依语总括类副词 kuə^{33}leu^{31}/ kuə^{33}çai^{11} "全部，齐全"的语义既可以指向中心语前面的主语成分，也可以指向中心语后面省略的宾语成分。如例（23）mi^{11} 语法上先修饰 kuə^{33}leu^{31} "全部"，kuə^{33}leu^{31} 语义指向中心语后面被省略的宾语 çen^{11} "钱"，语义在 mi^{11} 的作用范围内，mi^{11} 占宽域，kuə^{33}leu^{31} 占窄域，形成部分否定 mi^{11}kuə^{33}leu^{31} "不全部"。从逻辑角度来看，"不全部"的最大量接近"全部"，其量是大多数，所以例（23）所蕴含的命题是"他还我大部分钱"。运用语义管辖范围原则及逻辑算子原理，例（24）蕴含的命题是"布摩告诉他大部分摩经"，例（25）蕴含的命题是"他请了大部分的人"。否定是相对于一个肯定来说的，部分否定"不全部"在语义上是减量。

综上，当句法上否定副词 mi^{11} 修饰总括类副词且总括类副词的语义指向后面被省略的宾语时，总括类副词的语义在否定副词 mi^{11} 的管辖范围内，mi^{11} 占宽域，总括类副词占窄域，表局部否定，语义上表示部分。

2. 否定副词 mi^{11} 与限定类副词共现语义减量表现

否定副词 mi^{11} 与限定类副词共现语义减量体现在"限定类副词 > 否定副词 mi^{11} > 中心语（谓语动词）"位序中。例如：

（26）po^{35}ji^{35}po^{35}nau^{11}te^{24}jaːŋ^{11}jaːŋ^{11}zo^{31},

　　　吹唢呐　吹大号　他样样　　会

　　　tam^{31}mi^{11}zo^{31}nau^{11}wuən^{24}to^{33}to^{33}.

　　　唯独 不 会　唱　山歌　　而已

　　　吹唢呐吹号他样样都会，唯独不会唱山歌。

（27）pau^{35}mo^{24}te^{24}jaːŋ^{11}jaːŋ^{11}zo^{31}, ka^{33}mi^{11}zo^{31}suɯ^{24}to^{33}.

　　　布摩　　那样样　　　会 仅 不 会 字 而已

　　　那个布摩样样精通，仅仅不识字。

例（26）、例（27）的连用顺序是右向结构，否定副词 mi^{11} 先修饰中心语 zo^{31} "会"，然后共同接受限定类副词 tam^{31} "唯独"、ka^{33} "仅仅"的修饰。限定类副词语义指向是右指的，mi^{11} 否定管辖范围分别是 nau^{11}wuən^{24} "唱山歌"和 zo^{31}suɯ^{24} "识字"，并且否定范围是在限定类副词管辖的范围内，符合语义辖域越宽位序越前的原则。

布依语限定类副词起到限定的作用，"所概括的对象是整个范围而言，不是全体也不是个体，而是其中的部分"（张谊生，2001）。例（26）、例（27）限定类副词分别概括出 te^{24} "他"和 pau^{35}mo^{24} "摩公"所没有的"唱山歌"和"识字"的本领。两者在原有本领的基础上减掉这两个本领，即表示所持有的部分本领，语义上减量。

我们还可以从"减量"与"转折"的关系来说明语义减量。尹洪波（2008）在"顺序递进性复句"推演（李宇明，2000）[270]的基础上，论证了"量的变化，减量常常隐含着'转折'"。从逻辑关系上看，例（26）、例（27）都蕴含"转折"的关系，也较好地说明了它们的语义减量。

（二）语义增量

"限定类副词语义指向都是右指的，在它们语义管辖中有表量的词语时，这些量表示主观小量"（李宇明，2000）[119]。这些主观小量被否定后，语义量大于原有的量。布依语限定类范围副词 tam^{31} "只，仅"、ka^{33} "只，自个儿，独自"、tam^{31}ka^{33} "唯独"、ɕaːu^{31} "才，只，仅仅"

等管辖范围内有量，被否定后语义量增加。其中，tam^{31} 和 ka^{33} 仅表"只、仅"义时，其前加否定副词 mi^{11} "不"，构成关联词 $mi^{11}tam^{31}$ "不只，不仅"、$mi^{11}ka^{33}$ "不只"。它们与 $j\varepsilon^{53}$ "也"、xa^{11} "还"、ςai^{11} "也"等组成递进关系，即 $mi^{11}ka^{33} \cdots j\varepsilon^{53} \cdots$ "不光 …… 也 …… "、$mi^{11}tam^{31} \cdots xa^{11} \cdots$ "不只 …… 还 …… "等。"'量'的变化对复句逻辑关系有制约，'增量'与'递进'有密切关系，'增量'往往隐含着'递进'"（尹洪波，2008）[62]。布依语限定类副词与否定副词共现时，语义的增量也体现在"递进"关系里。例如：

（28）$\text{?ba:n}^{31}\text{zau}^{11}\underline{\text{mi}^{11}\text{ka}^{33}}\text{za:n}^{11}\text{ku}^{24}\text{li}^{31}\varsigma \text{i}\vartheta^{24}, \text{za:n}^{11}\text{?}\text{ɯn}^{35}j\varepsilon^{53}\text{li}^{31}.$
　　村　我们 不只 家　我 有 车　 家　 其他 也 有
　　我们村不只我家有车，别家也有。

（29）$\underline{\text{mi}^{11}\text{tam}^{31}}\text{te}^{24}\text{pu}^{31}\text{to}^{33}\text{zo}^{31}\text{xa:i}^{24}\text{ t}\varsigma\text{a}^{35}\text{t}\varsigma\text{i}^{33}\text{t}\varsigma\text{i}^{24}\text{ni}^{31}, \text{pu}^{31}\text{?}\text{ɯn}^{35}j\varepsilon^{53}\text{zo}^{31}.$
　　不 只 他 个 一 会 开 驾 机器 这　别人　 也 会
　　不只他一个人会开这台机器，别人也会。

（30）$\varsigma\text{ɯ}^{11}\text{te}^{24}\text{pɯəŋ}^{11}\text{ni}^{31}\underline{\text{mi}^{11}\text{ka}^{33}}\text{li}^{31}\text{kuə}^{24}\text{?dak}^{35}\text{ka:i}^{24}, \text{xa}^{11}\text{li}^{33}\text{kuə}^{24}\text{mɯn}^{33}.$
　　时 那 地区 这 不 只 有 岩盐　　 卖　 还 有 细盐
　　那时候这一带不只有岩盐卖，还有细盐。

例（28）ka^{33} "仅"限定 $za:n^{11}ku^{24}$ "我家"，语义上也指向"我家"。这里"我家"为事物量，可以用"1"来表示，它在 ka^{33} 的限定范围内，表示小量，意思是"只1"，在前面加 mi^{11} 对"只1"进行否定，等于"不只1"，其意思是"大于1"，表示"有车的家庭，除了我家外，还有别的家庭"；例（29）tam^{31} "只"限定 te^{24} "他"，mi^{11} 否定 $tam^{31}te^{24}$ "只他"，意思是"大于他"，即"会开这台机器的人，除了他还有别人"。

除了表示事物量以外，还可以表示动作量。例如：

（31）$\text{ku}^{24}\underline{\text{mi}^{11}\text{ka}^{33}}\text{fi}^{33}\text{kɯn}^{24}\text{xau}^{31}\text{ziŋ}^{11}, \text{xau}^{31}\text{ŋa:i}^{11}\text{to}^{53}\text{fi}^{33}\text{kɯn}^{24}\varsigma\text{ai}^{11}.$
　　我 不 仅 没 吃 午饭　　 早饭　　都 没 吃 也
　　我不仅没吃午饭，连早饭都没吃。

（32）$\text{zau}^{11}\underline{\text{mi}^{11}\text{tam}^{31}}\text{kɯət}^{33}\text{fɯn}^{11}\text{to}^{33}, \text{xa}^{11}\text{kuə}^{33}\text{jiəŋ}^{33}\text{?ɯn}^{35}.$
　　我们 不 仅仅 扛　 柴　 而已 还 做　别样
　　我们不仅仅扛柴，还干了别的活。

（三）主观小量

汉语副词"才"表示数量小、次数少、能力差、程度低等。陈小荷（1994）指出，"才"限定成分为体词时，不表示"增量"，也不表示"减量"，而表示主观小量。张谊生（1996b）将汉语"才$_1$"分为"才$_A$"和"才$_B$"。"才$_A$"主要表示说话人对时间、数量、范围、差距等倾小的强调。布依语限定类副词 ɕaːu^{31} 语义上对应现代汉语副词"才$_A$"。例如：

（33）$\text{te}^{24}\text{ɕaːu}^{31}\text{xaɯ}^{53}\text{zau}^{11}\text{pu}^{31}\text{ʔdeu}^{24}\text{pa}^{35}\text{ɕen}^{11}\text{ʔdeu}^{24}$.

他　才　给　我们　人　一　　百　钱　一

他才给我们一人一百块钱。

（34）$\text{te}^{24}\text{ɕaːu}^{31}\text{ma}^{24}\text{kwa}^{35}\text{soŋ}^{24}\text{taːu}^{35}$.

他　才　来　过　两　次

他才来过两次。

尹洪波（2008，2011）在陈小荷（1994）的基础上，对汉语否定副词与"才"共现时的语义量进行探讨，得出语义量不变的结果，也进一步验证了陈小荷（1994）的观点。布依语否定副词 mi^{11} 仅在反问句中才能前置于 ɕaːu^{31}"才"。例如：

（35）a. $\text{muŋ}^{11}\underline{\text{mi}^{11}\text{ɕaːu}^{31}}\text{xaɯ}^{53}\text{ku}^{24}\text{man}^{11}\text{ɕen}^{11}\text{ʔdeu}^{24}\text{lo}^{0}$？

你　不　才　给　我　块　钱　一　吗

你不才给我一块钱吗？

b. *$\text{muŋ}^{11}\underline{\text{mi}^{11}\text{ɕaːu}^{31}}\text{xaɯ}^{53}\text{ku}^{24}\text{man}^{11}\text{ɕen}^{11}\text{ʔdeu}^{24}$.

你　不　才　给　我　块　钱　一

（36）a. $\text{naːŋ}^{11}\underline{\text{mi}^{11}\text{ɕaːu}^{31}}\text{ɕip}^{33}\text{xa}^{53}\text{pi}^{24}\text{laɯ}^{0}\text{ka}^{0}$？

小姐　不　才　十　五　岁　吗

小姐不才十五岁吗？

b. *$\text{naːŋ}^{11}\underline{\text{mi}^{11}\text{ɕaːu}^{31}}\text{ɕip}^{33}\text{xa}^{53}\text{pi}^{24}$.

小姐　不　才　十　五　岁

例（35）a中 ɕaːu^{31}"才"修饰数量短语 $\text{man}^{11}\text{ɕen}^{11}\text{ʔdeu}^{24}$"一块钱"，语义也指向"一块钱"，表量少。$\text{mi}^{11}\text{ɕaːu}^{31}$ 与 lo^{0} 构成反问句框架"mi^{11} … lo"，以反问表强调，相当于"就"，隐含命题为"你就给我一块钱"。例（36）a中 ɕaːu^{31} 修饰数量短语 $\text{ɕip}^{33}\text{xa}^{53}\text{pi}^{24}$"十五岁"，表年龄

小，"mi¹¹ɕaːu³¹ … laɯºkaº" 强调 "十五岁" 小的事实，隐含命题 "小姐只有十五岁"。而例（35）b 和例（36）b 均是不完整的句子。

通过上述分析，布依语 mi¹¹ɕaːu³¹ … loº/ laɯºkaº/ maº/ naº "不才……吗" 句式也强调主观小量。例如：

（37）mɯŋ¹¹mi¹¹ɕaːu³¹ʔo³⁵tu²⁴soŋ²⁴saːm²⁴ŋɔn¹¹loº？

你　不　才　出门　两　三　天　吗

你不才出门两三天吗？

（38）xo⁵³tshaːn³³tɕa³³pi⁵³sai²⁴te²⁴tsuŋ⁵³kuŋ²⁴mi¹¹ɕaːu³¹xa⁵³pu³¹vuun¹¹loº？

些　参加　　比赛　那　总共　　不　才　五个人　吗

参加比赛的选手总共不才五个人吗？

例（37）和例（38）中的数量短语 soŋ²⁴saːm²⁴ŋɔn¹¹ "两三天"、xa⁵³pu³¹vɯn¹¹ "五个人"，如果单独使用且无主观评价时，不能表示主观小量。但在前面加限定类副词 ɕaːu³¹ "才" 后，可以体现主观小量。若在 ɕaːu³¹ 前面再加上 mi¹¹，末尾加 loº "吗"，则强调 "两三天" 时间量小，"五个人" 人物量小。

四、结语

综上所述，布依语否定副词 mi¹¹ 与范围副词共现共有四种位序，语义量变化受到语义管辖范围、语义指向的影响和制约。从逻辑语义学角度看，这四种共现位序的语义量具有三种可能：减量、增量、表达主观小量。语义减量体现在四种位序上：① 在 "总括类副词（to⁵³）> 否定副词 mi¹¹ > 中心语" 位序中，根据位序越前语义管辖越宽原则，to⁵³ "都" 占宽域，管辖否定副词 mi¹¹，表示完全否定，语义量为零；② 在 "否定副词 mi¹¹ > 中心语 > 总括类副词 liŋ³³/ ɕiŋ³³/ ɕiŋ³³ɕiŋ³³/ ɕai¹¹ɕuə¹¹" 位序中，总括类副词语义指向 "mi¹¹+中心语" 前面的主语，总括类副词占宽域，否定副词 mi¹¹ 占窄域，表示完全否定，语义量为零；③ 在 "否定副词 mi¹¹ > 总括类副词 > kuə³³leu³¹/ kuə³³ɕai¹¹" 位序中，总括类副词语义指向中心语后面被省略的宾语成分，否定副词 mi¹¹ 占宽域，总括类副词占窄域，表示部分否定，语义减量；④ 在 "限定类副词 > 否定副词 mi¹¹ >

中心语（谓语动词）"位序中，限定类副词占宽域，mi^{11} 占窄域，表示部分量。语义增量体现在"否定副词 mi^{11} ＞限定类副词＞中心语"位序中，其原因是当 mi^{11} 否定主观小量时，语义量大于原有的量。但并非所有限定类副词前面有否定副词 mi^{11} 都能表示语义增量，如在疑问句中，当 mi^{11} 位于 $\varsigma a\!:\!u^{31}$ "才"之前时，表示主观小量。

　　布依语否定副词 mi^{11} 与范围副词共现的位序及语义量可以归纳为：①"总括类副词（to^{53}）＞否定副词 mi^{11} ＞中心语"及"否定副词 mi^{11} ＞中心语＞总括类副词 $li\eta^{33}/\varsigma i\eta^{33}/\varsigma i\eta^{33}\varsigma i\eta^{33}/\varsigma ai^{11}\varsigma u\vartheta^{11}$"，表完全否定，语义量为零；②"否定副词 mi^{11} ＞中心语＞总括类副词 $ku\vartheta^{33}leu^{31}/ku\vartheta^{33}\varsigma ai^{11}$"及"限定类副词＞否定副词 mi^{11} ＞中心语（谓语动词）"，语义减量；③"否定副词 mi^{11} ＞限定类副词＞中心语"，语义量增加；④"否定副词 mi^{11} ＞限定类副词 $\varsigma a\!:\!u^{31}$ ＞中心语"在疑问句中表主观小量。

参考文献：

陈娥，2015. 布依语副词语序类型学研究[J]. 中央民族大学学报，（1）：164–152.

陈娥，2016. 布依语副词研究[M]. 北京：科学出版社.

陈娥，2019. 布依语范围副词研究[J]. 黔南民族师范学院学报，（5）：24–30.

陈娥，周国炎，2013. 布依语否定词 mi^{11}（不）和 fi^{33}（未）的语义和语法功能[J]. 民族语文，（5）：48–55.

陈小荷，1994. 主观量问题初探：兼谈副词"才""就""都"[J]. 世界汉语教学，（4）：18–27.

戴耀晶，2000. 试论现代汉语的否定范畴[J]. 语言教学与研究，（3）：45–49.

李宇明，2000. 汉语量范畴研究[M]. 武汉：华中师范大学出版社.

石毓智，2001. 肯定和否定的对称与不对称[M]. 北京：北京语言文化大学出版社.

王力，1985. 中国现代语法：新1版[M]. 北京：商务印书馆.

邢福义，2001. 汉语复句研究[M]. 北京：商务印书馆.

尹洪波，2008. 否定词与副词共现的句法语义研究 [D]. 北京：中国社会科学院研究生院.

尹洪波，2011. 否定词与范围副词共现的语义分析 [J]. 汉语学报，（1）：80–85.

喻翠容，1980. 布依语简志 [M]. 北京：民族出版社.

喻世长，1956. 布依语语法研究 [M]. 北京：科学出版社.

袁毓林，2004. 汉语语法研究的认知视野 [M]. 北京：商务印书馆：53.

张春柏，1984. 论关于否定范围的"右向原则" [J]. 现代外语，（3）：53–59.

张谊生，1996a. 副词的连用类别和共现顺序 [J]. 烟台大学学报，（2）：86–95.

张谊生，1996b. 现代汉语副词"才"的句式与搭配 [J]. 汉语学习，（3）：10–15.

张谊生，2001. 论现代汉语的范围副词 [J]. 上海师范大学学报，（1）：107.

张谊生，2014. 现代汉语副词研究 [M]. 北京：商务印书馆.

周国炎，2011. 布依–汉词典 [M]. 贵阳：贵州民族出版社.

周国炎，刘朝华，2018. 布依语参考语法 [M]. 北京：中国社会科学出版社.

周国炎，王伟，2015. 布依语基础教程（修订版）[M]. 北京：中央民族大学出版社.

QUIRK R, SYDNEY G, GEOFFREY L, et al., 1972. A Grammar of Contemporary English[M]. London: Longman.

（原载于《民族语文》2020 年第 6 期）

藏语cing类连词的语法化

格日杰布

摘要： 本文基于藏文早期碑文和敦煌藏文文献考察了藏语连词cing、zhing和shing的语法化进程。文章主张连词cing、zhing和shing是由名词zhing演变而来，从现有资料推理，zhing可能源于实词bzhin（脸）。

关键词： 连词；cing；zhing；shing；语法化

一、引言

藏文早期文法体系《三十颂》《性入法》①《语门文法概要》②中虽提到了虚词的构成和个别搭配方式，但并未说明这些虚词的来源，后期文法著作也未关注这一问题。从语法化视角分析，藏文传统文法对虚词的界定只说明了某一实词完全虚化后的状态而并未考虑其前身。所以，传统文法忽略虚词来源的原因也可想而知。语法化理论对世界各地语言中各种由实变

作者简介：格日杰布，民族学（藏学）博士，中央民族大学中国少数民族语言文学学院副教授、硕士研究生导师，主要研究方向为古藏文形态句法、藏语支语言、文献语言学等。

① 据《布顿佛教史》记载，《三十颂》和《性入法》是在7世纪由吐弥桑布扎撰写而成。G. Uray（1955）和Miller（1956）等质疑此观点，并称这两部著作面世于8世纪之后，其撰写时间上有不同的观点。无论它的撰写时间到底是哪一个，这两部著作对整个13世纪之后出现的藏语语法体系产生了深远的影响，从某种程度而言，整个藏语语法体系就是根据这两部著作的结构和内容展开形成。

② 《语门文法概要》是在10世纪左右由印度学者珍贝益西扎巴撰写。本书主要有三个部分，即文字、实词和虚词。实词和虚词部分较为详细地讲述了词类和虚词的功能用法，被后期文法著作广为引用。

虚现象进行深入研究后，提出了语法单位往往由实变虚，且实词是各种虚词的主要来源的结论。即使有些虚词缺乏历史材料而难以确定其实词源头，但从客观观察到的语言事实能推测，几乎所有的虚词都来自一个具有实际意义的词汇单位。①这种视角对藏语虚词来源的考证提供了有力的理论依据。语法化理论提供的是一种普遍规则，语言间的个性需要考察具体语法特点。德兰西（Delancey. Scott）提出藏缅语语法标记普遍来自名词或动词，其中表示处所名词偏多。②这给这类虚词来源的考察提供了一个具体参考。 相对而言，藏语很多虚词的语法化是渐进性的，除格标记之外，只要跟早期碑文和敦煌文献中的古藏文对比，很多虚词都能显示其实词词源，能找出由实词到虚词语法化的历程。③

　　下面笔者将以语法化理论为指导，基于八通藏文早期碑文④和八卷敦煌藏文历史文献⑤中出现的例句，对这类虚词的来源进行初步探讨，这种分析其实也是在观察这类连词在人类语言共性中的地位。藏语是整个藏缅语中最早出现文字记录的语言，从古藏文文献解读这些问题对研究藏语其他连词的语法化进程，以及对整个藏缅语虚词演变的考察有着重要的应用价值。

　　cing是表示并列关系的连词，有三种变体形式，即cing、zhing和shing。在其前音节后加字–g、–d、–b和再后加字–d后面用cing，后加

---

① 刘丹青：《语法化理论与汉语方言语法研究》，载《方言》2009年第2期，第106页。

② Scott Delancey, "Etymological notes on Tibeto-Burman case particles", *LTBA*, vol 8, no.1, 1984, pp.57 — 77.

③ 格日杰布：《敦煌古藏文句法结构研究》，博士论文，中央民族大学藏学研究院，2018年。

④ 分别为雪碑、桑耶寺碑、琼结碑、谐拉康碑、噶迥寺建寺寺碑、工布刻石、赤德松赞墓碑，唐蕃会盟碑。碑文原引自李方桂，何蔚南：《古代西藏碑文研究》，拉萨：西藏人民出版社，2006年。部分碑文汉译文引自恰嘎·旦正：《藏文碑文研究》，拉萨：西藏人民出版社，2012年（注释中只标出书名、引文所在页码，其他信息不再列出）。

⑤ 分别为P.T.1038、P.T.1068、P.T.1286、P.T.1287、P.T.1288、IOL TIb J（以下统一用ITJ）750、ITJ8212、ITJ1284。数据来源：International Dunhuang Project: http://idp.bl.uk/；OTDO: https://otdo.aa-ken.jp/，部分汉译文引自王尧、陈践译注：《敦煌古藏文文献探索集》，上海：上海古籍出版社，2008年（注释中只标出书名、引文所在页码，其他信息不再列出）。

字–ng、–n、–m、v–、–r、–l后面用 zhing，后加字 –s 后面用 shing。①为何这一连词有三种变体形式？它们的来源是什么？这是笔者将要讨论的问题。据《布顿佛教史》最早记载②，《三十颂》和《性入法》创作于公元7世纪，但这两部著作未记载虚词 cing/zhing/shing 中的任何一种。公元10世纪左右著述的《语门文法概要》中首次提到了这类虚词的用法。藏文早期碑文和敦煌藏文历史文献中这类虚词屡次使用，而前两部著作为何没有记载这类虚词的原因值得进一步思考。这或许能对《三十颂》和《性入法》写作年代的考察提供一些新的线索。据笔者所知，迄今，笔者仅见西门华德（Walter. Simon）一人对这类连词的来源进行了语音层面的推理。他主张 cing/zhing/shing 之中 cing 的出现时间最早，其与 cig 有同源关系，并与 ci 和 ce 有词源上的联系③。他的这种推理主要是基于音理分析，但缺乏古藏文的考证，因此，很难确认这种推理是否符合具体语言事实。

二、cing类连词的语义和语法演变

对于藏语连词 cing/zhing/shing 而言，语法化实际上是从词汇形式到句法形式的语法化，其核心问题是"语法形式从何而来"，即那些实义词汇在历史演变中怎样逐渐失去实际意义而变成表达语法范畴的虚词。简单而言，语义上，由具体实在到抽象，由表示概念到表示关系；句法上，搭配范围由小到大，语序由自由到固定，单位由独立到依附；语用上，由语境制约到语境自由，由语用色彩强到弱。④语音上，强变弱，长变短，繁变简。语法化过程中语义、句法、语音之间关系密切。语义越抽象，搭配范围越广，语用制约就越少，随之语音也越弱。这种由实到虚的语法化过程

① 格桑居冕、格桑央京：《实用藏语文法教程》，成都：四川民族出版社，2014年，第176页。

② བུ་སྟོན་རིན་ཆེན་གྲུབ：《བུ་སྟོན་ཆོས་འབྱུང་།》，ཟི་ལིང་： མཚོ་སྟོན་མི་རིགས་དཔེ་སྐྲུན་ཁང་། 1991ལོར་ ཤོག་རོས 182。

③ Simon Walter, "Tibetan dan, cin, kyin, yin and ham", in *Bulletin of the School of Oriental and African Studies*, University of London, vol. 10, no.4, 1942, pp.954 — 975.

④ 刘丹青：《语序类型学与介词理论》，北京：商务印书馆，2003年，第329页。

普遍被分为具有实际意义时的起点与完全虚化后的终点。一般而言，我们的分析是为了确定某一词汇的不同用法在语法化进程中的具体位置，并在整个历史维度上对所有用法进行排列。①

笔者首先对上述八通碑文和八卷敦煌历史文献中出现的相关例句的分类做了一个详细统计②，从这种统计和分类中我们能整理一个较为完整的语法化过程。根据文献中出现的连词cing/zhing/shing的功能和结构，可将其用法分为五个阶段：独立运用阶段（第一阶段）、用于时间词和形容词之间（第二阶段）、用于两个动词之间（可与bshin替换）（第三阶段）、用于两个动词之间（不可与bshin替换）（第四阶段）、用于分句末（第五阶段）。具体见表1：

表 1　本文考察的语料中各个用法的分布统计

	雪碑文	桑耶寺碑	琼结碑	谐拉康碑	噶迥寺建寺碑	工布刻石	赤德松赞墓碑	唐蕃会盟碑	P.T.1286	P.T.1287	P.T.1288	ITJ750	ITJ1284	P.T.1068
第一阶段	zhing1	zhing1			zhing1					zhing2				zhing2
第二阶段						zhing2	zhing2			zhing2				
第三阶段									cing1	zhing2				
第四阶段	zhing1 cing1		zhing1	zhing5 shing3	cing1 shing1	shing1	cing1 zhing3 shing3	shing1		zhing11 cing1 shing2	ching1	cing1	zhing1	zhing3 shing6 cing3
第五阶段	zhing3 cing2			cing5 zhing5	zhing2 cing2 shing2	cing1 zhing1	cing1 shing1	cing3 zhing2 shing4	zhing2	zhing10 cing7 shing7	cing2 shing17	cing3 shing51		

注：雪碑文和赤德松赞墓碑中shing和zhing分别出现了两次，但前后字不明。P.T.1038和ITJ8212中均无出现这些词语，故未列入上表中

---

① 　Scott Delancey, "Grammaticalization and the gradience of categories: Relator nouns and postposition in Tibetan andBurmese", in *Essays of Language Function and language type*: *dedicated to T. Givon*, Amsterdam: John Bejamin, 1997, pp.57 — 64.

② 　词语右侧的数字是该词在目前文献中的使用率。

　　这五个阶段恰好体现了这一词语由实词到连词的语法化过程。上述文献的记载时间并没有与严格的语法化顺序对称，比如：第二阶段的例子我们只能从赤德松赞墓碑中找到，而比这更早的碑文并未记载这个用法。但这并不干扰我们去分析这个问题，因为从语法化视角分析，用法的重合性是语法化进程中的一种常态，我们可以从使用频率和语法化程度上推理其先后顺序。从这些连词的整体演变来看，除这些早期碑文中有个别用于实词的例句之外，后期文献中只记载了连词的用法。所以，可以假设8世纪应该是接近完成语法化的一个阶段。同时，由于资料的局限性，目前我们无法获取更多可靠的早期文献去解释这些现象。

　　下面笔者结合具体例子，详细解释每一个阶段的语法化状态。

1. 用于独立词

　　笔者发现在三通碑文中 zhing 作为独立词运用，表示"依照，相同"的意义，与连词时的"cing、zhing、shing"有实质区别。而敦煌文献中出现的两个例子比碑文更为清楚地表达了它的词汇意义，其表示"期间"之意。如下所示：

（1）btsan.[①] po　　sras.dbon　　　sku.tshe.rabs　　re-
　　　赞普　　　　子孙　　　　　生世　　　　　每个 –

　　　zhing –yang/　zla.gong-gi　　bu.tsha　　　rgyud. vpel-las
　　　期间 – 饰集词　大公 – 属格　　子孙　　　　后代 – 从格

　　　gcIg/　　　zham. vbring/–na　nang.kor　　yan.cad-du
　　　一个　　　官员 – 位格　　　内府　　　　以上 – 位格

　　　gzhug–cing　tshal.zar　　　rtag-tu　　　mchIs-pa–r
　　　充当 – 期间　驻牧之地　　　常常 – 位格　有 – 名物化 – 位格

　　　gnang-ngo//
　　　给予 – 终结词[②]

---

①　因需要做音节分析，本文用 . 表示该词由两个音节组成，用 – 表示后面的词是语法词。

②　汉译文：赞普后世每一代之间，诏令"大公"之子孙后代中一人充当内府官员家臣以上职司，并可常待遇赞普驻牧之地。《藏文碑文研究》，第11页，雪碑文。类似句法功能的句子还见于桑耶寺碑和噶迥寺建寺碑之中。

（2）nying-zhing-nI　　phag.tsal-gyi　　　shing.khug-na

白昼-期间-话题　　猪林-属格　　　　丛木-位格

skugs-o/　　mtshan-zhing-nI　　pying.ba-r　　mchi-ste/

隐藏-终结　夜晚-期间-话题　秦瓦堡-位格　住-待述词①

上述敦煌文献中的例子在结构和意义层面都能表示它的实词属性。相比而言，碑文中的例子较为模糊，但这种结构中出现的 zhing 的实词属性比下面任何一类用法都强。因此我们把这一阶段推理为早期的用法。

2. 用于时间词和形容词之间

在赤德松赞墓碑和唐蕃会盟碑中，有三处 zhing 出现在时间词和形容词之间。在这种结构中，它是作为一个联系项出现于两个实词中间。从语境来看，这时 zhing 表示相同之意，可与 bzhin 替换。李方桂在其著作《古代西藏碑文研究》中提到 phyir zhing 表示 phyir bzhin 之意的相关问题，故可类推 slar zhing 与 slar bzhin 之间的等同关系。②这时的 zhing 与上一个阶段不同，这时它已经没有完全独立运用的功能，只是以联系项的身份出现在两个实词中间。

如下所示：

（3）mngav.thang　　chen-po-　　ni　　　nam.zhar-

权势　　　　　　大-名物化-　话题　永久饰-

kyang　　　　byIn　　　myi　　nyam-ste//

集词　　　　　作用　　　不　　变弱-待述词，

chab.srId-　　ni　　　　phyir-　　zhing

社稷-　　　　话题　　　以往-　　如同

che//　　　　dbu.rmog-　　ni　　　yun-du

大，　　　　政基-　　　话题　　永久-位格

brtsan.pa-vI//　gyung.drung-gi　gtsug.lag　chen-po

巩固-属格　　雍仲-属格　　　业　　　大-名物化

---

① 汉译文：白昼隐藏于猪林丛木之中；夜晚潜至秦瓦堡内。《敦煌古藏文文献探索集》第106页，P.T.1287第160行。类似句法功能的句子还见于 P.T.1068第20行之中。

② phyir 和 slar 中，phyi 和 sla 是时间词，-r 是表示时间状语的标记，合并后写成 phyir 和 slar。

bzhin–du// Lha.sras　　khrI.lde.srong.brtsan

如同–位格，天子　　赤德松赞

myI–vi　　rje　　　　mdzad– pa//

人–属格　　王　　　 作–名物化①

（4）dbu.rmog–ni　　　　slar–zhing　　brtsan.pa//（ de yang ）

权势–话题　　　　　 以往–如同　 盛大–名物化（那个饰集词）

nam.zhar　gtsug　　myi　　vgyur//

永无　　　冠　　　不　　　变②

　　从这些用法中可知，此时 zhing 并未完全虚化，它仍然表示实际意义，只是比上一个阶段更为抽象。从这类连词的整个语法过程来看，这个阶段可作为一个分化点。这一阶段的语义和语法环境与连词紧密相连，这种语法环境体现了它本身具有产生这类连词功能的潜在语义联系，早期的这种意义制约了后期的语法语义或结构特色。在前两个阶段，这类词只有 zhing 一种形式，这也体现了它的独立性，它作为一个独立单位，语音上有强、长、繁的特性，其形态不易变化，后来这种特性逐步消失，慢慢变为依附于上一个音节，这才有了音变的环境。

　　在分化的过程中，已存形式在特定语境中呈现新意义，原意义则保留在其他语境中。在新形式和新意义之外，原形式和原意义皆可能持续滞留，无论新形式和新意义是同一来源的分化所造成的，或由不同来源的更新所造成的。③所以，在任何一个共时阶段都会导致所谓的并存现象。在这一阶段 zhing 开始发生分化，但它的原本意义和原本用法并未因此立刻消失。从上述统计中得知，早期的形式与后期的形式共存了较长一段时间，只是原词的使用率已大为减少。

---

　　① 汉译文：……权势煊赫，地久天长，永无颓败，社稷疆域，广袤无极，政基巩固，永垂雍仲之大业。依次，天子赤德松赞，继作人主。《藏文碑文研究》第45页，赤德松赞墓碑。类似句法功能的句子还见于唐蕃会盟碑。

　　② 汉译文：权势增盛，永无衰颓。《藏文碑文研究》第71页，唐蕃会盟碑e12。

　　③ Paul J. Hopper, Elizabeth Closs Traugott著，张丽丽译：《语法化》，台北语言研究所，2013年，第147页。

3.用于两个动词之间

在下列例句中，zhing等开始用于连词，表示相继之意。在这类例句中，"cing、zhing、shing"三种形式均已出现。这种现象说明它的搭配范围已扩大，已失去独立使用的功能，变为依附单位。正因为这种变化，它才受到前一个音节的影响，一种虚词出现了不同的形态。结构上，它始终出现在两个动词之间，语义上更为抽象。我们可根据语境大致理解它表示相继之意，但具有一定的模糊性。通过变换分析法，这类用法可细分为两个阶段，即可与bzhin替换和不可与bzhin替换的阶段。这些细微的差别恰恰反映了语法化的不同的时间层次。语义上，前者的语境比后者更为具体，其含义与bzhin相同，但对后者我们无法用这种具体概念去解释其含义。语用上，后者比前者更为开放，而前者在前后词语的选用上有一定的语境制约，多数为行为动词，zhing类词表示保持前置动词所表达的状态之意。后者则消除了这种限制，形容词和动词均可出现于连词前后，这种开放化体现了句法层面的搭配范围由小到大的变化。

其一，用于两个动词之间，可与bzhin替换。在下列例句中，zhing用于连接两个行为动词。这两个动词之间有一定关联，后者维持前者所表达的状态，表示一种持续、保持或维持某种状态的含义。如下所示：

（5）khab.so dpon-sna　　dag-is//　　　khral-kyI　　 sna
　　　内府　官员-种类　复数-作格，赋敛-作格　　　种类

　　　vtshal（btsal）-te/　gtses-shIng　　mchis-na//
　　　横加-接续词　　　　欺侮-连词　　　有-假设连词①

（6）lha.sras myi.yul-gyI rgyal mdzad-cing　bzhugs-pa-las/
　　　天子　人间-属格　王　做-连词　　住-名物化-从格②

上述句子中，这类词可与bzhin替换，而意义不变。

其二，用于两个动词或形容词之间，但不可与bzhin替换。在下列例句中，这类词出现在两个动词或形容词之间，语义上没有上述限制。从语

---

① 汉译文：诸官员广科赋敛，横加差役，且有欺侮凌虐者。《藏文碑文研究》第90页，工布石刻。

② 汉译文：天神之子作人间之王……。《敦煌古藏文文献探索集》第125页，P.T.1286第43行。类似句法功能的句子还见于P.T.1287第179行、第231行和P.T.1288第16行之中。

义和句法上，体现了一种更为抽象、开放、自由的状态。如下所示：

（7）phyi.nang　gnyIs-kyi chab.srid khab.so-la　dpend-pa-

　　　内外　　　两-属格　政治　　事务-位格　有益-名物化-

　　　dang che.chung gnyis-la　　drang- zhing snyoms-te/

　　　和　大小　　两个-位格　公正-连词　平-待述词①

（8）spung.sad.zu.tse vdzangs kyang-kyi　　tshad-ni//

　　　邦色苏孜　　　聪俊　饰集格-属格　等级-话题，

　　　rtsIs-gra gsum zhal.ce.gra bzhI-yang　rna-ba-s

　　　帐　　三　　诉讼案件　四-饰集词 耳朵-名物化-作格

　　　nyan-zhing gchod//

　　　听-连词　断②

随着语法化程度逐渐变强，这种搭配与语境会随之开放，在下一个阶段中，它开始作为连词出现在分句末。

4.用于分句末

这类词进一步发生语法化，最终变为只有语法意义的连词，并用于分句末。对于连词 zhing 而言，用在两个词语之间与用在分句末是不等同的，后者的语法化程度比前者高，在语义上更为抽象，不再表示具体含义。句法上，后者的搭配范围更广，短语和从句末均可出现。如下所示：

（9）rgya-vI　　srid-gyI　nyam.drod rtog-cing/　khar.tsan

　　　唐廷-属格 政-属格　情况　　　洞悉-连词，堡寨

　　　pyogs-su　thog ma drang-pa-vI/　　dmag.dbon-du/

　　　方向-位格　先锋　统帅-名物化-属格，军帅-位格

　　　bkav　stsald-khyis- kyang/

　　　命令　赐予-作格-饰集词③

---

① 汉译文：对内外政务大有裨益，上下黎庶一例公允平和。《藏文碑文研究》第12页，雪碑文，e7。类似句法功能的句子还见于琼结碑和谐拉康碑。

② 汉译文：邦色苏孜聪俊之才，能同时算三笔账，或断四桩诉讼案件。《敦煌古藏文文献探索集》第104页，P.T.1287第96行。类似句法功能的句子还见于P.T.1287第400行、第509行之中。

③ 汉译文：彼洞悉唐廷政情，复任为往攻（唐地）州县堡寨之先锋统军元帅。《藏文碑文研究》第12页，雪碑文s25。类似句法功能的句子还见于谐拉康石刻（w16）和唐蕃会盟碑（w36、e16）。

（10）myI　　btsun　　son-pa-vI　　　　rnams/　　rje sa-vI

　　　人　　　贤德　　成长-名物化-属格　复数，　　王-属格

　　　gos　　gyon-　　zhing,　　　　　skyes.pa　ched-po

　　　布料　　穿-　　　连词,　　　　　　男人　　　大-名物化

　　　rnams　btsun-ba-vi　　　　　　　rnams.pa-yang

　　　复数　　礼貌-名物化-属格　　　　模样-饰集词

　　　de-nas　　　　byung-ba　　　　　yIn-no//

　　　那-从格　　　来-名物化　　　　　系动词-终结词①

这些例句中，这类词均出现于分句末，仅表示一种语法意义。当语法化的形式逐渐句法化或形态化时，它们将不再表示任何词汇意义。当一个形式经历了语法化，从词汇形式转为语法形式，它往往丧失可以表示它所属语法范畴的形态和句法特性。②

三、cing类连词的来源

在上述分析中，笔者已解释这类词语如何由实词到连词的语法化进程，下面将讨论它的来源问题。从现有证据来看，我们可以有两种假设：一是zhing就是原形，其他两个形式都由该词音变而来。上述早期文献可以论证 zhing作为实词独立存在的可能性。此外，我们可以还有另一种假设，即zhing由bzhin演变而来。在敦煌文献中，bzhin表示"相同、相继"之意，含义与zhing相近。同时，它也有表示人脸之意。从语法化理论分析，表示"人脸、相同、相继，并列"等意义的词语有着紧密的内在联系。③这种语法化路径通常如下：Face（body part）脸（身体部位）>front/up 前面、（向）上，其中，"前面"与"按照上述……""照例""相

---

① 汉译文：对上等人用敬语说话，伟人巨子之礼仪姿态均由此时产生也。《敦煌古藏文文献探索集》第125页，P.T.1286第36行。类似句法功能的句子还见于ITJ750第39行和92行之中，在 P.T.1287中屡次出现。

② 刘丹青：《语序类型学与介词理论》，北京：商务印书馆，2003年，第117页。

③ Bernd Heine, Tania Kuteva著，龙海平等译：《语法化的世界词库》，北京：世界图书出版社，2012年，第173页。

同""相继"等之间有着内在的语义关联，这正是这类词之间能发生语法化的语义基础，这也正好体现了语言的经济原则。可认为藏语的这类虚词是一种隐喻式的演变。隐喻式指透过一种事物来了解或经验另一种事物，以及在方向上从基本的，通常也是具体的意义转向更为抽象的意义，通常是以从一个领域到另一领域的映射或联想式跳跃来指称。这种映射并非任意的，而是由类推和相似性关系引发的。①通过隐喻而造成的语法化可看作因语义上接近而造成的。在这些敦煌文献中，有时 zhing 和 bzhin 可以相互替换而不改变其意义，这为我们的这种假设提供了有力证据。如果这种推理能成立，那么，bzhin 应该发生了以下语法化过程。下面将举例说明。

1.作为实词运用

根据笔者推理，在敦煌文献记载中，bzhin 作为实词表示人脸的用法应该是最早的。如下所示：

（11）rgyal.pho　gdong-　　nI　　　bya.rog/　　bzhin-
　　　　王者　　　　面貌-　　话题　　乌鸦（蝙蝠），　脸-
　　　　ni　　　　bud.myed-du　　byas-　　　　te/
　　　　话题　　　女人-位格　　　做-　　　　　待述词②

这一例子明确体现了它的独立属性，后期发生的语法化均由此语义基础萌芽。

2.表示相同、相似等意义

这一实词开始发生语法化后，它表示相同、相似等意义，与实词原意有紧密关联。在这个阶段，它开始体现了虚词属性，但意义仍然相对具体。如下所示：

---

① Paul J. Hopper, Elizabeth Closs Traugott 著，张丽丽译：《语法化》，台北语言研究所，2013年，第103页。

② 汉译文：王者把面貌打扮成乌鸦（蝙蝠），把相貌打扮成女人。P.T.0147第95行（笔者译）。

（12）de rnam　gnyis-kyang　　de bzhin　　gnang-ngo/

那　复数　两 – 饰集词　　那　如同　　赐予 – 终结词①

这种意义层面的虚化自然会带动语音变化。bzhin 开始发生了下一节将要讨论的几种音变，最终形成了 zhing。由于语法化是渐变的，原形及原意不可能立刻消失，在一段时间内，它们会相互替换运用。下列例句正好说明了这一点。

（13）tshe.dus ngan-pa-la　　　　　bab-kyis//

时间　坏 – 名物化 – 位格　降临 – 作格，

pyi.pyir-zhing vgreng-myi-vo-chog　khrel　myed/

以往　　如同　站立 – 者 – 终结词 – 全部　羞耻　没有②

（14）dbang.thang-ni phyir.phyir bzhin-du　mtho-pa-r

势力 – 话题　　以往　　　如同 – 位格　高 – 名物化 – 位格

vong-gis/

来 – 作格③

在上述例句中，bzhin 和 zhing 在同一个结构中可以替换运用，并表示同一个意义。但随着进一步语法化，原词的使用率逐步下降，最终由新词彻底替换。

四、连词"cing、zhing、shing"的语音演变

语法化带来的不单是语义上的虚化，同时还会发生语音上的弱化。从上述早期文献记载而言，这类连词的语音也发生了同样的变化。笔者假设虚词"cing、zhing、shing"中 zhing 为最早形式，后出现 shing 和 cing 两种形式。理由如下：这个虚词独立运用时只有这一种形式，当时它的实词特性很强，读音也相对重。自开始发生语法化后，虚化带动语音简化，失去

---

① 汉译文：赞普也如他所请求照准了。《敦煌古藏文文献探索集》第101页，P.T.1287.15。类似句法功能的句子还见于 P.T.1287.47 之中。

② 汉译文：……阴暗的时光将来临，所有直立者依旧无耻……。引自 ITJ0734.lr 第19行（笔者自译）。

③ 汉译文：势力依然强大。ITJ0738.10R04（笔者译）。

其独立性，开始依附于前一个音节，所以根据后加字的音位特点开始发生音变，形成了两个新的语音。其次，藏语语音系统有着浊变清、繁到简的特点。从这些词的搭配方式而言，舌面前浊擦音向清擦音和清塞音变化的可能性很大。笔者对上述早期文献中出现的这三种形式的搭配方式做了一个详细统计，结果也正好印证了这种音变（见表2）。

表 2　本文考察的语料中各个变体的分布统计

	–g	–d	–b	–s	–ng	–m	–n	–r	–l	–v	—d
雪碑	cing3	cing3		shing1	zhing1			zhing1		zhing2	
琼结碑										zhing1	
谐拉康碑		cing1		shing3	zhing2		cing2 zhing2	zhing1	cing1	zhing5	cing1
噶迥寺建寺碑		cing1	cing2	shing3				zhing1		zhing1	
工布刻石		cing1		shing1						zhing1	
赤德松赞墓碑			cing2	shing2			zhing1	zhing1			
唐蕃会盟碑	cing2	cing2		shing7	zhing2					zhing3	
P.T.1286		cing1		shing1			zhing1		zhing1		
P.T.1287	cing2	cing4	cing2	shing19 zhing1	zhing3	zhing3	zhing5		zhing7	zhing7	
P.T.1288		cing2		shing17 cing1			zhing1				
ITJ750	cing1	cing1		shing61 cing2					zhing1		
P.T.1086	cing2	cing1		shing5		shing2	zhing2	zhing1		zhing2	

　注：桑耶寺碑文和P.T.1038，ITJ1284，ITJ8212中均无出现这些词语，故未列入上表中

　　如上表所示，后加字g和d后面始终出现cing一种形式。s后面出现了cing和shing。但cing仅出现了三次，其余都加shing。后加字n、r、l、v之后均出现zhing一种形式。再加字d后出现cing，其中有三处cing出现在后加字n和l之后。这是因为这两个后加字实则有再加字d的原因，而并非

受到了后加字 n 和 l 本身的影响。从古藏文形态而言，最初后加字均发音，且都有浊音属性。所以，我们有理由假设这一词汇从实词到虚词过渡的早期阶段只有舌面前浊擦音。无论后加字是哪一个字，都只有这一种形式。后来依附程度逐步变高，随着语言整体发生变化，前一个音节的后加字语音逐步变弱，依附于后加字的语音也随之发生变化。因此，这一种连词就出现了不同的形式。本论文引用文献创制时间约为 8—9 世纪，从这些文献的记载情况来看，当时藏语后加字 g、d、b 三个已然清化，所以后加虚词也随之发生变化，由舌面前浊擦音 zhing 变成了舌面前清塞音 cing。当时，后加字 ng、n、m、v、r、l 仍有浊音的特性，故依然加 zhing。从后加字 s 后面出现 cing 和 shing 两种形式的情况来看，当时这一后加字同样发生了由浊变清的音变，由于当时这种搭配并没有固定下来，便出现了任意用这两种形式的现象。后加字 s 为擦音，音理上其后加虚词也应当是擦音，所以，shing 最终成为其固定搭配形式。后加字 g、d、b 均为塞音，后加虚词本应该是舌面前塞音，但当时藏语语音体系中并没有这类音，这样就形成了与之有共同特点的舌面前塞擦音。这也正好体现了语音的经济原则。

　　在前一部分，笔者谈到 zhing 和 bzhin 之间的关联。如果这种假设成立，我们可以推理这样的音变规律：bzin→ɦzin→zin→ziñ→ɕiŋ / tɕiŋ。最初形式应该是：bzin，其前后字母均发音。从藏语整体音变规律而言，随着语音简化，前加字和再加字最先脱落。从而出现了这种形式：ɦzin，其前加字开始弱化，直至出现另一种形式——zin，其前加字完全脱落。笔者发现卫巴罗赛在其所著正字法中记载了 zhin du 与 bzhin du 属于同义词的解释[①]，且 P.T.1287 中正好记载了 zhin[②]，这恰好证明了这种词语实际出现并运用的事实。随着语音进一步简化，其后加字 n 开始半鼻化，出现了 ziñ 这个音。半鼻音化的原因本文尚未进行系统研究，据瞿霭堂研究，主

---

① 　དབུས་པ་བློ་གསལ་ཚུལ་ཁྲིམས་རྒྱ་མཚོ་ཞེས་བྱ་བ། 《བོད་གསར་རྙིང་གི་རྣམ་པར་དབྱེ་བ་བོད་ཀྱི་བརྡ་སྤྲོད་གསལ་བྱེད་ཉེར་མཁོ་བསྡུས་པ།》，ཁྲིན་ཏུའུ： མི་རིགས་དཔེ་སྐྲུན་ཁང་། 2014ལོར། ཤོག་གྲངས 6。

② 　P.T.1287 第377行："རྒྱལ་ཁྲིགས་ལ་སོགས་པས་རྒྱ་འི་མཁར་ཀིན་ཤི་ཕབ་སྟེ། རྒྱ་རྗེ་གུང་བུ་ཏུན་ཏེ། བསྐོས་སོ།། ཤེགས་པ་ཞིན་པའི་དུགས། གཡུ་འི་ཡི་གི་ཆུ་ད་ནས་ནས་ཞེར་ཞེར་བྱིན་གོ།།"

要是因为古藏文后加字逐步脱落而引起了相应的鼻音化，这类音变在现代藏语各方言中都能找到相应的例子①。

五、结语

综上所述，从现有文献考察，我们能确定的结论有以下几点：（1）连词cing、zhing、shing是由实义词语法化而来。（2）在早期文献中，zhing作为独立单位运用，其意义与bzhin相同。（3）从早期文献中，我们能梳理这类虚词由实到虚的语法化进程。（4）在8—9世纪，除后加字s后面出现cing和shing之外，其余后加字已形成固定的搭配形式。（5）从现有材料分析，zhing可能源于实词bzhin。（6）由此可以推理，这些连词在9世纪已经完成语法化。

（原载于《中国藏学》2020年第2期）

---

① 瞿霭堂：《藏语韵母研究》，西宁：青海民族出版社，1991年，第212页。

黔东苗语韵母的阴阳对转

石德富　杨潇潇

摘要：本文通过历史比较研究和语言接触考察，探讨黔东苗语韵母阴阳对转现象，认为产生阴阳对转的原因是前高展唇元音和后高圆唇元音的影响。

关键词：黔东苗语；韵母；阴阳对转；前高展唇元音；后高圆唇元音

一、引言

韵母发生"阳转阴"是一种常见的现象，如苗语（陈其光，1988）。阴阳对转也时有发生，如张琨（1995）通过与瑶语比较发现，由于同化和异化的作用，以鼻音为声母的词的韵母在一些苗语中发生了阴阳对转。但是，针对黔东苗语韵母阴阳对转的问题尚未有专题研究的报告发表。

调查发现，在黔东苗语中，某些韵类在一些土语的反映形式是带鼻音的阳声韵而在另一些土语里却是阴声韵，但阴声韵和阳声韵的转化方向和路径并不明确。首先，从逻辑上来讲，有两种可能：一是这些韵类原本是没有鼻音的阴声韵，后来在一些土语中变成了带鼻音的阳声韵；二是这些韵类原本是带鼻音的阳声韵，后来在一些土语中变成了没有鼻音的阴声

作者简介：石德富，文学博士，中央民族大学中国少数民族语言文学学院教授、博士研究生导师，主要研究方向为苗瑶语言与文化研究；杨潇潇，在读文学博士，主要研究方向为苗瑶语言与文化。

基金项目：国家社会科学基金一般项目"贵州清水江流域苗语调查研究"（16 BYY172）。

韵。其次，关键的问题是这些韵母的原始形式又是什么呢？如果是阳声韵，则该韵类经历了"阳转阴"的过程；如果是阴声韵，则该韵经历了"阴转阳"的过程。

苗语是一个没有文字记录的语言，需要通过各地方言土语和汉语借词的形式来推知这些韵类的原始形式。因此，本文基于苗语各方言土语的调查资料①，用历史比较的方法来寻找黔东苗语韵母阴阳对转的条件和规律②。

二、新韵和果韵的对转

（一）新韵的鼻音韵尾消失

我们从三个层面来探讨这些韵类的原始形式：（1）苗语方言内部比较；（2）黔东苗语内部的土语比较；（3）汉语借词的形式或汉语记录苗语的形式。在苗语方言比较的过程中，我们基本上遵循少数服从多数的原则，并尝试拟测其原始形式，再经过（2）和（3）进一步加以论证，如果三者一致，我们就比较有把握地认为，我们所构拟的原始形式比较可靠。

1.苗语各方言比较

新韵在各个苗语点的对应情况（王辅世，1994）[55]，见表1所示：

表 1　新韵在各个语言点的对应情况

词项	阳声韵					阴声韵			
	腊乙坪	摆托	绞坨	野鸡坡	枫香	大南山	石门坎	甲定	养蒿*
锅	$\text{wen}^{33}_{(4)}$	$\text{zen}^{32}_{(4)}$	$\text{zein}^{11}_{(4)}$	$\text{wen}^{55}_{(B)}$	$\text{ven}^{13}_{(4)}$	$\text{za}^{21}_{(4)}$	$\text{zie}^{33}_{(4)}$	$\text{vɛ}^{31}_{(4)}$	$\text{vi}^{11}_{(4)}$
肝	$\text{ʂen}^{35}_{(1)}$	—	$\text{zæin}^{22}_{(1b)}$	$\text{sen}^{31}_{(A)}$	$\text{hen}^{33}_{(1)}$	$\text{ʂa}^{43}_{(1)}$	$\text{sie}^{55}_{(1)}$	$\text{ʂhɛ}^{24}_{(1)}$	$\text{xhi}^{33}_{(1)}$
田	—	$\text{len}^{54}_{(2)}$	$\text{læin}^{53}_{(2)}$	$\text{len}^{31}_{(2)}$	$\text{len}^{24}_{(2)}$	$\text{la}^{31}_{(2)}$	$\text{lɦie}^{35}_{(2)}$	$\text{lɛ}^{55}_{(2)}$	$\text{li}^{55}_{(2)}$
高	$\text{ʂen}^{35}_{(1)}$	$\text{fen}^{55}_{(1)}$	$\text{zæin}^{22}_{(1b)}$	$\text{sen}^{31}_{(A)}$	—	$\text{ʂa}^{43}_{(1)}$	$\text{sie}^{55}_{(1)}$	$\text{ʂhɛ}^{24}_{(1)}$	$\text{xhi}^{33}_{(1)}$

---

① 养蒿、舟溪、台拱、下搞咬、爱和、凉伞、寨头、五一、巫亮、摆贝的语料来自潘胜春（2013）的调查；台盘、革东、阳芳、洋浪、凯棠、铜鼓、邑沙、伍旗、湾水、小江、白午、西山、翠里、翻仰、谷陇、高雅、重安、翁项、李子的语料来自笔者2018—2019年的调查。

② 需要说明的是黔东苗语中没有 n 和 ŋ 或者 m 的对立。

词项	阳声韵					阴声韵			
	腊乙坪	摆托	绞坨	野鸡坡	枫香	大南山	石门坎	甲定	养蒿*
牙齿	ɛɛn $^{44}_{(3)}$	mjen $^{13}_{(3)}$	mi $^{232}_{(3b)}$	mjen $^{53}_{(B)}$	m̥hen $^{53}_{(3)}$	ŋa $^{55}_{(3)}$	ŋie $^{55}_{(3)}$	m̥he $^{13}_{(3)}$	m̥hi $^{55}_{(3)}$
银	—	ŋen $^{54}_{(2)}$	ŋi $^{53}_{(2)}$	ŋen $^{31}_{(A)}$	ŋi $^{24}_{(2)}$	ŋa $^{31}_{(2)}$	ŋ̊ie ^{35}	ŋɛ $^{55}_{(2)}$	ŋi $^{55}_{(2)}$

注：养蒿的xhi$^{33}_{(1)}$为"心肠"义（石德富，2014）

表1各点的反映形式可以分成两类：带鼻音韵尾（腊乙坪、摆托、野鸡坡、枫香）和不带鼻音韵尾（养蒿、大南山、石门坎、甲定、绞坨）。因此，新韵的原始形式有两种可能：（1）原始形式是不带鼻音的阴声韵，如此，那么腊乙坪、枫香等地的苗语后来发生了由阴韵变成了阳声韵；（2）原始形式是带鼻音的阳声韵，大南山和养蒿各地的苗语后来发生了"阳转阴"，变成了没有鼻音的阴声韵。现在的问题是，养蒿变成阴声韵，是否继承自古苗语？下面就这个问题进行探讨。

2.黔东方言内部土语的比较

以养蒿为代表的北部土语的表现形式都是阴声韵 –i，南部土语，如芭沙、翠里和西山则是带鼻音韵尾的阳声韵。见表2：

表 2　新韵在北部和南部土语的反映形式

词项	北部土语							南部土语		
	养蒿	凯棠	铜鼓	台盘	湾水	革东	伍旗	芭沙	西山	翠里
锅	vi $^{22}_{(4)}$	vi $^{22}_{(4)}$	vi $^{22}_{(4)}$	vi $^{22}_{(4)}$	vi $^{22}_{(4)}$	vi $^{22}_{(4)}$	vi $^{22}_{(4)}$	vaŋ $^{22}_{(4)}$	vaŋ $^{22}_{(4)}$	vaŋ $^{22}_{(4)}$
心肠	xhi $^{33}_{(1)}$	xhi $^{33}_{(1)}$	khi $^{33}_{(1)}$	xhi $^{33}_{(1)}$	xhi $^{33}_{(1)}$	xhi $^{33}_{(1)}$	xhi $^{33}_{(1)}$	xhaŋ $^{44}_{(1)}$	xhaŋ $^{44}_{(1)}$	xhaŋ $_{(1)}$
田	li $^{55}_{(2)}$	li $^{55}_{(2)}$	li $^{55}_{(2)}$	li $^{55}_{(2)}$	li $^{55}_{(2)}$	li $^{55}_{(2)}$	li $^{55}_{(2)}$	laŋ $^{53}_{(2)}$	laŋ $^{53}_{(2)}$	laŋ $^{53}_{(2)}$
牙齿	m̥hi $^{35}_{(3)}$	m̥hi $^{35}_{(3)}$	m̥hi $^{44}_{(3)}$	m̥hi $^{44}_{(3)}$	m̥hi $^{44}_{(3)}$	m̥hi $^{44}_{(3)}$	m̥hi $^{44}_{(3)}$	m̥haŋ $^{44}_{(3)}$	m̥haŋ $^{44}_{(3)}$	m̥haŋ $_{(3)}$
新	xhi $^{33}_{(1)}$	xhi $^{33}_{(1)}$	xhi $^{33}_{(1)}$	xhi $^{33}_{(1)}$	xhi $^{33}_{(1)}$	xhi $^{33}_{(1)}$	xhi $^{33}_{(1)}$	xhaŋ $^{33}_{(1)}$	xhaŋ $^{33}_{(1)}$	xhaŋ $^{33}_{(1)}$

表1和表2的对比给我们这样的启迪：原始黔东苗语新韵很可能是以

鼻音结尾的韵类，下面我们将从汉语借词的角度进一步来探讨这个问题。

3.汉语借词或汉语记录苗语的比较

苗语的汉语借词"银"，属于疑母真韵三平开口韵，其中古音形式各家都以前鼻音结尾，王力拟：*-ŋǐěn（郭锡良，1986）[234]；高本汉拟：*-ǐěn，潘悟云拟：*-in（潘悟云，2000）[87]。另外一个借词"量"①，它在苗语里的意思是"量（米）和测量"（张永祥、许世仁，1990）声母和声调都与汉语的"量"对应，但是韵母差异很大，见表3：

表 3   黔东苗语汉语借词"量""秧"的读音

词项	洋浪	湾水	台盘	革东	伍旗	养蒿	谷陇
量（测量）	ļi $^{55}_{(2)}$	ļi $^{55}_{(2)}$	ļi $^{55}_{(2)}$	ļi $^{55}_{(2)}$	ļi $^{55}_{(2)}$	ļi $^{55}_{(2)}$	ļi $^{55}_{(2)}$
秧	vi $^{33}_{(1)}$	zi $^{33}_{(1)}$	zi $^{33}_{(1)}$	zi $^{33}_{(1)}$	zi $^{33}_{(1)}$	zi $^{33}_{(1)}$	zi $^{33}_{(1)}$

"量"（liáng）属于来母阳韵三等，开口韵（郭锡良，1986）[259]，与养蒿等地的形式差别很大，但是在养蒿等地的苗语中，"田"和"量"是同音词。查看一下表1中"田"在岜沙、翠里和西山的反映形式就发现，它与汉语"量"的语音形式相同，说明，黔东苗语以ļaŋ $^{53}_{(2)}$ 为语音形式是借用了汉语的"量"，只不过后来黔东苗语北部土语的语音演变成了阴声韵。

此外，还有湾水、台盘、革东、伍旗、养蒿和谷陇等地苗语把黄平县城叫ɕi $^{33}_{(1)}$ loŋ $^{55}_{(2)}$，黄平县城在明朝时在此地设置"兴隆卫"，苗语的ɕi $^{33}_{(1)}$ loŋ $^{55}_{(2)}$ 显然来自汉语的"兴隆"。"兴的韵母是带鼻音的阳韵，苗语却读成不带鼻音的阴声韵，这足以证明"阳转阴"的变化。

（二）果韵的鼻音增生

1.苗语各方言比较

除了养蒿的反映形式是带鼻音的阳声韵以外，果韵在各方言点的反映形式都是阴声韵，见表4（王辅世，1994）[42]：

---

① 关于判定借词的标准和方法详见石德富：《汉借词与苗语固有词的语义变化》，载《民族语文》2003年第5期。

表 4　果韵在各个方言点的反映形式

词项	腊乙坪	摆托	绞坨	大南山	枫香	石门坎	野鸡坡	甲定	养蒿
果子	pji$^{44}_{(3)}$	pji$^{13}_{(3)}$	pei$^{42}_{(3a)}$	tsi$^{55}_{(3)}$	tsi$^{53}_{(3)}$	tsi$^{55}_{(3)}$	pze$^{55}_{(B)}$	pi$^{13}_{(3)}$	tsen$^{35}_{(3)}$
茶	ci$^{33}_{(4)}$	ki$^{32}_{(4)}$	tɕi$^{11}_{(4)}$	—	ki$^{13}_{(4)}$	—	zi$^{55}_{(B)}$	ki$^{31}_{(4)}$	tɕen$^{11}_{(4)}$
燃	—	tɕi$^{21}_{(6)}$	tɕi$^{13}_{(6)}$	tɕi$^{13}_{(6)}$	tsi$^{31}_{(6)}$	dʑi$^{31}_{(6)}$	ze$^{55}_{(B)}$	tɕi$^{22}_{(6)}$	tɕen$^{13}_{(6)}$
苦胆	tɕi$^{35}_{(1)}$	tse$^{55}_{(1)}$	sei$^{32}_{(1a)}$	tʂi$^{43}_{(1)}$	si$^{33}_{(1)}$	tʂi$^{55}_{(1)}$	tse$^{31}_{(A)}$	sin$^{24}_{(1)}$	ɕen$^{33}_{(1)}$

以上的这种情况说明，正如王先生所构拟的那样，古苗语果韵很可能是阴声韵 *–i。

2.黔东方言内部土语的比较

在黔东苗语的各个语言点中，果韵有的反映形式为阴声韵，有的语言点的反映形式为阳声韵。见表5：

表 5　果韵在黔东苗语土语中的反映形式

词项	阴声韵						阳声韵					
	台盘	台拱	爱和	伍旗	岜沙	革东	养蒿	寨头	巫亮	舟溪	湾水	谷陇
果	tse$^{35}_{(3)}$	tsai$^{44}_{(3)}$	sei$^{44}_{(3)}$	tɕi$^{44}_{(3)}$	tsei$^{44}_{(3)}$	sẽ$^{44}_{(3)}$	tsen$^{35}_{(3)}$	ɕen$^{44}_{(3)}$	sen$^{35}_{(3)}$	tseŋ$^{44}_{(3)}$	tɕaŋ$^{44}_{(3)}$	tɕaŋ$^{44}_{(3)}$
茶	tɕi$^{11}_{(4)}$	tɕi$^{11}_{(4)}$	tɕi$^{11}_{(4)}$	tɕi$^{22}_{(4)}$	tɕi$^{11}_{(4)}$	tɕi$^{11}_{(4)}$	tɕen$^{11}_{(4)}$	tɕen$^{11}_{(4)}$	tɕen$^{11}_{(4)}$	tɕeŋ$^{22}_{(4)}$	tɕaŋ$^{22}_{(4)}$	tɕaŋ$^{22}_{(4)}$
燃	tɕi$^{24}_{(6)}$	tɕi$^{24}_{(6)}$	tɕi$^{22}_{(6)}$	tɕi$^{42}_{(6)}$	tɕi$^{22}_{(6)}$	tɕi$^{13}_{(6)}$	tɕen$^{13}_{(6)}$	tɕen$^{11}_{(6)}$	tɕen$^{11}_{(6)}$	tɕeŋ$^{22}_{(6)}$	tɕaŋ$^{13}_{(6)}$	tɕi$^{21}_{(6)}$
胆	ɕi$^{33}_{(1)}$	ɕi$^{33}_{(1)}$	ɕi$^{33}_{(1)}$	ɕi$^{33}_{(1)}$	ɕi$^{33}_{(1)}$	ɕi$^{33}_{(1)}$	ɕen$^{33}_{(1)}$	tɕen$^{33}_{(1)}$	ɕi$^{33}_{(1)}$	ɕeŋ$^{33}_{(1)}$	ɕaŋ$^{33}_{(1)}$	ɕi$^{33}_{(1)}$

通过上表的对比，我们可以得出古苗语的果韵在黔东方言的演变情况：

如果接受王辅世的构拟，那么古苗语的韵母 *–i 在黔东的一些语言点已经发生了很大的变化：（1）阴声韵变成阳声韵，即 *–i>–in>–en/–eŋ>–aŋ；（2）高元音低化，即 –i>–e>–a。下面我们从汉语借词和汉语记录苗语的角度来分析，其变化过程更加清晰。

3.汉语借词或汉语记录苗语的比较

黔东苗语北部土语向汉语西南官话借了一些词（见表6）。这些词在汉语中都是阴声韵，在台盘、革东、伍旗和小江等地也都是阴声韵–i，但是在养蒿就变成阳声韵–in/–en，在白午和翁项变成–eŋ，在湾水等地变成–aŋ。

表 6　黔东苗语北部土语汉语西南官话阴声韵借词的读音

词项	台盘	革东	伍旗	小江	养蒿	白午	翁项	湾水	重安	谷陇
气 (生气)	$\text{tɕhi}^{44}_{(5)}$	$\text{tɕhi}^{44}_{(5)}$	$\text{tɕhi}^{21}_{(5)}$	$\text{tɕhi}^{44}_{(5)}$	$\text{tɕhi}^{44}_{(5)}$	$\text{tɕhen}^{11}_{(5)}$	$\text{tɕhen}^{11}_{(5)}$	$\text{tɕhaŋ}^{11}_{(5)}$	$\text{tɕhaŋ}^{11}_{(5)}$	$\text{tɕhaŋ}^{11}_{(5)}$
利 (利息)	$\text{li}^{31}_{(8)}$	$\text{li}^{31}_{(8)}$	$\text{li}^{53}_{(8)}$	$\text{li}^{31}_{(8)}$	$\text{lin}^{31}_{(8)}$	$\text{len}^{53}_{(8)}$	$\text{len}^{53}_{(8)}$	$\text{laŋ}^{53}_{(8)}$	$\text{laŋ}^{53}_{(8)}$	$\text{laŋ}^{53}_{(8)}$
启 (开始)	$\text{tɕhi}^{35}_{(3)}$	$\text{tɕhi}^{35}_{(3)}$	$\text{tɕhi}^{44}_{(3)}$	$\text{tɕhi}^{35}_{(3)}$	$\text{tɕhen}^{35}_{(3)}$	$\text{tɕhen}^{44}_{(3)}$	$\text{tɕhen}^{44}_{(3)}$	$\text{tɕhaŋ}^{44}_{(3)}$	$\text{tɕhaŋ}^{44}_{(3)}$	$\text{tɕhaŋ}^{44}_{(3)}$

根据《凯里市志》（1998）记载，凯里，在元朝的文献中记录为"凯离或凯黎"，到明朝，文献中记作"凯里"。不管是"离""黎"还是"里"都是没有鼻音结尾的阴声韵，但是在一些苗语里，却变成了阳声韵。详见表7：

表 7　凯里的"里"在北部土语中的读音

词项	阴声韵				阳声韵					
	台盘	革东	伍旗	小江	养蒿	白午	翁项	湾水	重安	谷陇
里	$\text{li}^{55}_{(2)}$	$\text{li}^{55}_{(2)}$	$\text{li}^{55}_{(2)}$	$\text{li}^{55}_{(2)}$	$\text{lin}^{55}_{(2)}$	$\text{len}^{55}_{(2)}$	$\text{len}^{55}_{(2)}$	$\text{laŋ}^{55}_{(2)}$	$\text{laŋ}^{55}_{(2)}$	$\text{laŋ}^{55}_{(2)}$

"里"的变化方式和汉语借词的方式一致：台盘、革东、伍旗、小江都为阴声韵，养蒿、白午、翁项、湾水、重安、谷陇都为阳声韵。

通过以上的讨论得知，从苗语内部方言比较、汉借词或汉记苗音都使我们得出这样的结论：果韵的原始形式为阴声韵*–i，但是在黔东苗语中的一些土语演变成了带鼻音的阳声韵①。

---

①　根据汉语记录苗语的"里"推测，果韵由阴声韵变成阳声韵的上限时间是明代成化年间。

（三）u 和 uŋ 的对转

1.毛韵和烧韵的阳化

古苗语的毛韵和烧韵在苗语的各个方言点都是阴声韵（王辅世，1994）[51, 55]。养蒿的反映形式为 –u，也是阴声韵，但是北部土语的一些语言点如湾水、重安和谷陇等地，如果声母是双唇音、舌面前音或舌根音，其反映形式为 –uŋ（见表8），我们认为是阴声韵转化为阳声韵的结果。湘西苗语也出现这种情况，如："丈夫"在吉卫和中心读 po[44]，但是在阳孟读 poŋ[44]（杨再彪，2004）。

表 8　古苗语毛韵、烧韵在黔东苗语土语中的反映形式

词项	阴声韵				阳声韵					
	台盘	革东	翻仰	高雅	湾水	重安	谷陇	白午	翁项	李子
腹部	tɕhu$^{33}_{(1)}$	tɕhu$^{33}_{(1)}$	tɕhu$^{33}_{(1)}$	tɕhəu$^{33}_{(1)}$	tɕhuŋ$^{33}_{(1)}$	tɕhuŋ$^{33}_{(1)}$	tɕhaŋ$^{33}_{(1)}$	tɕheŋ$^{33}_{(1)}$	tɕheŋ$^{33}_{(1)}$	tɕhen$^{33}_{(1)}$
毛	lu$^{33}_{(1)}$	lu$^{33}_{(1)}$	lu$^{33}_{(1)}$	ləu$^{33}_{(1)}$	luŋ$^{33}_{(1)}$	luŋ$^{33}_{(1)}$	laŋ$^{33}_{(1)}$	leŋ$^{33}_{(1)}$	leŋ$^{33}_{(1)}$	len$^{33}_{(1)}$
梦	pu$^{44}_{(5)}$	pau$^{44}_{(5)}$	pau$^{44}_{(5)}$	pu$^{44}_{(5)}$	paŋ$^{11}_{(5)}$	paŋ$^{11}_{(5)}$	paŋ$^{11}_{(5)}$	peŋ$^{11}_{(5)}$	peŋ$^{11}_{(5)}$	pen$^{44}_{(5)}$
灰烬	ɕhu$^{35}_{(3)}$	ɕhu$^{35}_{(3)}$	ɕhu$^{35}_{(3)}$	ɕhəu$^{35}_{(3)}$	ɕhuŋ$^{44}_{(3)}$	ɕhuŋ$^{44}_{(3)}$	ɕhaŋ$^{44}_{(3)}$	ɕheŋ$^{44}_{(3)}$	ɕhen$^{44}_{(3)}$	ɕhen$^{35}_{(3)}$
知道	pu$^{33}_{(1)}$	pau$^{33}_{(1)}$	pau$^{33}_{(1)}$	pu$^{33}_{(1)}$	puŋ$^{33}_{(1)}$	paŋ$^{33}_{(1)}$	paŋ$^{33}_{(1)}$	peŋ$^{33}_{(1)}$	peŋ$^{33}_{(1)}$	pen$^{33}_{(1)}$
倒 （倒水）	lu$^{33}_{(1)}$	lu$^{33}_{(1)}$	lu$^{33}_{(1)}$	lu$^{33}_{(1)}$	luŋ$^{33}_{(1)}$	luŋ$^{33}_{(1)}$	laŋ$^{33}_{(1)}$	leŋ$^{33}_{(1)}$	leŋ$^{33}_{(1)}$	len$^{33}_{(1)}$

2.桶韵的阴化

一是苗语各方言比较。

古苗语的桶韵在各个方言代表点的反映形式（王辅世，1994）[63]，见表9：

表 9　桶韵在各个方言点的反映形式

词项	阴声韵			阳声韵					
	腊乙坪	养蒿	石门坎	大南山	摆托	甲定	绞坨	野鸡坡	枫香
裹腿	ŋthu$^{35}_{(1)}$	thu$^{33}_{(1)}$	ŋthau$^{55}_{(1)}$	ŋthoŋ$^{43}_{(1)}$	ŋthen$^{55}_{(1)}$	ŋhoŋ$^{24}_{(1)}$	ntaŋ$^{22}_{(1b)}$	nʔtʂhoŋ$^{31}_{(A)}$	ntɕhoŋ$^{33}_{(1)}$

续表

词项	阴声韵			阳声韵					
	腊乙坪	养蒿	石门坎	大南山	摆托	甲定	绞坨	野鸡坡	枫香
针	tɕu$^{35}_{(1)}$	tɕu$^{33}_{(1)}$	kau$^{55}_{(1)}$	koŋ$^{43}_{(1)}$	ken$^{55}_{(1)}$	koŋ$^{24}_{(1)}$	kaŋ$^{32}_{(1a)}$	koŋ$^{31}_{(A)}$	koŋ$^{33}_{(1)}$
门	tu$^{31}_{(2)}$	tu$^{55}_{(2)}$	dlɦau$^{35}_{(2)}$	toŋ$^{31}_{(2)}$	ten$^{54}_{(2)}$	toŋ$^{55}_{(2)}$	ʂaŋ$^{53}_{(2)}$	zoŋ$^{31}_{(A)}$	tɕoŋ$^{24}_{(2)}$
好	zu$^{53}_{(5)}$	ɣu$^{44}_{(5)}$	zau$^{33}_{(5)}$	zoŋ$^{44}_{(5)}$	ven$^{43}_{(5)}$	zoŋ$^{43}_{(5)}$	zaŋ$^{55}_{(5a)}$	ʔwjoŋ$^{24}_{(C)}$	ɣoŋ$^{55}_{(5)}$
戴	ntu$^{53}_{(5)}$	tə$^{44}_{(5)}$	ntau$^{33}_{(5)}$	ntoŋ$^{44}_{(5)}$	nten$^{43}_{(5)}$	ntoŋ$^{43}_{(5)}$	ntaŋ$^{55}_{(5a)}$	nʔtoŋ$^{24}_{(C)}$	ntoŋ$^{55}_{(5)}$

　　由上表可知，桶韵在苗语各方言中以阳声韵的分布占主导，王辅世先生将桶韵构拟为*-uŋ，即假设古苗语的桶韵为阳声韵。下面，我们将从黔东方言内部土语的比较来继续探讨。

　　二是黔东方言内部土语的比较。

　　黔东各个调查点中，桶韵的反映形式以阴声韵为主，只有台拱和下搞咬两地的反映形式为阳声韵，见表10、表11：

表 10　桶韵在黔东苗语土语中的反映形式（1）

词项	岜沙	五一	舟溪	台盘	台拱	下搞咬	李子
门	tu$^{55}_{(2)}$	tu$^{55}_{(2)}$	tau$^{55}_{(2)}$	tu$^{55}_{(2)}$	toŋ$^{53}_{(2)}$	tɕoŋ$^{53}_{(2)}$	tu$^{55}_{(2)}$
树	tu$^{35}_{(5)}$	tau$^{31}_{(5)}$	tau$^{31}_{(5)}$	tau$^{44}_{(5)}$	toŋ$^{35}_{(5)}$	toŋ$^{35}_{(5)}$	tau$^{35}_{(5)}$

表 11　桶韵在黔东苗语土语中的反映形式（2）

词项	爱和	巫亮	凉伞	谷陇	寨头	摆贝
门	tɕu$^{53}_{(2)}$	tɕu$^{53}_{(2)}$	tu$^{53}_{(2)}$	tu$^{55}_{(2)}$	tu$^{53}_{(2)}$	təu$^{55}_{(2)}$
树	təu$^{35}_{(5)}$	təu$^{44}_{(5)}$	təu$^{35}_{(5)}$	təu$^{11}_{(5)}$	təu$^{45}_{(5)}$	təu$^{35}_{(5)}$

　　由表10、表11可知，黔东方言的桶韵很可能发生"阳转阴"的变化：-oŋ>-u，-u>-əu>-au。

三是汉语借词或汉字记录苗语的语音形式比较（见表12和表13）。

表 12　汉语借词"桐"和"笼"在北部土语的读音

词项	台盘	革东	伍旗	台拱	洋浪	李子	养蒿	谷陇	湾水
桐	tə$^{55}_{(2)}$	tu$^{55}_{(2)}$	təu$^{55}_{(2)}$	tu$^{55}_{(2)}$	tu$^{55}_{(2)}$	tə$^{55}_{(2)}$	tə$^{55}_{(2)}$	təu$^{55}_{(2)}$	tu$^{55}_{(2)}$
笼	ŋə$^{55}_{(2)}$	ɣu$^{55}_{(2)}$	ɣəu$^{55}_{(2)}$	ɣu$^{53}_{(2)}$	ɣəu$^{55}_{(2)}$	ŋuə$^{55}_{(2)}$	ɣu$^{55}_{(2)}$	ɣə$^{55}_{(2)}$	ɣu$^{53}_{(2)}$

从汉借词"桐"和"笼"来看，"桐"，中古汉语为定母东韵一等，合口韵，王力拟为：*duŋ（郭锡良，1986）[288]；"笼"，中古汉语为来母东韵一等，合口韵，王力拟为：*luŋ（郭锡良，1986）[289]，因此，不论是"桐"还是"笼"，在中古汉语中均为阳声韵，从表12可看出，北部土语均为阴声韵的反映形式，这说明，汉借词"桐"和"笼"在黔东苗语中已经发生了阴声化演变。再看表13：

表 13　汉字记音"翁"与黔东苗语带"水"语素的地名

地名	台盘	革东	伍旗	李子	舟溪	洋浪	养蒿	谷陇
翁开村	ʔau$^{33}_{(1)}$ kha$_{(1)}$	ʔə$^{33}_{(1)}$ kha$_{(1)}$	ʔau$^{33}_{(1)}$ kha$_{(1)}$	ʔau$^{33}_{(1)}$ kha$_{(1)}$	ʔə$^{33}_{(1)}$ kha$_{(1)}$	ʔau$^{33}_{(1)}$ kha$_{(1)}$	ʔə$^{33}_{(1)}$ kha$_{(1)}$	ʔə$^{33}_{(1)}$ kha$_{(1)}$
翁密河	ʔau$^{33}_{(1)}$ mi$^{31}_{(8)}$	ʔə$^{33}_{(1)}$ mi$^{31}_{(8)}$	ʔau$^{33}_{(1)}$ mi$^{31}_{(8)}$	ʔau$^{33}_{(1)}$ mi$^{31}_{(8)}$	ʔə$^{33}_{(1)}$ mi$^{31}_{(8)}$	ʔau$^{33}_{(1)}$ mi$^{31}_{(8)}$	ʔə$^{33}_{(1)}$ mi$^{31}_{(8)}$	ʔə$^{33}_{(1)}$ mi$^{31}_{(8)}$

"翁"是苗语ʔə$^{33}_{(1)}$"水""河"的汉字借音。"翁"，中古汉语为影母东韵一等，合口韵，王力拟为：*-uŋ（郭锡良，1986）[282]，但在黔东各地，"翁"已经演变为阴声韵，可见，表10、表11中台拱、下搞咬的阳声韵是较为存古的形式，而邑沙、五一等地则是发生了阴声化的演变。

三、结论

古苗语的阳声韵母*-in在现代的黔东苗语中基本上已经发生了鼻音韵尾的脱落，转化为阴声韵。前高元音韵母*-i在现代的黔东苗语中已经出现了"阴转阳"的变化，同时伴有元音低化和复元音化，三种变化都不同时间、不同程度地影响古苗语前高元音的演变。在黔东苗语内部，新韵和果韵发生了阴阳对转，–u和–uŋ也发生了对转，发生阴阳对转的语音条件为前高展唇元音和后高圆唇元音。根据汉借词和汉记苗音以及黔东苗语内部比等综合情况，我们可以断定：以上的阴阳对转是发生在三大方言分开以后，于黔东苗语内部产生，时间上限为明朝中后期。

此外，古苗语的阳声韵母*–in的鼻音韵尾脱落有两方面的原因：一是鼻音韵尾区别意义的功能减弱，声母、主要元音和声调起主要作用，而有无鼻音韵尾不太会影响听话人理解词义；二是受发音的经济原则影响，发元音结尾的词比发鼻音韵尾结尾的词更省力、简洁。而当这些改变得到充分的扩散，就会使语言使用者习以为常。其次，对于那些还保留鼻音韵尾的调查点，我们认为一方面是受到鼻音声母的影响，另一方面是音变扩散不充分，没有受到变化条件的严格制约。

那么，又是什么因素促使前高元音韵母产生了鼻音韵尾？我们认为，元音舌位的高低是发生"阴转阳"变化的内在因素，前高元音的舌位高，口鼻耦合大，易产生鼻音韵尾，前半高元音的舌位比前高元音的低，前高元音基本上已经完成"阴转阳"的演变，而前半高元音的韵尾在增生的过程中还不充分，在革东一带表现为鼻化特征，是阴声韵向阳声韵转变的过渡阶段。此外，本文主要基于历史语言学的方法探讨了黔东苗语韵母的阴阳对转现象，还存在许多不足之处，期待日后能有实验语音学的进一步论证。

参考文献：

陈复华，2008. 汉语音韵学基础[M]. 北京：中国人民大学出版社.

陈其光，1988. 苗瑶语鼻音韵尾的演变[J]. 民族语文，（6）：12–22.

贵州省凯里市地方志编纂委员会，1998. 凯里市志[M]. 北京：方志出版社.

郭锡良，1986. 汉字古音手册[M]. 北京：北京大学出版社.

郭鑫，2016. 也谈扶绥城厢平话鱼虞韵的音变[J]. 民族语文，（3）：44–53.

金理新，2007. 苗瑶语的阴声韵母系统[J]. 语言研究，（3）：99–111.

李连进，2009. 扶绥城厢平话鱼虞两韵的音变[J]. 民族语文，（2）：41–43.

李永新，2011. 湘江流域汉语方言中古阳声韵今读同阴声韵现象[J]. 湖南社会科学，（5）：189–191.

潘胜春，2013. 苗语黔东方言的韵母比较研究[D]. 北京：中央民族大学.

潘悟云，2000. 汉语历史音韵学[M]. 上海：上海教育出版社.

石德富，2003. 汉借词与苗语固有词的语义变化[J]. 民族语文，（5）：43–52.

石德富，2010. 苗瑶语"母亲"源流考[J]. 民族语文，（4）：48–57.

石德富，2014. 苗语身体部位词的本义褪变与词汇链变[J]. 民族语文，（4）：41–48.

王辅世，1981. 谈谈在苗语方言声韵母比较中的几点体会[J]. 语言研究，（0）：167–176.

王辅世，1994. 苗语古音构拟[M]. 东京：国立亚非语言文化研究所.

王艳红，2016. 从汉借词看几组黔东苗语韵母的构拟[J]. 嘉兴学院学报，（5）：97–102.

韦名应，2009. 仡佬语鼻音韵尾增生[J]. 民族语文，（1）：43–44.

韦名应，2010. 汉藏语"阴转阳"条件试析[J]. 中央民族大学学报（哲学社会科学版），（1）：136–142.

杨再彪，2004. 苗语东部方言土语比较[M]. 北京：民族出版社.

张琨，1995. 古苗瑶语鼻音声母字在现代苗语方言中的演变[J]. 民族语文，（4）：10–13.

张永祥，许士仁，1990. 苗汉词典（黔东方言）[M]. 贵阳：贵州民族出版社：298.

（原载于《民族语文》2020年第3期）

混合语的特征及濒危语言维系：新疆少数民族交融过程中塔塔尔语的例证

王远新

摘要：本文从语音、语法、词汇和语义表现等方面描述塔塔尔语的混合语特征，结合语言使用特点分析塔塔尔语的濒危程度、濒危程度降低及其影响因素。与以往的调查研究相比，我们在语料记录和音系整理、拓展语言变异研究、濒危语言维系途径等方面有新的思考，得到新的启示。

关键词：塔塔尔语；混合语特征；濒危语言维系；濒危程度降低；新启示

中国塔塔尔族聚居于新疆维吾尔自治区昌吉回族自治州奇台县大泉塔塔尔乡，散居于乌鲁木齐市、伊宁市、塔城市以及伊宁市的伊宁县、巩留县、昭苏县，塔城地区的额敏县、托里县，阿勒泰地区的布尔津县、哈巴河县、清河县，总人口3556人（2010）。1987年12月，塔塔尔族成立了"新疆塔塔尔文化研究会"（以下简称"研究会"）。

作者简介：王远新，文学博士，中央民族大学中国少数民族语言文学学院教授、博士研究生导师，主要研究方向为中国少数民族语言研究、社会语言学。

基金项目：国家语言文字工作委员会中国语言资源保护工程"民族语言调查·新疆塔塔尔语"（YB1624A119）。

一、塔塔尔语的形成与使用

中国塔塔尔语是境外移民语言与哈萨克语、维吾尔语长期接触后形成的具有混合性质的语言，是民族交往交流交融的结果。

塔塔尔族主要分为两大群体：一是城市群体，他们受教育程度普遍较高，从事教育、医疗等行业的人数较多，党政机关、企事业单位工作人员和经商者也占相当比例；二是农牧民群体，聚居于奇台县大泉塔塔尔乡，散居于北疆草原地区。大泉塔塔尔人是19世纪末从鞑靼斯坦喀山迁入中国新疆塔城地区萨吾尔（sɑwəl）草原的鞑靼人后代（当地哈萨克族称他们为noʁɑj"诺盖人"），他们与当地哈萨克族通婚，在塔城地区生活七八十年后，于1917年迁至今昌吉回族自治州境内的白杨河牧区，繁衍生息至今。他们迁徙到现居住地前，就已转用了哈萨克语。

通常情况下，弱势语言的维持依赖于稳定的语言社区。保留并使用塔塔尔语的城市塔塔尔族并未形成聚居社区，却形成了乌鲁木齐、伊宁和塔城三个较稳定的语言区。这与城市塔塔尔族居住地的民族成分和语言环境有关。乌鲁木齐、伊宁和塔城均为多民族杂居城市，除汉族外，主体民族主要是操突厥语族语言的维吾尔族和哈萨克族，其语言与塔塔尔语属近亲语言，彼此间可以进行"半双语"交际，即以各说各话的方式交流。这种长期的"半双语"交际状态，既是导致塔塔尔语逐渐具有混合语特征的重要因素，也是塔塔尔语处于濒危状态而不亡的重要原因之一。

塔塔尔族除部分人在本民族之间和家庭内部使用塔塔尔语外，主要兼用哈萨克语或维吾尔语，城市塔塔尔族还多兼通汉语和兼用汉文。19世纪至20世纪初，塔塔尔族曾使用阿拉伯字母文字，因长期与哈萨克族或维吾尔族杂居，逐渐转用了哈萨克文或维吾尔文。

二、塔塔尔语的混合语特征

塔塔尔语除受阿拉伯语、波斯语影响外，还因其族群主体居住在俄语地区的影响，吸收了较多俄语借词。塔塔尔族定居新疆已有一个多世纪，与维吾尔族、哈萨克族和汉族接触广泛，其语言受维吾尔语、哈萨克语和汉语的影响比较大。塔塔尔语与维吾尔语、哈萨克语之间的通解度较高，在他们长期接触特别是彼此通婚的条件下，塔塔尔语的词语混用现象突出，具有明显的混合语特征。塔塔尔语的混合语特征主要表现在语音、语法、词汇与语义等三个方面。

（一）混合语特征的语音表现

1. 存在大量语音两读词

语音两读词包括词内元音和词内辅音的两读，不仅存在于词语独立发音中，也存在于不同发音人的长篇语料中，甚至存在于同一人的同一篇语料中，而且发音人认为两种发音形式都正确。这种语音两读并非共时语流音变现象，而是语言混合特征的体现。比如，亲属称谓词语中的i:[1]ə两读词qajin:qajən，例如qajin ata（公公，岳父）、qajin ana（婆婆，岳母）、qajən abzij（大伯子，大舅子）、qajən ənə（小叔子，小舅子）、qajən sənəl（小姑子，姊妹）、qajən bikɛ（大姑子，大姨子），即qajin:qajən的两读不受后续成分低元音或高元音音节的影响。这种两读现象，是塔塔尔语与维吾尔语或哈萨克语发音形式混合、新疆塔塔尔语与俄罗斯鞑靼语发音形式并存导致的。

A.词内元音两读词。词内元音两读词指除两读元音外，其他语音相同或基本相同的词语。塔塔尔语有九个元音音位，两读词几乎涉及所有元音音位。例如：

①a:ɛ两读：tʃaʃ:tʃɛʃ（头发）；χat:χɛt（信名词）；jaŋa:jeŋɛ（新的，新鲜的）；qatʃan:qatʃɛn（什么时候，何时）；dʒəgərma:dʒigərmɛ/jigərmɛ（二十）；matemɛtika:metemɛtika（数学）。

②a:e两读：zanger:zeŋger（蓝色的）。

③a:ə两读：buʁa:buʁə（鹿，野鹿）；bofajka:bofajkə（毛衣）。

④a:i两读：mundaj:mundij/mundɛj（这样的）；ʃundaj:ʃundij/ʃundɛj（那样的）；oʃundaj:oʃəndij（那样的，这样的）。

⑤ɛ:i两读：dʒeŋɛ:dʒeŋi（嫂子）；dʒɛznɛ:dʒɛzni（姐夫，妹夫）；bɛpɛ:

---

　① 本文用罗马字体冒号[:]表特定语音的两读，用罗马字体斜杠[/]表语音、词语、语法素的并存并用。

bebi（婴儿）；sɘlɛkɛj:sɘlɛkij（口水）；kɛrɛk:kirɛk（应该）；nitʃɛk:nitʃik（为什么，多少）；kɛtmɛn:kitmɛn（坎土曼，锄头）；sɛgɘz:sigɘz（八）。

⑥o:u两读：ol:ul（他，她，它，那个）；zor:zur（大的）；boza:buza（包糟酒，米酒）；ojla-:ujla-（想念，思念）。

⑦ø:y两读：øz:yz（自己）；øj:yj（家，房）；øjrɛn-:yjrɛn-（学习）；køkɛj:kykɛj（鸡蛋）；tøbɛn:tybɛn（下面，低处）。

⑧i:ə两读：it:ət（狗）；kim:kəm（谁）；biz:bəz（我们）；abzij:abzəj（伯母，叔父，姑父，哥哥）；baʁzi:bɛʁzə（有些，某些）；køɲil:køɲəl（心意）；bilɛn:bələn（一起）；jil:jəl（年）；bərəntʃi:bərəntʃə（第一）；yʃyntʃi:ytʃəntʃə（第三）。

塔塔尔语有类似的绕口令：ət it dimij, it ət dimij [肉不叫it（狗），狗不叫ət（肉）]。维吾尔语、哈萨克语的it为"狗"，哈萨克语的et为"肉"。绕口令意在强调塔塔尔语和维吾尔语、哈萨克语的发音区别，但塔塔尔语受维吾尔语和哈萨克语的影响，经常出现it:ət"狗"混用现象。

⑨i:e两读：min:men（我）；tiz:tez（快）；miɲ:meɲ（痣）；kim:kem（缺少）；tigɘz:tegɘz（平，平的）；tigɘzlɘk:tegɘzlɘk（平原）；ində:endi（现在）；kilən:kelən（媳妇）；tinpəratura:tenperatura（温度）；ʤitmiʃ:ʤetmiʃ/jetmiʃ（七十）。

⑩y:ə两读：tygɛrmɛn:təgɛrmɛn（磨，磨坊）；kymyʃ:kyməʃ（银_{金属}、银子、硬币）；kømyr:kømər（煤炭）；aʁaʃ kømyrə:aʁaʃ kømərə（木炭）。

⑪u:ə两读：jyltuz/jylduz:jyldəz（星星）；sujyk:səjəq（稀）。

⑫y:i两读：kyjow:kijow（女婿，新郎、丈夫）；tʃynky:tʃynki（因此）。

⑬ɛ:ə两读：neʃpet:neʃpət（香梨）；dʒigɛt:dʒigət（小伙子）。

B.词内辅音两读词。词内辅音两读词指除两读辅音外，其他读音相同或基本相同的词语。塔塔尔语有22个辅音音位，词内辅音两读词涉及其中的多数。此外，还有一些两读词非词内某一辅音不同，词内元音和辅音均存在对应性差异。例如：

①词首辅音j:ʤ两读：jara:ʤara（伤口）；jilək:ʤilək（骨髓）；jydərək:ʤydərək（拳头）；jiɲəl:ʤiɲəl（轻）；jələ:ʤələ（暖和）；juʁaʃ:ʤuʁaʃ（洗碗布）；jip:ʤip（线）；jilʁa:ʤəlʁa（峡谷）；jiraq:ʤəraq

（远）；jiraq-jaqən:ʤəraq-jaqən（远近_{并列复合词}）；jigərme:ʤəgərma（二十）；jaraχet:ʤaraχet（伤口）；jywəp:ʤywəp（洗_{副动词}）；jəl:ʤəl（年）。

一些发音人指出，上述两读词中，喀山鞑靼人读 j 音，新疆塔塔尔族读 ʤ 和 j 音都一样。有些发音人的语篇中还存在 ʤ 音弱化为 ʒ 音且与 j 音存在两读现象，即存在 ʒ:j 两读词。ʤ 弱化为 ʒ 可看作共时语流音变现象，即 ʒ 是 ʤ 弱化的结果，这明显受到了哈萨克语发音特点的影响。民族文化发音人的个人陈述语篇中，"年"这个词出现19次（14次为 ʒil，5次为 jil），其中有两句话同时出现 ʒil 和 jil；"没有"这个词的发音也出现了 ʤ 音弱化为 ʒ 音的现象，其实际发音是 ʒoq；在他讲述的谜语、谚语和骂人话的长篇语料中，"没有"这个词出现两次，均为 joq 形式。这进一步证明，ʒ 是 ʤ 的变体形式。

②p:f 两读：一些词语的音节末、一些词语的音节首存在 p:f 两读。

音节末两读：tarap:taraf（方面）；sənəp:sənəf（年级、班级）；maʁarəp:maʁalif（教育）。

音节首两读：pidagokika:fidagokiga（师范）；topraq:tofraq（土，土壤）；japəraq:jafəraq（叶子）。

与维吾尔语和哈萨克语不同，f 音是塔塔尔语独立音位，既出现于本族语词，也用于拼读俄语、阿拉伯-波斯语、汉语借词。之所以将其看作独立音位，主要考虑两点：第一，塔塔尔语有些词（包括本族词和借词）中的 f 音不能发 p 音，二者不能替换。例如：fesəl（季节）、ʃofir（司机）、ifɛk（丝绸）、nefət（石油）、fakər（穷人）、nirufer（荷花）、bofajka:bofajkə（毛衣）、mɛnfɛʁet（利益）、defter（本子）等；第二，塔塔尔语中的俄语、阿拉伯-波斯语、汉语借词数量多，中国塔塔尔族不仅能够发 f 音，而且对 f 音的认知度和接受度都很高。

③p:b 两读：pɛkə:bɛkə（刀，小刀）；bɛpe:bɛbi（婴儿）。

④m:p 两读：miʃ:pitʃ/piʃ（铁炉，镶坑）。

⑤k:g 两读：kyrkəraw:gyrkəraw（雷）；kynʤyt:gynʤyt（芝麻）。

⑥k:q 两读：kuruʃ:quruʃ（钢）；kuruʃka:quruʃqa（缸子）；kenki:qaŋqi（冰刀）；sujyk:səjəq（稀）。

⑦b:m 两读：bundaj:mundaj（这样的）。

⑧χ:ʁ两读：χɛm:ʁɛm（还，仍然，又，再）；χɛzər:ʁazər（现在）。

⑨χ:q两读：χəzmɛt:qəzmet（工作）；jaχut:jaqut（宝石）；jaχʃə/jaχʃi:jaqʃə/jaqʃi（好）；χurmet:qurmet（尊敬）。

⑩r:l两读：ʃorpa:ʃolpa（汤）；ʃorpalə it:ʃolpalə it（手抓肉）；maʁarəp:maʁalif（教育）。

⑪ʃ:tʃ两读：piʃ:pitʃ（铁炉，馕坑）；qəsqəʃ:qəsqətʃ（钳子，夹子，镊子）；niʃek/niʃik:nitʃik/nitʃek/nitʃəq（怎样）。

⑫ʃ:s两读：tijiʃlə:tijəslə（应该，必须，值得）；ʃoŋʁa:soŋʁa（为此）。

⑬t:tʃ两读：tyʃen-:tʃyʃen-（理解）；tyʃendər-:tʃyʃendər-（解释使动态）。

⑭ŋ:m两读：jaŋʁar:jamʁar（雨）。

⑮d:t两读：jyldəz:jyltuz；døxbɛ:tøxbɛ/toxbɛ（贡献）；dørtəntʃə/dørtəntʃi:tørtəntʃi（第四）。

⑯tʃ:ʥ两读：ʥidintʃi:ʥidinʥə/jidinʥi（第七）；sɛgəzəntʃə/seksintʃi:səgəzənʥə（第八）。

表面看，上述两读词是语音弱化或语音交替导致的，但即使单说也是两种读音，因此，不宜归入共时语流音变。这种现象主要是塔塔尔语和维吾尔语、哈萨克语及新疆塔塔尔语和俄罗斯鞑靼语相互影响导致的。例如①⑫明显受到哈萨克语的影响，⑧⑪明显受到维吾尔语的影响，而②明显受到维吾尔语和哈萨克语的共同影响。两读词中，有些是不同个体的发音形式，有些是同一人的不同发音形式，且发音人认为两种或多种发音形式都对。

2. 受维吾尔语影响出现特殊语音弱化现象

维吾尔语有ɑ、ɛ、e三种特殊的元音弱化类型。塔塔尔语受此影响，语流中也出现了不稳定的ɑ元音弱化，主要包括：ɑ>ɛ、ɑ>i、ɑ>ə的弱化。ɑ元音的弱化受元音逆同化影响，一些词单念是一种发音形式，加构词或构形成分后会产生元音弱化。例如sawda（生意）、sewdeger（商人），后一个词的词根受构词成分影响，词干元音产生了ɑ>ɛ的弱化。这种弱化处于不稳定状态，例如sawda（生意）+la（名词构成动词的附加成分）+ʃ（相互态）>sawdalaʃ-却不产生元音弱化。又如køgertʃinler køkte ojnij（鸽子在空中舞动）中的ojnij（玩耍现在将来时单数人称3）为ojna-（玩耍）

的弱化形式，即动词词干元音 a>i；再如 bejeləsən alsam alam，natʃarən almijim（我宁可买贵的，也不买不好的）中的 beje（价格）和 bajalə（贵的）是主发音人单念词表的发音形式，bejelə（贵的）则是其语流中的发音形式。qara-（看）是单念词表的形式，qara-（看）+j（状态副动词）> qaraj 则是语流中的发音形式，产生了 a>ə 的弱化。

3. 语音的无序呈现和音系格局的有序制约

语音的无序呈现指塔塔尔语的语音使用及语音变体的出现具有较大随意性，不受说话人群体社会特征和语境甚至个体语言风格的影响。音系格局的有序制约指在本族语音系格局和亲属语言语音对应规律的双重制约下，语音变体不仅不影响族内的有效交际，而且有助于塔塔尔语使用者与维吾尔族和哈萨克族进行"半双语"交际。以词首辅音 j:ʤ 两读词为例，它们不仅频繁出现于单念词语和长篇语料中，而且为塔塔尔语使用者所认同。这说明三方面的问题：

第一，在维吾尔语和哈萨克语及鞑靼语的共同影响下，塔塔尔语语音的这种"摇摆不定"状况不大可能趋于稳定或固化，这既受制于当地语言环境和交际对象，也与塔塔尔族人口稀少、没有书面语约束及不同个体的本族语能力有关。对此，塔塔尔语使用者有清醒的认识，而且认同并接受不同发音形式，即认为两读词是正常现象，体现了塔塔尔语的特点。有些塔塔尔族，特别是近些年在鞑靼斯坦留学或赴鞑靼斯坦探亲、旅游的人，更加了解"纯塔塔尔语"形式，他们回到中国后会刻意使用"纯塔塔尔语"形式，但没过多久，受语言环境和交际对象语言能力的影响，其语言中便会出现两读词现象，这进一步证明了塔塔尔语的混合语特征。

第二，从语料记录和处理角度看，既然同一个词的两种及以上发音形式均被使用，甚至受维吾尔语或哈萨克语影响的形式更为常用，语言调查者就应如实记录，没有必要根据"纯塔塔尔语"形式改写语料，或将其中一种发音形式看作另一种的变体，至少在两读词和长篇语料的记录方面应当如此。这样处理语料，既可以体现塔塔尔语的口语实际，又因塔塔尔语原本就存在 j:ʤ 两个独立音位，不会导致音系格局的混乱。

2016年，塔塔尔语被列入"中国语言资源保护工程"濒危语言调查项目后，我们依据前期录制的话语材料提取词汇，填入词汇调查表。正式录音录像时，为给后人留下"纯塔塔尔语"，前期录音的主发音人推翻了先前一些词语的发音形式和语法形式，重新提供"纯塔塔尔语"形式。例如词汇调查时，发音人想起包含某个词语的诗歌片段，我们记录核对无误后存档。录制塔塔尔族诗歌和民歌语料时，发音人提供的语料与前期语料有差异。前期记音时，发音人提供的四行诗中出现三处 jet-（到达），两处为 jet-er（到达–或然将来时单数人称3），一处为 jet-keʃ-ten（到达–动词构成名词词缀–从格），即词首辅音均为半元音 j。发音人讲述塔塔尔族诗歌和民歌话语材料时，却将这三处词首辅音均发为 ʤ 音。前一种形式是发音人刻意的表现形式，其注意力集中在短短的四行诗上，发音正式，且强调是"纯塔塔尔语"形式；后一种形式是自然发音，因为讲述者录音录像时不仅要介绍塔塔尔族诗歌和民歌的分类及特点，还要提供不同类型的诗歌和民歌片段，注意力集中在讲述的内容上。

　　主发音人单念"远"的发音形式为 jiraq，并列复合词"远近"的发音形式为 ʤəraq-jaqən，词首辅音出现 j:ʤ 变化；辅助发音人的并列复合词"远近"的发音形式则为 jiraq-jaqən。主发音人"我的家庭"自述中出现三处"年"这个词，两处为 ʤəl，一处为 jəl，发音人强调喀山鞑靼语和新疆塔塔尔语存在 j:ʤ 差异，但在实际发音中，两种发音形式时常出现交替。塔塔尔族民歌发音人的同一首歌曲 εpipε（阿琵帕）中出现了六次"小伙子"这个词，其中三次用 jigεt（一次为重复句），三次用 ʤigεʃ/ʤigət（后一种形式为重复句中出现）。唱词中一些词语的发音形式与塔塔尔语有差异，主要有两方面的原因：一是按喀山鞑靼语歌词学唱，保留喀山鞑靼语特点；二是受中国哈萨克语影响，语音产生变异。研究会会长陈述的个人经历和撒班节致辞、塔塔尔族文化发音人陈述的个人经历和婚礼致辞中，同一个词的发音形式前后也有差异。

　　上述种种，均说明两读词是塔塔尔语具有混合语性质的重要表现。如果按社会语言学的"表现原则"，即以讲话人的实际表现而不是以讲话人的判断作为获取语料的原则，自然应将发音形式记为 ʤ，但以濒危语言保护为目的的语料记录，就不能完全恪守社会语言学原则。

　　第三，从亲属语言语音对应看，突厥语族不同语言存在 j:ʤ 对应关系，其中维吾尔语和乌孜别克语是 j 组语言，哈萨克语和柯尔克孜语是 ʤ

组语言，塔塔尔语则两者兼有，见表1：

表 1　词首辅音 j:ʤ 的对应

序号	j 组语言		ʤ 组语言		j:ʤ 混用语言	词义
	维吾尔语	乌孜别克语	哈萨克语	柯尔克孜语	塔塔尔语	
1	jaχʃi	jeχsi	ʤaqsə	ʤaʃʃə	jaχʃə	好
2	jaman	jaman	ʤaman	ʤaman	jaman	坏
3	jaq	jaq/joq	ʤoq	ʤoq	joq	不
4	jeqin	jeqin	ʤaqən	ʤaqən	jaqən	近
5	jan-	jan-	ʤan-	ʤan-	jan-	燃烧
6	jama-	jemɛ-	ʤama-	ʤama-	jama-	缝补
7	jip	jip	ʤip	ʤip	jip:ʤəp	线
8	jilan	ilan	ʤəlan	ʤəlan	jilan:ʤilan	蛇
9	jil	jil/il	ʤəl	ʤəl	jil:ʤəl	年
10	jol	jol	ʤol	ʤol	jol:ʤol	路，道路
11	jimiʃ	jemiʃ	ʤemis	ʤemiʃ	jemiʃ:ʤemiʃ	水果
12	jara	jara	ʤara	ʤara	jara:ʤara	疮

前六组例词中，塔塔尔语与j组语言词首辅音相同；后六组例词属j:ʤ两读词。针对上述语言表现，整理音系时，一方面，应以塔塔尔语发音形式确定音位，受其他语言影响的发音形式虽在自然语境中更常出现，考虑到濒危语言的调查目的，可将其作为两读形式处理；另一方面，在以主发音人语料作为描写依据的同时，应当参考或对比其他发音人的语料。这样，既能保证语料的全面真实性，又能保证描写的充分性。

（二）混合语特征的语法表现

塔塔尔语混合语特征的语法表现主要体现在语法形式和句法结构两方面。

1. 语法形式的混合特征

语法形式变化的混合特征主要表现在体词的复数、领格、宾格、方向格、从格和工具格及动词时范畴的构形成分方面。

（1）复数词尾

塔塔尔语名词和代词（主要是人称代词和指示代词）词干后缀接复数词尾，既受维吾尔语和哈萨克语影响，也受制于鞑靼语。塔塔尔语常用的复数词尾有 –lar/-lɛr/-nar/-nɛr 四种变体；受哈萨克语影响的 –dar/-ter 形式很少使用。四种变体中，–lar/-lɛr 的使用较稳定，–nar/-nɛr 的使用不太稳定。比如主发音人念词表的发音为：mɑlɑj tuwʁɑnnar（弟兄）、mɑlɑj tuwʁɑnlar（堂兄弟，表兄弟）。在鞑靼斯坦留学六年回国的发音人第一篇自述中，tuwʁɑn（亲戚）一词出现八次加复数词尾的情况，其中六次为 tuwʁɑn+lar，tuwʁɑn+nar 和 tuwʁɑn+dar 各一次；第二篇自述中出现七次加复数词尾的情况，其中六次为 –lar，一次为 –nar；第三篇自述中出现六次加复数词尾的情况，均为 –nar。三篇自述按时间先后录制，第一篇的 –dar 形式明显受到哈萨克语影响。随着录制次数的增加，她的"纯塔塔尔语"意识增强。研究会会长的撒班节致辞有这样的表述：sizderge reχmet, χerqajsə puʃqaqlardan kilgen sizlerdən jollarənəzʁa qedemlarənəzʁa məndа min reχmet ajtasəm kile, reχmet!（谢谢你们，我想在此对你们从各地远道而来表示感谢，谢谢！）。同一句话的语境相同，人称代词 siz（您，你们）之后分别缀接复数 –dɛr 和 –lɛr，前者是哈萨克语影响的结果，后者受到了维吾尔语的影响。上述复数形式的缀接特点也体现在民间故事话语材料中。民间故事话语材料系发音人参考鞑靼斯坦民间故事讲述，鼻音结尾音节出现变体 –nar 的现象较普遍。从其他发音人的语料和访谈材料看，他们大多知道 –nar/-nɛr 是"纯塔塔尔语"形式，其长篇语料中也会出现这两种变体。总之，复数词尾的使用与年龄无关，主要受发音人语言背景及塔塔尔语"纯度"和说话注意力的影响。

（2）格词尾

塔塔尔语体词有七个格，主格为零形式，领格、宾格、方向格、方位格、从格、工具格都有特定的格标记，其中领格、宾格、方向格、从格和工具格词尾的缀接具有混合特征。

a.领格。常用领格词尾是 -nəŋ/-niŋ，例如 ajɐw-nəŋ（熊）、biʃɛw-nəŋ（五个）、mɛktɛp-nəŋ（学校）、dyjɛ-nəŋ（骆驼）、kiʃi-niŋ（人）、tuwʁan-lar-nəŋ（亲戚－复数－领格）、ɛnij-əm-nəŋ（母亲－单数领属人称1－领格）。受哈萨克语影响的 -diŋ/-dəŋ 使用较少，例如 təl-ə-bəz-dəŋ（语言－复数领属人称1－领格）、oqutqutʃə-lɛr-diŋ（教师－复数－领格）。不同发音人或同一发音人的语料中，相同体词后可缀接不同的领格变体。曾在鞑靼斯坦留学六年的发音人在其自述语料中出现了六次"我们－领格"形式，其中 bəz-nəŋ 和 biz-dəŋ 各两次，bəz-dəŋ 和 biz-nəŋ 各一次，即 -nəŋ 和 -dəŋ 形式各三次。研究会会长的语篇中，同一句话中出现两次 øzəməz（我们自己），领格形式分别是 øzəməz-dəŋ 和 øzəməz-nəŋ，即在完全相同的语境中，缀接的领格形式也不一致。

b.宾格。常用的宾格词尾是 -nə，前元音变体 -ni 较少使用；领属第三人称附加成分后有时缀接宾格词尾 -n。例如：baləq-nə（鱼）、syt-nə（奶）、ʁɛjlɛ-nə（家庭）、uniwersitet-nə/ni（大学）、mɛktɛp-nə/ni（学校）、tamaʁ-ə-nə（饭－领属人称3－宾格）、ət-lɛr-ə-nə（肉－复数－领属人称3－宾格）、qardɛʃ-lɛr-ni（同胞，兄弟－复数－宾格）、kyn-ə-n（日子－领属人称3－宾格）、øz-ə-n（自己－领属人称3－宾格）、qəriʃɛg-ə-n（野驴－领属人称3－宾格）、tatar təl-ə-n（塔塔尔语－领属人称3－宾格）。有时名词词干会缀接受哈萨克语影响的 -də 词尾，例如：təl-də（语言）。

c.方向格和从格。塔塔尔语方向格和从格词尾的变体形式繁多，明显受到了维吾尔语和哈萨克语的影响。详见表2和表3：

表 2　方向格的形式

格标记	清辅音结尾	元音或浊辅音结尾	代词方向格
体词词干 +-kɛ/-gɛ	jeʃ+kɛ 年龄，岁 is+kɛ 想法，意识，念头 dewlet+kɛ 国家	nɛrsɛ+gɛ 东西 dyjɛ+gɛ 骆驼 køl+gɛ 湖	kəm+gɛ 谁 øzəm+gɛ 我自己 biz+gɛ 我们 siz+gɛ 您，你们

格标记	清辅音结尾	元音或浊辅音结尾	代词方向格
体词词干 +-qɑ/-ʁɑ	ot+qɑ 火 tabaq+qɑ 盘子 qaməʃaʁq+qɑ 芦苇荡	ʃølpa+ʁɑ 汤 ajɘw+ʁɑ 熊 doχtur+ʁɑ 医生 suw+ʁɑ 水	min+ʁɑ＞miŋɑ 我 a+ʁɑ＞aŋɑ 他 sin+ʁɑ＞siŋɑ 你 alar+ʁɑ 他们
格标记	浊辅音/领属人称3+-nɑ	辅音结尾或领属人称3 +-nɛ	代词方向格
体词词干 +-nɑ/-nɛ	jan-ə+nɑ 身边 单数领属3 qujrəʁ-ə+nɑ 尾巴 单数领属3	yj+nɛ 家，房子 millet-ə+nɛ 民族 单数领属3	
格标记	浊辅音结尾的央元音 音节 或领属人称+-a	辅音或前元音结尾的 音节+-ɛ/（j）ɛ	代词方向格
体词词干 +-a/-ɛ/- e/jɛ	atʃəʁ+a 嫉妒 qujrəʁ-əm+a 尾巴	institut+e 学院 dɛrɛdʒe+je 程度，级别 （j 增音）	qaj+a 哪里

表 3　从格的形式

格标记	后元音/央元音和辅音 结尾音节+-dan	前元音/央元音和辅音结 尾音节+-dɛn/-din	代词从格
-dan/ -dɛn/ -din/-dən	qol-əŋ-da-ʁə+dan 你的 手中 səjər+dan 牛，奶牛 oqəw+dan 读书，学习	ɛtij-im+dɛn 我的父亲 bətər-gen+din 结束， 毕业 tylkə+dɛn 狐狸	min+dɛn 我 bular+dan 他们 an-ən+dən 他，她，它， 那个
格标记	后元音/央元音和鼻音 结尾音节+nan	前元音和鼻音结尾 音节+-nɛn/-nen	代词从格
-nan/ -nɛn/ -nen	jalʁan+nan 假装的 bolʁan-əm+nan 成为	tiʃ-gɛn+nɛn 咬破 tatarstan+nɛn/nan 鞑靼 斯坦	me（n）+nen/mi（n） +nɛn 我 an+nan/a+nen 他，她， 它，那个
格标记	清辅音结尾的后元音/ 央元音音节+-tan	清辅音结尾的前元音 音节+-ten	代词从格
-tan/ -tɛn/-an	jaq+tan 方面	it+ten 狗 dʒɛχɛt+ten 范围	qaj+an 哪里

不同发音人甚至同一发音人的同一句子的相同语境中，同一体词缀接的从格形式会存在差异。民间故事中还有 –an 形式从格，例如：bu baləqnə qaj–an tuttəŋ?（这鱼你是从哪里抓的？）

d. 工具格。

塔塔尔语的工具格标记有三种形式，具体见表4：

表 4　工具格的形式

格标记	前元音/央元音和辅音结尾音节 +–lɛ	后元音/央元音和辅音结尾音节 +–la	代词工具格
–la/–lɛ	syt+lɛ 奶，牛奶 χɛzər+lɛ 现在	tajanəʃ+la 基础，依靠，模范	
格标记	前元音/央元音和辅音结尾音节 +bilɛn/ilɛn	后元音/央元音和辅音结尾音节 +bələn	代词工具格
bilɛn/bələn	etij bilɛn 父亲 tatar tələ bilɛn 塔塔尔语	qazaq tələ bələn 哈萨克语 sənəp bələn 班级	bular bilɛn 这些，他们，它们 ʃolar bilɛn 那些，他们，它们
ilɛn	ajərplan ilɛn 飞机		

这三类形式并用体现了工具格的语法化过程：bilɛn/bələn 是原始形式，起连接作用。bilɛn/bələn 经历了 ilɛn 的语法化过程后，形成 –la/–lɛ 形式，即 bilɛn/bələn>ilɛn>–la/–lɛ。这三类工具格形式同时被使用，说明其语法化过程仍在进行中，bilɛn/bələn 形式的出现频率最高，说明其语法化程度不高。塔塔尔语工具格的语法化过程，明显受到维吾尔语的影响。

（3）时范畴

塔塔尔语动词时范畴的变体形式复杂，除元音和谐律的制约，还受到维吾尔语和哈萨克语的影响。例如，动词过去时单数第二人称尊称：动词词干 +–di/–də+–ŋiz/–ŋəz/–gəz/–ʁəz；复数第二人称：动词词干 +–di/–də+–ŋlər/–ŋlar/–gəzlar/–ʁəzlar。这两种语法形式的后两个变体是塔塔尔语的特点。

2. 句法结构

与突厥语族其他语言一样，塔塔尔语也通过助动词结构表示动词体的语法范畴。受维吾尔语影响，一些助动词结构有进一步语法化的趋势，即由助动词结构变为黏着结构。例如：χezər indi muʃu ʤirlik ʁadet bojənʧa, isim familije iʃletəp, χezər øzəməzniŋki etijimizniŋ isimi tyʃyrlyp qala turʁan oʃundej bər ʁaχal oməm yzlyk boluwatmaqta.（现在按当地习惯要使用名字和姓氏，通常情况下要加上我们自己父亲的名字作为姓氏）。句中谓语bolu-wat-maq-ta的构成形式为：bolup成为_{连贯副动词}-jat躺下_{助动词}-maq_{动名词词缀}-ta_{方位格词尾}（bolup-jat->boluwat-）。

（三）混合语特征的词汇和语义表现

塔塔尔语使用人数虽少，且处于濒危状态，但并不像其他濒危语言那样存在严重的词汇空缺现象。这主要有两方面的原因：一是绝大多数塔塔尔族掌握维吾尔语和哈萨克语，或同时兼用这两种语言，而维吾尔语和哈萨克语的使用活力很强。近亲语言之间的密切接触甚至相互融合，导致词语的使用"你中有我，我中有你"。二是塔塔尔族迁入中国的历史不长，之前受俄罗斯文化影响很大，塔塔尔语较之维吾尔语和哈萨克语有更多的俄语借词。塔塔尔语所缺少的词汇主要是中国传统文化、内地物产、传统计量单位、农历节令、民间信仰类词语及海洋类的动物名词。不过，如果需要，可采用音译、"音译+注释"或意译等方式表示，有时也会采用塔塔尔语的旧词语表示或借用俄语词语。在调查词表3000词中，无塔塔尔语对应词的主要是量词类词语。量词的缺失体现的是汉语和塔塔尔语的差异，不是塔塔尔语词汇贫乏的表现。

塔塔尔语从哈萨克语和维吾尔语吸收了不少词语，并不是因为塔塔尔语缺少这些词语，而是为适应特定语言接触和交际对象条件下的"半双语"交际策略。塔塔尔语、维吾尔语和哈萨克语都有较多的阿拉伯语、波斯语、俄语借词，且塔塔尔语存在较多固有词和借词混用或并用现象，以此满足不同语言能力的塔塔尔族及其针对不同对象的交际需要。塔塔尔语混合语特征的词汇与语义表现主要体现在同义词、代词（尤其是指示代词）、亲属称谓词、畜牧业词汇等的并用或混用等方面。

1. 同义并用词语①

（1）本族语和俄语词并用

baltʃəq/simont 水泥　　　　　təgəwtʃə/partnoj 裁缝　　　ʤələləq/tinpəratura 温度

qatəq/kifər 酸奶　　　　　　qolqaq/perʃatkə 手套　　　bil baw/pojəs 腰带

otʃaq/miʃ piʃ 炉子　　　　　təbɛ/iʃkator 房顶　　　　qəzət-/tinpəratura bol- 发烧

jazəwtʃə/aptur 作家　　　　yj tybə/fontamin 地基　　quruʃqa/kuruʃka/tʃaʃqa 缸子

tyʃɛm/iʃkator fanirə 天花板　boqtʃa/somka 书包　　　tərzgəlɛ-/kontrolla- 控制，管制

（2）本族语和其他语言借词并用

tyzyləʃ/ʁəjmarɛt 建筑　　　taman/niʃaŋ 方向　　　jaqta/tarafta 方面

ʤir/zemin 土地　　　　　　køk/asman 天，天空　　arəslan/ʃər 狮子

qəzəq/χɛwɛs 兴趣，有趣　　tapqər/rɛt 趟，次（量词）　oram/køtʃɛ 街道

oquməʃlə/zijali 知识分子　　ʤirlək søz/ʃiwɛ 方言　　ajləq/maʁaʃ/zarplat（俄语）工钱

qatarʁa tur-/rɛtkɛ tur- 列队　søjlɛʃ-/suχbɛtlɛʃ- 聊天　ʃorpa /ʃolpa/maʁa（蒙古语）肉汤

jaqʃə/ɛjbɛt 好　　　　　　ajər-/farklandər- 区分　bizɛk/zinnɛt 装饰

ylkɛn/zor 大的　　　　　　bølɛk/sawʁa/padarka（俄语）礼物

（3）阿拉伯或波斯语与俄语借词并用

sɛwdɛgɛr/bizniztʃi 商人　　ʁaddi/prastoj 简朴的　　arba/maʃina 车

sɛjɛsɛt/paritika 政策　　　　ʁajlɛ/sɛmija 家庭　　　kalɛm/rutʃka 钢笔

rassam/χuduznik 画家　　　mɛsɛlɛ/problema 问题　tabaq/tɛliŋkɛ 盘子

arʃin/mitər 尺子，丈量单位　tʃər-/oksitlan- 生锈　　nar/gəranat 石榴

ɛbrɛz/obərni 厕所　　　　　resəmgɛ tart-/fotografijɛlɛ- 拍照

（4）汉语和俄语、波斯语、阿拉伯语借词并用

biŋgur/buz marozni 冰棍　　qanʤɛr/qamzol 坎肩　　ʃyejyɛn/inistitut 学院

daʃye/uniwersitet 大学　　　məmə/par nan 馍馍，馒头　tʃuʤoŋ/orta mɛktɛp 初中

（5）本族词和汉语借词并用

burtʃaq ujytmasə/dufu 豆腐　ʤir pitʃə/kaŋ 炕　　　　syzgəʃ/tʃojla 笊篱

iʃit-/təŋla- 听　　　　　　sigəz puʃmaq buruʃ/baʤijao 八角（香料）

――――――――

①　按本族语词、借词（包括复合词或派生词中的借词成分）顺序排列；其他语言借词指阿拉伯语、波斯语、蒙古语借词，同一意义的俄语借词一并列出。

（6）阿拉伯语和波斯语或两个阿拉伯语、两个波斯语词并用

farfur kɛsɛʧinə 陶碗　　　　　　　　χɛnʤɛr/nɛzə 剑

ʁømyr bojə/ʁømyrrənɛ 一生　　　　raχatlan-/χuzurlan- 舒适

oʃə zaman/χɛzərgə zaman 如今

（7）混合词语（含词源不确定词语）并用

kibət/magazin 商店　　　　　　　aʃ[①]pəʃərəwʧə/pobər 厨师

qart ojna-/kuwart ojna- 打扑克　　sigarit/tɛmɛʃə/sigarit tɛmɛʃə 香烟

tɛmlə aʃamləq/piʧinɛ pranik 点心

（8）突厥语族语言词语并用

torə tys/ʧilan tys 枣红色　　jumurtqa/køkɛj 鸡蛋　　qajmaq/syt ystə 奶皮

ʤɛrʤilɛk/bøldyrgɛn 草莓　　kismɛ/tɛqmaʃ 汤面　　qəzəlʧa/ʧygyndyr 甜菜

qoj/sarəq 绵羊　　　　　　matur/ʧibɛr/gyzɛl 漂亮　　køp/ʧoq 多

juwan/ərə 粗　　　　　　qart/kɛrə 老，老人　　qoʃlaʃ-/ajrəl- 告别

tala-/bula- 抢夺，争抢　　sipa-/səjpa-/tər- 捋　　ʧaʁəʃtər-/saləʃtər- 比较，相比

这些词中，有些是塔塔尔语和鞑靼语共用词语。例如：jumurtqa/køkɛj（鸡蛋）、qoj/sarəq（绵羊），前者是中国塔塔尔语特别是伊犁地区塔塔尔语词，后者是鞑靼斯坦喀山鞑靼语词。

2.代词混用

塔塔尔语代词主要有人称、反身、指示、物主、疑问、全指等类别，其中部分指示代词可兼作第三人称代词；塔塔尔语复数第一人称代词区分包括式和排除式：bəz/biz（我们~排除式~）、bəzlɛr/bizlɛr（咱们~包括式~）；第二人称除单数普通称谓sin（你）和单数尊敬称谓、复数普通称谓siz（您，你们）外，复数第二人称还区分普通称谓sinlɛr/sindɛr（你们）和尊敬称谓sizlɛr/sizdɛr（你们）。说话人在使用上述代词时，常受维吾尔语和哈萨克语的影响，有时区分复数第一人称包括式和排除式、复数第二人称普通称谓和尊敬称谓，有时则不区分。

塔塔尔语指示代词区分近指和远指，但与维吾尔语和哈萨克语不同，近指和远指代词的变体形式较多，主要原因是既保留了塔塔尔语的发音特

---

① aʃ 为波斯语借词。

点，也吸收了维吾尔语和哈萨克语指示代词及相应的发音特点。例如近指代词：bu/bul、ʃo/ʃu/ʃol/ʃul、ʃoʃə/ʃuʃi、mawo/mawə、maʃu/muʃu（这，这个）；ʃuŋdaj/ʃuŋdɛj/ʃundij、mundaj/mundɛj/mundij、ʃuntʃe/ʃyntʃe、muʃundaj/ muʃundɛj/muʃundij（这样的）。远指代词：u、a/ɛ、aʃu/ɛʃu、ɛwo/ɛwə（那，那个）；ɛlɡə（那个）、uŋdaj/uŋdɛj/undaj/undɛj/undij、ɛʃindaj/ɛʃindɛj/ɛʃindij（那样的）。与之类似的还有询问地点的疑问代词：qajdan/qajan（从哪里）、qajda/qaja（到哪里），两组变体形式中，前者与哈萨克语相同，后者是喀山鞑靼语形式。

3. 亲属称谓词语混用

（1）异称同词

异称同词指不同亲属称谓使用相同的称谓词。

①血亲和姻亲称谓词语相同：

qajin ata公公，岳父	qajin ana婆婆，岳母	ɛtij父亲，伯父，叔父，姨父
qajən abzij大伯子，大舅子	qajən ənə小叔子，小舅子	qajən bike大姑子，大姨子

②异辈称谓词语相同：

abij叔父，哥哥	tetɛ妈妈，姐姐	dɛw ɛtij爷爷，伯父，姨父
dɛw ɛnij奶奶，伯母	apaj姑姑，叔母、姐姐	apa舅妈，姐姐

③同辈称谓词语相同：

ʤezni/ʤeznɛ姐夫，妹夫	apaj叔母，姑姑	malaj tuwʁanlar堂兄弟，表兄弟
ʤijen侄子，外甥	ɛnij母亲，姨妈	

需要区分大小长幼时加限定语，例如：dɛw（大）ɛtij（父亲）>dɛw ɛtij（伯父，爷爷）、kiʃi（小）ɛtij（父亲）>kiʃi ɛtij（叔父）。

（2）同称异词

同称异词指同一亲属称谓使用不同的称谓词。

baba/babaj/dɛw ɛtij爷爷	ɛbij/ɛnne外祖母	ɛbij/ɛnne/dɛw ɛnij/ɛbkɛ奶奶
abij/abzəj哥哥	dɛw ɛnij/abzəj伯母	abij/abzəj叔父
ɛtij/ettɛ/ɛtkɛ父亲	ɛnij/ana/apa妈妈	ɛnij/ɛpkɛ/tetɛ/enkɛ母亲
apa/tetɛ/apaj姐姐	ul/malaj儿子	unuq/ul unuʁə/unuʁum孙子

同一发音人的同一段语料中，同一亲属称谓会出现同称异词现象。例如：ʃuʁan bəzdəŋ <u>apalarəməz</u> ʃundaj emgektʃen bolʁan.（我们的母亲十分

勤劳）。又如：kiʃigəmnen wɛ yjlergɛ qarap, ɛnijəmnəŋ ɛttɛmnəŋki iʃlɛrnə jɛrdɛm qəlam.（我从小就开始照顾家，帮助父母干活）。第一句的"母亲"为apa的复数形式；第二句的"母亲"和"父亲"同时出现，分别使用ɛnij和ɛttɛ形式。apa与维吾尔语和哈萨克语相同，ɛnij是鞑靼语形式。同称异词现象在语言表达中具有特殊作用，例如谜语中的同称异词具有干扰听话人注意力的表达效果：ʤanəmnəŋ ʤan anasə, ul kiʃiniŋ ɛnijsi, ɛnijimnəŋ qajən anasə. nɛrsɛ u? bu indi øziniŋ ɛnijsi.（我的亲生母亲，是那个人的妈妈，是我妈妈的亲家母。那是什么？就是他自己的母亲）。

4. 畜牧业词汇

塔塔尔语拥有较丰富的畜牧业词汇，这在一定程度上体现了语言间的相互影响。掌握塔塔尔语的塔塔尔族虽主要分布在与城市生活和工作相关的各领域，且受教育程度普遍较高，但他们中的一部分中老年人在哈萨克族牧区出生并长大，或前辈长期生活在哈萨克族牧区，另有部分城市塔塔尔族与哈萨克族通婚。因此，在塔塔尔语较丰富的畜牧业词语中，有一部分借自哈萨克语。

三、塔塔尔语的濒危程度和濒危程度的降低及其影响因素

（一）塔塔尔语的濒危程度

20世纪80—90年代，塔塔尔语处于极度濒危状态，近20多年来出现濒危程度降低的趋势。按照联合国教科文组织语言活力和濒危状况六项评估指标，塔塔尔语的安全等级分别为：

指标1：代际语言传承。年轻父母中，只有少数人与后代使用塔塔尔语，塔塔尔语已不是多数儿童的母语和家庭交际语，处于三级"确有危险"和二级"很危险"之间。

指标2：绝对使用人口。塔塔尔族人口数量少、增长速度慢甚至不增反降。中华人民共和国成立初期，塔塔尔族共5926人，1953年"第一次人口普查"有6929人，2010年为3556人。受人口因素影响，塔塔尔语属绝对使用人口很少的语言。

指标3：语言使用人口占总人口比例。新疆乌鲁木齐市塔塔尔族近

800人，约三分之一的人在族内和家庭内部使用塔塔尔语，属二级"很危险"状态。

指标4：语言使用域走向。塔塔尔语只用于本民族和部分家庭内部及本民族聚会等有限场合，在工作场所及与其他民族交际主要使用汉语、维吾尔语或哈萨克语，属二级"有限的或正式的语域"。

指标5：新语域和媒体。塔塔尔语只用于极少的新语域，如族内成员短信、微信和微信群交流，属一级"活力不足"。

指标6：语言教育与读写材料。现新疆无开设塔塔尔语课程的学校；少数人阅读鞑靼斯坦的鞑靼文书刊，书写者主要限于赴鞑靼斯坦的留学生，属一级濒危程度。

指标1—3主要立足于语言使用者。与20世纪80年代相比，塔塔尔语使用人数和场合有所增加，由明显的代际差异发展到代际差异不明显。熟练掌握和使用塔塔尔语的人群主要是部分中老年人、纯塔塔尔族家庭的青少年及留学归国人员。指标4—6主要立足于语言活力和语言功能。塔塔尔语具有明显的混合语特征，其使用主要局限于本族内部和部分纯塔塔尔族家庭，其他场合视交际对象的民族成分转换使用汉语、维吾尔语或哈萨克语。文字功能有限，使用者更为有限，汉文、维吾尔文和哈萨克文是不同塔塔尔族群体的常用文字。总体而言，塔塔尔语属濒危语言，但与20多年前处于极度濒危状态相比，有濒危程度降低的趋势，语言活力有所增强，使用范围有所扩大，使用人数特别是年轻人有所增加。

（二）濒危程度降低的影响因素

对比20世纪80年代和2016—2017年的调查材料可知，塔塔尔语的使用出现了濒危程度降低的趋势，即从极度濒危向一定程度濒危的方向发展。这种趋势主要与民族交流的增强以及族际通婚比例下降等因素有关。

1. 民族交流因素

20世纪80年代，只有部分中老年人、知识分子和纯塔塔尔族家庭的少数人会说塔塔尔语，多数自称会塔塔尔语的人也只是掌握简单的日常用语。掌握塔塔尔语的城市塔塔尔族，或幼时在乌鲁木齐市、伊宁市的塔塔尔语学校学习过，或有赴喀山等地探亲或居住经历，少数纯塔塔尔族家庭延续了塔塔尔语。

2005年以来，中国政府每三年派遣一批塔塔尔族学生（包括通婚家庭后代及转用哈萨克语的塔塔尔族学生）赴鞑靼斯坦喀山大学公费留学，还有部分自费生赴喀山留学。留学回国的年青一代人数不多，但消弭了20世纪80年代之前塔塔尔语使用的代际差异。留学生回国后还带动了身边塔塔尔族使用塔塔尔语，扩大了使用人群。例如关于语法变异，陈宗振、伊里千（1986）的研究表明，20世纪80年代塔塔尔语语法变异存在明显的年龄差异，主要表现在名词复数标记、领属性和谓语性人称词尾、代词的数和格范畴、动词人称词尾等方面。我们2016—2017年的调查材料表明，塔塔尔语语法变异的差异依然存在，但已不是年龄差异。

2. 族际通婚因素

塔塔尔族族际通婚率处于高位，从2000年和2010年的族际通婚状况可见一斑，见表5：

表 5　塔塔尔族族际通婚率及其主要通婚民族[①]

年份	塔塔尔族族际通婚率	与塔塔尔族通婚率最高的三个民族
2000年	76.2%	哈萨克族：43.49%；维吾尔族：17.45%；汉族：7.85%
2010年	71.37%	哈萨克族：34.35%；维吾尔族：20.10%；汉族：7.60%

2010年族际通婚率比2000年下降4.83%，下降比例最大的是与哈萨克族通婚，这在一定程度上体现了塔塔尔族城镇化水平的提高。塔塔尔族通婚民族主要是哈萨克族和维吾尔族，这为他们转用或混用哈萨克语和维吾尔语提供了条件。族际通婚既是导致塔塔尔语具有混合语特征的重要诱因，也是塔塔尔语处于濒危状态而不亡的主要因素，因为塔塔尔族大都掌握维吾尔语或哈萨克语，或兼通两种语言。在塔塔尔语逐渐恢复的过程中，塔塔尔族很快能够悟出几种语言间的语音对应特点，加之几种语言的基本词汇和句法结构差异不大，因此，从维吾尔语或哈萨克语形式转换为塔塔尔语形式并不难。不过，在语言转换和恢复塔塔尔语的过程中，几种

---

① 本表资料来源为沈思、周靖、徐世英：《21世纪以来我国塔塔尔族人口变动分析》，载《西北人口》2016年第6期。

语言相互影响在所难免，这在一定程度上巩固了塔塔尔语的混合语特征。

四、调查研究塔塔尔语的启示

（一）语料记录和音系整理

以往少数民族语言或方言调查在语料记录、音系整理方面，未能充分体现语言或方言的真实面貌，其突出表现是：记音高度同质化，看不出同一发音人或不同发音人语料的不一致性；整理的音系和语音规律整齐划一，例外的解释很不充分，甚至看不出例外。事实上，无文字记录和无书面语约束的语言或方言，其口语不仅存在显著的地域变体，还有大量的社会有序变异及个体无序变异现象。如何客观记录这类语料、怎样把握音系整理原则并处理好语音对应规律与例外的关系，需要进一步探讨。至于语料的调查记录、描写分析，不能局限于传统词表和按图索骥式的语法例句调查法，而应采用综合调查法，尽可能多地搜集不同类型的长篇话语材料，这样才能将调查做得更细致、全面和深入，才能揭示语言或方言的真实面貌。

（二）拓展语言变异研究

以往的变异研究主要关注具有系统性社会差异的语言项目，包括性别、年龄（代际）、社会地位或受教育程度等社会变量与语言变量的关系。从塔塔尔语的案例看，在民族交融和特殊语言接触条件下，个体语言能力、共时语言变异、历时语言变化、近亲语言接触和互动引发的语言变异、语言变异与音系结构和语法规则的关系等，都是值得关注的课题。

（三）濒危语言维持的途径

以往的调查个案表明，固定语言社区是濒危语言得以保留的基本保障，家庭是语言传承的最后"堡垒"。塔塔尔语的案例表明，除上述两点，"半双语"交际、不同语言和有差异的同语种之间的互动是濒危语言得以维系甚至使濒危程度降低的重要因素。换言之，即便没有本民族聚居的语言社区，如果具备其他条件，濒危语言也可以得以维持和发展。

参考文献：

[1]　陈宗振，伊里千.塔塔尔语简志[M].北京：民族出版社，1986.

[2]　《塔塔尔族简史》编写组.塔塔尔族简史：修订本[M].北京：民族出版社，2008.

[3]　沈思，周靖，徐世英.21世纪以来我国塔塔尔族人口变动分析[J].西北人口，2016（6）：100–105.

[4]　周泓.我国塔塔尔族历史来源略述[J].中央民族大学学报（哲学社会科学版），1995（5）：42–44.

（原载于《民族语文》2020年第4期，中国人民大学复印报刊资料《语言文字学》2020年第12期全文收录）

汉语"四呼"的演进

—— 兼谈汉语书写系统中音段概念的形成与发展[①]

史皓元（著） 娄育（译）

摘要： 文章考察了传统汉语语言学分析法之一"四呼"的演进历史，包括"四呼"现象的初现、术语的变迁、概念的正式定型等。"四呼"的产生、发展与形成，符合汉语语音演化规律，所反映出的音类与今天汉语方言的特征相契合。虽然传统汉语属于非音段书写系统，但"四呼"的出现充分说明了大约在16世纪中叶，中国传统语言学音节分析法中早已出现音段的概念。

关键词： 四呼；汉语语音的演进；音类；音段

作者简介：著者[美]史皓元（Richard VanNess SIMMONS），博士，美国新泽西州立罗格斯大学东亚系教授，主要研究方向为汉语音韵学与方言学；译者娄育，文学博士，中央民族大学文学院讲师、硕士研究生导师，主要研究方向为古代语言文献、汉语音韵学。

基金项目：中国国家留学基金资助项目（留金发[2016]3099-201606395008）。

① 本文初稿曾先后在"北美语言科学史协会"（NAAHoLS）与"美国语言学会"（LSA）联合举办的2016年会（2016年1月7日至10日，美国华盛顿特区）和台湾"清华大学"比较文学中心（2016年5月26日，台湾新竹）宣读，与会专家及匿名评审人给本文提出了宝贵的意见。《语文研究》匿名审稿专家为中译稿提供了陈荩谟《元音统韵》、鲁昆棠《切韵述言》等文献中可资参考的资料，为本文的进一步调查提供了宝贵线索，在此一并表示感谢！

一、引言

本文将考察传统汉语语言学分析法之一"四呼"的演进历史 —— 从现象的初现、术语的变迁，一直到概念的正式定型。我们认为，"四呼"得以发现，与明代（1368 — 1644）学者在语音分析方面的进步息息相关，他们不再恪守《切韵》或中古音系，而是依据当时的官话方言及共通语（即明清官话）大胆地革新韵图韵书。

"四呼"的产生、发展与形成，符合汉语语音演化规律，所反映出的音类恰与今天汉语方言的特征相契合。"四呼"作为一种语音现象可能肇始于宋代（960 — 1279），这一时期，汉语官话逐渐与其他方言"分道扬镳"。但是，在元代（1206 — 1368）曲韵书《中原音韵》里"四呼"仍然没有完全成形。对"四呼"有所关注并给予明确的界定应当是在明代，这个时期的学者们注意到"四呼"是构成汉语语音的基本成分之一，这种认识在诸多"革新"的韵图中均有体现。到了明代末年，传统音韵文献中对"四呼"的描写已经较为成熟，根据描写的情况看，"四呼"的特征十分接近音节中准音段①的音节特征。因此本文认为，在汉语这个非音段书写系统里实际上也存在过音节音段的概念。

二、"四呼"的性质和意义

除了方言和传教士的材料，明清时代（1368 — 1911）的韵书、韵图同样是研究汉语史的宝贵资料，它们在"革新"术语方面做了许多新尝试，而不再只是为了表现传统音系，这使得韵图更易于反映共通语或方言的实际语音情况。明清时期音韵学家努力摆脱《切韵》体系的影响，重新设计编排了韵图，并赋予了声、韵、调新的术语，以实现其"革新"的目的。

---

① 关于"音段"，参见 *Routledge Dictionary of Language and Linguistics*（《语言与语言学词典》，Hadumod Bussmann 著、Gregory P. Trauth 和 Kerstin Kazzazi 编译）第419页的解释是："segmental: A result of linguistic analysis that attempts to isolate minimal linguistic units, such as phones，morphs，syllables, from a language or speech continuum."（"从语言或言语连续体中经过分析而剥离出来的最小语言单位，譬如音位、语素等"）。

为了更好地反映一时之音、一地之音，他们调整反切用字，甚至创制出一整套全新的声韵系统。因此，透过明清韵书韵图，能够窥见汉语历史语音演进的诸多特点。[1]

发现并明确界定"四呼"是明清音韵研究的重要创新之一。"四呼"，即我们今天所熟知的开口呼（如 kàn[kʰan⁵¹]"看"）、齐齿呼（如 qiǎn[tɕʰiɛn²¹⁴]"浅"）、合口呼（如 kuān[kʰuan⁵⁵]"宽"）、撮口呼（如 quán[tɕʰyɛn³⁵]"全"）。① 从某种程度上看，"四呼"曾以"两呼四等"的形式存在——"等"对于了解中古汉语、传统汉语音韵也起着重要作用，② 如今，它们已演化成四种较为成熟稳定的介音类型，与当代方言音韵密切相关。明清学者通过考察韵头并最终划归出了这四种范式，恰能说明"四呼"在汉语官话演进史上有着举足轻重的地位。

不可否认，"四呼"的形成，与建立在中古《切韵》音系基础上的"等"的理论有着无法割舍的关联。明清学者发现，在他们那个时代，"等"这一概念已不足以解释汉语语音的变化，因此纷纷将其摒弃，转而另立"四呼"等名目。到了明代末年（16世纪晚期），"四呼"分析法日臻成熟。直到今天，"四呼"理论对于分析现代汉语普通话语音系统依然行之有效，对于当代汉语方言音韵研究也至关重要。

三、"四呼"演进的有关背景

汉字属于语素音节文字，从音系学或语音学的角度来看，它们是非音段文字。与字母文字不同，在汉字系统里，一个汉字一般代表一个音节，音节通常由声母、韵头、韵腹、韵尾、声调几个音素构成。这一表音模式

---

① 关于"四呼"的详细解释及与古代"等""摄"的关系，具体可参见丁声树撰文、李荣制表：《汉语音韵讲义》，载《方言》1981年第4期。

② 关于音韵概念等，可参见以下著述。Branner, David Prager, "What are rime tables and what do they mean?", in David Prager Branner, ed., *The Chinese Rime Tables*: *Linguistic philosophy and historicalcomparative phonology*, Amsterdam: John Benjamins, 2006, pp.18 — 34; Shen Ruiqing, "Děng 等（'division', 'rank', or 'grade'）", in Rint Sybesma, ed., *Encyclopedia of Chinese Language and Linguistics*, Leiden: Brill, vol. 2, 2016, pp.13 — 20.

的形成是几个世纪以来运用汉字诠释各个音韵单位（即汉字被人们用来表达基本音节成分）并不断磨合、细化的结果。经过两三个世纪的发展之后，隋代陆法言的《切韵》（601）问世，它是一部较早体现中国传统音节观念的韵书。依其体例来看汉语音节，韵主要涉及韵腹和韵尾（实际上也包括声调），也就是主要元音和辅音，但是，对于音节中介音的情况仍不甚明了。到了清末（19世纪末），汉语书写系统未变，不过，对于音节成分已有了较为全面且深入的认识。如清代学部咨文评诂卢戆章（1854—1928）于1905年提出的切字方案中，就记录了如何以"字"来描述汉语音节结构的方法：声母＋四呼＋韵母＋四收法。①关于"四收法"，"咨文"中记述曰：

　　喉音：韵尾脱落或开韵尾。

　　鼻音：/ŋ/ 或 /k/。

　　舌齿音：/n/ 或 /t/。

　　唇音：/m/ 或 /p/。

　　清学部咨文对"四收法"的方案虽是一次不错的尝试，但仍属"泛泛之谈"。这或许是因为在19世纪之前，对于这些概念就未曾有过详尽明白的解释。但是，"四呼"的情况不同，其界定清晰简洁、"直截了当"，之所以如此是因为在汉语语音史上对它的关注至少已经持续了3个世纪，自然很容易被广泛接纳。"咨文"中再次明确了"四呼"的称谓，并被奉为圭臬[2]：

　　a.开口　b.齐齿　c.合口　d.撮口

　　现代汉语里的介音类型依然不外乎这四种形式，例如在《现代汉语拼音方案》中，介音类型也不外乎开、齐、合、撮（与上述说法一一对应）。许多现代汉语标准音教科书里都附有《北京语音表》②，表中的韵母通常都是以"四呼"为次来分组排列的。为了更清楚地理解"四呼"在汉语语音史上的重要地位，下文将详细讨论这一概念的演进历史。

---

①　参见学部咨外务部文：《清末文字改革文集》，北京：文字改革出版社，1958年，第68—69页，其中重点介绍了"四呼"和"四收法"。

②　参见北京语言学院：《基础汉语课本》第一册，北京：华语教学出版社，1994年。

四、汉字注音法的兴起

《说文解字》是中国现存最早的一部字书，成书于公元100年，作者许慎生活的时代大约在公元58 — 147年之间。此书尚未从音节层面来分析汉字字音，主要是依据汉字形声的特点，通过"直音""读若"等方式来指明汉字读音。从下面4个例子就可以看出许慎是如何以声旁反映汉字字音的：

> 订：平议也。从言，丁声。
>
> 菜：艹之可食者。从艹，采声。
>
> 适：疾也。从辵昏声。读与括同。
>
> 埂：秦谓坑为埂。从土更声。读若井汲绠。

这些例子说明，许慎时代的注音法尚不尽如人意。《说文解字》之后，反切渐渐兴起，汉字注音法开始有所革新。反切法运用"双声""叠韵"的原理，以两字拼切一字之音（单音节字），前一个字与被切字构成"双声"，后一个字与被切字构成"叠韵"，表示声母的前一个汉字（反切上字）与表示韵母的后一个汉字（反切下字）一前一后相拼切（"切"又称"反"），因而，能够明确区别出一个音节中的声母与韵母。陆法言《切韵》一书即完全采用反切注音法。下面是从《切韵》选出的几组反切，其拼切出来的读音以现代汉语普通话标准音看依然是契合的：

> 都：当孤切　　拢：力董切　　片：普面切①

由以上用例我们还注意到，被切字的声调亦取决于反切下字，反切这一方法可以看作对汉语音节进行音段分析的较早尝试。《切韵》一书整体以"四声"别卷，所以我们推测在当时人们的语音意识里，已经认识到声调是有别于声母和韵母的音节成分。

同韵之内，陆法言依照声母的差异划分出若干同音字组，是为"小韵"，"小韵"之上标注小圆圈（"小圆圈"即"纽"）。不过，他对声母的认识仅限于此，还是不够明晰。《切韵》之后，相继出现了一系列和声母有关的概念。学者们因循反切原理，找出许多与反切上字能够构成双

---

① 用例选自陈彭年等人编纂的《校正宋本广韵》（台北：艺文印书馆，1984年）。

声的用字，即"助纽字"。在这些"双声"字组的带动下，"字母"概念呼之即出。每一字母都有自己的名字，每一字母即代表一个声母。"字母"概念的形成与梵文经典东传、梵汉对译不无关系。[3]7-11 从"小韵""助纽字"到"字母"这些概念的变化，其意义在于进一步指明了声母的发音部位及发音方法。

　　成书于11世纪初期的《韵镜》（作者不详），明确提到了三十六字母，并按发音部位将其分为七类：唇音、舌音、齿音、牙音、喉音、半舌音、半齿音；按发音方法将其分为四类：清、次清、浊、清浊。然而，这些概念对于了解"四呼演进"并无直接帮助。《韵镜》中更具借鉴意义的概念是"等"。书中按照韵母的差异划分出"四等"，因为声母一定会受某些韵母中介音的影响，所以声母也有了"等"的概念。《韵镜》将其中十三对声母两两一组排于同一纵列，显而易见，它们都有着相同或相似的发音部位与发音方法。

　　《韵镜》之后，随着时间推移，许多学者可能已经开始注意到，在"等"与对应声母的配合关系中，依然存在音节成分上的差异。正是这些差异渐渐使"四呼"现象"浮出水面"。举例来说（参见表1），在《韵镜》中，同韵字（主要元音与韵尾均相同）却被列在不同等，它们原本所配声母的发音部位及发音方法相同或相似，差别之一在于有无介音 *i[4]。语音演化至元代，虽然人们还没见过如此直观、具体的拟音法（如表1"元代汉语"栏所示），但是，在日常交流中，单靠耳听也不难听出一些差异，"等呼"现象已经普遍地存在于各类官话或方言里。可以肯定的是，不管中国古代的音韵学家们将介音看成是声母的一部分还是韵母的一部分，都说明人们已经意识到在汉语音节中还有这样一个成分存在。

表1　"等"与元代汉语中的介音情况[①]

例字	等	元代汉语	现代汉语
东	一	$*tung^1$	dōng

① 文中和表中带 * 号标记的，除特别注明以外，均系作者重新构拟的读音，拟音末尾的上标数字代表声调，具体是：1.阴平，2.阳平，3.上声，4.去声。入声拟为喉塞音[2]。以下皆同。

例字	等	元代汉语	现代汉语
中	三	$*\text{ʈ͡ʂiung}^1$	zhōng
宗	一	$*\text{tsung}^1$	zōng
钟	三	$*\text{ʈ͡ʂiung}^1$	zhōng
怱	一	$*\text{tsʰung}^1$	cōng
充	三	$*\text{ʈ͡ʂʰiung}^1$	chōng

五、韵头的演化及其界定

韵头的差异与变化是汉语演进的特征之一，这一点在元代已露端倪。元代音韵学著作《中原音韵》是现存最早的"北音系"韵书，该书已完全摆脱《切韵》–《韵镜》框架，是一部以当时北方官话为基础的曲韵书。

《中原音韵》成书于公元1324年，1341年方得付梓刊行。它以韵为目，韵目之内又以四声为序，四声之下再分小韵。虽说作者周德清（1277—1365）尚未给声母定名，但在其排列的表中已清晰呈现出声母的理念。我们还发现，《中原音韵》的一个小韵之内通常是依韵头来排列分组，情形大体如表2所示，可以分为四类：无介音的、带介音*i的、带介音*u的、带复合介音*iu的。通过表2，各字韵头的差异一目了然。表中4个例字均取自《中原音韵》"真文"韵（卷一，十四页下至十五页上）[5]，它们声母一致，都是不送气清音*k，主要元音和舌尖鼻音韵尾也相同，分别是*e和*n，但是却分列于四个不同小韵，原因只能是作者注意到了韵头的差异。

表2　《中原音韵》中的介音情况

例字	《中原音韵》	现代汉语
根	$*\text{ken}^1$	gēn
巾	$*\text{kien}^1$	jīn
昆	$*\text{kuen}^1$	kūn

例字	《中原音韵》	现代汉语
君	*kiuen[1]	jūn

上文已经提及,《中原音韵》的同韵之内,声母是区分小韵的标准,而小韵之下,书中再作了区别,说明作者依旧将介音看作声母的一部分。把介音当成韵母成分是几个世纪之后的事情了。

明初,汉语音韵研究继往开来。有明一朝,人们的时音意识渐增,韵书韵图"创新"之风盛行,"四呼"概念应运而生。

兰茂的《韵略易通》已开始着意关注"四呼"。[6]兰茂(1397—1476),云南人,生于洪武晚期,祖上很可能是跟着戍边屯军,从河南洛阳迁到了云南。《韵略易通》成书于1442年,算是明代韵书革新的引领者。《韵略易通》与《中原音韵》的基础音系接近,不过与《中原音韵》只分出平、上、去三大调类的做法不同,它仍保留入声,因此,兰茂的《韵略易通》一直被看作南方官话音系的代表。[6]韵图中,兰茂将入声韵(有塞音韵尾*p、*t、*k的韵)排在同部位的阳声韵(有鼻音韵尾*m、*n、*ng的韵)之下。之所以这样做,很大程度上说明,虽然入声现象在元曲里已很难见到,但是在兰茂时期的口语中却依然保留完好。

与《中原音韵》相比,《韵略易通》有两大重要突破:(1)明确描述出明代官话的声母系统[7];(2)进一步意识到四类韵头的差别并加以区分[8]。《中原音韵》既没有明确界定声母,也没有给出小韵与同声母之间究竟是怎样的搭配关系的说明,而这些在《韵略易通》中均得以体现。

关于《韵略易通》声母的创新,主要反映在一首"打油诗"里。兰茂凭一首《早梅诗》明确记录了明代官话的声母系统,同时,全书声母部分的编纂体例也以此作为参考。《早梅诗》如下所示(凡例,四页下/重印本第132页)[9]:

> 东风破早梅,向暖一支开。
> 冰雪无人见,春从天上来。

把《早梅诗》中每个字的声母组织在一起，即是《韵略易通》的声母系统（ø代表零声母）：

d f p z m, h n ø zh k。
b s v r g, ch c t sh l。

二十个声母若按发音部位重新排序，情形如下（方括号内是对当时语音的大致拟测）：

唇音：b, p, m, f, v[*p, *pʰ, *m, *f, *v]。
舌尖前塞音：d, t, n, l[*t, *tʰ, *n, *l]。
舌尖前塞擦音、擦音：z, c, s[*ts, *tsʰ, *s]。
舌尖后音（或舌叶音）：zh, ch, sh, r[*ʧ, *ʧʰ, *ʃ, *ʒ]。
舌根音：g, k, h, ø[*k, *kʰ, *x, *ø]。

这其实与《中原音韵》的声母系统并无大异，只不过兰茂给出了明确界定。这组声母除了多个微母 v，少了 j, q, x[tɕ, tɕʰ, ɕ]（由 [k, kʰ, x]、[ts, tsʰ, s] 在前高元音前腭化衍生而来）之外，与现代汉语普通话的声母系统已经十分接近。

明确了声母以后，兰茂发现其中并未包含任何介音成分，于是他在编制韵目的时候，在一韵之内，对韵头或介音，分门别类，严加区别。具体做法是：先按韵（主要元音和韵尾——以发音部位为序）分类，一韵之内再按声母分类，声母之下，再依四种小韵分类，最后才是声调。此外，韵表中还有"纽"的概念，以区别小韵，不过它不区分声母，仅为了体现韵头的差别。"纽"，既可指明小韵的声调，又能区分韵头。唯一的遗憾是，对于几种韵头，兰茂最终未能给出明确界定，但是透过《韵略易通》，我们知道其清晰的语音意识已初步形成。

耿振生指出，在兰茂时代，可能已经完成了从复合介音或双元音 *iu 到单元音 *y 的转化。《中原音韵》"鱼模"韵 *（i）u 在《韵略易通》中已明确分成两类——呼模 *u 和居鱼 *y。以"居"和"孤"二字为例，在14世纪的《中原音韵》时代，拟音分别为 *kiu 和 *ku，同属鱼模韵，主要元音同为 *u；到了15世纪的《韵略易通》时代，"居"音 *ky 属居鱼韵，

"孤"音 *ku 属鱼模韵，主要元音已呈现对立。这一变化，使四类韵头清晰呈现出来，为"四呼"正式定名拉开了序幕。

再比如，"真文韵、见组 *k"（卷一，十八页上/重印本第142页）：自右上角第一"纽"始，每小韵皆依平、上、去、入为序，"呼"就体现在每一个平声到入声的单循环中。因此，仅这一页，我们就可发现四组不同的介音。具体情形可参见表3：

表3 《韵略易通》中的介音情况

介音	声调	例字	《韵略易通》	现代汉语
无介音	平	根	*ken¹	gēn
	入	狺	*keʔᵗ	gē
*i	平	巾	*kien¹	jīn
*i	入	吉	*kieʔᵗ	jí
*u	平	昆	*kuen¹	kūn
	入	骨	*kueʔᵗ	gǔ
*iu	平	君	*kyen¹	jūn
	入	橘	*kyeʔᵗ	jú

表3中"四呼"的分类已经与后来学者的界定完全一致。《韵略易通·序》中，兰茂就曾指出"韵有阴阳之异而两分之"（凡例，第四页上—下/重印本第132页）[9]100，并明确描述了这四种情形：露齿呼、隐齿呼、开口呼、合唇呼。然而，他并未将这些概念应用于图表之中，因此单看韵书韵图的时候，很难辨识它们之间的差别以及与《序》中所涉术语的对应关系。不过，这依然抹杀不了兰茂在辨识"四呼"上的功绩，他为后继学者更好更精确地界定"四呼"提供了一个良好的范式。

第一个尝试给"四呼"定名的学者是桑绍良，见于他的著作《青郊杂著》。①此书写于1543年，成于1581年。兰茂之后约一百多年，桑绍良在今河南省范县濮州出生。基于作者本人所持南方官话方言的特点，《青郊

---

① 完整的韵图还包括《文韵考衷六声会编》单刊本。

杂著》用"四科"的概念，详细分析了韵头的四种类型。书中还通过列表的方式，对音节中各个成分予以了解释（详见《声韵杂著引》四十二页上/重印本第24页）[10]：

部，对应韵。

科，对应韵头。

位，对应声母发音部位。

品，对应声母发音方法。

级，对应声调。

其中，"位"大致对应五种发音部位：

a.宫喉，指喉音。

b.徵舌，指舌尖塞音。

c.角颚，指卷舌音。

d.商齿，指齿音。

e.羽唇，指唇音。

"品"大致对应五种发音方法：

a.启，指不送气。

b.承，指送气。

c.进，指响音。

d.演，指摩擦音（*f）。

e.止，指擦音、边音。

"级"包括下列六种调类：

a.沉，指阴平。

b.浮，指阳平。

c.去，指去声。

d.上，指上声。

e.浅，指阳入。

f.深，指阴入。

"位"与"品"共同构成《青郊杂著》的声母系统。对于声母的称谓，桑绍良没有另立一套自己的声母术语，而是将他的"五品"与《切韵》-《韵镜》的声母系统进行了参照，如表4（《声韵杂著引》三十四页上/重印本第20页）[10]220。对比可知，《青郊杂著》的声母系统与《韵略易通》的二十声母系统完全一致。

表 4　《青郊杂著》的声母系统

	启	承	进	演	止
宫喉	*k–见	*kʰ–溪群	*ǿ–影疑		*x–晓匣
徵舌	*t–端	*tʰ–透定	*n–泥		*l–来
角颚	*ʧ–知	*ʧʰ–彻澄	*ʒ–日		*ʃ–审禅
商齿	*ʦ–精	*ʦʰ–清从			*s–心邪
羽唇	*p–帮	*pʰ–滂并	*m–明	*f/–非奉	*v–微

如表4所示，桑绍良合并了《切韵》–《韵镜》中的个别声母，因为在时音中它们已无差异（除了阴平字和阳平字）。从韵图中我们还可以看到，喻、娘、照、穿、床、敷均已消失，分别与疑、泥、知、彻、澄、非混同。

《青郊杂著》的"部"类主要包括以下几韵（拟音参考了李新魁的《汉语等韵学》[11]284并有所修订）：

东 *ung/*uʔᵏ，江 *ong/*oʔᵏ，侵 *em/*eʔᵖ，覃 *am/*aʔᵖ，庚 *eng/*eʔᵏ，阳 *ang/*aʔᵏ，真 *en/*eʔᵗ，元 *an/*aʔᵗ，歌 *o，麻 *a，遮 *ie，皆 *ai，灰 *uei，支 *i，模 *u，鱼 *y，尤 *ou，萧 *au。

由这些拟音我们可以发现，"部"只包括主要元音及韵尾，而韵头/介音，桑绍良则单独以"四科"来注明：

　　a.轻科：*ø（*a 或 *e 之前）。

　　b.极轻：*i。

　　c.重科：*u。

　　d.次重：*y。

借助这几种分类法，音节中各个成分得以充分展示。如表4所示，"启"和"宫"相拼切处对应的是《青郊杂著》的真部（*en/*eʔt）见母（*k），而在表5中，又进一步给出真部、见母"四科"的情况及用例。

关于"重科"及其他用例可同时参看表5（《文韵考衷六声会编》卷五，第一页上/重印本第72页、第八页上/75页、第十三页下/78页、第十六页下/79页）[10]220。

表 5 《青郊杂著》中的介音情况

四科	声调	例字	《青郊杂著》	现代汉语
轻科 *ø	沉平	根	*ken¹	gēn
	深入	扢	*keʔᵗ	gē
极轻 *i	沉平	巾	*kien¹	jīn
	深入	吉	*kieʔᵗ	jí
重科 *u	沉平	昆	*kuen¹	kūn
	深入	淈	*kueʔᵗ	gǔ
次重 *iu	沉平	君	*kyen¹	jūn
	深入	橘	*kyeʔᵗ	jú

对照表5与表4我们会发现：对四类韵头的分析，桑绍良与兰茂《韵略易通》所反映的完全一致，只是在《青郊杂著》中给出了明确的界定。虽然两位学者的方言背景不同、生活时代有异，但他们都看到了韵头演化发展的一般性规律，他们的著作清晰地展现了明代官话的发展轨迹。在此基础上，随着人们语音意识的不断增强，明代学者对这一问题的研究日渐深入。

六、"四呼"概念的发展

晚明，继桑绍良之后，汉语音韵文献中有关"四呼"的描述及术语呈现出"百花齐放"的局面。《青郊杂著》成书后20余年，有不少南方学者开始对官话读书音产生兴趣，关注"四呼"现象并对其进行重新定义。在当时，"官话"是一种通行于中国境内各地政商、文人、旅客中间的汉语通用标准音。因而，官话对于那些非官话方言地区的学者们尤显重要，很容易激发他们的"探索欲"。袁子让、叶秉敬是两位南方音韵学家，在17世纪初，他们分别著有代表汉语官话读书音的音韵学著作。

袁子让（生卒年不详），郴州人。郴州，今属湖南，大概位于长沙与广州之间。1603年，他写成官话音系韵书的代表作《字学元元》。这部书的意义在于较为细致地勾勒出了16—17世纪的汉语读书音[6]229-230, [11]232-234。袁子让的著书理念相对保守，《字学元元》依然遵循《切韵》–《韵镜》系的三十六字母框架，但他注意到"四呼"与声母的重要关联，所以，他以不同声母轮流与这四类韵头相拼切，使得传统三十六字母一下子"翻了四倍"（《字学元元》卷六，第二页上至第三页上/重印本第253—254页）[12]。具体分类如下：

　　a.上开，后跟主要元音*a或*e且无介音韵母，如"干、艮"，表示声母为*k，韵母非*i、*u、*y。

　　b.下开，后跟*i，如"巾、己"。

　　c.上合，后跟*u，如"官、古"。

　　d.下合，后跟*y，如"君、居"。

袁子让遵循《切韵》–《韵镜》传统，沿用了"开""合"的说法，但是，以"开""合"来分析"四呼"还是第一次。

叶秉敬（生卒年不详），与袁子让几乎生活于同一个时期，浙江衢州人。1605年，他写成《韵表》，这同样是一部南方学者关于官话读书音的音韵学著作。叶不像袁那么保守，对三十六字母略加改动，改为三十字母，将多余的统统删掉。不过，也有可能是受其家乡方言的影响，《韵表》中保留了《切韵》–《韵镜》音系中的全套浊声母[6]240-241, [11]234-235。桑绍良书中虽然也保留了这些声母，但实际上与三十六字母相搭配的均是送气清音声母的阳平字，更符合汉语语音的演化规律。袁将浊声母完全保留，则符合江浙地区吴方言的特征。

叶秉敬把韵头归作"四派"，他解释说"辨韵有粗细圆尖"之别，并对各术语具体的解释如下（《韵表》卷一，第三十九页、第七十五至八十一页）[13]：

　　a.粗而满，主要元音为*a或*e，且无介音。

　　b.细而尖，带介音或主要元音*i。

　　c.圆而满，带介音或主要元音*u。

　　d.圆而尖，带介音或主要元音*y。

　　叶与袁一样，也以声母轮流与"四派"相配，以见母字为例（《韵表》卷一，第三十九页、第七十一至八十一页）[13]337：

　　a.上等一派，如：根*ken¹、干*kan¹。

　　b.下等二派，如：巾*kien¹、坚*kian¹。

　　c.上等三派，如：昆*kuen¹、官*kuan¹。

　　d.下等四派，如：君*kyen¹、涓*kyan¹。

　　叶秉敬、袁子让算是南方人描写北方官话读书音中韵头情况的代表。另有一部韵书——乔中和（生卒年不详）的《元韵谱》——反映的则是晚明北方官话口语音中"四呼"的情形。乔中和，河北内丘人，1611年写成《元韵谱》，其音系是当时汉民族共通语标准音的代表[6]179-180, [11]290-291, [13]245。书中直接称韵头为"呼"，并将"呼"与《切韵》-《韵镜》中"开""合"概念结合起来，对之以"律、吕、刚、柔"（《元韵谱》卷一，第六十二至六十三页、第八十七至九十页）[14]，赋予"四呼"新的术语：

　　a.开之开呼，刚律，主要元音为*a或*e，且无介音。

　　b.开之合呼，刚吕，主要元音或介音为*i。

　　c.合之开呼，柔律，主要元音或介音为*u。

　　d.合之合呼，柔吕，主要元音或介音为*y。

　　乔中和的体系附会、难懂，但它却有效地界定了"四呼"，而且在"四呼"概念的演进史上，这也是第一次使用"呼"这个名词。

七、"四呼"概念的定型

　　在现代开口呼、齐齿呼、合口呼、撮口呼术语正式出现前，还经历过一个阶段，其间触类旁生的术语"交错丛生"，这些概念往往兼及韵头和韵尾，比如李登的《书文音义便考私编》（1587）和李世泽的《韵法横图》（成书在1614年之前，更确切地说有可能在1612年之前）中均有体现。李登（生卒年不详）、李世泽（生卒年不详）都是上元人（今江苏江宁，地属南京），其方言恰是明代南方官话的典型代表。彼时学者们切磋琢磨，使得"四呼"研究渐成风气。后来又出现了《韵法直图》（作者不详），书成于1612年，与《韵法横图》体例十分相像[6]190。

李登《书文音义便考私编》中列有"十呼"[6]63：

　　a. 开口呼：无介音或鼻音韵尾 *n。

　　b. 合口呼：主要元音或介音为 *u。

　　c. 撮口呼：主要元音或介音为 *y。

　　d. 卷舌呼：主要元音或介音为 *i。

　　e. 抵齿呼：主要元音为舌尖前音 ɿ。

　　f. 正齿呼：主要元音为舌尖后音 ʅ。

　　g. 闭口呼：鼻音韵尾为 *m。

　　h. 开口卷舌呼：韵母为 *ian。

　　i. 闭口卷舌呼：韵母为 *iam。

　　j. 开合：韵母为 *uan。

上述"十呼"的头四个"呼"与现代"四呼"基本一致，其中第四个"卷舌呼"对应"齐齿呼"，其他三个则分别对应今天的"开、合、撮"，但是有一点不同，其"开口呼""闭口呼"都有"双重"作用，"开口呼"还可兼指鼻塞音韵尾，"闭口呼"还可兼指具有双唇塞音韵尾的韵。此外，"抵齿呼"与"正齿呼"，今天已经合并归入"四呼"里的"开口呼"。最后三类，当是兼顾了韵头与韵尾的整体搭配情况。

李世泽《韵法横图》中主要列有"七呼"：

　　a. 开口：介音或主要元音不含 *u、*i、*y。

　　b. 合口：主要元音或介音为 *u。

　　c. 撮口：主要元音或介音为 *y。

　　d. 齐齿：主要元音或介音为 *i。

　　e. 齐齿卷舌：韵母为 *ian 或 *iat。

　　f. 齐卷而闭：韵母为 *iam。

　　g. 混：韵头为 *u、*i、*y，或鼻音韵尾 *ŋ。

同样，上述"七呼"的头四个"呼"与现代"四呼"基本吻合。其他三类，与李登最后三类的分类原则相同，即兼顾了韵头与韵尾的整体搭配情况。

正因为存在上述情况，耿振生认为，与桑绍良时代相比，李登、李世泽二人关于"呼"的研究反而是一种倒退[6]64。因为，李登的界定无法清晰地区分韵头与韵尾；同样，李世泽也没能将韵头与韵尾区别开来。但是不可否认，李世泽《韵法横图》中毕竟出现了与现代"四呼"完全一致的命名法，且内涵与现代也基本吻合。

樸隐子（生卒年不详）①，1685年写成《诗词通韵》一书[6]63-65, 241，书后附录的《反切定谱》里提到了"四呼"，使"四呼"第一次单独以"标准形式"亮相，而不再附着衍生术语。他对四种韵头的实际发音描述得相当精准（卷三，第三页上至第十页下/重印本第40—55页）[6]：

> 开口呼，舒颊引喉，音疏以达。
>
> 合口呼，聚唇开吻，音深以宏。
>
> 齐齿呼，交牙戞齿，音窒以敛。
>
> 撮口呼，敛颐蹙唇，音奄而藏。

《诗词通韵》虽因循《切韵》体例，以声调为纲，然后是韵、小韵。不过，在划分小韵的时候，明确考虑到了"呼"的特征，并依次注明了"开、齐、合、撮"。因此，可以说，这是我们目前见到的、与现代"四呼"界定最为接近的文献记载。

但是，在清初，这一说法未被广泛接受与采纳，清代学者依然沿用其他术语。比如《康熙字典》（1716）用的就是开口正韵、开口副韵、合口正韵、合口副韵[16]。

---

① 关于樸隐子的姓氏"樸"，读音比较复杂，无论古代还是现代，都有好几个读音，有平声的也有入声的。虽然北方话的入声已派入平声，"piáo"，作为姓氏，今多写作"朴"，但是对《诗词通韵》来讲，若说作者的姓"樸"音"piáo"还是有点儿奇怪，因为他是个来自江苏的南方人，在《诗词通韵·序》中作者自称书成于"石公山"，此地恰好就在今苏州太湖界处。而且书中可见作者给"樸"字的反切注音是：与"卜"同音，崩木切（卷五，第一页下），与《广韵》"博木切"一致。但是今天这样读的很少，现代汉语标准音里只有pú（1932年民初国音）和pǔ（新中国成立以来的普通话标准音），作为姓氏，两种读音都合情合理，且有例为证：在美国国会图书馆检索"樸隐子"这部书的时候，用的是第二声阳平，可参见《国音常用字汇》《简明汉语口语词典》（教育部国语统一筹备委员会：《国音常用字汇》，上海：商务印书馆，1932年；Chao YuenRen, LienSheng Yang, *Concise Dictionary of Spoken Chinese*, Cambridge: Harvard University Press, 1947）。

　　清代学者在"四呼"的界定方面还做过其他尝试，而且并不是所有的都像李登、李世泽分类法那样"混乱不清"，举个有代表性的例子——李汝珍的《李氏音鉴》（成书于1810年）。李汝珍（1763—1830），直隶大兴（属北京地界）人，但大半辈子都生活在海州板浦（今江苏连云港境内）①，所以他既熟悉北方官话也了解南方官话，这一点在他编纂的韵书中有充分体现，因此《李氏音鉴》可以被看作18—19世纪汉语官话通语的代表。

　　李汝珍设计了一套略显繁复的三十三声母系统，其中区分了与介音 *i 搭配的声母和不与介音 *i 搭配的声母，并把这两种声母分别定义为细音和粗音。也许是受兰茂《早梅诗》启发，他也写了一首"韵文"，不仅涵盖了三十三声母，而且还能很好地体现它们与介音 *i 的搭配情况（卷四，第六页下）[17]：

> 春满尧天，溪水清涟，
> 嫩红飘粉，蝶惊眠，
> 松峦空翠，鸥鸟盘翾，
> 对酒陶然，便博个醉中仙！

《李氏音鉴》所反映的声母系统如表6所示：

表 6　《李氏音鉴》的声母系统

粗（无介音）	细（介音 *i）	国际音标
b，p^h，m，f	bi，p^hi，mi	$*p_{(i)}$，$*p^h_{(i)}$，$*m_{(i)}$，$*f$
d，t^h，n，l	di，t^hi，ni，li	$*t_{(i)}$，$*t^h_{(i)}$，$*n_{(i)}$，$*l_{(i)}$
z，c^h，s	zi，c^hi，si	$*ts_{(i)}$，$*ts^h_{(i)}$，$*s_{(i)}$
zh，ch^h，sh，r		$*tʃ$，$*tʃ^h$，$*ʃ$，$*ʒ$
g，k^h，h，ø		$*k$，$*k^h$，$*x$，$*ø$
	gi，k^hi，hi，øi	$*tɕ{\sim}k_{(i)}$，$*tɕ{\sim}k^h_{(i)}$，$*ɕ{\sim}x_{(i)}$，$*ø_{(i)}$

---

　　① 关于李汝珍的生平参见 Hummel, Arthur William, Eminent, *Chinese of the Ch'ing Period*, Washington: U.S. Government Printing Office, 1943。

如果不算配以介音 *i 的声母，这个声母系统实际上就19个声母，除了少一个 *v，与桑绍良《青郊杂著》所反映的基本一致。尽管李汝珍"谨慎"地遵循《切韵》–《韵镜》，将舌根音明确地分为粗、细两类，但实际上，在他那个时代，北方官话中前高元音前面的舌根音可能已经开始腭化。

《李氏音鉴》体系中的韵有22类，分有介音 *u 和无介音两大类，其中对发音部位相同的韵尾的处理如下：

	无介音	介音 *u
A.	遮 *e	珠 *u
B.	真 *en/*et	谆 *uen/*uet
C.	毡 *aen/*aet	专 *uon/*uot
D.	蒸 *eng/*ek	中 *ung/*uk
E.	张 *ang/*ak	汪 *uang/*uak
F.	斋 *ai	歪 *uai
G.	知 *i	追 *uei
H.	詀 *an/*at	帆 *uan/*uat
I.	渣 *a	洼 *ua
J.	婀 *o	窝 *uo
K.	招 *ao	
L.	周 *ou	

《李氏音鉴》通过韵头与声、韵的不同搭配来表现介音的存在形式，实际上已经明确反映出"四呼"的特质。通过声母，我们能分出带 *i 的齐齿呼；通过韵母能够辨明合口呼、撮口呼（介音 i+u=y）；声母、韵母中均不体现介音的，便是开口呼。可以说，依据这一理念设计出来的韵图，既简明，又实用，如下所示：

　　○ 从A到D，四呼兼具。

　　○ 从E到I，不能与撮口呼搭配。

　　○ J，不能与齐齿呼搭配。

　　○ 从K到L，不能与合口呼、撮口呼搭配。

李汝珍为了进一步说明他的设计理念，特以 *u 韵字的"库""去"二字为例，通过与声母 *k 搭配可看出元音的对立，前高元音若出现在 *u 前，即读为 y。同理，又拿 *ou 韵字的"酒""走"二字为例，也是由于介音 *i 的缘故，声母分别作 *tsi、*ts。

虽然李汝珍在他的音系中压根儿就没有提过"呼"这个概念，然而，他"创制"的声韵系统，却顺理成章地将"呼"的特征一一呈现出来。这进一步证实了"呼"是汉语音节结构中一个重要的组成部分，这一点毋庸置疑。但是，作为结构分析，李氏的设想依然是受反切双拼制的启发，没有能更精确地区别"四呼"，反倒是桑绍良等其他学者基本上已经辨清"四呼"是有别于声、韵的音节结构。进入 20 世纪，在前人研究的基础上，对于"四呼"的明确界定终见分晓。

八、民国时期对"四呼"的官方认定

1911 年辛亥革命爆发，清王朝土崩瓦解，年轻的民国政府所面临的第一项任务就是规范并统一国语标准音及与之配套的语音书写系统。于是在 1913 年成立了"读音统一会"，专门负责完成这项任务。

"新系统"创立工作由章炳麟（1869 — 1936）发起，以国音注音字母取代之前的反切法。但是，因注音字母仍脱胎于传统反切，使得章炳麟的设计依旧只考虑了声、韵两部分，很难照顾到介音成分，基本上还是在沿袭李汝珍的思路[18]。不管介音包含在反切上字还是反切下字之中，究竟属于声母还是属于韵母，总之，这种拼切法需要大量的声母、韵母（反切上字与下字）相拼，才能涵盖介音的所有存在条件，这无异于之前李汝珍所做的工作。

为创立一套更加简化实用的注音符号，"读音统一会"决定采用早些年由田廷俊、刘世恩创制的"三拼制"汉语语音拼切系统。① "三拼制"，顾名思义，在声母、韵母中间加入一个符号来表示介音。在新的拼切系统中，用以表达 i、u、ü（ㄧ、ㄨ、ㄩ）的符号，既能说明韵头，也能代表

---

① 参见以下著述。倪海曙：《清末汉语拼音运动编年史》，上海：上海人民出版社，1959 年，第 160 — 166 页、第 204 — 207 页。Elisabeth Kaske, *The Politics of Languages in Chinese Education 1895–1919*, Leiden: Brill, 2008, p.411.

韵母。这样，新的拼切系统从章炳麟时期的22个韵母，一下子精简至12个韵母、3个韵头。这套注音法，由汉字的偏旁部件构成，后来被称为"注音符号"，成为民国时期字典及教科书里官方指定的注音字母。这期间，还编写了第一部运用注音符号的注音字典《校改国音字典》，编者在修订版序言中特别指出了三个介音符号与"四呼"的关系[19]：

> 丨、ㄨ、ㄩ三母加于韵母之前，在旧法为齐齿、合口、撮口三呼。……注音丨、ㄨ、ㄩ字母之三韵母亦兼作声母用而名为"介母"。

有了这3个介音符号，"四呼"终于被当成现代汉语普通话标准音中的音段成分，正式出现在了中国"土生土长"的"正音书写体系"里。历经20世纪，在汉语普通话标准音的推广过程中，注音符号、"四呼"在我国得以迅速普及。

20世纪50年代，中华人民共和国政府公布官方汉语拼音方案时，同样借鉴了注音符号的音节分析法，只是将"四呼"进行了罗马字母化。① 汉语拼音方案规定：主要元音或介音含u的，为合口呼（或零声母wu）；主要元音或介音含i的，为齐齿呼（或i前为零声母，且zh、ch、sh、r、z、c、s声母除外）；主要元音或介音含ü的，为撮口呼（或零声母yu/ü，若出现在j、q、x后，去掉两点）；没有介音或主要元音不含i、u、ü的，为开口呼，是为我们今天所熟知的"四呼"。

九、结语

文章主要从传统汉语音韵音节观着眼，梳理了"四呼"的演进历史。通过分析我们发现，从元至清，在汉语官话音系中，人们对"四呼"的认识是循序渐进的——从一开始"四呼"现象萌生，到一点儿一点儿地通过韵书韵图反映出来。《中原音韵》时期，虽然"四呼"的明确分类尚未

---

① 在周有光的指导之下，汉语拼音方案于1958年2月11日正式形成并由国务院正式发布。参见教育部语言文字应用管理司、语文出版社、山东电视台等：《汉语拼音50年》，北京：语文出版社，2010年，第61页、第73页；林焘：《中国语音学史》，北京：语文出版社，2010年，第471页。

形成,但是四类韵头的"分化迹象"已可窥见一二。明初,三个主要介音及一个零声母(*i,*u,*y,*ø)渐渐呈现。自兰茂时代始,人们越来越清晰地认识到"呼"与"呼"之间的差异,并通过韵书韵图等多种形式表现出来。明代中期,桑绍良首次将"四呼"细化作"四科",初步具备了"音段"意识。晚明,"四呼"概念终于"修成正果",这在中国传统音韵文献中均有明确记录。清代,李汝珍等学者继续致力于"呼"的分析与定名。到了20世纪,通过注音符号系统,我们已经可以清晰地了解到"四呼"是汉语音节结构中的基本成分。综上,虽然传统汉语属于非音段书写系统,但"四呼"的出现充分说明大约在16世纪中叶,中国传统语言学音节分析法中早已出现音段的概念。

参考文献:

[1] SIMMONS R V. Rime Tables and Rime Table Studies[M]//Rint Sybesma, Encyclopedia of Chinese language and linguistics. Vol. 3. Leiden: Brill, 2017.

[2] 学部咨外务部文. 清末文字改革文集[C]//北京:文字改革出版社, 1958.

[3] BRANNER D P. What are rime tables and what do they mean? [C]//David Prager Branner, The Chinese Rime Tables: Linguistic philosophy and historical–comparative phonology. Amsterdam: John Benjamins, 2006.

[4] 韵镜. 等韵五种[M]. 台北:艺文印书馆, 1984.

[5] 周德清. 中原音韵[M/OL]. 钦定四库全书本. 1341(据China–America Digital Academic Library and online at ctext. org and archive. org. 最后访问时间2016年8月6日).

[6] 耿振生. 明清等韵学通论 [M]. 北京:语文出版社, 1992.

[7] 赵荫棠. 等韵源流[M]. 上海:商务印书馆, 1957.

[8] 张玉来. 韵略易通研究[M]. 天津:天津古籍出版社, 1999.

[9] 兰茂. 韵略易通[M]//《续修四库全书》编委会. 续修四库全书. 上海:上海古籍出版社, 1995.

[10] 桑绍良. 青郊杂著[M]. 湖湘文库编辑出版委员会. 长沙:岳麓书社,

2012.

[11]　李新魁.汉语等韵学[M].北京：中华书局，1983.

[12]　袁子让.字学元元[M].湖湘文库编辑出版委员会.长沙：岳麓书社，2012.

[13]　叶秉敬.韵表[M/OL].北京大学图书馆藏扫描版.1605（据China-America Digital Academic Library and online at ctext. org and archive. org.最后访问时间2016年8月6日）.

[14]　乔中和.元韵谱[M/OL].北京大学图书馆藏扫描版.1611（据China-America Digital Academic Library and online at ctext. org and archive. org.最后访问时间2016年8月6日）.

[15]　樸隐子.诗词通韵[M/OL].北京大学图书馆藏扫描版.1685（据China–America Digital Academic Library and online at ctext.org and archive. org.最后访问时间2016年8月6日）.

[16]　张玉书，等.康熙字典[M].上海：上海书店，1985.

[17]　李汝珍.李氏音鉴[M/OL].北京大学图书馆藏扫描版.1810（据China–America Digital Academic Library and online at ctext. org and archive. org.最后访问时间2016年8月6日）.

[18]　SIMMONS R V. Whence Came Mandarin? Qīng Guānhuà, the Běijīng Dialect, and the National Language Standard in Early Republican [J]. Journal of the american oriental society, 2017（1）.

[19]　教育部.校改国音字典[M].上海：商务印书馆，1921.

（原载于《语文研究》2020 年第 1 期）

《章太炎说文解字授课笔记》^①与太炎先生书信中的学术交往

张蒙蒙

摘要:《章太炎说文解字授课笔记》(以下简称《笔记》)是章太炎先生于1908年4月至1909年3月在日本讲授《说文解字》(以下简称《说文》)的课堂实录,由朱希祖、钱玄同、周树人等记录。它集中展示了太炎先生对《说文》研究的成果,以及对自身已有学术知识的综合运用。同时,讲授《说文》前后,也是太炎先生与师友、学生以书信为媒介进行学术交往的一个频繁期。将太炎先生同期书信的学术讨论内容与《笔记》中所见材料合观,相互映照,有助于我们更好地理解《笔记》中所展现的讲授方法、内容侧重、学术观点以及材料来源。同时,这对我们今天如何传承、研究《说文》这部经典,亦不无启发。

关键词:《章太炎说文解字授课笔记》;书信交往;学术源流

一、引言

1906年6月底,太炎先生因"苏报"案刚出狱,便被送往日本,主

作者简介:张蒙蒙,文学博士,中央民族大学文学院讲师、硕士研究生导师,主要研究方向为训诂学、汉语词汇语义学。

① 《章太炎说文解字授课笔记》(以下简称《笔记》)是章太炎(炳麟,1869—1936)先生一九〇八年四月至一九〇九年三月在日本讲授《说文解字》的课堂实录,由朱希祖、钱玄同、周树人等记录。讲授时间据董婧宸《章太炎〈说文解字〉授课笔记史料新考》,载《北京师范大学学报》2017年第1期。

持《民报》。在东京留学生的欢迎会上，他发表演说，提出要"用国粹激励种性，增进爱国的热肠"。也正是缘于东京留学生之邀，太炎先生开始在办报之余讲学，并陆续发起"国学讲习会"和"国学振起社"。1908年，因鲁迅、许寿裳等人也想听讲，太炎先生答应每周日在《民报》社另开一班，听讲者仅朱希祖、钱玄同、周氏兄弟、许寿裳等8人。此时《民报》社被封，太炎先生得以专注讲学，直到武昌起义后，"始辍讲业"而回国。[①]由此可以看出此次讲学的复杂性：一方面，太炎先生以革命家兼国学家的身份来宣扬国粹，用以激发青年的爱国热情；另一方面，留学生们出于对太炎先生的仰慕以及自身知识的不同需求而来听讲。[②]因此，实际上授课与专门性的研究性著述不同，带有普及性的特点，所讲授的内容既可以是自己的学术心得，也可以是既有的他人学术成果。而且讲授的内容，亦与授课者当时境遇、交往及所思考的一些问题密切关联。因此，本文就尝试以太炎先生讲授《说文》前后与师友交往的书信为线索，来阐发一些《笔记》中所展现出的有特色的内容特点及学术倾向。

二、对《说文》研究成果的承继及评价

讲授《说文》，就会涉及一个依本的问题。清代《说文》学研究著述甚夥，是博采众长，还是以一家为主？从多方面看，太炎先生讲的是《段注》。《朱希祖日记》1908年4月4日："至清风亭，请章先生讲《段注说文》。"许寿裳说："太炎师据段玉裁的《说文注》，引证渊博，新谊甚富。"周作人也回忆说太炎先生讲《说文》以《段注》为底本。清代《说文》研究中，段玉裁的确"应坐第一把交椅"。但段、桂、朱、王亦各有特点，

---

① 参见郑师渠《国粹、国学、国魂——晚清国粹派文化思想研究》，台北：文津出版社，1992年，第23—24页。

② 如周氏兄弟是在编纂翻译《域外小说集》时"欲从先师了解故训，以期用字妥帖"，许寿裳也说"鲁迅上课，极少发言"。他们非为专门研究而听讲，日后应用亦不多，因而鲁迅日后追忆才会说"一个字都记不得了"；而相反，听课时较为活跃的是钱玄同，日后专研语言文字之学，与太炎先生书信请教探讨亦多；朱希祖听课次数最多，笔记也最为赡详，后专研史学。（以上参见王宁《笔记·前言》）

如现在的文字学史中就对王筠的《说文》研究评价甚高。太炎先生却有所不同，他对于段以外桂、王评价不高。如他给钱玄同的信中提到：“王箓友有段之短，无段之长，段所长在以声言训诂，展转相求，王不能知也。”甚至说：“故尝论小学有桂、朱诸家，或华或凿，亦尚无害大义。王氏以鄙儒学究，尸小学元士之高名，坏名守者，必自此始。”①又：“箓友之破碎嫥辄，未谷之拘滞拙钝，皆无益于小学。然未谷固亡益，亦亡害；箓友盖《说文》之郼莽也。”②

何以太炎先生会对王筠的《说文》学贬责如此之甚，这还是与他研究《说文》的学术追求与目标有关系。他在《自述学术次第》中说道：“余治小学，不欲为王箓友辈，滞于形体，将流为《字学举隅》之陋。顾江段戴王孔音韵之学，好之甚深，终以戴孔为主。”③正如王宁先生在总结太炎先生治《说文》成就时指出，太炎先生突破了早期传统小学注重形体的“字本位”特点，他“认识到音韵训诂本为一体，也就是说，词语的意义首先是与声音结合，然后才与形体结合，音义系统是第一性的，形义系统是第二性的。因此，他从重视形体的表层研究深化到以声音为线索的深层研究”④。研究旨趣的不同，致使他对专于形体的王筠评价不高；而另一方面他也认为，正是在音义的探求上，段氏超越了桂、王诸人，他说道：“不明音韵，不知一字数义所由生，此段氏所以为桀。”⑤

对于王筠如此评价的另一个原因，是他以私意改定《说文》，尤其是用钟鼎文字。如他说王氏：“以其帖括腐朽之见，剟定许书，颠倒在

① 章太炎致钱玄同书第二十七通（1910年），引自《章太炎全集·书信集》（上），上海：上海人民出版社，2017年，第190页。

② 章太炎致钱玄同书第二十九通（1911年），引自《章太炎全集·书信集》（上），上海：上海人民出版社，2017年，第203页。

③ 《制言》第二十五期，苏州章氏国学讲习会编，南京：广陵书社影印，2009年，第2649页。

④ 《章太炎说文解字授课笔记·前言》，北京：中华书局，2008年，第6页。

⑤ 《国故论衡》，载《章氏丛书》，浙江图书馆校刊，台北：世界书局影印，1982年，第421页。

意。"①"其余增字减句，亦由段君发端，至篆友而愈甚。"②又："今之妄侘古籀者，虽承阮伯元、庄葆琛末流，亦以篆友为之冯翼。不然，言钟鼎者自钟鼎，言《说文》者自《说文》，犹不至妄相弹射。腐肉召蝇，必自篆友始矣。"③这样的评价，除了上述研究《说文》旨趣不同外，还有两个原因：一是对《说文》本身的尊崇，如他说："仆自作《文始》后，觉许君说解一字一语多为精意所存，比类观之，益见深眇。"④二是基于当时的学术背景，即古文字学刚处于发端期，尚未完全成熟，自身问题亦复不少，因此章太炎持怀疑态度。如他说："若钟鼎则真伪难知，无宜傅会。"⑤但是他也似乎见到古文字自有其成立、发展的趋势，只是与《说文》之学道途异趋，他说："自今以后，小学恐分裂为二家，一主《说文》，一主款识，如水火不相容矣。"⑥"水火不容"于今似有夸张，但能看出太炎先生认为，以《说文》自身为根基建立起的学术系统（尤以《文始》为标志），与钟鼎文字"以形为主"的思路方法并不相同。因此，才对于以钟鼎文字破坏《说文》构形、故训系统的做法深加痛斥，并有隐约的危机感。

　　当然，以《段注》为主，就要涉及段注更改《说文》的问题，这在《笔记》和太炎的书信中亦多所涉及。如："然非如段君精审，必不可轻改《说文》。段于故训最为明通，亦颇有未谛者。"⑦太炎先生讲授《说文》时，对段注改定错谬处，亦多所驳斥。其中多有因不明声义、词源系统而误改

①　章太炎致钱玄同书第二十七通（1910年），引自《章太炎全集·书信集》（上），上海：上海人民出版社，2017年，第190页。

②　章太炎致钱玄同书第二十八通（1910年），引自《章太炎全集·书信集》（上），上海：上海人民出版社，2017年，第197页。

③　章太炎致钱玄同书第二十九通（1911年），引自《章太炎全集·书信集》（上），上海：上海人民出版社，2017年，第203页。

④　章太炎致钱玄同书第二十八通（1910年），引自《章太炎全集·书信集》（上），上海：上海人民出版社，2017年，第197页。

⑤　章太炎致钱玄同书第二十七通（1910年），引自《章太炎全集·书信集》（上），上海：上海人民出版社，2017年，第191页。

⑥　章太炎致钱玄同书第二十九通（1911年），引自《章太炎全集·书信集》（上），上海：上海人民出版社，2017年，第203页。

⑦　章太炎致钱玄同书第二十八通（1910年），引自《章太炎全集·书信集》（上），上海：上海人民出版社，2017年，第197页。

许书者，此例甚多。①兹以《笔记》驳段氏增补"所以"为例，如：

筑 朱一 捣也。段氏加"所以"二字，未是。"筑煮"者，捣煮也，引申为所以捣也。（244页）

且 朱二 荐也。古人名词、动词皆可互用，段加"所以"二字，可不必。（588页）

斫 朱二 斫也，段又加"所以"二字，可不必。（589页）

据笔者统计，段注增补"所以"共有44例，段注的理由多是"各本删之"或"浅人删之"，但其版本依据并不充足，他的更改多是基于其对"体用关系"的认识，即"删'所以'，则体用混矣"②。《笔记》一方面改用新的术语体系，即"动词、名词"等来描述二者关系，另一方面也对《段注》的一些增改加以反驳。而参看后来与钱玄同的书信交往，即可看到对这个问题的进一步申说：

又古语宛转相关，名与动静多可展转移用。今以为动静词者，安知古非名词；今以为名词者，亦安知古非动静词邪？皮、革诸文，造字时本为动词，后以为名词。匚、曲诸文，造字时本名词，后以为静词。自段君已多疑滞，故勺训"挹取"，必增"所以"二字以实之，又增"料也"二字以定之；白训"舂"，必增"臼"字以足之，已不知今之名词，在古只为动词也。然古为名词，今为动静词者，段氏犹鲜所改窜。③

"安知"和"古今"等一系列词语的运用，说明一方面维护许书既有

———————

① 可参笔者硕士论文及钟哲宇《〈章太炎说文解字授课笔记〉订正〈段注〉析论》，载《第二十八届中国文字学国际学术研讨会论文集》。

② 详参拙文《段玉裁〈说文解字注〉增补"所以"考论》，载《励耘学刊》（语言卷）第十八辑，北京：学苑出版社，2014年。

③ 章太炎致钱玄同书第二十七通（1910年），引自《章太炎全集·书信集》（上），上海：上海人民出版社，2017年，第188页。

训释的审慎态度，另一方面也说明了不能出于时人理解方便而出现以今律古的做法。与钱氏书信中他还作进一步申述："大古朴质，名物之语诚校它语为多，若谓竟无动词与及形容词，恐草昧之语，亦不简略至此。"①亦指出段注所误之因。

三、《笔记》中的钟鼎文字与太炎先生书信中的学术交往

前面提到，章太炎对以钟鼎阑入《说文》的王篆友辈屡加斥责，并言钟鼎自钟鼎、《说文》自《说文》。但有意味的是，太炎先生讲授《说文》之时，亦间或涉钟鼎文字。据笔者统计，共有20处左右。②其来源以前面章氏信中提到的阮元（伯元）等人，其中有一条：

> 单 钱一 单，钟鼎有作丫者，象系连之形。（盖古止作丫，为象形字。小篆方整之，作单，义与形相失耳。（阮云台《钟鼎款识》谓丫象三辰之形，引《左传》"三辰旗旗"，谓《诗》"其军三单"，单即是旗。此说非也。）由训袭之本义，引申乃为单位之单。（8页）

阮元《积古斋钟鼎彝器款识·好父辛彝》："单字作丫，象三辰之形。"《左·桓二年·传》："三辰旗旗，昭其明也。"③章氏此处虽驳阮说，但却采取了钟鼎中的字形，并另立解说。《文始》中亦同《笔记》之说，《文始一·阳声寒部丙·单》："单，大也。从吅甲，吅亦声。阙。案彝器作丫丫。彝器诚难尽信，然《绎山碑》战字左旁作▇，明非从吅……字像蝉联相续。"④"诚难尽信"，看来在《说文》小篆不得解时亦必有可信者。在

---

① 章太炎致钱玄同书第三十一通（1911年），引自《章太炎全集·书信集》（上），上海：上海人民出版社，2017年，第207页。

② 详见拙文《〈章太炎说文解字授课笔记〉引钟鼎文字考论》，载《辅大中研所学刊》第32期，台北：辅仁大学，2015年。

③ 阮元：《积古斋钟鼎彝器款识》（1937年《丛书集成初编》影印文选楼本），北京：商务印书馆，第57页。

④ 《文始》，载《章氏丛书》（浙江图书馆校刊本），台北：世界书局影印，1982年，第70页。

与钟正楙书中亦论及此条《说文》阙处：

> 《说文》义训多本毛《传》，独毛《传》有至精之训，《说文》未能承用者，如"单"训相袭，与彝器"丫""𧾷"者合，象其系联。凡禅作嬗、天下蝉嫣等语，皆训续、训袭，并是"单"之借字。古篆本作丫𧾷，小篆从之，形体稍异则作单。《说文》乃训为大，则是"幝"之音借，非本义也。……叔重解字，缜密严栗，往往一语可直千金。……然犹有一二未谛者，当求周、秦、先汉故老所述以相理董，非戴侗、周伯琦辈穿凿者所能与也。①

如今来看，"大""系联"等义亦未必是"单"字本义，但以"系联"为其本义的确可以系联出一系列的同源词。此条考《说文》本训准之于毛《传》，以义为核心，说形实际上只不过作为佐证而已。《笔记》所涉钟鼎文字戴侗、阮元等说占据大半，而书信往往亦提及这些人，虽多排诋之言，亦见对他们的著作实际上都有所关注。②但这无妨在讲授《说文》时对其成说略涉一二，似也无关宏旨，毕竟授课非同著述，不过是达到略广见闻的目的罢了。何况许书真有"一二未谛"，稍采钟鼎，但亦无妨。《笔记》中另外两条引用钟鼎文字之说，其实是源于太炎先生与其师友孙诒让的交往，《笔记》"𠄢"（311页）、"皋"（423、424页）内容与孙诒让1908年来信有关系，孙诒让说：

> 顷从金文、龟甲文丹徒刘氏抚册③获十余名，皆确实可信者，附以金文奇字，为《名原》七篇，俟写定，当寄质大雅。如爵弁字《说文》作缫，《周官》作緂，近于金文得其正字，乃作𧘲，而薛书齐侯镈钟又有𧘲字读为寿，始知青色韦当作𧘲，青色丝当作𧘲，古各有

---

① 章太炎致钟正楙书第一通（1908年），引自《章太炎全集·书信集》（上），上海：上海人民出版社，2017年，第300—301页。

② 如章太炎致黄侃书第二十通（1932年）、第二十四通（1933年）都探讨及阮元《积古斋钟鼎彝器款识》及若干其他钟鼎著作。

③ 信中小字部分为原文夹注，下皆同。

正字，缞、绒皆尚非本字也；又韩侯伯晨鼎有虤胄，今定为皋比正
字，虤为彀甲虎皮《乐记》"建橐"，虤胄即甲胄也；又《说文》叠
字说解引杨子云说，颇嫌皮傅，今从金文得嬲、嬿两文，乃悟古文本
作迷。其从且者，甲文金文恒见，乃古文俎字_{且间两肉}，疑取絫俎之谊，
杨、许从宜皆误。又黄帝妃名絫祖，窃意当作嬲，后世史籍误分二
字。①

章太炎1908年6月1日写信给孙诒让做了回应：

> 承以古文三条见示，精凿傀琦，足补汉师之阙。皋本作虤，二千
> 年未睹本字，欻自先生发之！麟始知《说文》臰字，训大白泽，非
> 浅人妄改，乃古文借臰为虤，叔重误佝为本字耳。皋、泽二字，古多
> 混毃。《说文》言臰，古文以为泽字。《本草》《广雅》，泽兰兼得虎兰
> 之名，疑本亦作皋，借皋为虤也。……《名原》七篇，何时出版？渴
> 望赐阅，若昏夜之待明星！②

孙诒让大概略知章太炎对钟鼎文字的态度，故先言"确实可信"，而
从回信可见太炎先生是对孙诒让"皋"字的说法也是采信的，他不仅加以
申说，还在授课时将这些说法采纳。如是，汉师如杨、许若有阙，也未必
不可由钟鼎文字而补苴。不仅如此，他还将孙氏来书关于"宜"字的不同
意见写信给黄侃讨论：

> 顷与诸生簠《说文》《尔雅》，得数事。孙仲容疑《说文》"叠"
> 字，杨、许所说不谛，以金文有嬲、嬿字，谓叠古文作壘，从絫俎会
> 意。且、俎，皆俎字也。俎从且闲两肉半见，会意。仆因念俎本宜字，
> 古文宀作冂，与冂相似，宜本作囷，从古文且，中肉半见，形误为

---

① 转引自章太炎《瑞安孙先生哀辞》，载《民报》第二十二期，北京：中华书局影印，
2006年，第3548—3549页。

② 章太炎致孙诒让书第二通（1908年），转引自《章太炎全集·书信集》（上），上海：
上海人民出版社，2017年，第265页。

宜。张参据熹平石经作宜形。盖《苍颉》《凡将》正体，异于《说文》。宧、宭二古文，并当作䢼，其训当从《释言》"宜，肴也"为正，引申训安。①

　　此处可见章太炎并不赞同孙诒让的说法，这也间接表明孙氏以《说文》未谛的立论根据不能成立。无疑，章太炎认为金文䢼本"宜"字的说法大体是允当的，这点实际上也与现在的古文字学家看法相同。②以上《笔记》中的二字，应是章氏皆有所申说，且其中一些说法后人也有所承继。③孙诒让来信的两条也被编入他的《名原》之中，章太炎在回信中也表现出浓厚兴趣向他索求，也许是想借以进一步了解孙氏古文字研究的整体情况。可惜孙诒让在写信给章太炎后不久便去世，章氏之书亦无回应；而在十多年后在给黄侃的信中，章太炎又明确表达了他对《名原》的看法，他说："仲容为《名原》，盖老年好奇之作，要之亦为时论所误。如潘祖荫、吴大澂辈，直是古文之蠹。以此揭橥，无宁如薛尚功之言法帖也。"④这样看来，《笔记》与书信交往所反映的个别问题，仍然未改变章太炎对钟鼎文字研究的总体态度，但从另个侧面看来，这种排斥与吸取实际上也是比较复杂的。

---

①　章太炎致黄侃书第三通（1908年），转引自《章太炎全集·书信集》（上），上海：上海人民出版社，2017年，第274页。按：此内容与《笔记》"宜"字下内容基本相同。

②　如裘锡圭说："商周古文字里有一个跟秦汉篆文'宜'字基本同形的字，罗振玉考释甲骨文时，根据字形表示的意义把它释作'俎'，从之者极多。很多学者并认为'宜''俎'古本一字，后来才分化为二。七十年代发现了扶风庄白一号西周青铜器窖藏，所出三年癲壶铭中有'羔俎''麀俎'之文，'俎'字写法接近小篆的'俎'字而与'宜'字迥别，证明'宜''俎'自古即为二字。罗氏释作'俎'的那个字只能释为'宜'。"（《推动古文字学发展的当务之急》，载《裘锡圭学术文集》第3卷，上海：复旦大学出版社，2012年，第510页。）

③　如陆宗达、王宁、宋永培等著《训诂学的知识与应用》中《皋比与虎皮》一文，认为皋之本字即为絿。（北京：中华书局，2018年，第193页。）

④　章太炎致黄侃书第七通（1919年），转引自《章太炎全集·书信集》（上），上海：上海人民出版社，2017年，第280页。

四、太炎学术交往中的研读《说文》之法与《笔记》

讲授研究《说文》乃至小学，应从哪些方面入手，实际上《笔记》中大量材料展现出的侧重于布局，已能对我们有所启示。太炎先生在给钱玄同的信中，亦提出了一定的方法，这实际上与他自己讲授《说文》的方法与理念，也有高度的契合。他说：

> 凡治小学，仆拟分为五，方于教授有益，足下近作仓颉师，试更详之。
>
> 一、本形本义。就《说文》直解其义及其造字之法。
>
> 二、音韵。甲：今韵，今纽。乙：古韵，古纽。此学稍繁，然今已有条理。
>
> 三、正、借相求法。以《说文》本形本义，求《尔雅》《方言》、群经、古籍之训诂，是为以正求借；以《尔雅》《方言》、群经、古籍之训诂，求《说文》本形本义，是为以借求正。
>
> 四、转注、假借法。上说正借相求，借非六书之假借也，此真假借即引申，凡一字数义者属之。转注则限以义同声近者。此校正借相求为约易，然非先知正借相求，则无由推明此旨。
>
> 五、文字孳乳法。转注惟有同义，假借惟有引申之义，一字变为数字，而音义同者，当求何字在先，何字在后。一义变为数义，而字体亦异者，当知本是一字，后乃乖分，此所谓文字孳乳法也。①

以上几乎也概括了太炎先生讲授《说文》的所有方法，试对照《笔记》分别言之。第一条本字本义自不必说，太炎先生认为"但讲二徐之书足矣"，且讲解《说文》时，常与第三条"正借相求"关联起来，我们以《笔记》为例：

---

① 章太炎致钱玄同书第二十四通（1910年），转引自《章太炎全集·书信集》（上），上海：上海人民出版社，2017年，第182页。

写 朱一　置物也。书写字当为疏之借。

宵 钱一　夜也。《庄子》之"宵人"＝小人之借，不必如郭象注所谓"宵夜乃出之人，如贼是也"。

宿 钱二　止也。《史记》宿将，宿学（前辈先生）字系假自夙字。

寓 钱一　寄也。木禺龙（禺者，寓之借），寓＝偶，木偶之龙也。

窢 朱一　地室。《汉书》有"窢土将军"。

宄 钱二　穿孔之意也。

窬 钱一　穿木户也，假为窦。①

　　《笔记》中"正借相求"例甚多，于此可见一斑。笔者对《笔记》前十篇2735个字头下做过统计，共涉及假借关系613条，其中约70%前人已言及，而30%左右为太炎先生新说。而且《笔记》中材料，与专"明本字"的《小学答问》相同者甚多，甚至占到后者的60%左右。由上，都可见太炎先生对"正借"相求之法运用之普遍。

　　第二条音韵方面，太炎先生又说："二级书颇繁，然大要今韵者以《广韵》为主，求今纽者，以《四声切韵表》为主；求古韵者，自《音学五书》始，至《音韵表》《诗声类》为极；求古纽者，惟取钱晓征说为主。辅以仆之古双声说等。"②太炎先生授《说文》以段注为底本，大量承用段氏《音均（韵）表》中的部类名称及古音体系；除此之外，笔者曾对古音术语在《笔记》中的体现做了一番统计，与上述对钱玄同信中所言相吻合：如运用发明自孔广森《诗声类》的"对转"术语，共有97例，运用发明自钱大昕（晓征）的古无轻唇、舌上术语共计61例，运用与他自提出的《古双声说》中术语的共6例。③而在论及古今音转时，如鱼部转麻、歌部转麻、东部转江等，亦多涉《广韵》韵目。我们甚至可以说，太炎先生是运用全新的声韵体系、术语去解释《说文》中训诂音变现象的第一人。

---

　　①　以上例子转引自《笔记》第311—312页。

　　②　章太炎致钱玄同书第二十四通（1910年），转引自《章太炎全集·书信集》（上），上海：上海人民出版社，2017年，第182页。

　　③　详见拙文《从〈说文解字授课笔记〉看章太炎对古音学理论的应用》，载《民俗典籍文字研究》第17辑，北京：商务印书馆，2016年。

第四条，太炎以词义引申造成的一字数义现象为假借，以"义同声近"的同源现象为转注。以词义引申条贯数义、沟通文献、区别借义、发明本义，自《段注》所长。太炎先生讲授《说文》时，初步统计，使用"引申"术语的条目在400例左右，亦是其常用之法；而"转注"方面，前面提到过《笔记》常以同源系统驳《段注》改《说文》之谬，且常用"凡从某声皆有某义""凡有某意之字多从某声"（共58例）等同源系联方法来探求被解释词的意义特点。要之，转注假借说均以探求词义为核心，即太炎所说："求语言于文字之先，寻训诂于形体之上。"①

第五条的"文字孳乳法"，即以转注假借说为理论基础，探求词义分化下字形分化的过程，太炎先生说："仆所以有《文始》之作也。"②讲授《说文》自然不同于体大思精的《文始》，但二者在局部的文字孳乳分化关系的揭示上，亦有密切的关系。③

除上述太炎先生所言方法之外，《笔记》还有一个重要特点，就是古今沟通。这也是当时太炎先生所关注的问题，他在与黄侃的信中就探讨了关于方言的音、形、义变化的条例问题，欲以从《说文》《尔雅》中求得现代汉语通语及方言中一些词语的来源。④太炎先生因以有《新方言》之作，《笔记》与《新方言》相通者有240条之多，占到后者约1/3。但《笔记》中显示古今沟通的例子实不止此，因为入《新方言》者应是经过简择，而授课时前人既有、熟知易晓的例子则未进入。除此之外，在前面所言"正、借相求法"中，多以今语为例（尤其是双音复合词的环境中），以《说文》

① 章太炎致钱玄同书第二十四通（1910年），转引自《章太炎全集·书信集》（上），上海：上海人民出版社，2017年，第183页。

② 章太炎致钱玄同书第二十四通（1910年），转引自《章太炎全集·书信集》（上），上海：上海人民出版社，2017年，第183页。

③ 详见拙文《〈章太炎说文解字授课笔记〉与〈文始〉关系初探》，载《第四届章黄学术思想国际研讨会论文集》，北京：北京师范大学主办，2015年。

④ 章太炎致黄侃书第一、第二通（1907年），《章太炎全集·书信集》（上），上海：上海人民出版社，2017年，第272—274页。

本字沟通当时用字。①这样的方式显然利于听课者对于当时词语语义的理解，或亦有助于周氏兄弟所说的"了解故训，以期用字妥帖"的目的。

五、结语

综合上述，我们可以看到，太炎先生的著述、授课、学术交往都是相互关联的，显示出其学术一体的不同侧面。合而观之，是一个融通的整体。分而观之，这些不同的侧面又有不同的特点：学术著述发挥新见，体大思精，"一字千金"；授课简明灵活，兼有成说己见，特色鲜明；而进行学术交往时，则直陈己见，讨论自由，侧重授人以条理方法。这些不同的侧面又都可合观之，相互发明引申，共同组成太炎先生的学术整体。以讲授《说文》而形成的《笔记》，材料丰富，无疑可以作观察其他两个方面的中介。同时，以学术交往和学术著述为背景，相较以其他另立出视角与方法，也可以更好地解读《笔记》，还原太炎先生的讲授方法和学术思想。

参考文献：

[1]　段玉裁. 说文解字注[M]. 上海：上海古籍出版社，1988.

[2]　章太炎授，朱希祖、钱玄同、周树人记，王宁主持整理. 章太炎说文解字授课笔记[M]. 北京：中华书局，2008.

[3]　章炳麟. 章氏丛书[M]. 台北：世界书局印行，1982.

[4]　章太炎. 章太炎全集·书信集[M]. 上海：上海人民出版社，2017.

[5]　张蒙蒙. 段玉裁《说文解字注》增补"所以"考论[J]. 励耘学刊（语言卷）第十八辑，北京：学苑出版社，2014.

[6]　张蒙蒙.《章太炎说文解字授课笔记》与《文始》关系初探[C]// 第四届章黄学术思想国际研讨会论文集. 北京：北京师范大学主办，2015.

[7]　张蒙蒙. 从《说文解字授课笔记》看章太炎对古音学理论的应用[J]. 民俗典籍文字研究（第17辑），北京：商务印书馆，2016.

---

①　此例甚多，如，仸："林立＝仸立"（348页）；臮："今作暨，训及"（348页）；衺："邪正、邪曲字当作邪"（353页）；居："居住当作凥"（355页）；颁"颁布当作奱"（366页）；頿："巨魁当作頿"（367页）；愿："大头也，情愿之愿，因愿、宁双声，故通借"（367页）等。

[8]　董婧宸.章太炎《说文解字》授课笔记史料新考[J].北京师范大学学报（哲学社会科学版），2017（1）：109–114.

（原载于《民俗典籍文字研究》2020年第1期）

古代文学研究

《红楼梦》律诗出韵现象与小说的补遗订讹

—— 兼谈三个版本组的演变关系

曹立波

摘要： 现知的《红楼梦》抄本和早期刊本存在大量异文，展现出成书过程的复杂性。本文据题名的不同，将15个有关版本分成《脂砚斋重评石头记》《石头记》《红楼梦》三个版本组。通过小说第二十二回薛宝钗的灯谜诗、第四十九回香菱的咏月诗，对十几个版本中分别呈现的出韵、改韵以及署名等复杂异文细致梳理，归纳分析出相应的版本关系。进而推知，《更香》和《竹夫人》等灯谜恐非曹雪芹手笔；与贾雨村《咏月》首句可押邻韵相比，香菱《咏月》末句"圆"字，明显出韵。其原因不排除"团圆"一词习惯性表达的疏忽，但也可视为作者为香菱学诗情节而特意设置。出韵现象成为考察成书过程的可寻路径。前人有《石头记》和《红楼梦》两个系统的提法，现就出韵现象而言，《脂砚斋重评石头记》系统亦独具特色，《红楼梦》三个版本组之间的承传关联，透过每两组中某些版本的藕断丝连迹象凸显出来。

关键词：《红楼梦》；律诗；出韵；版本组

《红楼梦》众多版本的演变如月亮的运行轨迹一样，阴晴圆缺，充满动态之美。《红楼梦》的修订，不仅限于曹雪芹的"披阅十载，增删五次"，

作者简介：曹立波，文学博士，中央民族大学文学院教授、博士研究生导师，主要研究方向为明清文学。

基金项目：国家社会科学基金项目"《红楼梦》清代刻本海外流布与影响研究"（18BZW059）。

甚至在传抄和刊刻的过程中，依然有"准情酌理，补遗订讹"①的不懈努力。《红楼梦》版本间的异文，体现出各个改稿阶段的创作思考，彼此之间的变化也折射出作者（或修订者）的文学倾向。在此，以诗歌中七言律诗的异文为考察视角，对比发现，在这种格律要求比较严格的诗体当中，不同版本的异文，在用韵、平仄、对仗以及意象和意境上，都有不同的艺术思考。本文姑且聚焦于入韵问题，通过出韵现象，考察版本之间的关系，进而归纳这部小说版本演变的大致规律。

纵观《红楼梦》中的七言律诗，从第八回的《嘲顽石幻相》、第十八回的《大观园题咏》，到第七十九回的《紫菱洲歌》（后四十回诗歌中没有七律），全书正文初步统计共有37首②。《红楼梦》中的七律诗，有两处明显的出韵现象，分别为第二十二回某些版本署名宝钗的《更香》灯谜，以及第四十九回的香菱《咏月》其三。下文通过元宵节的灯谜诗以及中秋节的咏月诗等诗作的出韵现象，展开具体的考察。

一、从出韵现象看律诗的创作与增补

《红楼梦》版本的复杂性与书名众多的现象密切相关。甲戌本的《凡例》曾指出："是书题名极多，《红楼梦》是总其全部之名也。又曰《风月宝鉴》，是戒妄动风月之情。又曰《石头记》，是自譬石头所记之事也。"并提到"此书又名曰《金陵十二钗》，必系金陵十二女子也"。小说第一回说这部书还曾有《情僧录》之名，即："因空见色，由色生情，传情入色，自色悟空，遂易名为情僧，改《石头记》为《情僧录》。"③现知的《红

①　程伟元、高鹗：《红楼梦引言》，见《绣像红楼梦》乾隆五十七年（1792）刊印，北京师范大学图书馆古籍部藏书。

②　暂未考察甲戌本凡例中的一首七言律诗，即："浮生着甚苦奔忙，盛席华筵终散场。悲喜千般同幻渺，古今一梦尽荒唐。谩言红袖啼痕重，更有情痴抱恨长。字字看来皆是血，十年辛苦不寻常。"见曹雪芹：《脂砚斋重评石头记：甲戌本》，北京：人民文学出版社，2009年影印本，第5页。本文所引用小说情节文字，均见曹雪芹著、无名氏续：《红楼梦》，北京：人民文学出版社，2008年第3版。

③　曹雪芹：《脂砚斋重评石头记：甲戌本》，北京：人民文学出版社，2009年影印本，第1—2页、第15页、第16页。

楼梦》版本中，书名主要为三类，即《脂砚斋重评石头记》《石头记》以及《红楼梦》。按书名划分红楼版本系统，为梅节先生首倡。"长期以来，红学家们把《红楼梦》的众多版本分成两个系统，即脂本系统和程本系统。但是，梅节说，把《红楼梦》的版本分成脂本和程本两个系统，并不能反映版本流传的真实情况，正确的区分，应该是《石头记》和《红楼梦》两个系统。"[①]诚然，但因《脂砚斋重评石头记》一组几种版本的特殊性，在认同《石头记》系统、《红楼梦》系统两大版本系统的前提之下，我们需要再加细化，从三个版本组出发，考察小说诸版本的演变过程及版本之间的关系。

本文根据初步比对的有代表性的异文，全面考察了15种版本。抄本目前可见12种，刊印本3种。三类书名中，题名为《脂砚斋重评石头记》的有3种，即甲戌本、己卯本、庚辰本；题名为《石头记》的有5种，即戚序本（包括南图本）、蒙府本、列藏本、郑藏本；题名为《红楼梦》的共7种，有杨藏本、甲辰本、舒序本、卞藏本4种抄本，有以程甲本、程乙本、东观阁本为代表的3种刊印本。比对归纳可知，小说的版本异文，呈现出从《脂砚斋重评石头记》到《石头记》，再由《石头记》到《红楼梦》的演变趋势。

1.宝钗灯谜诗在三个版本组中的异文

《红楼梦》第二十二回的灯谜诗，有残缺和补写两类版本的文字，黛玉和宝钗的诗谜差异较大。小说第二十二回在宝钗十五岁时，为她安排了一次"将笄之年"的隆重生日。凤姐亲自料理，老太太特意关照，家中搭台唱戏，热闹非凡。然而这一回的回目是"听曲文宝玉悟禅机"和"制灯谜贾政悲谶语"。在宝钗的生日，繁华之后，竟以宝玉的了悟作结，寓意颇深。众姐妹的灯谜中，宝钗的灯谜值得关注。因为宝钗的诗谜存在着原文与补写的问题，也存在着两类版本的差异。庚辰本此回惜春灯谜之上朱笔眉批写道："此后破失，俟再补。"其后，正文也缺失了。隔一页写道："暂记宝钗制谜云：

---

① 石尚文：《梅节论〈红楼梦〉的两个版本系统》，载《红楼梦学刊》1983年第4辑。

朝罢谁携两袖烟，琴边衾里总无缘。

晓筹不用鸡人报，五夜无烦侍女添。

焦首朝朝还暮暮，煎心日日复年年。

光阴荏苒须当惜，风雨阴晴任变迁。

（庚辰本原文作"人鸡"，从戚序本改）

后边是一条墨笔批语："此回未成而芹逝矣，叹叹！丁亥夏，畸笏叟。"此诗的版本异文较多，下文通过表格直观展示，见表1：

表1　第二十二回"朝罢谁携两袖烟"诗，从《脂砚斋重评石头记》到《石头记》系统

版本	庚辰本	列藏本	蒙府本	戚序本
署名	"暂记宝钗制谜"	无宝钗诗谜	"却是宝钗所作"	"却是宝钗所作"
	（庚辰本手迹：暂记宝钗制谜 不听菱歌听佛经等）	前身色相总无成 不听菱歌听佛经 莫道此生沉黑海 性中自有大光明（此是春之情）	无宝钗诗谜 / 后面写着七言律诗一首却是宝钗所作随念道：朝罢谁携两袖烟 琴边衾里总无缘 晓筹不用鸡人报 五夜无烦侍女添 焦首朝朝还暮暮 煎心日日复年年 光阴荏苒须当惜 风雨阴晴任变迁	贾政看宝心内自忖道此物还到有限只是小小之……遗 只见后面写着七言律诗一首却是宝钗所作随念：朝罢谁携两袖烟 琴边衾里总无缘 晓筹不用鸡人报 五夜无烦侍女添 焦首朝朝还暮暮 煎心日日复年年 光阴荏苒须当惜 风雨阴晴任变迁
两种系统现存的章回	《脂砚斋重评石头记》中甲戌本、己卯本第二十二回缺失。仅庚辰本尚存。	《石头记》系统中的郑藏本无此回。南图本同戚序本。		

由表1可见，"朝罢谁携两袖烟"这首七律，在《脂砚斋重评石头记》和《石头记》系统的版本中，关于宝钗的诗谜，《脂砚斋重评石头记》系统的庚辰本为"暂记"，《石头记》系统的列藏本上没有批语和正文的记

录，而在蒙府本和戚序本已写入正文，并提到"却是宝钗所作"。列藏本呈现出两个版本系统过渡状态的特征。

关于"人鸡"的异文，庚辰本作"人鸡"，戚序本作"鸡人"，蒙府本作"鸡声"。后两种有典可寻。"鸡人"之典，见李商隐《马嵬》："空闻虎旅传宵柝，无复鸡人报晓筹。"而"鸡声"之典，则出自温庭筠的《商山早行》："鸡声茅店月，人迹板桥霜。"《红楼梦》此处有可能借鉴李商隐还是温庭筠的诗句呢？李义山和温八叉，两位唐代诗人，薛宝钗都提到过。第四十九回薛宝钗说：

> 一个香菱没闹清，偏又添了你这么个话口袋子，满嘴里说的是什么：怎么是杜工部之沉郁，韦苏州之淡雅，又怎么是温八叉之绮靡，李义山之隐僻。

因而，作者引用李商隐和温庭筠诗句的可能性都存在。那么，谁的诗与整首诗谜的意境更接近呢？温庭筠的《商山早行》中以"鸡声茅店月，人迹板桥霜"紧扣诗题。冷月未落，雄鸡初鸣，踏霜的足迹，虽云羁旅早，更有早行人。而李商隐的《马嵬》诗，虽写帝妃之恋，却聚焦于杨玉环的命运之叹。李诗与《红楼梦》诗谜中的闺怨情调较为接近。"晓筹不用鸡人报"与"无复鸡人报晓筹"，相似的词语更多。古代宫中不让养鸡，用人来报时，故称鸡人。相比之下，戚序本的"鸡人"比"蒙府本"的"鸡声"更符合此诗谜的意蕴。

脂批透漏，曹雪芹于"壬午除夕泪尽而逝"，壬午与丁亥相距5年，畸笏叟在这一年夏天看到的第二十二回是缺失的，而且从语气来体会，他经眼的应是作者的手稿。宝钗这条诗谜，在庚辰本上以批语的形式附记在回后，只有谜面，没有谜底。而在蒙府本、戚序本上，诗谜写进了正文，但仍没有谜底，只写了贾政内心自忖道："此物还倒有限。只是小小之人作此词句，更觉不祥，皆非永远福寿之辈。"此诗谜在杨藏本、甲辰本、程甲、程乙、东观阁等本上，是写给黛玉的，而且出现了谜底"更香"。

梅节说，从内容讲"此谜与宝钗无一相合，而与黛玉无一不合"①。此诗谜适合黛玉还是宝钗，有待进一步分析。

"更香"诗谜是否适合林黛玉呢？若从"焦首朝朝还暮暮，煎心日日复年年"来体味，似乎与"一年三百六十日，风霜刀剑严相逼"有同工之处，但《红楼梦》写过林黛玉不喜欢李义山的诗。第四十回贾母一行人携刘姥姥游大观园，到荇叶渚时，写道：

> 宝玉道："这些破荷叶可恨，怎么还不叫人来拔去。"……林黛玉道："我最不喜欢李义山的诗，只喜他这一句：'留得残荷听雨声'。偏你们又不留着残荷了。"宝玉道："果然好句，以后咱们就别叫人拔去了。"

除了李商隐"秋阴不散霜飞晚，留得残荷听雨声"这一残荷听雨的诗句，作者不大可能再让林黛玉去引用李商隐《马嵬》中的诗句"无复鸡人报晓筹"。

"更香"诗谜是否适合薛宝钗呢？我们看尾联"光阴荏苒须当惜，风雨阴晴任变迁"，联系前文宝钗给宝玉诵读的《寄生草》中"烟蓑雨笠卷单行"和"芒鞋破钵随缘化"，似乎都有苏轼《定风波》词的意象："竹杖芒鞋轻胜马，谁怕？一蓑烟雨任平生。"其中，"随"和"任"，与宝钗随分从时的性格相符；从烟蓑芒鞋，到风雨阴晴，宝钗的诗谜同宝玉的心曲也不乏和谐的音符。

关于宝钗、黛玉的诗谜，在《石头记》系统和《红楼梦》系统的版本组中，现象更为复杂。以《红楼梦》为名的7种，卞藏本、舒序本、甲辰本、杨藏本4种抄本，以及程甲本、程乙本、东观阁本3种刊本。异文如表2、表3所示：

---

① 石尚文：《梅节论〈红楼梦〉的两个版本系统》，载《红楼梦学刊》1983年第4辑。

表2　第二十二回宝钗、黛玉灯谜，从《石头记》到《红楼梦》系统的抄本

版本	舒序本	杨藏本	甲辰本	程甲本
书名	红楼梦	红楼梦	红楼梦	红楼梦
异文	琴边衾里总无缘	琴边衾里两无缘	琴边衾里两无缘	琴边衾里两无缘
谜底	无	贾政道这个莫非是更香	贾政看到此谜，明知是竹夫人	贾政道这个莫非更香
黛玉诗谜	无黛玉诗谜	有黛玉诗谜 朝罢谁携两袖烟， 琴边衾里两无缘。 晓筹不用鸡人报， 五夜无烦侍女添。 焦首朝朝还暮暮， 煎心日日复年年。 光阴荏苒须当惜， 风雨阴晴任变迁。	有黛玉诗谜 朝罢谁携两袖烟， 琴边衾里两无缘。 晓筹不用鸡人报， 五夜无烦侍女添。 焦首朝朝还暮暮， 煎心日日复年年。 光阴荏苒须当惜， 风雨阴晴任变迁。 "打一物"下批语：此黛玉一生愁绪之意。	有黛玉诗谜 朝罢谁携两袖烟， 琴边衾里两无缘。 晓筹不用鸡人报， 五夜无烦侍女添。 焦首朝朝还暮暮， 煎心日日复年年。 光阴荏苒须当惜， 风雨阴晴任变迁。
宝钗诗谜	朝罢谁携两袖烟， 琴边衾里总无缘。 晓筹不用鸡人报， 五夜无烦侍女添。 焦首朝朝还暮暮， 煎心日日复年年。 光阴荏苒须当惜， 风雨阴晴任变迁。	贾政就不言语，往下再看宝钗的道是： 有眼无珠腹内空， 荷花出水喜相逢。 梧桐叶落分离别， 恩爱夫妻不到冬。	有眼无珠腹内空， 荷花出水喜相逢。 梧桐叶落分离别， 恩爱夫妻不到冬。 "打一物"下批语：此宝钗金玉成空。	有眼无珠腹内空， 荷花出水喜相逢。 梧桐叶落分离别， 恩爱夫妻不到冬。

　　我们看到，在题名为《红楼梦》的版本中，卞藏本只有前十回，无此回。其他有第二十二回的三种抄本为舒序本、甲辰本和杨藏本。从表2可见，舒序本的宝钗诗谜依然是以"朝罢谁携两袖烟，琴边衾里总无缘"开头的七律，保留着《石头记》系统版本的特点。其他以《红楼梦》为书名的版本，皆为"琴边衾里两无缘"。甲辰本和杨藏本中，这首七律署名为黛玉，宝钗的诗谜则为以"有眼无珠腹内空"开头的七绝。值得注意的是，杨藏本中，这首七言律诗的诗谜给了黛玉，并出现了诗谜的谜底"更香"，

更香二字亦见于程本。在甲辰本中，署名宝钗的七绝，出现了诗谜的谜底"竹夫人"，有"贾政看到此谜。明知是竹夫人"一句，他本无。

表 3　第二十二回宝钗、黛玉诗谜，《红楼梦》系统的刊本与抄本的关联

版本	程甲本	程乙本	东观阁本
书名	红楼梦	红楼梦	红楼梦
黛玉诗谜出现了谜底： 程甲"莫非更香" 程乙"莫非是更香" 东观阁"莫非更香"	贾政道好像风筝探春道是贾政再往下看批是黛玉的谜 朝罢谁携两袖烟 晓筹不用鸡人报 焦首朝朝还暮暮 煎心日日复年年 光阴荏苒须当惜 风雨阴晴任变迁 打一物 贾政道贾非更香道是贾政又看道	贾政道好像风筝探春道是贾政再往下看显是黛玉的谜 朝罢谁携两袖烟 晓筹不用鸡人报 焦首朝朝还暮暮 煎心日日复年年 光阴荏苒须当惜 风雨阴晴任变迁 打一物 贾政看道其非是更香看显是黛玉代官招是贾政又看道	贾政道个与他更香玉代官道是贾政又看道 朝罢谁携两袖烟 晓筹不用鸡人报 焦首朝朝还暮暮 煎心日日复年年 光阴荏苒须当惜 风雨阴晴任变迁 打一物 贾政道这个与他更香玉代官道是贾政又看道
宝钗诗谜 三本都没有出现谜底	语往下再看宝钗的道是 梧桐叶落分离别 有眼无珠腹内空 荷花出水喜相逢 恩爱夫妻不到冬 打一物 贾政看完心内自忖道此物遭倒有限只是小小	语往下再看宝钗的道是 梧桐叶落分离别 有眼无珠腹内空 荷花出水喜相逢 恩爱夫妻不到冬 打一物 贾政看完心内自忖道此物倒有限只是小小年纪作此嘻	政就不言语往下再看宝钗的道是 梧桐叶落分离别 有眼无珠腹内空 荷花出水喜相逢 恩爱夫妻不到冬 打一物 贾政看完心内自忖道此物还倒有限只是小
谜底	更香（黛玉）	更香（黛玉）	更香（黛玉）

表3的三种版本比较，在黛玉的诗谜后，程甲本和东观阁本为"莫非更香"，程乙本作"莫非是更香"，多了一个"是"字，与表2的杨藏本相同。程乙本上这句的"个"字为单立人的字模"個"，而程甲本是竹字头的字模"箇"。还需注意的是，以往一般认为甲辰本与程甲本的关系密切，而对比发现，宝钗诗谜后，甲辰本有谜底，即"贾政看到此谜，明知是竹夫人"，他本无。程甲本等均为"贾政看完心里自忖道：'此物还倒有

限……'"，没有出现"竹夫人"的谜底。《红楼梦》系统的版本中，有相同之处，也不乏同中有异的特点。

后补给宝钗的"竹夫人"诗谜在强调什么呢？杨藏、甲辰、程甲等版本，给宝钗补了一首诗谜："有眼无珠腹内空，荷花出水喜相逢。梧桐叶落分离别，恩爱夫妻不到冬。"谜底为"竹夫人"，一种中间空、四周有眼的竹制品，夏天置于床席间，用于通风、乘凉。甲辰本在此诗谜后写有一条夹批："此宝钗金玉成空。"在宝钗带有成人仪式意味的十五岁生日，出现的"禅机"和"谶语"，预示了宝玉出家、宝钗良缘成空的不祥之兆。

第二十二回在构思上有个不断完善的过程。生日宴会的寿星由"老太太和宝姐姐"①两个人改为宝钗一人，情节重心逐渐集中于婚姻悲剧的主角薛宝钗。而在灯谜的补写上，也体现了修订思想的变化。联系后文第二十三回集中于黛玉的情节来看，这两回，一个写宝钗点戏、宝玉悟禅，一个写黛玉听戏、双玉读曲。构成了钗黛对峙之势，也使得"怀金悼玉的《红楼梦》"这一双重意蕴，前后映衬。

从归纳版本系统的角度而言，《脂砚斋重评石头记》和《石头记》系统的版本，包括题名为《红楼梦》的舒序本，宝钗的诗谜都是七律"更香"诗，而《红楼梦》系统的众多版本，把"更香"给了黛玉，宝钗的诗谜则为"竹夫人"。有关宝钗的两条诗谜都对她的悲剧命运含有谶语的意义，"更香"侧重于命运的无奈，"竹夫人"侧重于婚姻的感叹。相比之下，"竹夫人"的灯谜更突出了"悲金"的主题。《红楼梦》系统的版本对金玉良缘似较为重视。

2. 从《更香》灯谜诗的押韵与否考辨原作与补写

从《更香》灯谜诗三个版本系统的异文可见，第二十二回不同版本系

---

① 关于"老太太和宝姐姐"生日"遇的巧"问题，曹雪芹《脂砚斋重评石头记：庚辰本》（北京：人民文学出版社，2009年影印本，第1453页）第六十二回写探春笑道："到（倒）有些意思，一年十二个月，月月有几个生日。人多了，便这等巧，也有三个一日，两个一日的。大年初一日也不白过，大姐姐占了去。愿（怨）不得他福大，生日比别人就占先。又是太祖太爷的生日。过了灯节，就是老太太和宝姐姐，他们娘儿两个遇的巧。"括号内为排印本校正的字。查以庚辰本为底本的人民文学出版社排印本，1996年第2版仍作"老太太和宝姐姐"（第846页），而2008年第3版作"姨太太和宝姐姐"（第846页）。

统存在不同的艺术思考。《脂砚斋重评石头记》系统庚辰本上《更香》诗谜之后的文字，已经显示出曹雪芹没有写完全书就去世了。其后的情节，应为后人所补写，而且到甲辰本便已完成了。甲辰本上数年的时间和署名有"甲辰岁菊月中浣，梦觉主人识"的落款，以及第一回的笔迹（见书影1-1、1-2）值得关注。

书影 1-1　甲辰本"梦觉主人识"　　　书影 1-2　甲辰本第一回 14a 页

　　冯其庸《序》指出："此本序言末尾署'甲辰岁菊月中浣'，此序文的书法与此本总目及第一、第二两回和第三回开头部分的书法，完全是一个人的笔迹，并且此人的笔迹后面还有很多。因此，这个本子的钞成时间应该就是序文所署明的时间，也即是乾隆四十九年甲辰（1784）。"[1]此甲辰年，在程甲本刊行（乾隆辛亥1791）之前，因此说，"竹夫人"灯谜的出现，至少比程甲本刊行早7年，不应为程高所为。那么，比"竹夫人"早出的"更香"灯谜诗，显然非程高手笔。查程乙本上改订的诗句，一般是把不押韵的改成押韵的（下文专述）。所以，"更香"诗谜无论叶韵与否，都应为其他修订者所为。

　　《更香》诗谜的作者问题，透过七言律诗的用韵现象，不妨作为一个考察路径。烟、缘、添、年、迁，查《佩文诗韵》，诗中一、二、六、八句皆为一先韵，只有第四句的"添"在十四盐。如果允许借韵的话也限于

---

① 曹雪芹：《甲辰本红楼梦》序言，北京：书目文献出版社，1989 年，第 1 页。

首句，而且少有"先"与"盐"借韵的现象①。王力《汉语诗律学》指出：

　　所谓邻韵，除江与阳，佳与麻，蒸与侵为罕见的特例之外，大约总依诗韵的次序，以排列相近而音又相似的韵认为邻韵。所谓"相近"，不因上平声和下平声的界限而有所间隔。这样，我们可以把相近的韵分为八类如下：（一）东冬为一类。（二）支微齐为一类，支与微较近，它们与齐较远。（三）鱼虞为一类。（四）佳灰为一类。（五）真文元寒删先六韵为一类，真与文近，元与文近，寒与删近，删与先近，先又与元近；真与元，寒与先，元与删较远；至于真与寒，寒与元，文与删先，先与真文则原则上不能认为邻韵。（六）萧肴豪为一类。（七）庚青蒸三韵为一类，庚与青较近，它们与蒸较远。（八）覃盐咸为一类。②

　　从借韵的一般常识来看，"先"韵在第五类"真文元寒删先六韵为一类"，而"盐"韵在第八类"覃盐咸为一类"，先与盐韵不在一类当中。正如王力所云："譬如依照现代北方话，侵可通真，覃可通寒，盐可通先……诸如此类，非但和近体诗的规律绝不相容，而且和古体诗的规律也是不合的。"③先与盐韵不属于借韵范围，所以"添"字显然是出韵了。从律诗格律的角度考察，这首《更香》诗谜如果是为薛宝钗设置的，他人（或与"北方话"有关）所补写的可能性又大了一些。

　　初步统计，《红楼梦》中署名为薛宝钗所作的七言律诗共8首，分别为第十八回大观园题咏中的《凝晖钟瑞》、第二十二回的灯谜《更香》（部分版本）、第三十七回的《咏白海棠》、第三十八回咏菊组诗中的《忆菊》和《画菊》以及三首《咏螃蟹》。经考察，没有发现出韵现象。从对仗的角度而言，"晓筹不用鸡人报，五夜无烦侍女添"这一联为颔联，对仗要求较为严格。"晓筹不用鸡人报"的基本语序是"不用鸡人报晓筹"，与李

　　①　一般为，"真文元寒删先"类或"侵覃盐咸"类为相邻韵的可以借用。参见简明勇：《律诗研究》，台北：台北文史哲出版社，1990年，第102页。

　　②　王力：《汉语诗律学》，上海：上海教育出版社，2002年，第73页。

　　③　王力：《汉语诗律学》，上海：上海教育出版社，2002年，第51—52页。

商隐诗句的"无复鸡人报晓筹"相似，但"晓筹"句是否属于倒置？蒋绍愚认为："汉语中可以有'受事主语'，如'书看完了'，'书'是主语，但是是受事。"①因而，"晓筹"应为受事主语。同理，下联"五夜无烦侍女添"，语序调整后为"无烦侍女添五夜"。"五夜"，似可理解为状语，与上联对仗，不必苛求是宾语或主语。"对仗的两句句子结构不一定相同。因为对仗主要是要求两句中相同位置上的字词性相同（所谓'词性相同'，不能完全按照现代的语法概念，比如名词作定语，也可认为与形容词词性相同），而并不要求两句的句法结构相同。这种两句字面对仗而结构不同的情况，有人称之为'假平行'。"②联系用典，"五夜无烦侍女添"，应源于唐代李颀《寄司勋卢员外》的诗句"归鸿欲度千门雪，侍女新添五夜香"，所以如果句子结构不是"假平行"而是真平行的话，选取可以作宾语的名词与"晓筹"对仗，应为"夜香"或者"更香"，而不是"五夜"。

就平仄角度来看，"晓筹不用鸡人报，五夜无烦侍女添"的平仄格式为仄平仄仄平平仄，仄仄平平仄仄平。这一格式的严格样式应为平平仄仄平平仄，仄仄平平仄仄平，但因一三五可以不论，所以变为诗中的平仄格式。故下联相应位置，与夜香（仄平）或者更香（平平）比起来，五夜（仄仄）相对更合平仄。所以，"五夜无烦侍女添"，也许是专注于典故的化用、平仄的对应，疏忽了"添"字出韵的问题。再者，宝钗名下的其他律诗用典不多，每一首诗中，至多一两句用典。而这首《更香》灯谜诗，用典多达五处，似有堆垛典故之嫌。因而，从律诗的押韵、对仗等角度来考察，这首诗根据现有的资料和信息来推断，出自曹雪芹之手的可能性不大。梅节认为："脂砚或畸笏后来弄得'更香'一律，误记为宝钗之制，乃另纸录存，系于回末。其非出雪芹之手，则可肯定。"③此诗是否为雪芹所作，脂砚斋和畸笏叟没有明说，如果同属推论的话，从律诗用典用韵的角度来考察，可操作性与可信度相对较大。

---

① 蒋绍愚：《唐诗语言研究》，北京：语文出版社，2008年，第三章《唐诗的句法》论"倒置"、论"假平行"，第168页。

② 蒋绍愚：《唐诗语言研究》，北京：语文出版社，2008年，第三章《唐诗的句法》论"倒置"、论"假平行"，第140页。

③ 石尚文：《梅节论〈红楼梦〉的两个版本系统》，载《红楼梦学刊》1983年第4辑。

二、从押韵与否考察原作与修改问题

《红楼梦》第四十八回和第四十九回，香菱学诗的情节中，黛玉让香菱以咏月为题学习写七律，而且限定了十四寒韵。香菱的前两首都是叶韵的，但第三首尾联末句竟然用错了韵。综观《红楼梦》15种版本，我们发现，三个版本组中出韵现象的沿袭或者改订，还是有规律可循的。

1.香菱《咏月》的出韵与改订现象

第四十九回香菱的第三首咏月诗：

> 精华欲掩料应难，影自娟娟魄自寒。
> 一片砧敲千里白，半轮鸡唱五更残。
> 绿蓑江上秋闻笛，红袖楼头夜倚栏。
> 博得嫦娥应借问，何缘不使永团圆？

在这首诗的尾联中，圆字出韵。按《佩文诗韵》，难、寒、残、栏，都在上平十四寒韵。而尾联的圆字，在下平一先韵。有的版本"团圆"作"团圞"，"圞"字，在十四寒韵部中。经比对，写"圆"的版本5种：庚辰、戚序、蒙府、列藏、甲辰本。需要说明的是，第四十九回，甲戌本、己卯本、舒序本、卞藏本无此回。写"圞"的版本4种：杨藏、程甲、程乙、东观阁本。杨藏本第四十九回是照程本抄补的，所以此处可不考虑。①

在三个版本组中（见表4、表5）：

《脂砚斋重评石头记》系统：庚辰本，作"圆"。

《石头记》系统：列藏本、蒙府本、戚序本，作"圆"。

《红楼梦》系统：甲辰本，作"圆"。

《红楼梦》系统：程甲、程乙、东观阁本，都为"圞"。杨藏本为补抄，作"圞"。

---

① 详见表5的说明文字。

表4　香菱《咏月》其三尾联:《脂砚斋重评石头记》与《石头记》系统比较

版本、页码	庚辰本 49–1a	戚序本 49–2a	蒙府本 49–1a	列藏本 49–1b	甲辰本 49–1a、1b
书名	脂砚斋重评石头记	石头记	石头记	石头记	红楼梦
尾联用韵	圆	圆	圆	圆	圆
末句异文	缘何	何缘	何缘	何缘	何缘

由表4可知，在《脂砚斋重评石头记》系统的版本中，"圆"字与《石头记》系统的版本相同，但"何缘"作"缘何"，前两个字颠倒了，"缘何不使永团圆"，还是与《石头记》和《红楼梦》系统的版本有别的。

表5　香菱《咏月》其三尾联:《红楼梦》系统比较

版本、页码	甲辰本 49–1a、1b	杨藏本（补抄） 49–1a	程甲本 49–1a	程乙本 49–1a	东观阁本 49–1a
书名	红楼梦	红楼梦	红楼梦	红楼梦	红楼梦
尾联用韵	圆	圞	圞	圞	圞
末句异文	何缘	何缘	何缘	何缘	何缘

由表5可知，在《红楼梦》系统的版本中，甲辰本作"圆"，与《石头记》系统相关联，呈现出从《石头记》系统向《红楼梦》系统的过渡状态。需要说明的是，杨藏本此回是照程本抄补的。收藏者杨继振题字："兰墅太史手定红楼梦稿百廿卷。内阙四十一至五十十卷，据摆字本抄足。继振记。"见书影2右图：

书影2　杨继振："四十一至五十十卷据摆字本抄足"题记 ①

香菱第三首《咏月》尾联的"团圆"与"团圞"相比，更为通俗常见，是否出于对香菱身份的考虑，有意为之，还是作者的无意疏忽呢？有待进一步探究。

2.贾雨村《咏月》七绝也存在"团圆"出韵和"团圞"改订现象

"团圆"之"圆"字出韵的问题，在《红楼梦》一书中无独有偶。除了香菱的七律《咏月》其三，还有第一回贾雨村的《咏月》七绝：

时逢三五便团圆，满把晴光护玉栏。
天上一轮才捧出，人间万姓仰头看。
平平仄仄仄平平，仄仄平平仄仄平。
平仄平平平仄仄，平平仄仄仄平平。

从平仄句式的组合规则来看，这首七绝要求首句入韵。首句为"时逢三五便团圆"，"圆"为下平一先韵。诗中另外三句，"栏"和"看"押的是十四寒韵。不难发现，贾雨村此句的"团圆"之"圆"字与全诗不在同一个韵部。有的版本"圆"字处作"圞"，在十四寒韵部中。小说众多版

---

① 林冠夫：《红楼梦版本论》，北京：文化艺术出版社，2007年，第118页、第122页。杨继震原藏，"内阙四十一至五十卷，据摆字本抄足"的贴条，在全书第1函第3页，中国社会科学院图书馆藏本。

本中，此句为"圆"的版本共10种：甲戌本、庚辰本、己卯本；戚序本、蒙府本、列藏本；舒序本、卞藏本、杨藏本以及东观阁本。写"圈"的版本3种：甲辰本、程甲本、程乙本。作"时逢三五便团圆"的10种版本，如果详细划分版本组合的话，第一组《脂砚斋重评石头记》系统3种版本为甲戌本、己卯本、庚辰本；第二组《石头记》系统5种版本，主要看列藏本、蒙府本、戚序本，郑藏本无此回，南图本与戚序本统一考虑；第三组《红楼梦》系统的抄本舒序本、卞藏本、杨藏本以及东观阁本。值得重视的是，东观阁本是程甲本之后的刻印本，但与作"团圈"的3种版本（甲辰本、程甲本、程乙本）相比，有其特殊性。

3. "圈"字改订的理由

一是作者对十四寒和一先韵都熟悉，《红楼梦》中提到了"一先韵"。

第七十六回"凹晶馆联诗悲寂寞"时，黛玉和湘云联诗，谈到"一先"：

> 湘云道："限何韵？"黛玉笑道："咱们数这个栏杆的直棍，这头到那头为止。他是第几根就用第几韵。若十六根，便是'一先'起。这可新鲜？"湘云笑道："这倒别致。"于是二人起身，便从头数至尽头，止得十三根。湘云道："偏又是'十三元'了。这个韵少，作排律只怕牵强不能押韵呢。

二是作者对"团圈"并不陌生。

书中常引《西厢记》的句子，相关段落中有"团圈"：

第一本"张君瑞闹道场杂剧"之第三折：

> 【小桃红】夜深香霭散空庭，帘幕东风静。拜罢也斜将曲栏凭，长吁了两三声。剔团圈明月如悬镜，又不是轻云薄雾，都则是香烟人气，两般儿氤氲得不分明。

上文有第一折："花落水流红，闲愁万种，无语怨东风。"第二折："娇羞花解语，温柔玉有香。"《红楼梦》第二十三回结尾"又兼方才听见

《西厢记》中'花落水流红，闲愁万种'之句"，第十九回的回目也有"花解语"和"玉生香"。

正反例证说明，《红楼梦》的作者熟悉韵书规则，自然熟悉十四寒、一先。除了常用的团圆一词，对团圞也同样了解。所以，早期版本中写成"团圞"，应该不是疏忽，有意为香菱学诗量身定制的成分更多一些。

三、与出韵相关的异文与版本组之间的联系

针对《红楼梦》诗词的版本异文，可从书名为《脂砚斋重评石头记》《石头记》和《红楼梦》，这三个版本组的角度入手，分析出各组的韵文在遣词造句、平仄用韵上的差异及其各自的文学思考。

1.《更香》灯谜诗的署名与版本组的传承轨迹

我们以这部小说的15种版本为考察对象，将书名相同者归纳为三个版本组：

第一组以《脂砚斋重评石头记》为名的甲戌本、己卯本、庚辰本3种。关于从《脂砚斋重评石头记》到《石头记》的承继关系，从甲戌本的版心可以找到直接的证据。以甲戌本第一卷第五页为例，版心作"石头记、卷一、五、脂砚斋"[①]，见表6：

表6　回前书名为《脂砚斋重评石头记》的甲戌本版心题"石头记"

版心题				回前题
书名	卷	页	书斋	脂砚斋重评石头记
石头记	一	五	脂砚斋	
书影				

---

① 曹雪芹：《脂砚斋重评石头记甲戌本》，北京：北京图书馆出版社，2004年影印本，第一回第5页。此本为宣纸仿真影印，故版心文字清晰可见。

需要说明的是，"脂砚斋重评石头记"，是与作者的题名没有关联的。因为在小说第一回中谈到的书名有：

> 作者自云：因曾历过一番梦幻之后，故将真事隐去，而借"通灵"之说，撰此《石头记》一书也。……改《石头记》为《情僧录》。东鲁孔梅溪则题曰《风月宝鉴》。后因曹雪芹于悼红轩中披阅十载，增删五次，纂成目录，分出章回，则题曰《金陵十二钗》。

从这段表述可知，庚辰本上第一回正文中提及《石头记》《情僧录》《风月宝鉴》和《金陵十二钗》四种书名，程甲本等亦同为这四种。而甲戌本在"改《石头记》为《情僧录》"之后多一句"至吴玉峰题曰《红楼梦》"。甲戌本上，"谁解其中味"之后，写道："至脂砚斋甲戌抄阅再评，仍用《石头记》。"①可见，即使是回前题名为"脂砚斋重评石头记第×回"（表6所示）的甲戌本，其实是以《石头记》为书名的。如果按今天的标点习惯的话，甲戌本的书名应写作"脂砚斋重评《石头记》"，己卯本、庚辰本也应如此。

第二组以《石头记》为书名的列藏本、蒙府本、戚序本（包括南图本）、郑藏本5种。

关于从《石头记》到《红楼梦》的承继关系，从郑藏本两种书名并存的现象可见一斑。郑振铎收藏的两回残本，回前题"石头记第二十三回""石头记第二十四回"，版心题字为"红楼梦"②，见表7、书影3：

---

① 曹雪芹：《脂砚斋重评石头记：甲戌本》，北京：人民文学出版社，2009年，影印本，第1—2页、第15页、第16页。

② 曹雪芹：《郑振铎藏石头记残抄本》，国家图书馆古籍部藏本，金坛古籍印刷厂2004年印制，第二十四回1a页。

表 7　回前书名为《石头记》的郑藏本版心题"红楼梦"

	版心题			回前题
	书名	回	页	石头记
	红楼梦	二十四	六	
书影				

书影 3　郑振铎藏本第二十四回 1a 页回前题"石头记"，版心题"红楼梦"

由书影3不难看出，郑振铎收藏的残抄本虽然只有两回，但是这一版本从回前书名到版心所题书名，呈现出"石头记"与"红楼梦"两种书名并存的现象。

第三组以《红楼梦》为名的7种，包括80回抄本卞藏本、舒序本、甲辰本3种，和120回本的杨藏本、程甲本、程乙本、东观阁本4种。

　　《红楼梦》系统的版本，带有从《石头记》系统过渡而来的迹象。例如第五回第一页，在蒙府本和卞藏本回目和回前诗内容相同，但蒙府本题名为"石头记"，而卞藏本已然是"红楼梦"了。

　　针对第一部分《更香》灯谜诗的集中考察，亦可发现相同的规律：

　　《脂砚斋重评石头记》系统3种版本中：第二十二回的文字，甲戌本、己卯本的原文都已缺失，唯有庚辰本补记了这首灯谜诗，署名宝钗（见图1）。

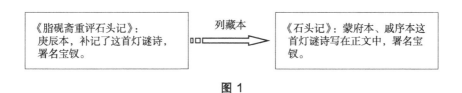

图1

　　《石头记》系统5种版本中，郑藏本无此回，南图本与戚序本统一考虑。我们只关注列藏本、蒙府本、戚序本这三者，比对得知，蒙府本、戚序本这首灯谜诗写在正文中，署名宝钗（见图2）。列藏本无此诗，正文同《脂砚斋重评石头记》一组，但书名为《石头记》，可谓带有中间或过渡状态的特点。

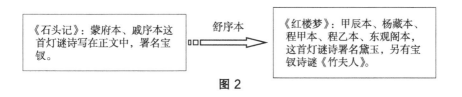

图2

　　由图1、图2可知，《红楼梦》系统7种版本中，卞藏本无此回。甲辰本、杨藏本、程甲本、程乙本、东观阁本，这首灯谜诗皆署名黛玉，甲辰本加批语为"此黛玉一生愁绪之意"。另有宝钗诗谜《竹夫人》一首，甲辰本也有一条针对此诗的批语为"此宝钗金玉成空"。查舒序本，虽然书名为《红楼梦》，却无黛玉诗谜，《更香》仍为宝钗所作，与书名为《石头记》的版本相同，呈现出《石头记》与《红楼梦》的中间状态。

从《更香》灯谜诗的异文可以看出这首诗在三个版本系统中的演变趋势。比如，在《石头记》系统中的列藏本，这第二十二回就在"此是惜春之作"的批语处截止。庚辰本此回惜春灯谜"前身色相总无成，不听菱歌听佛经"之上朱笔眉批写道："此后破失，俟再补。"列藏本第二十回断尾的版本状态，与庚辰本正文断尾的情况基本相同，可见这两种版本有相似之处，也呈现出《脂砚斋重评石头记》与《石头记》版本组的关联性。

再如，在《红楼梦》版本组中，舒序本没有黛玉诗谜，《更香》为宝钗所作的现象，与《石头记》版本组面貌相同。

第二十二回的灯谜诗，从出韵现象到版本异文，较为明显地呈现出这部小说三类书名系统的演变过程，而且在《脂砚斋重评石头记》与《石头记》系统之间，《石头记》与《红楼梦》系统之间，所存在的过渡和关联也清晰可见。

2. 从"圆"到"圝"看版本组的关系

《红楼梦》有两首《咏月》诗，其中的"圆"字，都存在是否入韵的问题。

第一回中贾雨村咏月诗为：

> 时逢三五便团圆，满把晴光护玉栏。
> 天上一轮才捧出，人间万姓仰头看。

按《佩文诗韵》：圆，在下平一先韵。本诗所押韵部用字都在上平十四寒韵：栏、看。有的版本在"圆"字处作"圝"，"圝"在十四寒韵部中。至于第一句算不算出韵的问题，查《汉语诗律学》，第五节"首句用韵问题"指出：

> 近体诗必须一韵到底，不得通韵；但是，凡读过中晚唐的诗尤其是宋诗的人，都会注意到好些诗似乎通韵的近体诗，看起来好象是邻韵可以同用似的。其实借用邻韵只限于首句。
>
> 原来诗的首句本可不用韵，其首句入韵是多余的。所以古人称五七律为四韵诗，排律则有十韵二十韵等，即使首句入韵，也不把它

算在韵数之内。诗人们往往从这多余的韵脚上讨取多少的自由，所以有偶然借用邻韵的办法。盛唐以前，比例甚少，中晚唐渐多。谁知这样一来，竟成了一种风气！宋人的首句用邻韵似乎是有意的，几乎可说是一种时髦，越来越多了。①

简明勇在《律诗研究》中有所补充：

> 律诗首句押韵自以同诗本韵为正例，然亦有借韵者。汪师韩《诗学纂闻》曰："唐律第一句，多用通韵字，盖此句原不在四韵之数，谓之孤雁入群。然不可通者，亦不用也。"谢榛《四溟诗话》曰："七言绝律，起句借韵，谓之孤雁出群。宋人多有之。"沈德潜《说诗晬语》曰："可律诗起句不用韵，故宋人以来，有入别韵者。然必于通韵中借入。"钱大昕《十驾斋养新录》曰："五七言近体诗，第一句借用邻韵，谓之借韵。"……中晚唐首句借韵现象渐多，至宋代则成风气，不胜枚举矣。首句借韵必借用通韵之字，不可乱借也。所谓通韵者，盖指古诗所得通押之韵字也。兹据古诗通转之情况，分平声韵目为十大类，于各类中借用之：一、东冬类。二、支微齐佳灰类。三、鱼虞类。四、真文元寒删先类。……②

上述可知，律诗绝句首句可以押邻韵。而且在十大类邻韵中，"真文元寒删先类"当中可以通押，《汉语诗律学》和《律诗研究》两部诗律著作中都举了欧阳修的《内直对月寄子华舍人持国廷评》一诗，作为寒韵诗首句入先韵而全诗押寒韵，即"以先衬寒"的例证：

> 禁署沉沉玉漏传，月华云表溢金盘。
> 纤埃不隔光初满，万物无声夜向阑。
> 莲烛烧残愁梦断，薰炉薰歇觉衣单。

---

① 王力：《汉语诗律学》，上海：上海教育出版社，2002年，第54—55页。
② 简明勇：《律诗研究》，台北：台北文史哲出版社，1990年，第101—102页。

水精宫锁黄金阙，故比人间分外寒。

首句应入韵的句式，第一句"传"字为一先，而二、四、六、八句尾的盘、阑、单、寒，都是押十四寒的韵。

以此类推，《红楼梦》中为贾雨村设置的《咏月》绝句，首句"时逢三五便团圆"句尾是可以押邻韵的。不过，综合考察相关的13种版本，则出现了有的版本押邻韵"圆"（一先），有的没有押邻韵，而是作"圈"（十四寒）与全诗一样入韵的。

写"圆"的版本10种：甲戌本、庚辰本、己卯本、戚序本、蒙府本、舒序本、列藏本、杨藏本、卞藏本以及东观阁本。需要探讨的是，东观阁本此句为"时逢三五便团圆"，与程甲本、程乙本有别，反而与抄本文字相同。如果不是主观原因改动的话，东观阁本此处所依底本，应早于程甲本。

写"圈"的版本3种：甲辰本、程甲本、程乙本。因为甲辰本已经为"圈"字了，所以这个字亦难判定是否为程本所改。

第四十九回咏月诗中的"何缘不使永团（圆或圈）"。

写"圆"的版本5种：庚辰本、戚序本、蒙府本、列藏本、甲辰本。

写"圈"的版本4种：杨藏本、程甲本、程乙本、东观阁本。

据扬继振讲，杨藏本第四十九回是照程本抄补的，无法借此考虑杨本与程本关系。所以，《红楼梦》第四十九回为香菱设置的第三首《咏月》诗歌，末句在庚辰本、戚序本、蒙府本、列藏本、甲辰本等手抄本中"何缘不使永团圆"的"圆"字出韵。而刊印本程甲本、程乙本、东观阁本都作"圈"，应为刊印时所修订。由此看来，曹雪芹为香菱设置的三首《咏月》诗，第一首措辞不雅，第二首过于穿凿，第三首虽然情景交融，但末句在不经意间又有出韵现象。香菱学诗，这一不断纠错的过程，生动展现出一位律诗初学者的成长历程。总之，贾雨村的《咏月》绝句，首句以先衬寒，可以解释成借韵。而香菱《咏月》在结尾出韵，由寒出先，虽说是出韵了，反倒体现出描绘香菱学诗时作者的艺术匠心。

3.《更香》与《咏月》三种异文的版本信息

在《红楼梦》系统的抄本中，甲辰本值得注意。甲辰本有时同庚辰本、戚序本、蒙府本，如第四十九回"圆"；有时同程甲本、程乙本，如第一回"圈"。甲辰本属于从《石头记》系统向《红楼梦》系统过渡的中间状态，多数时候倾向于《红楼梦》系统。

另外，在《红楼梦》系统的刊印本中，东观阁本，作为程甲本的翻刻本，在贾雨村的《咏月》诗中，其改"团圞"为"团圆"，或为常用词语的惯性，或者有本可依，如果是后者的话，东观阁本改订时的版本依据，是否为某一手抄本，有待进一步探寻。

以上通过小说第二十二回薛宝钗的灯谜诗"五夜无烦侍女添"，以及第四十九回香菱的咏月诗"何缘不使永团圆"等诗句出现的异文，分别考察了《脂砚斋重评石头记》《石头记》《红楼梦》三个版本组。透过每两组中某些版本的藕断丝连迹象，不难分辨出三个版本组之间的承传关系。尽管每组版本内部还存在更细微的同源性与多态性，但在《红楼梦》版本研究中，异中求同，寻找相同错误的继承性，同时探讨版本组之间的规律性，为我们进一步考察《红楼梦》的补笔问题、修订问题，提供了可寻之路。

（原载于《明清小说研究》2020年第2期）

《修洁堂初稿》及《〈儒林外史〉题辞》续考

—— 再与郑志良先生商榷

叶楚炎

摘要： 通过对宁楷和吴烺、戴翼子、严长明等人交游、唱和的考察，以及对于相关文献资料的考索可知，《修洁堂初稿》中的《捣衣》、《观猎》、《谒卞忠贞公墓》、《赠严东友四首》（其四）、《〈五声反切正均〉序》等诗文的写作时间都在乾隆十八年（1753）之后，郑志良先生所认定的《修洁堂初稿》应成书于乾隆十八年（1753）的观点难以成立。《修洁堂初稿》的成书时间应在吴敬梓去世之后。此外《〈儒林外史〉题辞》实际上就是对于"幽榜"回的"题辞"，因此在对于人物的选取、品评、态度，乃至先后顺序等方面都与"幽榜"保持一致。在《〈儒林外史〉题辞》、"幽榜"一回以及宁楷其他作品之间存在着密切的关联，这也进一步印证了宁楷便是"幽榜"一回的增补者。

关键词： 《修洁堂初稿》；《〈儒林外史〉题辞》；《儒林外史》；"幽榜"；宁楷

宁楷《修洁堂初稿》卷二十二的《〈儒林外史〉题辞》是《儒林外史》研究领域的一篇重要文献。对于《修洁堂初稿》的成书时间，郑志良先生在《〈儒林外史〉新证——宁楷的〈儒林外史题辞〉及其意义》一文中将其确定为"应成于吴敬梓去世之前，约在乾隆十八年"，并以此为基

作者简介：叶楚炎，文学博士，中央民族大学文学院教授、博士研究生导师，主要研究方向为中国古代小说、明清文学等。

础推论《〈儒林外史〉题辞》中提到的小说内容特别是曾经广受质疑的第五十六回都应是"吴敬梓原稿所固有"①。

对此，笔者曾撰有《〈修洁堂初稿〉》及〈儒林外史题辞〉考论》（以下简称《考论》）一文与郑志良先生进行商榷，认为根据宁楷本人的作品以及其他相关资料可以考证出，《修洁堂初稿》一书的完成不会早于乾隆二十八年（1763），也便是在吴敬梓去世至少十年后方才成书，而从诸多方面的综合考察可以看出，宁楷很有可能便是《儒林外史》中"幽榜"一回的增补者②。

近来，郑志良先生又新撰《〈修洁堂初稿〉成书时间考——再谈〈儒林外史〉的原貌问题》（以下简称"郑文"）一文，对于笔者的商榷意见逐一进行辩证，坚持此前的看法，即"将《修洁堂初稿》的成书时间定于乾隆十八年是有充足的理由"，并认为《〈儒林外史〉题辞》"作于吴敬梓生前，《儒林外史》全书五十六回均出自吴敬梓之手"③。

本文便以郑志良先生的考辨意见为纲，结合相关文献资料，对于《修洁堂初稿》的成书时间再次进行考论，同时也以此为基础，对《〈儒林外史〉题辞》的相关内容及其研究价值做进一步的探讨。

一

宁楷现存两部别集，即《修洁堂初稿》和《修洁堂集略》。《修洁堂初稿》存诗十三卷、文九卷，郑文列举了其中标有明确年份或通过若干线索可以考知其写作年份的一些诗文作品，根据这些作品的时间都没有超过乾隆十八年（1753），因此认为卷十二《癸酉撤棘前三日杂感四首》所标识的乾隆十八年（1753）乡试之后就是《修洁堂初稿》所存作品的时间下限。

---

① 郑志良：《〈儒林外史〉新证——宁楷的〈儒林外史题辞〉及其意义》，载《文学遗产》2015年第3期，第32页。

② 叶楚炎：《〈修洁堂初稿〉及〈儒林外史题辞〉考论》，载《文学遗产》2015年第6期，第145页。

③ 郑志良：《〈修洁堂初稿〉成书时间考——再谈〈儒林外史〉的原貌问题》，载《江淮论坛》2018年第4期，第156页。

对于郑文中所列举的这些诗文作品的写作时间，笔者与郑志良先生一样，并无异议。但需要指出的是，这些诗文作品在《修洁堂初稿》中只是极小的一部分，以这极小的一小部分作品的写作时间去考订整部书的成书时间，无疑会存在偏差。实际上，从时间角度看，《修洁堂初稿》诗文作品的编排并无明显的体例可寻，必须通过其他方式去确立《修洁堂初稿》中作品的时间坐标，就此而言，《修洁堂集略》的存在正提供了一定的便利。

《修洁堂集略》存诗十二卷、文六卷。诗的部分，虽然《修洁堂集略》也不是非常明确地以编年方式编次，但基本上是按照时间的先后顺序分卷的。所以《修洁堂集略》诗作的编次顺序可以在一定程度上作为梳理《修洁堂初稿》诗作时间的一个参照，而郑文也正是遵循这样的路径进行考论的。郑文认为："把《修洁堂初稿》中的诗与《修洁堂集略》中的诗作比较，就可以看出，《修洁堂初稿》中没有任何一首诗出现在《修洁堂集略》卷二之后；同样，从《修洁堂集略》卷三起，没有任何一首诗出现在《修洁堂初稿》中。"①因此郑文断定《修洁堂初稿》的所有诗作的写作时间都应在《修洁堂集略》卷二的最后一首诗，即《挽吴赠君敏轩四首》之前，如果这一论述成立，这当然就意味着《修洁堂初稿》应成书于吴敬梓去世之前。

但郑文的这一推论同样存在着以偏概全的问题。首先，并不是所有《修洁堂初稿》中的作品都被收入《修洁堂集略》，《修洁堂初稿》被《修洁堂集略》收入的诗作只有三十四首，这与《修洁堂初稿》所存二百六十六首诗相比只占约九分之一的比例，因而，仅凭《修洁堂集略》所收《修洁堂初稿》的九分之一的诗作去考论乃至判断《修洁堂初稿》中九分之八的作品的写作时间，显然会有不小的风险。其次，从《修洁堂集略》中所载作品来看，也并非所有吴敬梓逝世之前的诗文作品都被收入了《修洁堂初稿》，有一些写作于吴敬梓逝世之前、对于宁楷个人而言也极为重要的诗文，如《黄陵庙》《祭皋里先生文》《再祭皋里先生文》等都未被《修洁堂初稿》收入。这也就意味着，虽然《挽吴赠君敏轩四首》只存在于《修洁堂集略》，而不见于《修洁堂初稿》，但其未被《修洁堂初稿》收入的原因并不一定是诗写成之前《修洁堂初稿》已然成书，因此，《挽

---

① 郑志良：《〈修洁堂初稿〉成书时间考 —— 再谈〈儒林外史〉的原貌问题》，载《江淮论坛》2018年第4期，第159页。

吴赠君敏轩四首》亦不足以成为《修洁堂初稿》成书时吴敬梓尚未逝世的证据。

由以上所论可见，仅根据宁楷的两部别集《修洁堂初稿》和《修洁堂集略》根本无法确知《修洁堂初稿》的成书时间，因此在《考论》一文中，笔者将宁楷的好友吴烺、戴翼子、严长明等人的作品都纳入进来，试图通过他们彼此之间的交游和诗歌唱和等考论《修洁堂初稿》中相关诗作的写作时间。

就此而言，戴翼子（字燕贻，号芑泉）、宁楷（字端文，号栎山）、吴烺（字荀叔，号杉亭）三人之间的交谊对于相关问题的考辨具有极为重要的意义。三人是钟山书院的同学，宁楷曾写有《病中杂感十六首》念及十六位友朋，其中便包括戴翼子和吴烺。而在念及戴翼子之诗中所写到的"二三知己是吾侪"①，也正可以视为三人之间友情的真实写照。戴翼子和宁楷曾分别为对方的诗集作序②，吴烺《杉亭集》之《同宁栎山戴丰有寻孙楚酒楼故址》《送宁栎山广文》，戴翼子《白荅集》之《题宁大端文号舍壁二首》《述友五首》（其三），宁楷《修洁堂初稿》之《题戴燕贻迎銮诗稿后并致意二首》《送戴燕贻赴闽中》《书吴逸斋周髀图注后》《五声反切正均序》，宁楷《修洁堂集略》之《别戴大芑泉途中有作》《戴御史传》等诗文作品也都可以用来印证三人之间的交情。

进一步说，三人还不只是好友而已。在吴敬梓给宁楷所做的序言中有"仆与宁君，交称密契，昔亲兰臭，今托丝萝"③之语。这里的"丝萝"应与《儒林外史》第九回所云"少年名士，豪门喜解丝萝"④意思相同。《儒林外史》中指的是蘧公孙和鲁小姐的结亲，而吴敬梓所说的应是他和宁楷也是两家缔有姻缘的姻亲，因此吴烺和宁楷也是姻亲。在宁楷给戴翼子《白荅集》的叙中，最后的署名是"年姻愚弟宁楷端文父叙"⑤，由此可

---

① 《病中杂感十六首》其五，载宁楷：《修洁堂初稿》卷13，中国科学院图书馆藏清抄本。

② 参见戴翼子：《修洁堂诗集叙》，载宁楷：《修洁堂集略》卷首，南京图书馆藏嘉庆八年（1803）刻本；宁楷叙，载戴翼子：《白荅集》卷首，南京图书馆藏乾隆义竹山房刻本。

③ 吴敬梓序，载宁楷：《修洁堂集略》卷首，南京图书馆藏嘉庆八年（1803）刻本。

④ 吴敬梓：《儒林外史汇校汇评本》，李汉秋辑校，上海：上海古籍出版社，1999年，第126页。

⑤ 宁楷叙，载戴翼子：《白荅集》卷首，南京图书馆藏乾隆义竹山房刻本。

见宁楷与戴翼子亦是姻亲。既是交情深厚的挚友，同时又是互托丝萝的亲戚，三人之间的交往和接触也自然会较为频繁。

值得注意的是，在戴翼子的《白荟集》卷一中有一组《拟梅村无题四首同宁大端文吴大荀叔赋》①的诗作，由诗题便可看出这组诗应是三位知交好友一同唱和的作品。而在《修洁堂初稿》卷十二中则有名为《无题四首》的诗作，与戴翼子的四首诗作同样都为七言律诗，且用韵相同。由此可以看出宁楷所写的《无题四首》全名应是《拟梅村无题四首》，并且正是此次与戴翼子、吴烺在一起唱和时所写。但较为可惜的是，戴翼子《白荟集》中的诗作也没有编年，因此难以确知此次唱和以及四首《无题》诗写作的准确时间。而在另一位参与者吴烺的《杉亭集》中，则没有收入此次唱和的《无题四首》，因此，仅凭戴翼子《拟梅村无题四首同宁大端文吴大荀叔赋》与宁楷《无题四首》之间的联系，仍然无法为《修洁堂初稿》成书时间的考论提供进一步的线索。但这两首诗之间的联系却提供了极为关键的线索，即：对于《修洁堂初稿》中相关诗作的时间考订而言，三位知交好友之间的诗歌唱和是值得重点关注的研究对象。

在《考论》一文中，笔者曾举到在《修洁堂初稿》的卷十一、卷十二中分别有《观猎》和《捣衣》两首诗，在吴烺的《杉亭集》中亦有同体同题同韵的诗作②，因此应是朋友之间的唱和之作。而在戴翼子的《白荟集》卷一和卷三中，同样有《捣衣》和《观猎》两首诗，并且同样与宁楷、吴烺两人之诗同体同题同韵。事实上，在宁楷之《修洁堂初稿》与戴翼子之《白荟集》中，同体同题同韵的诗作有十七首之多③，并且其中的四首也出现在了吴烺的《杉亭集》中，除此之外，《杉亭集》和《修洁堂初稿》还有两首诗同体同题同韵，对此，可以参看下表（表1）④：

① 戴翼子：《白荟集》卷1，南京图书馆藏乾隆义竹山房刻本。此诗在目录中题为《拟梅村无题四首》，正文则题为《拟梅村无题四首同宁大端文吴大荀叔赋》。

② 吴烺：《杉亭集》卷5，载李汉秋点校：《吴敬梓吴烺诗文合集》，合肥：黄山书社，1993年，第188—189页。

③ 为便于统计，同题组诗姑且算作一首。

④ 前十七首诗题以《白荟集》为准，与之完全相同者，则不另外写出。如有不同，则在各书卷次下标明。后两首诗题，《修洁堂初稿》与《杉亭集》相同。

表 1 唱和诗作对比表

序号	诗题	《白荟集》	《修洁堂初稿》	《修洁堂集略》	《杉亭集》	《杉亭集》标注时间
1	《谒卞忠贞公墓》	卷一	卷十一			
2	《冶城怀古》	卷一	卷十一		卷三（《冶城》）	庚午（乾隆十五年，1750）
3	《小长干曲（四首）》	卷一	卷十一		卷二（《小长干曲三首》）①	甲子（乾隆九年，1744）
4	《雪窗》	卷一	卷十一			
5	《功臣庙》	卷一	卷十二			
6	《龙江关》	卷一	卷十一			
7	《兽炭》	卷一	卷十一			
8	《拟梅村无题四首同宁大端文吴大荀叔赋》	卷一	卷十二（《无题四首》）			
9	《秦淮霜柳》	卷一	卷十一（《秦淮霜柳二首》）②			
10	《蟹》	卷一	卷十一（《擘蟹二首》）③			
11	《晚菘》	卷一	卷十一			
12	《橙》	卷一	卷十一（《橙二首》）④			

---

① 戴翼子和宁楷《小长干曲》四首诗最后一字分别为"小""长""干""曲"，吴烺《小长干曲三首》前戴诗与宁诗前三首同体同韵，缺第四首。

② 戴翼子此诗只有一首，与宁楷第一首诗同体同韵。

③ 戴翼子此诗只有一首，与宁楷《擘蟹二首》第二首同体同韵。

④ 戴翼子此诗只有一首，与宁楷第一首诗同体同韵。

续表

序号	诗题	《白蓉集》	《修洁堂初稿》	《修洁堂集略》	《杉亭集》	《杉亭集》标注时间
13	《捣衣》	卷一	卷十二		卷五	甲戌（乾隆十九年，1754）
14	《枸杞藤》	卷一	卷十一			
15	《晨钟》	卷一	卷十一			
16	《白下桥》	卷一	卷十一			
17	《观猎》	卷三	卷十一		卷五	甲戌（乾隆十九年，1754）
18	《台城》		卷十二		卷三	庚午（乾隆十五年，1750）
19	《寒山晚眺》		卷十一		卷三	庚午（乾隆十五年，1750）

由上表可知，如果说一两首诗同体同题同韵，或许还可以用偶合去解释，而在三人的别集中，同体同题同韵的诗作竟然多至十九首，和戴翼子的《拟梅村无题四首同宁大端文吴大荀叔赋》一样，这些诗作显然都应是三位知交好友交游时的唱和之作。而区别之处仅仅在于，这些诗作仅标注了与诗作内容直接相关的题名 —— 就如同宁楷的《无题四首》一般，却没有在诗题上将唱和的人员及原委做细致的说明。

需要指出的是，在上表中还有一个有趣的现象，从存诗看，三人之间所有关乎这些诗歌的唱和宁楷都参与了，并将相应诗作都保留在了自己的《修洁堂初稿》中，但所有的这些诗作都没有被收入《修洁堂集略》。这也从一个侧面说明了仅凭《修洁堂集略》与《修洁堂初稿》之间诗作的关联，根本无法对《修洁堂初稿》的成书时间作出确考。

从上面表格的统计可知，宁楷的《修洁堂初稿》留有三人之间的唱和诗作是最多的，共有十九首，戴翼子的《白蓉集》则次之，亦有十七首之多，而这一现象也与《白苕集》的成书过程密切相关。在戴翼子生前，其亲自"手缄而藏之"的诗文杂著等便已丢失，而在戴翼子去世之时，由于戴翼子诸子戴衍祚、戴衍祐、戴衍祉等"年皆幼稚，不知搜罗先人遗迹"，因此又散佚了颇多的作品。此后，经过戴衍祐等十数年的努力，"间遇公年家故旧，呈遗稿就正。十余年间删订折衷然，辑校凡数十通，始授梓"①，最终刊刻了我们现在看到的这部《白苕集》。而在整个过程中，除了戴翼子诸子的努力之外，宁楷则是其中厥功至伟之人：

> 犹忆岁甲寅，祐诣庐江，谒年伯宁端文先生，求考订公诗集制艺。先生审阅再三，制叙二通以授祐……然文之评点，诗之去取，决于先生者为多。②

根据这段话可以看到，戴翼子的《白苕集》其实就是宁楷编订的，这也可以解释为何戴翼子的诗作散佚极为严重，并且《白苕集》在其殁后十余年方才编订成书，但与宁楷有关的《拟梅村无题四首同宁大端文吴大荀叔赋》《题宁大端文号舍壁二首》等诗作却保留在了《白苕集》中——其原因很可能在于宁楷一直保留着与自己有关的这些诗作，并在编校审定之时将这些诗作都编入了《白苕集》。

由此我们也能知道为何宁楷的《修洁堂初稿》与戴翼子《白苕集》之间同体同题同韵的诗作会有十七首之多，这绝非巧合过甚的偶然。事实上，戴衍祐等曾感叹戴翼子殁后，"都中交游多通籍后所结纳，能具道先人性情而不多见先人著述"，且"咨访公旧友，落落如晨星"③。因此不难想见，身为戴翼子挚友且是姻亲的宁楷无疑是他们最可倚靠之人，这些与宁楷诗作同体同题同韵之作应当都来自宁楷。乾隆五十九年（1794），宁楷在编订《白苕集》并且为之作叙时已是八十三岁的老者，而他之所以会保留着已去世十余年之旧友戴翼子数十年前的旧作，应当也是因为这些都是他与戴翼子等友朋的唱和之作，因此和自己的相关诗作一起保留了下

---

① 戴翼子：《白苕集》卷首，南京图书馆藏乾隆义竹山房刻本。

② 戴翼子：《白苕集》卷首，南京图书馆藏乾隆义竹山房刻本。

③ 戴翼子：《白苕集》卷首，南京图书馆藏乾隆义竹山房刻本。

来。而这不仅成为这些作品被编入《白蓉集》的直接缘由，也再次说明了这十七首诗作所产生的交游背景。

相对说来，保留在吴烺《杉亭集》中的唱和之作是三人中最少的，这可能是因为有些戴翼子和宁楷之间的诗歌唱和吴烺没有参与，但也极有可能便如《拟梅村无题四首同宁大端文吴大荀叔赋》这首诗所显示的一般，吴烺参加了唱和，但相应的诗作没有被收入《杉亭集》——就如宁楷的《修洁堂集略》亦没有收入这些诗作一样。尽管吴烺《杉亭集》中留存的三人之间的唱和之作最少，但吴烺的《杉亭集》却是编年的，因此，根据三部别集中具有唱和关系的诗作的勾连，以及《杉亭集》中留存的这几首唱和诗作的时间，我们就可以确切地知道宁楷和戴翼子相关唱和诗歌写作的时间。

从上表可知，吴烺、宁楷、戴翼子三人有时间可考的几次诗歌唱和活动最早发生在乾隆九年（1744），最晚则是乾隆十九年（1754），而此年涉及的唱和诗作正是笔者《考论》一文曾举到过的《观猎》与《捣衣》。

《观猎》与《捣衣》作为唱和之作写于乾隆十九年（1754），这也与宁楷和吴烺两人彼时的行迹相合。从《杉亭集》可知，乾隆十九年（1754）年初，吴烺动身从南方回到北京，直至乾隆二十年（1755）年初方才从北京赶回南方。而宁楷乾隆十八年（1753）乡试中举后，即动身赴京城参加乾隆十九年（1754）的会试，在考中明通榜后，宁楷留在京城候选，直至被任命为泾县教谕之职，并于乾隆二十年（1755）到任[1]。因此，乾隆十九年（1754）宁楷和吴烺都在北京，这也为他们在一起唱和提供了充分的条件。

对于乾隆十九年（1754）戴翼子的行迹如何，由于资料所限，现在还难以确知。但郑文则认为《白蓉集》中的《捣衣》"作于金陵，而不是在北京"[2]。对于《白蓉集》的编撰体例，戴衍祐、戴衍祉曾有一段说明：

---

[1] 参见宁开熙：《先府君家传》，载宁楷：《修洁堂集略》卷首，南京图书馆藏嘉庆八年（1803）刻本；李德淦等修，洪亮吉纂：《泾县志》卷13 "职官表"，嘉庆十一年（1806）刻本。

[2] 郑志良：《〈修洁堂初稿〉成书时间考——再谈〈儒林外史〉的原貌问题》，载《江淮论坛》2018年第4期，第157页。

今编次全诗，以作于金陵者为一卷，庐阳、都门各为一卷，其怀古咏物即景即事诸作，近于游踪者为一卷，以类相从，取便观览。①

郑文便是依据这段话，认为位于卷一的戴翼子《捣衣》一诗写于金陵而非北京。但原文在这段话前面还有一段话：

考公生平：随大父在闽，时最幼。比长还金陵。嗣以拔萃授庐江学博。后官京师。年五十二而殁。②

两段合观便可看出，所谓的金陵、庐阳、都门不是指这些诗的写作地域，而是根据戴翼子生平所大致划分出来的若干阶段，即身属平民的"金陵时期"，以拔贡任庐江教谕的"庐阳时期"，以及成进士任官后的"都门时期"。事实上，很难想见即便在金陵时期，戴翼子也从未离开过金陵，便如同戴翼子曾"用司水部"，亦曾"由郎中擢山东道御史"③，所谓"都门时期"显然也包括京城、山东任上等处的诗作。因此，由于《捣衣》在《白荅集》中位于卷一，就认为其是金陵之作而不可能作于北京应当是一个误读。需要指出的是，戴翼子于乾隆二十三年（1758）任庐江教谕之职④，卷一应是乾隆二十三年（1758）年前的诗作，则戴翼子卷一《捣衣》所对应的时间也与吴烺《杉亭集》标注的乾隆十九年（1754）并不矛盾。

因此，以同学好友且是姻亲的宁楷、吴烺、戴翼子三人的交游为切入口，根据《修洁堂初稿》《杉亭集》《白荅集》三部别集中多达十九首的同体同题同韵之作所标示的唱和活动为基础，同时保留在三部别集中且同体同题同韵的《观猎》与《捣衣》，显然也是三位友朋的唱和之作，而这六首诗的写作时间也应当就是吴烺《杉亭集》所标注的乾隆十九年（1754）。由此可以充分说明，宁楷《修洁堂初稿》中的《观猎》与《捣衣》两首诗写于乾隆十九年，郑文所持的"《修洁堂初稿》的成书时间定于乾隆十八

---

① 戴翼子：《白荅集》卷首，南京图书馆藏乾隆义竹山房刻本。
② 戴翼子：《白荅集》卷首，南京图书馆藏乾隆义竹山房刻本。
③ 《戴御史传》，载宁楷：《修洁堂集略》卷14，南京图书馆藏嘉庆八年（1803）刻本。
④ 钱鏐等纂修：《庐江县志》卷6，清光绪十一年刻本。

年"的观点显然难以成立。

二

对于《观猎》与《捣衣》两首诗作，郑文还提出"这样类似乐府古题的诗歌在古诗中是较常见的作品"，并举到李白所写的《观猎》、徐陵《玉台新咏》卷五所存的《捣衣诗》，认为吴烺和宁楷的诗作与这些诗作同题同韵，"岂能说他们是和作？"[①]需要说明的是，《观猎》《捣衣》确实是古人常作的旧题，但这并不代表这样的旧题不能用来唱和。从戴翼子《拟梅村无题四首同宁大端文吴大荀叔赋》一诗便可知道，此次三人之间的唱和同样是拟古之作，用的是前人的旧题，因此也不应用"旧题"去否认三人之间的唱和之事。

实际上，在唐人中，李白、王昌龄、王维、张祐、韦庄等人都写过题为《观猎》的诗作，且都是后人称颂的名篇，但王昌龄写的是七绝，韦庄写的是七律，李白、王维、张祐虽然写的都是五律，但用韵也各不相同。而在唐人这么多题为《观猎》的名作中，吴烺、宁楷、戴翼子三位好友却都选择了李白的《观猎》诗进行拟古，与之同体同韵，倘或说是不约而同，也太巧合过甚了一些，而联系三人之间的交游，将三首《观猎》诗视为三位好友拟李白《观猎》诗的唱和之作，也便情理两合了。

对于《捣衣》而言也是如此。从南北朝至唐，谢惠连、沈约、吴均、梁武帝、李白、杜甫、刘禹锡等皆有名为《捣衣》（或名为《捣衣诗》《捣衣曲》《捣衣篇》）的诗作，且也都是名篇。但各家所写或为五古，或为七古，或为五律，用韵也都各不相同。郑文所举到的《玉台新咏》卷五所存的《捣衣诗》是沈约的作品，且是由五首诗组成的组诗，而与吴烺、宁楷、戴翼子《捣衣》诗同体同韵的只是其中的第一首。因此，倘或认为吴烺、宁楷、戴翼子的三首《捣衣》诗非唱和之作，那么便是他们都不约而同地抛舍了谢惠连、李白、杜甫等人的作品，而独独在沈约的五首《捣

---

① 郑志良：《〈修洁堂初稿〉成书时间考——再谈〈儒林外史〉的原貌问题》，载《江淮论坛》2018年第4期，第157页。

衣》诗里选择第一首进行拟古，这显然是难以解释的。同理，如果将吴烺、宁楷、戴翼子三人的《捣衣》诗看作是对拟沈约第一首诗的唱和之作，则也就易于理解了。值得注意的是，在《白荟集》卷一中还有名为《拟沈约钟山应西阳王教五首》的诗作，所拟的也正是沈约之诗。

相同的情形也存在于《修洁堂初稿》与《白荟集》中同体同题同韵的另一首诗作《谒卞忠贞公墓》上，诚如郑文所言，作为六朝古都，南京有不少值得题咏的名胜古迹，卞忠贞公墓便是其中之一，且清代也有不少文人题咏卞忠贞墓。可相类的问题同样存在：即使卞忠贞公墓是士人喜欢题咏的古迹，但这并不等于卞忠贞公墓便不能用来作为诗歌唱和的题目。事实上，正是由于受到士人的集中关注，其在士人的交游活动中被唱和的可能性不是减少，而是大大增加了，例如前面表格中所举之冶城与台城同样是南京的名胜古迹，却也同样频繁成为诗歌唱和的题咏对象。而如前所论，《修洁堂初稿》和《白荟集》中同体同题同韵的十七首诗作已经可以说明与之性质相同的两首五古《谒卞忠贞公墓》亦是唱和之作。对于这次诗歌唱和，虽然《杉亭集》中并未有诗作可资考论，但严长明的诗集中则有题咏卞忠贞墓的同体同韵的诗作。

严长明与宁楷、吴烺、戴翼子等人关系密切，宁楷《病中杂感十六首》其七写的便是严长明，此外《修洁堂初稿》中还有《赠严东友四首》。在《杉亭集》中有《同严东友登周处读书台》《同闵玉井陈授衣蒋秋泾易松滋汪对琴严东有分赋得酒船》《绮罗香·赠严东有》《渡江云·蒋渔村韦约轩玉兰泉曹习庵程藙园陆耳山严东友招同褚鹤侣陈宝所集饮赵璞函寓斋赋》等诗词作品；在严长明的《归求草堂诗集》中则有《青溪和吴荀叔二首》《宁栎山读书嘉兴寺过访有作》等诗作。戴翼子《述友五首》中第一首便写到了严长明①。严长明、宁楷、吴烺、戴翼子四人还共同参与了乾

---

① 《述友五首》（其一）中有"涂子耽岑寂，芳润古今聚 …… 比邻有璧人，芳姿濯秋露。高咏迈齐梁，风雨托情愫"之句。据宁楷《赠严东友四首》："生知宋玉是前身，天遣相如作比邻。赢得外间名字好，冶城山下两词人。"以及写及涂逢豫的《病中杂感十六首》"高梧垂露阴芳轩，紫蝶黄莺爱小园。老去相如辞赋好，闭门犹作子虚言。"涂逢豫与严长明是邻居，因此戴翼子《述友五首》（其一）是合两人而咏之。

隆十五年（1750）奉祀杨绳武的活动①。由此可见，四人同样是交情深厚的契友。

从以上列举也可以看到，交游以及雅集中的唱和，包括以周处读书台、青溪这样的金陵名胜进行唱和，对于这些关系密切的士人来说都是常事。因此，在严长明诗集中出现的同样是题咏卜忠贞墓，且与二位好友宁楷、戴翼子二人同体同韵的诗作显然值得加以重点关注，其性质、价值与郑文所举到的清初彭孙贻、王士祯等人的同体同韵之作显然有别。不仅是三位好友题咏卜忠贞墓的三首诗同体同韵，严长明还在自己的诗题中明确说明了写作的原委，并明言"并邀同人作诗以实之"②，这些都足可说明与《修洁堂初稿》和《白荟集》中同体同题同韵的十七首诗作一样，三首诗都应是唱和之作。

就此而言，与《杉亭集》同样采取编年方式编次的《归求草堂诗集》也为此次唱和活动以及三首相关诗作，特别是《修洁堂初稿》中《谒卜忠贞公墓》一诗的写作时间提供了明确的证据，即乾隆二十一年（1756）。这同样可以证明《修洁堂初稿》的成书时间不可能是乾隆十八年（1753）。

除了这首诗作之外，从身为宁楷、吴烺、戴翼子等人好友的严长明处着眼，还能为《修洁堂初稿》成书时间的考论找到其他的重要线索，这也就是笔者在《考论》一文中举到的宁楷所写的《赠严东友四首》（其四）：

> 蟜头献策柳烟轻，锁院挥毫杏雨清。
> 迟我十年城市里，看君垂手到公卿。③

笔者依据《清史稿·严长明传》《清实录》以及严长明《归求草堂诗集》中相关诗作等资料，认为这首诗所题咏的正是乾隆二十七年（1762）乾隆南巡，严长明献赋应试，"特赐举人，授为内阁中书"④之事。而通过

---

① 《奉祀皋里先生始末》，载宁楷：《修洁堂集略》卷14，南京图书馆藏嘉庆八年（1803）刻本。

② 《归求草堂诗集》卷4，载严长明：《严东有诗集》，1912年郋园刻本。

③ 宁楷：《修洁堂初稿》卷13，中国科学院图书馆藏清抄本。

④ 《清实录》，北京：中华书局，1986年，第17册，第357页。

这些资料和诗句的互证，可以对《赠严东友四首》（其四）中的每一句诗都作出清晰的解释①。

对于笔者的解读，郑文持不同意见，主要有三点，其一，"螭头献策"的经历乾隆十六年（1751）宁楷亦曾有过，因此"螭头献策柳烟轻，锁院挥毫杏雨清"所说都是宁楷之事。其二，笔者认为严长明乾隆二十七年（1762）中举，比宁楷乾隆十八年（1753）中举，差不多晚十年，这是"迟我十年城市里"诗句的来由。但郑文则将这句诗解释为："如果让我在城里再待上十年，我就会看到你轻易地位至公卿。"其三，乾隆二十七年（1762）严长明只是召试中举，并非"到公卿"②。

可以看到，如果郑文对于此诗的解释能够成立，那就意味着在宁楷赠给严长明的这首诗中，前三句所题咏和张扬的都是宁楷自己的考试经历，只有最后一句"看君垂手到公卿"说的是严长明。倘或如此，则前三句对于严长明的经历全无铺垫，"看君垂手到公卿"完全是突兀而出，"到公卿"也显得毫无来由。这无疑使得原本已经可以清晰解读的诗意变得含混难明。

实际上，从两人的科举经历来看，乾隆十八年（1753）中举的宁楷此后经历了两次会试落榜，担任教官又很快被免职等一系列事件③，最后只能以教书为生，在科举、仕宦方面再无指望，正符合"迟我十年城市里"所显现的那种功名凝滞的状况。而相较于宁楷当年考中乡试后单纯的举人身份，严长明在中举的同时还被授予内阁中书的官职。因此，"到公卿"有可能是宁楷在夸饰严长明任职之事，也有可能是对于已经中举且授官的严长明未来远大前程的一个期许。无论是何种情形，就两人现实的科举情形而言，乾隆二十七年（1762年）都是最相契合的时间点。

因此，郑文以《赠严东友四首》（其四）前三句写的都是宁楷进行解

---

① 参见叶楚炎：《〈修洁堂初稿〉及〈儒林外史题辞〉考论》，载《文学遗产》2015 年第 6 期，第 137 页。

② 郑志良：《〈修洁堂初稿〉成书时间考——再谈〈儒林外史〉的原貌问题》，载《江淮论坛》2018 年第 4 期，第 158 页。

③ 宁开熙：《先府君家传》，载宁楷：《修洁堂集略》卷首，南京图书馆藏嘉庆八年（1803）刻本。

释，使得这首褒扬称颂友人之才华与前程的赠友之作变得难以索解。而无论是相关文献资料和诗句的互证，还是宁楷、严长明两人的科举经历，以及"迟我十年城市里"诗意所指，都可说明《赠严东友四首》（其四）应写于乾隆二十七年（1762年）。

除了《修洁堂初稿》中的《观猎》《捣衣》《谒卞忠贞公墓》以及《赠严东友四首》（其四）等诗作之外，笔者在《考论》一文中还举到了《修洁堂初稿》卷十九的《〈五声反切正均〉序》一文。据吴烺好友程名世为其《五声反切正均》一书所写序言可知，此书应刊刻于乾隆二十八年（1763）六月①。而在宁楷所写的《〈五声反切正均〉序》中亦有"今刻是书质之当代而嘱序于予"②之语，因此，此文的写作时间也正与程名世的写序时间相同，即刊刻此书的乾隆二十八年（1763）。

对于笔者的这一考论，郑文则提出疑问："按宁楷所言，是吴烺请他作序，但在刻本中为什么没有宁楷的序？"并认为"古人常有这种情况：一部书稿完成之后，他会请师友作序，但受各种条件限制，书并不能马上刻印"，因此"吴烺的《五声反切正均》乾隆二十八年成刻，但并不表明它就是这一年完成的"③。

对于郑文所言古人请人作序的时间往往与书刻印的时间不一致，这当然是一个惯常的状况，但在书即将刊刻之时请人作序同样也是通例。需要的注意是，在宁楷的序中明确说及"今刻是书质之当代"，足以证明写序时间与刊刻时间同步，倘或没有更有力的证据出现，对此是不应轻易加以否定的。

至于宁楷之序为何没有出现在刻本中，则应当是经济的原因。对于"家素贫，奔走四方"④的吴烺来说，往往会陷入告求资助而不得的窘境，

---

① 程名世序，吴烺：《五声反切正均》，1932年《安徽丛书》编印处据南陵徐氏藏《杉亭集》原刊本影印，载《安徽丛书》第一期第8册，卷首。

② 《〈五声反切正均〉序》，载宁楷：《修洁堂初稿》卷19，中国科学院图书馆藏清抄本。

③ 郑志良：《〈修洁堂初稿〉成书时间考——再谈〈儒林外史〉的原貌问题》，载《江淮论坛》2018年第4期，第160页。

④ 钱大昕：《杉亭诗集序》，载李汉秋点校：《吴敬梓吴烺诗文合集》，合肥：黄山书社，1993年，第415页。

并因此而发出"薄宦难求阳羡田，斯游不遂意茫然"①的感叹。对此也可
参阅吴烺所写《感寓五首》（其三）：

> 寒儒作冷官，龊龊煎百虑。
> 仓无五斗米，机无一尺素。
> 黄金无术成，白首栖郎署。
> 闻有谒选官，豪华肝胆露。
> 挥金舞榭朝，取醉歌楼暮。
> 相逢结知己，中情托幽素。
> 拂我南轩尘，治我中厨具。
> 惠然竟肯来，欢笑恣屡饫。
> 愿言略势分，直欲同肺腑。
> 庶几形骸忘，得毋将伯助。
> 朝过寓庐门，寂然无仆御。
> 叩环人不应，苍黄却回顾。
> 邻翁含笑言，昨已驱车去。②

从中足可看出吴烺获取资助之迫切与不易。因此，对于程名世的资
助，吴烺势必会非常珍惜。从这一角度说，很可能是出于对出资者程名世
的尊重和谢意，因此吴烺只刊入了程名世所写的序，也有可能是为了节省
刊刻的成本而最终只刊刻了一篇序言。事实上，无论宁楷的写序时间是笔
者所言的乾隆二十八年（1763），抑或是郑文所推测的"乾隆十六年或之
前"③，在《五声反切正均》一书即将刊刻之时，吴烺手中有宁楷为其所写
的序言应是确定的。这也就意味着即便如郑文所云写序时间较早，"但在
刻本中为什么没有宁楷的序？"仍然是一个没有解决的问题。因而，吴烺

---

① 吴烺：《汪碧溪招同王光禄礼堂蒋舍人春农小集乔氏东园八首》（其八），载李汉秋点
校：《吴敬梓吴烺诗文合集》，合肥：黄山书社，1993年，第269页。

② 李汉秋点校：《吴敬梓吴烺诗文合集》，合肥：黄山书社，1993年，第272页。

③ 郑志良：《〈修洁堂初稿〉成书时间考——再谈〈儒林外史〉的原貌问题》，载《江淮
论坛》2018年第4期，第160页。

没有刻入宁楷的序与郑文所推测的写成时间较早并没有逻辑上的联系，两者之间无法构成因果关系。

综上所述，通过对宁楷和吴烺、戴翼子、严长明等人的交游、唱和的考察，以及对相关文献资料的考索可知，笔者在《考论》一文中所举到的《修洁堂初稿》中的《捣衣》、《观猎》、《谒卜忠贞公墓》、《赠严东友四首》（其四）、《〈五声反切正均〉序》等诗文的写作时间都在郑志良先生所认定的乾隆十八年（1753）年之后，而郑志良先生新近提出的质疑均没有确实的反证作为支撑，这些都进一步证明了笔者在《考论》一文中所持的观点，即《修洁堂初稿》的成书时间应在吴敬梓去世之后，且不会早于乾隆二十八年（1763）。

三

事实上，《修洁堂初稿》的成书时间问题之所以如此关键，是因为这牵涉到《修洁堂初稿》所载《〈儒林外史〉题辞》一文的写作时间。由于郑志良先生所持《修洁堂初稿》成书于吴敬梓去世之前的观点值得商榷，由此推论而出的《〈儒林外史〉题辞》写于吴敬梓生前之说显然也难以成立。需要提及的是，笔者在《考论》一文中曾认为，《〈儒林外史〉题辞》中的某些语句如"金函石室，传死后之精神；虎竹龙沙，绘生还之气骨"等表明在写作这篇文章时，吴敬梓已不在人世，对此，李鹏飞先生也表示从这句话看"确实有可能是指宁楷写这篇《题辞》时吴敬梓已经去世"[①]。

除此之外，在《〈儒林外史〉题辞》中还明确提及了"幽榜"一回，但从《修洁堂初稿》成书时间的角度去探讨，同样无法得出《儒林外史》第五十六回是"吴敬梓原稿所固有"[②]的结论。

在《考论》一文中，笔者曾认为，在《〈儒林外史〉题辞》和"幽榜"之间存在着微妙的联系，《〈儒林外史〉题辞》在谈及《儒林外史》中人

---

① 李鹏飞：《〈儒林外史〉第五十六回为吴敬梓所作新证》，载《中国文化研究》2017年第1期，第38页。

② 郑志良：《〈儒林外史〉新证——宁楷的〈儒林外史题辞〉及其意义》，载《江淮论坛》2018年第4期，第33页。

时所说的"虽立身之未善，实初念之堪怜。得阐发以显沉埋，非瑕疵所能委翳"，也便是，《儒林外史》第五十六回单飔言奏言中所说的"其人虽庞杂不伦，其品亦瑕瑜不掩，然皆卓然有以自立"①，《〈儒林外史〉题辞》中的"芳年易尽，性迹难稽。大地茫茫，共下伤心之泣；中原邈邈，谁招久屈之魂？"，无论是意蕴还是表达，也正与"幽榜"一回中"其不得者，抱其沉冤抑塞之气，嘘吸于宇宙间 …… 此虽诸臣不能自治其性情，自深于学问，亦不得谓非资格之限制有以激之使然也"②大相仿佛，并且《〈儒林外史〉题辞》和"幽榜"在对于下半部小说的极端注重上还有着耐人寻味的一致性。

需要提及的是，经由2015年"《儒林外史》新文献研讨会"的充分探讨③，以及各位学者此后对于《〈儒林外史〉题辞》的不断探究，对于以骈文写就的《〈儒林外史〉题辞》也可以有更为深入的理解。而通过进一步的解读我们也可以愈发清晰地看到《〈儒林外史〉题辞》和"幽榜"一回之间的关系。

耿传友和李鹏飞两位先生都指出，在《〈儒林外史〉题辞》概述《儒林外史》相关情节和人物的第二部分 —— 从"试观三年不倦，老博士于南天"一直到"虽立身之未善，实初念之堪怜。得阐发以显沉埋，非瑕疵所能委翳" —— 可以分为三个层次④。对于厘清整个《〈儒林外史〉题辞》的内在脉络，这是关键性的一步。李鹏飞先生认为《〈儒林外史〉题辞》中"琴堂破俗，远过墨吏之风"一句应指蘧祐，郑志良先生认为，"白骨驮回，勋高纪柱"一句应指萧云仙，"衡鉴名流，挹冰壶之莹彻"一句是指马二先生，"尊贤爱客，雅怀若谷之虚衷"指娄三、娄四公子，"吴头楚尾，悲冷落于天涯"指牛布衣，"古寺长衢，埋姓名而有激"应指季遐年。

① 吴敬梓：《儒林外史汇校汇评本》，李汉秋辑校，上海：上海古籍出版社，1999年，第680页。

② 吴敬梓：《儒林外史汇校汇评本》，李汉秋辑校，上海：上海古籍出版社，1999年，第678页。

③ 参见井玉贵：《〈儒林外史〉新文献研讨会综述》，载《文学遗产》（网络版）2016年第3期。

④ 参见耿传友：《〈儒林外史〉原貌新探》，载《明清小说研究》2019年第1期；李鹏飞：《〈儒林外史〉第五十六回为吴敬梓所作新证》，载《中国文化研究》2017年第1期。

对此，笔者也深表赞同。据此，可以将笔者在《考论》一文中所制表格做
必要的修正和补充（见表2）：

表 2 《〈儒林外史〉题辞》对应相关人物表

《〈儒林外史〉题辞》	《儒林外史》中对应的人物	相关人物在"幽榜"中的名次
试观三年不倦，老博士于南天③；	虞育德	第一甲第一名
十事初陈，辞征书于北阙。	庄绍光	第一甲第二名
黄金散尽，义重怜寒；	杜少卿	第一甲第三名
白骨驮回，勋高纪柱。	萧云仙	第二甲第一名
考稽典礼，收宝鼎之斑斓；	迟衡山	第二甲第二名
衡鉴名流，挹冰壶之莹彻。	马二先生	第二甲第三名
歌蜀道而思亲，虎狼不避。	郭孝子	第二甲第九名
非圣贤之滴派，即文武之全才。舍俎豆以妥神灵，何忠贞之能鼓励。	总结以上所举及的第一层次诸人	
至于笔花墨沈，或领袖乎词坛；	武书	第二甲第四名
黄卷青灯，或专攻乎帖括。	余大先生	第二甲第六名
尊贤爱客，雅怀若谷之虚衷；	娄三、娄四公子	第二甲第十二、十三名
选妓征歌，争得空群之妙评。	杜慎卿	第二甲第七名
琴堂破俗，远过墨吏之风；	蘧祐	第二甲第十四名
绛帐论文，犹念师承之旧。	虞华轩	第二甲第十七名
古音未绝，风度宜褒；标一代之遗徽，固人心之快事。	总结以上所举及的第二层次诸人	
他如吴头楚尾，悲冷落于天涯；	牛布衣	第三甲第九名
帝阙皇都，冒功名于咫尺。	匡超人	第三甲第二十一名
玄栖梵想，或参出世之因缘；	来霞士、陈和尚	第三甲第二十二名、二十七名

① 《〈儒林外史〉题辞》，载宁楷：《修洁堂初稿》卷22，中国科学院图书馆藏清抄本。

《〈儒林外史〉题辞》	《儒林外史》中对应的人物	相关人物在"幽榜"中的名次
小技雕虫，或泥良工之矩矱；	荆元、王太	第三甲第十五名、第二十三名
乌丝粉印，赋萍水而无归；	沈琼枝	第三甲第一名
古寺长檐，埋姓名而有激。	季遐年	第三甲第十九名
虽立身之未善，实初念之堪怜。得阐发以显沉埋，非瑕疵所能委翳。	总结以上所举及的第三层次诸人	

　　由于《〈儒林外史〉题辞》是一篇骈文，其中大部分的语句能够找到较为确实的对应，有些则不是特别明确。但经由各位学者的共同努力，《〈儒林外史〉题辞》与小说人物的对应关系也越来越清晰。表中所列的绝大多数人物，郑文都与笔者意见相同，不同的几个人物则用下划线标出，在此也做一说明。

　　"至于笔花墨沈，或领袖乎词坛"一句，指的应是武书。武书在初出场时便说自己"屡次考诗赋，总是一等第一"；在第三十七回，又称"前日监里六堂合考，小弟又是一等第一"①。此外在小说的第四十回、第四十一回、第四十九回接连提到武书的三首诗作，这些都是武书善作诗赋的呼应，而这种在诗赋方面一连数笔的正笔叙述在其他人物身上并没有出现过。

　　"黄卷青灯，或专攻乎帖括"指的应是余大先生。小说在叙述中曾道："这余有达、余有重弟兄两个，守着祖宗的家训，闭户读书"，同时唐二棒椎也评价余大先生道："论余大先生的举业，虽不是时下的恶习，他要学国初帖括的排场，却也不是中和之业。"②这也是全书中唯一出现"帖括"一词的地方。

　　"绛帐论文，犹念师承之旧"应指虞华轩。"绛帐"为师门、讲席之敬

---

① 吴敬梓：《儒林外史汇校汇评本》，李汉秋辑校，上海：上海古籍出版社，1999年，第448页、第463页。

② 吴敬梓：《儒林外史汇校汇评本》，李汉秋辑校，上海：上海古籍出版社，1999年，第541页、第564页。

称。在小说的第四十六回，虞华轩请自己的表兄余大先生做西席先生，教自己的儿子读书，两人之间有一番谈论：

> 虞华轩道："小儿蠢夯，自幼失学。前数年愚弟就想请表兄教他，因表兄出游在外。今恰好表兄在家，就是小儿有幸了。举人、进士，我和表兄两家车载斗量，也不是甚么出奇东西。将来小儿在表兄门下，第一要学了表兄的品行，这就受益的多了！"余大先生道："愚兄老拙株守，两家至戚世交，只和老弟气味还投合的来。老弟的儿子就是我的儿子一般，我怎不尽心教导？若说中举人、进士，我这不曾中过的人，或者不在行；至于品行文章，令郎自有家传，愚兄也只是行所无事。"①

"帝阙皇都，冒功名于咫尺"应指匡超人，在第二十回，匡超人进京考取教习，并自称："像我们这正途出身，考的是内廷教习，每日教的多是勋戚人家子弟。"又云："我们在里面也和衙门一般：公座、朱墨、笔、砚，摆的停当。我早上进去，升了公座，那学生们送书上来，我只把那日子用朱笔一点，他就下去了。学生都是荫袭的三品以上的大人，出来就是督、抚、提、镇，都在我跟前磕头。"②"冒功名"之说或指此。并且匡超人之事和牛布衣之事在第二十回的回目以"匡超人高兴长安道，牛布衣客死芜湖关"对举，而在《〈儒林外史〉题辞》中亦以"吴头楚尾，悲冷落于天涯；帝阙皇都，冒功名于咫尺"上下两句对举之。

"小技雕虫，或泥良工之矩矱"应指四大奇人中的荆元、王太，二人分别以裁缝和卖火纸筒为生，却又精通琴艺和棋艺。对此也可参阅《续刊江宁府志》卷十五《拾补》的记载："往年金陵市上，有一材一技自负者：或修琴，或补炉，或作竹扇，或鬻古书，或装字画，或刻木石、墨迹，甘

---

① 吴敬梓：《儒林外史汇校汇评本》，李汉秋辑校，上海：上海古籍出版社，1999年，第564页。

② 吴敬梓：《儒林外史汇校汇评本》，李汉秋辑校，上海：上海古籍出版社，1999年，第254—255页。

与文人为知己，不肯向富贵家乞怜。"①这些以"一材一技"自负之人，与以"雕虫小技"立足于市井之间的荆元、王太恰属同脉，而他们的蔑视富贵与特立独行也正相一致。

需要注意的是，由于《〈儒林外史〉题辞》中所提及的人物绝大部分都已较为确定，这也为以上几个尚存在异议的对应人物的探讨提供了重要线索。

可以通过上面的表格看到，在第一个层次中，依次提到了虞育德、庄绍光、杜少卿、萧云仙、迟衡山、马二先生，而这六个人正是"幽榜"中的前六名，从人物到名次的排列都没有丝毫的差别。第一层次中的汤镇台和郭孝子也是"幽榜"中二甲位居前列的人物，且汤镇台的名次也正在郭孝子之前；在第二个层次中，暂不论武书、余大先生和虞华轩，较为确定的娄三、娄四公子、杜慎卿、蓬祐都是"幽榜"的二甲之人；而在第三个层次中，先暂时搁置匡超人、荆元、王太，较为确定的牛布衣、来霞士、陈和尚、沈琼枝、季遐年则都是三甲之人。

由于第一层次的八个人物都较为确定，这也便成为后面两个层次探讨的基础，而后面两个层次中较为确定的人物则亦可成为本层次中其他尚存在异议的人物的参照和佐证。就此而言，上面探讨的几个人物也正与根据较为确定人物所总结出来的内在规律相符：第二个层次中的武书、余大先生和虞华轩都是二甲中人，而第三层次里的匡超人、荆元、王太都位居三甲。

除了确定《〈儒林外史〉题辞》所提到的小说人物之外，我们还可以观察到更为重要的一个现象，即在《〈儒林外史〉题辞》中所提及的人物和"幽榜"中的人物之间存在着亦步亦趋的联系：《〈儒林外史〉题辞》的前六个人物与幽榜完全相同；《〈儒林外史〉题辞》中的第一层次包括的是一甲三人及二甲位居前列者；第二层次都是二甲中人，第三层次都是三甲中人。

在《考论》一文中，笔者讨论到《〈儒林外史〉题辞》和"幽榜"都对小说的下半部投注了异乎寻常的关注，因此《〈儒林外史〉题辞》"更像是对于下半部书的'题辞'"，从以上的考察便可看到，对于"下半部"的共同关注是问题的表象，其实质便在于《〈儒林外史〉题辞》不是对于

---

① 蒋启勋等修纂：《上江两县志》卷28，清同治十三年刊本。

整部《儒林外史》的"题辞"，而就是对于"幽榜"一回的"题辞"。正是由于《〈儒林外史〉题辞》实际上是对于"幽榜"而非《儒林外史》的题辞，在整篇题辞中，对于《儒林外史》作者的个人信息如姓名、字号、籍贯等才会只字未及。

也正因为如此，与"幽榜"相同，《〈儒林外史〉题辞》会偏重于小说的下半部情节，并从头至尾与"幽榜"一回的叙述保持一致：其开头处的"人才荟结，每归鼎盛之朝；士类销亡，惟托幽通之识"，也就是"幽榜"一回所说的"奏为请旌沉仰之人才，以昭圣治，以光泉壤事"。而对于"芳年易尽"的那些"久屈之魂"最终得到"丹诏紫泥"的承认，因此能"杂椒浆而共锡"所表达的赞誉，也正与"幽榜"中的士人虽然"兰因芳阴，膏以明煎"，但终能通过"加恩泉壤，赐第授官"的方式"荣名万年"①意思完全相同。也便是说，《〈儒林外史〉题辞》和"幽榜"一回的文体虽然有别，本质上却并无差异。《〈儒林外史〉题辞》是用骈体文的形式重复概述了"幽榜"一回的内容，并通过"李杜之文章"与"欧苏之别纪"②的赞许，对于被评点者视为"狗尾"③的"幽榜"一回给予了极高的褒扬。

需要提及的是，李鹏飞先生也认同《〈儒林外史〉题辞》偏重于小说下半部的情节，并认为在写作《〈儒林外史〉题辞》时：

> 宁楷很可能就是照着"幽榜"名单来挑选这些人物的 …… 我们从这篇《题辞》感慨唏嘘的情怀可以大致推想作者乃是读《外史》到最后一回，受到这一回深沉的悲怨与惋惜之情的感染，于是发而为文，表达了跟"幽榜"一回几乎相同的思想和感情，他也是从"幽榜"就地取材来完成这篇《题辞》的。④

---

① 吴敬梓：《儒林外史汇校汇评本》，李汉秋辑校，上海：上海古籍出版社，1999年，第677页、第684页。

② 宁楷：《修洁堂初稿》卷22，中国科学院图书馆藏清抄本。

③ 吴敬梓：《儒林外史汇校汇评本》，李汉秋辑校，上海：上海古籍出版社，1999年，第673页。

④ 李鹏飞：《〈儒林外史〉第五十六回为吴敬梓所作新证》，载《中国文化研究》2017年第1期，第38 — 39页。

　　但与笔者不同,李先生认为《〈儒林外史〉题辞》是根据吴敬梓五十六回的"原著"所写,由于受到最末"幽榜"一回的影响,其基调"乃是赞颂与同情","而非批判和讽刺",因此选择的多是出现于小说下半部的偏向于正面的人物①。

　　实际上,《〈儒林外史〉题辞》的问题不仅在于选择了更能体现赞颂与同情的偏向正面的人物,更在于对某些人物的评价也与小说所叙截然相左。"尊贤爱客,雅怀若谷之虚衷"指的是娄三、娄四公子,但二娄公子的招贤纳士不过是他们在功名未遂情况下曲径通幽的求名方式而已,便如评点者所云:"二娄因不能早得科第,激成牢骚,未免近于热中,其品不高。"②而在《〈儒林外史〉题辞》中对此则以"尊享爱客""虚怀若谷"赞之,与小说对于二娄公子的塑造大相径庭。与此相类的还有杜慎卿,杜慎卿举办的莫愁之会无疑是其传记的高潮,可究其实质,亦只是"用钱极有斟酌谋算"的杜慎卿处心积虑用银子买来的"名震江南"③,而在《〈儒林外史〉题辞》里,却赞之以"选妓征歌,争得空群之妙评"。与之形成对比的则是荆元、王太、季遐年,他们都属小说末尾的"四大奇人",与第一回的王冕遥遥相对,这些士人都寄托了吴敬梓对于士人理想出路的探寻,而他们遗世独立的精神也是吴敬梓所深切赞许的。可在《〈儒林外史〉题辞》中,却将这三个人都放在第三层次中,并以"虽立身之未善,实初念之堪怜。得阐发以显沉埋,非瑕疵所能委翳"论之,这同样完全违背了小说中相关叙述的意旨。

　　也便是说,《〈儒林外史〉题辞》不仅在小说人物的选取上基本舍弃了上半部的精华和经典,对于人物的理解和品评也多与《儒林外史》的叙述背道而驰。从接受的角度看,对于作品有不同的解读和评价,似乎并不奇怪,但宁楷并非普通的读者,而是吴敬梓的挚友,并且其自己也被写入

---

　　①　李鹏飞:《〈儒林外史〉第五十六回为吴敬梓所作新证》,载《中国文化研究》2017年第1期,第38—39页。

　　②　吴敬梓:《儒林外史汇校汇评本》,李汉秋辑校,上海:上海古籍出版社,1999年,第404页。

　　③　吴敬梓:《儒林外史汇校汇评本》,李汉秋辑校,上海:上海古籍出版社,1999年,第380页、第377页。

小说，并与小说下半部的情节有极为密切的联系①，而在这篇题辞中他却并未展现出对于《儒林外史》应有的理解。退一步说，就算碍于"题辞"的体例，要呈现更多"赞颂与同情"的内容，但从书中选取合适的人物，并加以恰如其分的评价，也应是完全可以做到的事情。可以看到，同样是赞颂，无论是吴敬梓好友程晋芳所写的"《外史》纪儒林，刻画何工妍"②、"穷极文人情态"③，还是后世评论者所说的"如神禹铸鼎，魑魅魍魉，莫遁其形"④，都能切中《儒林外史》的精髓。而在同为吴敬梓好友宁楷所写的《〈儒林外史〉题辞》中，却离题甚远、言不及义：所云既非如标题所标注的一般是《儒林外史》全书，对于小说的赞扬也完全偏离了《儒林外史》之所以"伟大"的缘由，甚至在一些具体的评价上还与小说完全相悖。所有这些奇异之处都提醒我们要关注《〈儒林外史〉题辞》的写作动机和背景。

就此而言，前面所论宁楷的这篇《〈儒林外史〉题辞》本就是一篇"'幽榜'题辞"，能够为以上的诸多疑点提供解释：无论是人物的选取，还是对于具体人物的品评，乃至所持的赞颂与同情的态度，甚至提及人物的先后顺序，宁楷所写的这篇文章都与"幽榜"保持着惊人的一致。因此，宁楷所赞颂的其实并非《儒林外史》，而只是最后一回的"幽榜"，其末尾所说的"光分甲乙，俨天爵之荣华；品第高卑，非一人之喜怒。高才绝学，尽人收罗；孝子慈孙，难更论断。玉堂金马，被薜荔而来游；丹诏紫泥，杂椒浆而共锡。今兹琬琰，诚为李杜之文章；异日缥缃，即作欧苏之别纪"正是为此而发。

以《〈儒林外史〉题辞》由"幽榜"而产生为基础，我们也能看到其作者宁楷与"幽榜"的关联：在《〈儒林外史〉题辞》中有"陶弘景怪谱

---

① 参见叶楚炎：《〈修洁堂初稿〉及〈儒林外史题辞〉考论》，载《文学遗产》2015年第6期，第143页。

② 《怀人诗十八首》（其十六），载程晋芳：《勉行堂诗集》卷2，清嘉庆刻本。

③ 程晋芳：《文木先生传》，载李汉秋：《儒林外史研究资料集成》，上海：上海古籍出版社，2017年，第11页。

④ 浴血生：《小说丛话》，载李汉秋：《儒林外史研究资料集成》，上海：上海古籍出版社，2017年，第342页。

神仙"之语，所用的是陶弘景著《真灵位业图》将神鬼世界分为七个层次的典故。这种分层次的方式，反映在"幽榜"中，则是将收入的士人分为三甲进行安置。而《〈儒林外史〉题辞》据此也将提及的士人分为三个层次，并运用对于各自的总结："非圣贤之滴派，即文武之全才。舍俎豆以妥神灵，何忠贞之能鼓励""古音未绝，风度宜褒；标一代之遗徽，固人心之快事""虽立身之未善，实初念之堪怜。得阐发以显沉埋，非瑕疵所能委翳"，来体现层次之间的差异以及对他们的不同评价。而这种分层次也正是宁楷喜用的品评士人的方式，在《钟山书院同学志》中，宁楷就将六十位同学分成三等：第一等九人，"进可以趋庙廊，退可以领风雅，而骚坛之望、翰苑之光不待既出而后可知也"；第二等十六人，"登贤书、成进士，隶于铨衡，出为守牧令倅之官，多能谨守自持，不致隳大节。虽无超群轶伦之姿、振今轹古之才，固皆良有司之属也"；第三等十一人，"或晓畅时事，或善为推引，或谨守自爱，不追逐庸俗人，异日有所成就者，皆足发学校之光而增科名之价者也"①。这也就意味着，不仅在《〈儒林外史〉题辞》"和"幽榜"之间的联系极为明晰，在宁楷的其他作品与"幽榜"及《〈儒林外史〉题辞》之间也存在着紧密的关联，所有这些都进一步印证了笔者在《考论》中提出的观点，即宁楷便是"幽榜"一回的增补者。

在这一观点的映照下，《〈儒林外史〉题辞》中其他一些令人费解的语句也变得清晰起来。"品第高卑，非一人之喜怒"以及"孝子慈孙，难更论断"两句所指涉的正是在吴敬梓去世之后，宁楷对于"幽榜"的增补。倘或我们现在所看到的五十六回本《儒林外史》都由吴敬梓一人所写，他自然有绝对的权力凭借个人好恶决定某个小说人物所受到的评价。因此，"非一人之喜怒"便是指人物品第的高卑已非吴敬梓一人决定，言下之意不语自明："幽榜"并非吴敬梓所写，却是一个更为公允的品评。实际上，由于吴敬梓的好恶过于分明，即使是他最亲近的朋友可能也并不能完全接受他对于时人的看法。例如程晋芳就提到过吴敬梓"独嫉时文士如仇，其

---

① 宁楷：《修洁堂初稿》卷15，中国科学院图书馆藏清抄本。

尤工者，则尤嫉之"，程晋芳"恒以为过，然莫之能禁"①。因此，宁楷试图借"幽榜"一回所改变的也便是吴敬梓其他好友所"莫之能禁"的那些"过分"的评价。而"孝子慈孙，难更论断"则是对于前面"金函石室，传死后之精神；虎竹龙沙，绘生还之气骨"之语的呼应：正是因为这篇题辞写作于吴敬梓去世之后，所以吴敬梓本人对于所增添的"幽榜"已经不能发表意见，而能够发声的吴敬梓的子孙——也就是所谓的"孝子慈孙"——由于这样的处理至公至明，因而他们也不可能有任何异议。

综上所述，从宁楷和吴烺、戴翼子、严长明等好友的交游和唱和入手，通过对于相关文献资料的考索，可以为《修洁堂初稿》的成书时间提供更多的佐证，郑志良先生所认定的《修洁堂初稿》应成书于乾隆十八年（1753）的观点难以成立。载有《〈儒林外史〉题辞》的《修洁堂初稿》一书的完成不会早于乾隆二十八年（1763），也便是在吴敬梓去世至少十年后方才成书。

而通过对《〈儒林外史〉题辞》的进一步梳理和解读可以看到，《〈儒林外史〉题辞》实际上就是对于"幽榜"一回的"题辞"，因此在第二部分提及小说中的人物时，会和"幽榜"保持高度的一致。而这也进一步印证了宁楷便是"幽榜"一回的增补者。事实上，正如同"幽榜"一回和《〈儒林外史〉题辞》紧密相连一样，"幽榜"一回与《儒林外史》曾被前辈学者所质疑的那些"增入部分"之间也存在着前后相承的密切联系。《〈儒林外史〉题辞》的写作不是孤立的事件，而是或许有着更为深切的原因。由《〈儒林外史〉题辞》到"幽榜"一回所形成的研究路径有助于我们进一步看清《儒林外史》的"原貌"，而这也是笔者后续将要逐步讨论的问题。

（原载于《中国文化研究》2020年第1期）

---

① 程晋芳：《文木先生传》，载李汉秋：《儒林外史研究资料集成》，上海：上海古籍出版社，2017年，第11页。

"法尔哈德与西琳"故事源流考

沙塔尔·沙拉木

摘要："法尔哈德与西琳"的故事发源于伊朗，千余年来沿着丝绸之路广为流传，在伊朗、小亚细亚、高加索和中亚等地均成为重要的文学叙事主题。本文在比较文学的研究框架内，结合文献考证和实地考察，探析这一主题的起源和传承。通过这一研究，旨在进一步完善我国维吾尔古典文学史关于"法尔哈德与西琳"主题叙事诗及其相关诗歌意象研究中存在的一些不足，并促进对"一带一路"文化交流史的研究。

关键词：法尔哈德；西琳；霍斯鲁二世；萨珊王朝；贝希斯敦

一、引言

丝绸之路作为闻名世界的国际商业、经济通道，既促进了沿路各地之间的商贸来往，也使得不同地区和民族之间的文化交流成为可能。其中，中国和伊朗作为丝绸之路上两个重要的文明古国，探讨两国在漫长的历史中所进行的文明对话，及其对周边地区民族文化的影响，是"一带一路"文化交流史研究的一大课题。文学交流是这种文化交流的重要组成部分，

作者简介：沙塔尔·沙拉木，亚非语言文学博士，中央民族大学中国少数民族语言文学学院讲师，主要研究方向为波斯古典文学、维吾尔古典文学、察合台语与文献。

基金项目：国家社会科学基金重大项目"丝路文化视域下的东方文学与东方文学学科体系建构"（19ZDA290）。

也是比较文学和东方比较诗学研究的课题之一[①]。

　　一种文明在其强盛时期会对周边民族文化产生深远影响，同样，一种民族文学在其自身达到一定发展高度时，也会对周边民族文学产生影响。波斯古典诗歌在10—14世纪发展成熟，盛况空前，涌现出菲尔多西（940—1020）、奥马尔·海亚姆（1048—1122）、内扎米·甘贾维（1141—1209）、莫拉维（鲁米，1207—1273）、萨迪（1208—1291）、哈菲兹（1320—1389）等举世闻名的诗人，波斯也被后人誉为"诗人之邦"[②]。这一时期的波斯古典诗歌对15—20世纪初的中亚各国和我国西北少数民族古典诗歌影响深远。

　　考察我国维吾尔古典文学史，可以看到15—20世纪初的绝大多数维吾尔诗人广泛学习波斯语和波斯古典诗歌，而他们自身的诗歌创作，也在文学题材、体裁、主题、母题的运用以及内容、形式等诸多方面，借鉴波斯古典诗歌。其中典型的一例就是维吾尔古典文学史上以"法尔哈德与西琳"为主题创作叙事长诗的传统，它与波斯古典文学中的同一传统有着密切的联系。阿米尔·尼扎木丁·阿里希尔·纳瓦依（Amīr Nizāmmeddin 'Alişir Navāyī，1441—1501）是第一位以此为主题进行创作的维吾尔古典诗人，他仿效内扎米的《霍斯鲁与西琳》，创作了《法尔哈德与西琳》，开创了维吾尔古典文学史中"法尔哈德与西琳"主题的传统。由于纳瓦依在从15—20世纪初的整个维吾尔古典文学史上的特殊地位，也因为其主要作品一直被作为古典诗人的学习典范，其叙事长诗《法尔哈德与西琳》受到广泛赏读和学习，进而不仅在维吾尔民间广为流传，成了家喻户晓的故事，也成为后世诗人效仿和创作的源泉，在这些后续的作品中，包括如阿布都热依木·尼扎里（Ābdurähim Nizāri，1776—1850）的叙事长诗《法尔哈德与西琳》，毛拉斯迪克·叶尔坎迪（Mollāsidiq Yārkāndi）于1823年在纳瓦依诗歌的基础上改写的散文体《法尔哈德与西琳》等，甚至到了现代，还有诗人尼姆谢依提·阿尔米亚·伊力·赛拉米（Nimşihit Ārmiyä

---

　　① 王向远：《比较文学学科新论》，载《王向远著作集》第7卷，银川：宁夏人民出版社，2007年，第175页。

　　② 歌德：《东西诗集》，载《歌德诗集》（下），钱春绮译，上海：上海译文出版社，1982年，第303页。

Ili Sāyrāmi，1906 — 1972）创作了《千佛洞与法尔哈德 - 西琳》。

中国社会科学院民族文学研究所的郎樱教授，在其《从〈霍斯鲁与西琳〉到〈法尔哈德与西琳〉的演变看波斯与维吾尔的文化交流》一文中，也结合苏联学者的相关研究成果，提出贝希斯敦铭文里记载的Frād与"法尔哈德与西琳"故事中的Farhād同属一人的观点，同时认为阿契美尼德王朝（Achaemenid Empire，前550 — 前330）时期在木鹿地区反抗国王大流士一世残酷压迫的农民起义领袖Frād，在后世演变成为Farhād，而Frād与大流士一世之间的矛盾，到萨珊王朝霍斯鲁·帕尔维兹（又称霍斯鲁二世，590 — 628年在位）时期，变成了Farhād和霍斯鲁之间的矛盾，这也是"法尔哈德与西琳"故事的产生过程。①在国内维吾尔古典文学史领域中，Frād就是Farhād一词的原型，"法尔哈德与西琳"故事最早在中亚木鹿地区产生，起源于Frād的传说故事，这些观点被普遍接受。②

笔者认为上述观点有几点值得商榷的地方。根据贝希斯敦铭文，可以考察大流士一世征伐Frād的具体内容。以下文本引用并参考德国伊朗学学者吕迪格·施密特（Rüdiger Schmitt）在《伊朗语铭文全集》（*Corpus Inscriptionum Iranicarum*）第一卷中发表的转写和英译：

DB Column 3, lines 10–19:

θāti Dārayavauš xšāyaθiya: Marguš nāmā dahyāuš, hau̯mai̯ hamiçiyā abava, ai̯va martiya **Frāda** nāmā Mārgava, avam maθištam akunavantā, pasāva adam frāi̯šayam, Dadr̥šiš nāmā Pārsa, manā bandaka, Bāxtriyā xšaçapāvā, abiavam, avaθāšai̯ aθanham: parai̯di, avam kāram jadi, haya manā nai̯ gau̯batai̯, pasāva Dādr̥šiš hadā kārā ašiyava, hamaranam akunau̯š hadā Mārgavai̯biš, Auramazdāmai̯ upastām abara, vašnā Auramazdaha kāra haya manā avam kāram tayam hamiçiyam aja vasai̯, Açiyādiyahya māhyā

① 郎樱：《〈从霍斯鲁与西琳〉到〈法尔哈德与西琳〉的演变看波斯与维吾尔的文化交流》，载《东方比较文学论文集》，长沙：湖南文艺出版社，1987年，第234页。

② 扎米尔·赛都：《论"纳兹热"与东方文学中的"海米塞"传统》，载《新疆师范大学学报》（维吾尔文版）1998年第2期。

çīcā vīθaticā rauçabišθakatā āha, avaθāšām hamaranam kṛtam.①

【译文②：大流士王说，（有一个）名叫马尔古（木鹿）的国家，它向我叛变。（有）一个名叫增（弗拉达）的马尔古人，他们使之成为首领。之后，我派他——（有一个）名叫勇（达德里希）的波斯人，我的臣属，巴尔赫的总督——去他（弗拉达）那儿。如是我对他（达德里希）说："前行吧！击溃那自称不属于我的军队吧！"之后，勇（达德里希）带军进发，与马尔古人作战。阿胡拉·马兹达带给我援助；如阿胡拉·马兹达所愿，我军完全击溃那支叛军。在火祀（阿奇雅德）月，二十三日已逝，而后战役被他们完成。】

首先，从文本中大流士的命令来看，当时在木鹿发生的不是农民起义，而更可能是新近征服的边境地区当地首领弗拉达及其所率军队的反抗。弗拉达既然反抗大流士一世，就不可能作为伊朗的民族英雄被记载。而在保存着民族记忆的波斯史诗中，尽管阿契美尼德王朝只有大流士三世（波斯人称其为Dārā）留在波斯人的记忆中，但他却被描绘为凯扬王朝的末君，即尽管在伊朗民族记忆中阿契美尼德王朝已模糊不清，但这个王朝却凝聚在达拉身上，被列入神话传说时代最正统的王系，在这种历史叙事中，不服从其统治就被视为一种罪行。

其次，Frāda和Farhād（构拟其古波斯语形式Frahāta③）词源不同。Frāda④一词来自fra-＋dā-，fra-为前缀，意为"先，前"⑤，而dā-为动词，意为"放置，做，创造"（有别于另一个形式相同的动词dā-，意为

---

① Rüdiger Schmitt, *The Bistun Inscription of Darius the Great*, *Old Persian Text*, Corpus Inscriptionum Iranicarum I.I, Text I., London, 1991, p.63.

② 本文的汉语译文，如无特殊说明，均为本文作者所译，下文不再一一标注。

③ Ferdinand Justi, *Iranisches Namenbuch*, 1895, Marburg: N.G. Elwert'sche Verlags-Buchhandlung, 1895, p.101.

④ Roland G. Kent, *Old Persian*: *Grammar, Text, Lexicon*, New Haven, Connecticut: American Oriental Society, 1950, p.198.

⑤ Roland G. Kent, *Old Persian*: *Grammar, Text, Lexicon*, New Haven, Connecticut: American Oriental Society, 1950, p.197.

"给")①，可对比阿维斯陀语动词 frād-，意为"增进，增益"②。而 Frāda 是该动词词根三合元音化构成的名词。而 Farhād 一名现存最早的形式是帕提亚语 Frahāt（铭文形式 prht，西方古典语言作 Phraates）。可构拟其古伊朗语形式 *Fra-hāta，来自 fra-＋hāta，其中 hāta 为动词 *han- 的过去分词，*han- 对应梵语 √san "获得"③。梵语 √san 使用中间语态时意为"得成功，得完满"，而 pra-＋√san 仅有中间语态，意为"得胜，得成功"，因此 prasāta 对应的伊朗语形式 *frahāta，意为"已得胜的，已得成功的，已得完满的"。

再次，大流士一世与霍斯鲁·帕尔维兹之间隔了一千多年。由于古代伊朗流传的文字记载十分有限，大流士一世时期弗拉达反抗国王的事件本身在阿契美尼德王朝之后就已为波斯人忘却，而其千年后演变成弗拉达反抗霍斯鲁二世的传说，就更缺乏证据了。而且，法尔哈德、西琳、霍斯鲁之间的故事与贝希斯敦铭文上记载的内容完全无关。

因此，探讨"法尔哈德与西琳"故事的起源，应聚焦于萨珊时期，通过考察与霍斯鲁二世有关的历史文献，以及他执政时期留下的遗迹及相关传说，来探讨法尔哈德这一人物形象的出现，以及"法尔哈德与西琳"故事产生和流传的过程。

二、有关法尔哈德的文献记载

以法尔哈德为名的人物，现存最早的记载是在阿契美尼德王朝之后的安息王朝，有法尔哈德一世（前 176 — 前 171 年在位）到法尔哈德五世（前 2 — 2 年在位）共五位国王以此为名。这说明在安息王朝这是一个极受欢迎的名字。一种假说推测古代伊朗神话传说中有法尔哈德这位英雄人

---

① Roland G. Kent, *Old Persian: Grammar, Text, Lexicon*, New Haven, Connecticut: American Oriental Society, 1950, p.188.

② Bartholomae, *Altiranisches Wörterbuch*, Strassburg: K.J. Trübner, 1904, col.1012.

③ Rüdiger Schmitt, *Personennamen in Parthischen epigraphischen Quellen*, Iranisches Personennamenbuch, Band II Mitteliranische Namen, Faszikel 5, p.161.

物，而后世沿用其名，这种假说的代表是诺勒德克（Theodor Nöldeke）①。朱斯提（Justi）的《伊朗人名辞典》提到凯扬王朝有三位法尔哈德，一位是伯尔金之子，统率七十名英雄；一位是鲁斯塔姆的兄弟，出使过马赞得朗；还有一位是古达尔兹之子，侍奉凯卡乌斯王②。现实中的国王，以神话传说中英雄人物的名字为自己命名的传统，一直保留到萨珊王朝，甚至到伊斯兰之后的伽色尼王朝（Ghaznavīyān，977—1186）。另一种假说认为法尔哈德本身是一位安息王子，在伊朗史诗的形成过程中被塑造成为传说中的英雄人物，这种说法的代表是伊朗学家雅尔绍特尔（Ehsan Yarshater）。他提出，伊朗史诗中有数位凯扬王朝的英雄其实源于安息王子，他们是法尔哈德（Farhād /Phraates）、米拉德（Mīlād /Mithradates）、巴赫拉姆（Bahrām）、比让（Bēžan）和沙普尔（Shāpūr），因为史诗的形成受到安息和萨珊时期显贵家族的影响，正是在这些家族的殿堂上，诗人将这些贵族的祖先写进史诗并当堂吟唱，这些传说在安息时期已经基本成型③。

　　但直到萨曼王朝时期成书的《巴拉米史》（Tarīkh-e Bal'ami），法尔哈德才第一次被记载为萨珊国王霍斯鲁时期的人物，而非凯扬时期的英雄④。穆罕默德·伊本·贾里尔·塔巴里（Abū Ja'far Muḥammadibn Jarīr al-Ṭabarī，839—923）写作的《塔巴里史》（Tārīkh-e Ṭabarī）⑤，被史学界誉为"第一部世界通史"。963年，受萨曼王朝大臣阿不·曼苏尔（Abu Manṣūr，961—976年执政）之令，历史学家巴拉米（Abu 'Ali Moḥammad Bal'amī，？—974）在翻译《塔巴里史》的基础上，完成了一部历史著作。因为先由巴拉米本人，后由抄写者和整理者增加了许多《塔巴里史》中未曾记载的内容，该书被视为独立的历史著作，称为《巴拉米

---

① Theodor Nöldeke, *Hamāsa-yi Millī-yi Īrān*（《伊朗民族史诗》）, Terjuma-e Bozorg'Alavi, Tehran: Markaz-e Nashr-e Sepehr, 1978, p.23.

② Ferdinand Justi, *Iranisches Namenbuch*, Marburg, 1985, p.101.

③ Ehsan Yarshater, "Iranian National History", in *The Cambridge History of Iran*. vol. 3（1）: *The Seleucid, Parthian and Sasanian Periods*, Cambridge, 1983, pp.458–459.

④ Heshmat Moayyad, "Farhād（1）", in *Encyclopaedia Iranica*, Last updated December 15, 1999. http://www.iranicaonline.org/articles/farhad%20（1）, 2018–08–20/2019–02–24.

⑤ 亦称《历代先知和帝王史》（*Tārīkh al-Rusul va al-Mulūk*）。

史》。以下为该书中对法尔哈德的记载：

> 霍斯鲁有妻子名叫西琳，是来自鲁姆的一位妃子，美貌及气质非
> 凡……波斯国王将她的美貌画成肖像，送到中亚。中亚没找到像她
> 那样美丽动人的女子。西琳是法尔哈德所恋之人，他为赢得西琳之心
> 而在贝希斯敦山上开山凿石，百人也无法移动他当年从山上扔下的每
> 块巨石，这些巨石如今一动不动地散落在贝希斯敦山脚下。①

以上故事在《塔巴里史》中并无记载，而菲尔多西的史诗《列王纪》
虽然首次叙述了"霍斯鲁与西琳"的故事，也未曾提到"法尔哈德和西琳"
之事。因此，这一情节应为巴拉米本人或后期的抄写整理者所增补。但
是，内扎米在《霍斯鲁与西琳》中首次将"法尔哈德与西琳"的故事写成
情节完整的叙事诗②后，波斯古典诗歌史上出现了一百余部以这一故事为
主题的叙事长诗。这一情节早在萨曼王朝时期就已成为代表纯真爱情的诗
歌意象。如在阿萨德·图斯（Asadi Ṭusī，1000—1073）编纂于1066年前
后的达里波斯语词典《波斯人》（Fors）中，收录了可能在萨曼王朝宫廷
任职的诗人阿噶吉③（Abu al-Hasan ben-e Ilyās Āghajī Bukhārāyī）的一联诗，
其词曰："如法尔哈德的锄头砸向贝希斯敦一样快速落入我怀抱。"④
　　从上述《巴拉米史》和阿噶吉的诗句中，可知"法尔哈德与西琳"的

---

① Ab 'Ali Muḥammad Bal'ami, *Tārīkhnāma-ye Ṭabarī*（《巴拉米史》），vol. 2, Tehran:
Enteshārāt-e Sorūsh, 1994, p.806.

② Niẓmi Ganjavī, *Khusrow va Shīrīn*（《霍斯鲁与西琳》），Taṣḥīḥ-e Ḥasan Vaḥid Dastigerdī,
Tehran: Nashr-e Qatre, 1999, p.215-262.

③ 波斯语最权威的《德胡达辞典》"Āghājī或Āgheje"的词条解释该词有"Ḥājeb,
Pardadār"之意即"太监"。但笔者查阅相关资料后发现该解释有误。据克劳奇词典对"Ağıçı"
词条的解释，"Ağıçı"由表示"财富"之意的"ağı"添加名词构词后缀"-çı"来构造的词汇。
"Ağıçı"无论在回鹘文佛教文献还是喀喇汗王朝时期的《突厥语大辞典》及《福乐智慧》中均作
为管理金库的专职人员的称号用。可见无论是在高昌回鹘汗国还是与萨曼王朝接壤的喀喇汗王
朝，该词都是指财务大臣。Sir Gerard Clauson, *An Etymological Dictionary of pre-thirteenth-century
Turkish*, London: Oxford University Press, 1972, p.80.

④ Mahmud Mudabiri, *Sharhi Shā'erān-e Bi-Divān*, Tehran: Nashr-ī Panūs, 1991, p.195.

故事早在10世纪就已出现，并沿着丝绸之路传播。

这一故事又从何处发源？是否有可能起源于自历史遗迹而起的民间传说？为了验证这种假设，笔者曾在2016年4月访问贝希斯敦山地区，在法尔哈德为赢得西琳之心而开山凿石的地方进行实地考察，并搜集了相关的民间故事①。下面将结合实地考察和搜集整理的传说，对比相关文献记载，对"法尔哈德与西琳"故事的起源及传播提出新解。

三、围绕文物遗迹保留下来的民间记忆

"法尔哈德与西琳"故事的框架由法尔哈德、霍斯鲁和西琳之间的三角恋情构成。其中，霍斯鲁作为萨珊王朝最后辉煌时期的国王，在伊斯兰早期的史诗和历史文献中，都有大量篇幅记叙其事迹。以《塔巴里史》为例，该书不仅记载了霍斯鲁执政时期的国家大事，还记载了大量生活细节，如描述他对黑色骏马夏布迪兹（Shabdīz）的特殊喜爱，狩猎时所携的庞大队伍等。《塔巴里史》也是最早记载"霍斯鲁与西琳"故事的历史文献，其中记载西琳是霍斯鲁的一个妃子，同时是其长子沙赫里亚尔的义母：

> 据希沙姆·伊本·穆罕默德之说：霍斯鲁有18个儿子，长子叫沙赫里亚尔（Shaḥriyār），西琳认他作义子。霍斯鲁的占星家们说过，国王的一个儿子很快会成为父亲，他所生的孩子身上会有缺陷。萨珊王朝会在这孩子即位时走向灭亡。
>
> 因此霍斯鲁禁止王子们接近女人。很长一段时间，任何一位王子都没得到接近女子的许可。一天，沙赫里亚尔向西琳哭诉，祈求西琳允许自己满足这方面的需求，并表示如果再不得到允许，他将会自尽。
>
> 西琳说她虽然不能给他许可，但可以给他安排非常难看和俗气的女人，他不会对她们感兴趣。沙赫里亚尔说，只要是女人都可以。于

---

① 笔者在2015年9月至2016年6月期间赴伊朗在德黑兰大学人文学院访学过一学年。

是，西琳把给自己做拔罐治疗的侍女派给沙赫里亚尔。据说这位侍女出身高贵，但西琳不喜欢她，就把她与拔罐妇女安排在一起。

侍女送给沙赫里亚尔后，怀上了耶兹德卡尔德（Yazdjird，萨珊末君，《新唐书》作"伊嗣俟"）。西琳为了让侍女平安生下耶兹德卡尔德，将她藏在一个隐秘之所，直到耶兹德卡尔德出生并成长到五岁。此时，西琳发现霍斯鲁对孩子颇为喜爱。于是她抓住时机，对霍斯鲁开口："如果见到一个其出生会给您带来不快的孙儿，您会高兴吗？"霍斯鲁让西琳把孩子带来。西琳令仆人给耶兹德卡尔德穿上华服，敷上香水，然后带到霍斯鲁身边，说这就是沙赫里亚尔的儿子耶兹德卡尔德①。

《塔巴里史》中并未详细记载西琳的身份以及她与霍斯鲁的成婚，但不难看出西琳是霍斯鲁宫廷中的宠妃，具有举足轻重的地位和影响力。

研究霍斯鲁时期最重要的史学依据之一，是该时期留下的诸多建筑遗存，现今散见于伊朗西部的克尔曼沙省贝希斯敦山及周围地区。其中，最著名的是坐落于贝希斯敦山脚下，今以"花园拱门"（Ṭāq-e Bostān，库尔德语Ṭāq-e Osa）命名的景区。景区内除了上述阿契美尼德时期的贝希斯敦铭文之外，还有萨珊中期的阿尔达希尔二世、沙普尔二世和三世浮雕及铭文，以及晚期的霍斯鲁二世遗迹，包括刻有其登基浮雕图的"霍斯鲁二世拱门"或"大拱门"（Ṭāq-e Khusrow Ⅱ 或 Ṭāq-e Buzurg），拱门两侧刻有狩猎场景的浮雕，"法尔哈德雕刻"（Farhād Tarāsh）、"霍斯鲁之桥"（Pul-e Khusrow）等。此外，在克尔曼沙省内贝希斯敦周围地区，同属霍斯鲁二世的遗迹还有西琳城堡县的"霍斯鲁宫"（Kākh-e Khusrow 或 Emārāt-e Khusrow），距其不远的"四门"（Chahār Qāpi），是琐罗亚斯德教圣火祠遗址，以及萨尔波勒扎哈卜县（Sarpol-e Zahāb）的"愿望拱门"或"西琳拱门"（Ṭāq-e Garā 或 Ṭāq-e Shīrīn）等。

这些遗迹一方面证明了《塔巴里史》及其他历史文献记载霍斯鲁在克

---

① Abū Jaʿfar Muḥammad ibn Jarīr al-Ṭabarī, *Tārīkh al-Rusul va al-Mulūk*（《塔巴里史》波斯语译本），Moḥaqqaq /Mosaḥḥeḥ, Abu'l-Qasem, Tehran: Intishārāt-e Asātīr, 1996, vol. 2, pp.767 — 768.

尔曼沙度夏的真实性。根据诺勒德克的记述，波斯国王有夏宫和冬宫两个居所，这是早在阿契美尼德王朝就已形成的制度。该制度延续到萨珊王朝，霍斯鲁遵循其父霍尔姆兹四世（Hormozd Ⅳ，579—590年在位），继承了这一传统。[①]另一方面，可以推测当地民众对这些遗迹接触最多，对霍斯鲁二世的故事颇为熟悉，他们围绕这些历史遗迹，在原本流传的"霍斯鲁与西琳"故事中添加了新的人物法尔哈德，名为"法尔哈德石壁"的萨珊遗迹，也能从侧面证明这种可能性。

"法尔哈德石壁"是贝希斯敦山崖上开凿的一块石壁，宽约200米，高约36米。早期的西方探险家和史学家提出，它可能是大流士一世因在波希战争中战败而未能完成的工程遗址。而当地流传的另一种说法是：霍斯鲁本想效仿大流士的贝希斯敦铭文，在这块石壁上刻文记录自己的功绩，但因被其子软禁并杀害而未能完成。这些说法仅是对开凿石壁原因的推测，而近年的考古发掘和相关研究则为我们提供了更为准确的信息。

2002年德黑兰大学完成了考古项目"探索和重视贝希斯敦山'法尔哈德雕刻'——以建筑遗迹为基础"，结合对周边遗址的考古研究，证实这块石壁与山脚下的墙根遗址，同属于萨珊时期未完成工程的一部分。它与克尔曼沙省东部坎加瓦尔（Kangavār）的萨珊遗址"阿娜希塔神殿"（Mo'bad-e Ānāhīta）一样，是为萨珊王室夏宫而造的建筑，"法尔哈德雕刻"很可能属于霍斯鲁时期在贝希斯敦周围所建宫殿或花园的一部分[②]。

这块名为"法尔哈德雕刻"的石壁，直接与法尔哈德在贝希斯敦山为赢得西琳而开山凿石的故事有关。虽然目前无法确定该名称起源的确切年代，但早在10世纪时，法尔哈德在此开凿石壁的传说就已得到记载。由于贝希斯敦山位于伊朗高原通往巴格达的必经路口，山崖上的铭文和拱门

---

① Theodor Nöldeke, *Tārīkh-e Īrāniyān va 'Arab-hā dar Zamān-e Sāsāniyān*（《萨珊时期伊朗人及阿拉伯人的历史》），Tarjuma-yi 'Abbās Zaryāb, Tehran: Pizhūhishgāh-i 'Ulum-i Insānī va Farhangī, 1999, p.374.

② Sayed Amir Mansouri, Bahram Ajorlu, "Barrasī va bāzshenasi Safa'i Farhād Tarāshi dar Biseton Nemuna'i az Me'emāri Manẓar"（探索和重视贝希斯敦山石壁"法尔哈德雕刻"——以建筑遗迹为基础），*Baghi Naẓar*（《视角汇集》），Pāyīz va Zemistān, H.S. 1387（2002），vol. 10, pp.49—67.

中鲜明的浮雕形象，引起了路过的伊斯兰旅行家和地理学家注意，他们记载了该地的古迹以及民间流传的"法尔哈德与西琳"故事。此处将列举几部将"花园拱门"遗址与法尔哈德联系在一起的早期文献，进行考证。

第一部是旅行家艾布多莱夫（Abudolaf）于952年完成的地理著作《艾布多莱夫的伊朗游记》（*Safarnāma-ye Abudolaf dar Īrān*）。他将贝希斯敦之名记载为"塞密莱"（Samīra），但同时指出这些浮雕是霍斯鲁命法尔哈德所刻的[①]。他称法尔哈德为"贤人"（Farhād-e Ḥakīm），这是一个具有伊斯兰特色的称号。此外，他没有提及西琳，也没有提及法尔哈德为得到西琳而开山凿石的故事。根据这一故事版本，可以推测法尔哈德最开始可能是当地有名的石匠，后来民间逐渐将这些历史遗迹的建造也归功于他。故事再经过进一步发展，就出现了"法尔哈德与西琳"的主题。

第二部是上文已提到的《巴拉米史》，其成书年代与《艾布多莱夫的伊朗游记》接近。正如前文所引，此书虽未提及"法尔哈德雕刻"一名，但记述了法尔哈德为赢得西琳而在贝希斯敦开山凿石，从山上扔下的巨石散落在山脚下，这一描述指的就是"法尔哈德雕刻"的石壁以及山下的巨石群。

第三部是穆罕默德·本·迈赫穆德·本·艾赫迈德·图斯（Muḥammad ben Maḥmūd ben Aḥmad Ṭūsī）的《万物奇闻录》（*'Ajā'ib al-Makhlūqāt*）。此书述及贝希斯敦山时提到了夏布迪兹的浮雕，记录了法尔哈德受霍斯鲁之令在山崖上开山凿石打通后山之路的事迹，还提及这个工程与一个"美丽的传说"有关[②]。尽管他没有详述这则传说，但其所指应为"法尔哈德与西琳"的故事。

以上历史文献虽然并未明确提起"法尔哈德雕刻"一名，但都将包括石壁在内的遗址归功于法尔哈德所造，并且皆指向"法尔哈德与西琳"的故事。可以推测贝希斯敦山上的石壁，是因法尔哈德为赢得西琳之心开山

---

① Abudolaf, *Safarnāma-ye Abudolaf dar Īrān*（《艾布多莱夫的伊朗游记》）, bā Taʻlīqāt va Taḥqiqāt-i Vladimir Fedorovich Minorsky, Tarjuma-yi Sayyid Abulfażl Ṭabāṭabāyī, Tehran: Kitābferūsh-e Zavvār, 1975, p.63.

② Muḥammad ben Maḥmūd ben Aḥmad Ṭūsī, *'Ajā'ib al-Makhlūqāt*（《万物奇闻录》）, bā Ihtemām-i Manuchehr Setudeh, Tehran: Intishārāt-e 'Ilm u Farhangī, 2004, p.128.

凿石的故事而得名"法尔哈德雕刻"，而这一故事则沿着丝绸之路传播到远方。

此外，克尔曼沙省还有几处霍斯鲁二世时期或更早期的遗址，当地民众将这些遗址与"法尔哈德与西琳"的故事联系在一起，并为其取名，这些名称与其官方名称不同。

从克尔曼沙市到西琳城堡沿途的两个遗址，一是"愿望拱门"（Ṭāq-e Garā），推测为霍斯鲁二世末期建造，另一者是"伊沙克万墓"（Gūrdakhma-e Īshāqvand），其年代尚未得到确认，但推测应断代为安息王朝或更早时期。当地民众将前者称为"西琳拱门"（Ṭāq-e Shīrīn），传说是法尔哈德为西琳从贝希斯敦前往西琳城堡途中过夜而建造，而后者则被称为"法尔哈德塔西"（Farhād Tāsh）。从这一现象及上述文献记载可以看出，当地民众熟悉这些遗迹，并知晓霍斯鲁与西琳的历史传说，很可能是出于这些遗迹所唤起的历史想象，并且受到国王与平民善恶对立的民间故事母题影响，从而塑造出法尔哈德的形象，为历史事件增添了民间故事的元素和风格，使之更加亲切感人。

如果说这些故事早在10世纪已在此地传播，那么现在民间是否还有相关的传说保留下来呢？笔者在实地考察过程中，也搜集了当代民间版"法尔哈德与西琳"的故事，现将其中具有代表性的一则译作汉语如下：

> 法尔哈德虽是平民出身的石匠，但因其英俊的容貌和诚实朴素的品德赢得了亚美尼亚公主西琳的青睐，法尔哈德也深爱着西琳。伊朗国王霍斯鲁听说西琳公主的美貌也深受吸引，于是霍斯鲁和法尔哈德成了爱情的竞争者。一日，西琳骑马外出，途中遇到河流，被挡住去路而束手无策之际，在附近劳作的法尔哈德赶来抱她过河。这个消息传到了霍斯鲁耳中。霍斯鲁倍受打击，与手下商量如何才能迫使法尔哈德放弃对西琳的追求。宫中一位亲信出谋划策，下令周围所有住户将家中的羊羔、牛犊和母羊、母牛分开三天。第四天，派"杀害法尔哈德的老婆婆"（Pīr Zan-e Farhād Kush）向正在贝希斯敦山崖上劳作的法尔哈德传达"西琳去世"的假消息，同时将分开的牛羊赶到城里，因为连续数日的分离，牛羊母子都大声叫着寻找对方。整个城

市充满了混乱和叫嚷，法尔哈德相信了这个消息，在悲痛中用凿子结束了自己的生命。法尔哈德逝世的消息传到西琳那里，西琳也以自杀的方式表达对法尔哈德的忠诚。此后，法尔哈德所凿的石壁就被称为"法尔哈德雕刻"，他和西琳的故事也世世代代口口相传，成为一段千古佳话。①

四、结论

根据以上论述，"法尔哈德与西琳"故事真正的发源地应是在贝希斯敦地区，是法尔哈德为赢得西琳之心而在贝希斯敦山上开山凿石，并留下巨型石壁"法尔哈德石碑"之所。在伊朗萨珊末期和伊斯兰早期的几个世纪内，这些遗迹唤起了当地民众的历史想象，他们出于对美好爱情的向往和对忠诚品质的崇敬，受到国王和平民对立的民间故事母题影响，以历史人物霍斯鲁和西琳的故事为基础，创造出法尔哈德的形象及其与西琳的爱情故事，并将这个故事与当地留存的遗迹结合起来。人们将遗迹与"法尔哈德与西琳"的悲剧联系在一起，使故事更富有真实性和感染力，正如16世纪的波斯诗人瓦哈西·巴富克（Vahshī Bafqī，1532 — 1583）在其未完成的叙事长诗《法尔哈德与西琳》中所表述的那样：

Gozashateh sālhā az 'aṣri shīrīn, Hamān barjast nām-i Qasr-i'Shīrīn.

Asāsī keh īnchanīn ābād māndeh ast, Ze mahkam kāri Farhād māndeh ast. ②

【译文：自西琳之时已逝去多年，西琳城堡之名永存彼端。
建筑之所以能繁荣续延，乃因法尔哈德建造固坚。】

---

① 主要讲述者：大流士·优察尼（Dāryūsh Yochānī），男，35岁左右，家住西琳城堡县，出租车司机。艾山姆·萨里米（Hasham Sālimī），男，26岁，克尔曼沙人，德黑兰大学学生（他先咨询家中长辈后再向我转述）。

② Vahshī Bafqī, *Farhād u Shīrīn*, Ganjoor: Sokhansarāyān-e Fārsīgou（波斯语诗人诗歌宝库），https://ganjoor.net/vahshi/farhad-Shīrīn/sh20/.

　　"法尔哈德与西琳"的故事历经诸多诗人的创作和民间的传播，成了从札格罗斯山到天山南北家喻户晓的经典，正如内扎米在《霍斯鲁与西琳》中吟诵的那样：

　　Ba gerdi 'ālam az Farhād-i ranjūr Hadis-i kūh kandan gasht mashhūr.①
　　【译文：悲苦的法尔哈德为爱而凿山，其名远扬，事迹各地流传。】

（原载于《民族文学研究》2020年第5期）

---

　　① Nizāmī Ganjavī, *Khusrow va Shīrīn*（《霍斯鲁与西琳》）, Taṣḥīḥ-e Ḥasan Vaḥid Dastigerdi, Tehran: Nashr-e Qatre, 1999, p.248.

现当代文学研究

诗人对民间艺人的礼赞：以巴·布林贝赫散文《长了翅膀的歌 —— 忆琶杰老人》为主线

朝格吐

摘要：民间说唱大师、著名胡尔奇琶杰去世之后，蒙古族当代文学奠基人之一巴·布林贝赫发表散文《长了翅膀的歌 —— 忆琶杰老人》追忆琶杰。文章基于巴·布林贝赫一文，通过对琶杰吸引听众的技艺、精湛的语言艺术及他的胡仁·乌力格尔说书、英雄史诗、好来宝、民歌内容主题的综合分析，从诗人角度阐释琶杰既是蒙古族杰出的艺术家和语言大师，也是当代民间艺人学习之楷模。

关键词：巴·布林贝赫；《长了翅膀的歌 —— 忆琶杰老人》；琶杰；民间艺人；语言艺术

巴·布林贝赫是享誉海内外的蒙古族当代著名诗人、诗学理论家，中国蒙古族新文学的奠基人之一。他所创作的《生命的礼花》《银色世界的主人》《阳光下的孩子》《命运之马》等很多脍炙人口的诗歌作品至今在国内外广为传颂。民间说唱大师琶杰（1902 — 1962）逝世之后，巴·布林贝赫创作了散文《长了翅膀的歌 —— 忆琶杰老人》来追忆这位杰出的胡尔奇（说书人）、语言大师和人民艺术家。

巴·布林贝赫《长了翅膀的歌 —— 忆琶杰老人》最早以《忆琶杰老人》

作者简介：朝格吐，蒙古民间文学博士，中央民族大学中国少数民族语言文学学院教授、博士研究生导师，主要研究方向为蒙古族文学、蒙汉文学比较。

基金项目：北京市民族艺术学高精尖学科建设课题"蒙汉说书艺术交流交融研究"（ART2020 Z03）。

为题发表于1962年8月18日的《内蒙古日报》（蒙文版）上。1963年4月11日该文以《长了翅膀的歌——忆琶杰老人》为题刊登于《内蒙古日报》（汉文版）上，之后又被选入《巴·布林贝赫文存》第二卷。①巴·布林贝赫《长了翅膀的歌——忆琶杰老人》一文主要通过追忆琶杰胡尔奇如磁石般吸引听众的情景，听众欣赏琶杰说唱的胡仁·乌力格尔、好来宝的场面，以及琶杰的语言艺术、给琶杰当译员的经历、琶杰作品的内容主题等，表达了对人民艺术家琶杰的深切怀念和敬佩之意。本文以此篇散文为例，来具体分析诗人巴·布林贝赫如何解读语言大师琶杰的说书技艺和口头艺术。

一、琶杰吸引听众的技艺

巴·布林贝赫在《长了翅膀的歌——忆琶杰老人》中描写道："'看看这滚滚的人流，那是，琶杰在勾他们的魂呢！'在老祖母一再鼓动之下，我第一次去听琶杰老人说书时前往说书厅的途中听见这样的对话。抬眼一望，只见其中既有一边抽烟一边加快脚步的老头子，也有牵着孩子的手，让孩子充当夜间领路人的老婆婆；既有双双对对的年轻人，也有干部和解放军战士。"②由此我们清晰地了解到在20世纪50年代中后期，不同年龄段、不同职业的人们，为了听琶杰的说书而涌向呼和浩特说书厅的情形。"1956年11月，党组织为了让琶杰更好地发挥才能，将他调到了呼和浩特说书厅工作"③，而巴·布林贝赫在该散文中明确描述了秋天的景色，由此可推断，该文所描述的内容是1957—1961年某一年秋天的情形。关于当时说书厅及听众的情况满都呼谈道："琶杰的说书我听过多次。上世纪五六十年代，琶杰在呼和浩特说书厅工作，每晚都会与毛依罕轮流说书。我家离说书厅特别近，所以我经常同母亲一起去听说书。那时候在呼和浩特的蒙古族工作者和他们的家属们也经常去那里听说书。那个说书厅虽然

①　巴·布林贝赫：《长了翅膀的歌——忆琶杰老人》，载《巴·布林贝赫文存》第2卷，呼和浩特：内蒙古人民出版社，2003年。

②　巴·布林贝赫：《长了翅膀的歌——忆琶杰老人》，载《巴·布林贝赫文存》第2卷，呼和浩特：内蒙古人民出版社，2003年，第22页。

③　朝克图、陈岗龙：《琶杰研究》（蒙古文），呼和浩特：内蒙古文化出版社，2002年，第67页。

条件简陋，但是当时的说书厅是琶杰、毛依罕发挥才能让当地蒙古族群众享受文化生活的重要基地。"①

巴·布林贝赫在文中这样描述听众挤爆说书厅的情形："说书厅里挤得满满的，说书厅外边，也站了不少的人。有的向窗里探身，有的把脑袋挤进人缝，有的耳朵贴着窗隙，矮个子的在高个子背后踮足伸颈，自带板凳的在窗外屋檐下排坐一行。"②接着，文中细致入微地描写了听众欣赏琶杰胡尔奇说书的情形："见有的年轻人在模拟着说书人的口势，把嘴唇时张时翕；有的老人在配合着说书的音调和节奏，把须尖时翘时落；有的老妈妈为故事里主人公的喜怒哀乐所感染，额际的皱纹时皱时展；软心的听众不时擦着眼泪；爽朗的人们不时哈哈大笑。"③之后，巴·布林贝赫表达自己的感想："依我看，琶杰老人不是在说书，简直是在从他的宝库里向外倾倒语言的珍宝！通过他动人的描绘，把一幅幅鲜明灿烂的图画，展示在人们的眼前。人们不是在听书，简直是沉浸在诗歌的妙境里，同书中的主人公们一起生活着、斗争着、游历着。哦，我这才体会到刚才途中所听到的话是真实的，琶杰老人的确是能随心所欲地控制着听众的灵魂，驾驭着他们的理智和感情。"④由此可看出巴·布林贝赫对琶杰有深刻的印象和切近的了解。琶杰的确是位"能随心所欲地控制着听众的灵魂，驾驭着他们的理智和感情"的胡尔奇。

二、琶杰的语言艺术

巴·布林贝赫在散文《长了翅膀的歌——忆琶杰老人》中描写道："'人们说琶杰能把美人的眼神描绘出六十种不同的形象，是真的吗？'——

---

① 朝克图、陈岗龙：《琶杰研究》（蒙古文），呼和浩特：内蒙古文化出版社，2002年，"绪论"，第3页。

② 巴·布林贝赫：《长了翅膀的歌——忆琶杰老人》，载《巴·布林贝赫文存》第2卷，呼和浩特：内蒙古人民出版社，2003年，第23页。

③ 巴·布林贝赫：《长了翅膀的歌——忆琶杰老人》，载《巴·布林贝赫文存》第2卷，呼和浩特：内蒙古人民出版社，2003年，第23—24页。

④ 巴·布林贝赫：《长了翅膀的歌——忆琶杰老人》，载《巴·布林贝赫文存》第2卷，呼和浩特：内蒙古人民出版社，2003年，第24页。

个人这样问的时候，'嘿，六十种？七十种也不止吧！'另一个人这样答道。对，实在是那样！'荒原难用马缰量'，琶杰老人美妙的艺术语言，怎么能用数字计算呢！'语言推琶杰，故事数扎那'，人民中间不是早就流传着这样的赞语吗？"①作者不仅巧用别人的对话来展现出琶杰语言表达的高超，并且以亲身经历肯定了琶杰的语言造诣："我做过比较长时间的翻译和编辑工作，老实说，在这以前，我一直觉得自己是个相当称职的翻译工作者的。可是，自从给琶杰老人当了那次译员后，我再也不敢如此自负了。不但如此，甚至产生了这样的念头：千万别让我的儿子和孙子选择翻译的职业啊！那次作翻译，实在窘得我抓耳挠腮，手足无措。出自琶杰之口的句句都是合辙押韵的即兴诗句，我使尽了浑身解数，也硬是找不出恰当的词语把他的语句翻译出来。"②琶杰的语言是丰富生动、朴素明快的科尔沁方言。莫·托门1959年发表的《蒙古族民间艺人琶杰及其创作》、乌·苏古拉1982年发表的《民间艺人琶杰的创作特色》等论文均阐述了琶杰的语言艺术。笔者在与陈岗龙合著的《琶杰研究》一书中通过分析琶杰说唱的《程咬金劫皇杠》故事，得出如下结论："琶杰不仅在胡仁·乌力格尔的叙述语言中创作运用了很多口头诗句，还尽可能地在口头诗句以外的一般性叙述语言中运用蒙古语诗歌押韵的原则来说唱。因此琶杰演唱的胡仁·乌力格尔基本上都是押韵的诗句，形成了口头诗句和胡琴好来宝相互交替的形式。"③进而笔者还论述道："通过分析我们得知琶杰的胡仁·乌力格尔中的套语有变化性较大、较强灵活性、与故事情节紧密相关及创新咏诵等特点。这充分体现了琶杰语言的巧妙灵活、丰富多彩及其创作天赋。著名胡尔奇琶杰对胡仁·乌力格尔套语的发展作出了重要贡献。"④具体如下：

---

① 巴·布林贝赫：《长了翅膀的歌 —— 忆琶杰老人》，载《巴·布林贝赫文存》第2卷，呼和浩特：内蒙古人民出版社，2003年，第24 — 25页。

② 巴·布林贝赫：《长了翅膀的歌 —— 忆琶杰老人》，载《巴·布林贝赫文存》第2卷，呼和浩特：内蒙古人民出版社，2003年，第25页。

③ 朝克图、陈岗龙：《琶杰研究》（蒙古文），呼和浩特：内蒙古文化出版社，2002年，第364页。

④ 朝克图、陈岗龙：《琶杰研究》（蒙古文），呼和浩特：内蒙古文化出版社，2002年，第366 — 367页。

第一，语言丰富优美。这在芭杰演述的胡仁·乌力格尔、《格斯尔》史诗、好来宝、诗歌等所有体裁的作品中得到了充分的印证。如芭杰《骏马赞》中唱道：

čolmon odon nidütei,	辰星一般的双眼，
čino_a-yin xoyar čixitei,	狼耳一样的双耳，
čidamaγai erdeni-yin mαngnai tai,	如意形状的前额，
čaγan labai-yin samsa tai,	白螺一般的鼻翼，
čečeg nabči-yin uruγul tai,	花叶一样的嘴唇，
subud metü-yin šidü tai,	珍珠一般的牙齿，
saran-du adali mundaγ_a tai,	弯月一样的鬐甲，
samaγ_a saixan del tei......	光滑如丝的鬃毛 ……①

芭杰用丰富流畅的语言，形象逼真地描述了马的眼睛、双耳、前额、鼻翼、嘴唇、牙齿、鬐甲、鬃毛、肢、蹄、后肌腱、肚子、臀端、尾毛、颈部、胸部、腰部、腹部等器官和身体部位。之后他描述了骏马的走姿：

alxuγulǰu yabubal čoγ ǰoli tai,	走起路来雄赳赳，
ama-yi ni tatabal saiburi tai,	拽起马嚼子侧步走，
elgüǰü yabubal xatariy_a tai,	放开马嚼子颠步走，
urusum_a saixan ǰiroγ_a tai,	轻盈飘飘快步走，
öndeiǰü yabubal dabxiy_a tai,	昂起头来能疾驰，
ergiǰü saγubal dalim_a tai,	急转急停不费力，
uran erdem büridügsen,	各种跑跳都擅长，
unulγ_a-yin manglai mori yum.	百里挑一好坐骑。②

---

① 乌·苏古拉编：《芭杰作品选》（蒙古文），呼和浩特：内蒙古人民出版社，1983 年，第71页。

② 乌·苏古拉编：《芭杰作品选》（蒙古文），呼和浩特：内蒙古人民出版社，1983 年，第76页。

　　这里用"侧步、颠步、快步、疾驰、急停"等词语巧妙地形容了马的走姿，使之活灵活现地展现在人们眼前。

　　第二，语言生动形象。我们可以从琶杰作品中的形象塑造清楚地看出这一点。他在《两只羊羔的对话》中形容羊羔的肥美时唱道：

longxon gedesü ni čündüiǰei,	肚子吃饱鼓起来，
xongɣon mix_a ni bandaiǰai,	大腿腱子变肥了，
uɣuča niruɣu ni bümbüiǰei,	荐骨脊背隆起了，
učir–tai saixan tarɣulaǰai,	看着又肥又美了，
ebčigüü čegeǰi ni čoltuiɣad,	胸脯的脂肪颤动着，
ögexön bümbüge bolǰai tere,	无异于一个小肉球，
üsü noolor ni xüxerüged,	绵柔的绒毛蓬松着，
mindasun bümbüge bolǰai tere.	看着就是个大棉球。①

　　琶杰未用虚拟抽象的语句描述羊羔的肥美，而是用"鼓起、变肥、隆起、小肉球、大棉球"等生动逼真的词语，展现了羊羔肥壮的体态。如果说作者对肥羊羔的描述意犹未尽的话，请看接下来的说唱：

xoyar nidü ni tormolǰaɣad,	两只眼睛滴溜转，
xögerüxün gedeg ni xačin da.	出奇地活泼可爱。
xoyar čixi–ben xaičilayad,	两只耳朵竖起来，
sergüleng gedeg–čü xačin da.	出奇地聪明伶俐。②

　　在此，琶杰选用"滴溜转、竖起来"这两个词语展现了肥羊羔的可爱形态。我们来看看下面的好来宝诗节，分析一下琶杰是如何描述瘦羊羔的：

---

　　①　乌·苏古拉编：《琶杰作品选》（蒙古文），呼和浩特：内蒙古人民出版社，1983年，第119页。

　　②　乌·苏古拉编：《琶杰作品选》（蒙古文），呼和浩特：内蒙古人民出版社，1983年，第120页。

tuuxan ni degegši-ben yortoiǰai,	荐骼关节向上翘，
toloγai ni doγoγši-ban uxuiǰai,	脖子前伸头后缩，
xabirγ_a sübege ni xerteger,	肋条腰侧皮包骨，
xaraxu nidü ni ulčaγar,	眼皮松弛无光彩，
gedesü güǰege ni xebxeger.	腰腹瘦削干瘪瘪。①

　　琶杰对瘦羊羔也未用"瘦"这样虚拟抽象的词来描述，而是用"上翘、后缩、松弛"等词语形象描述羊羔骨瘦如柴的体态，因而与肥羊羔形成了鲜明的对比。

　　第三，坚持纯朴的母语表达。在说唱艺人队伍中，有的胡尔奇、好来宝奇在演唱曲目时掺杂使用蒙古语和汉语，这种现象带来社会语言愈加混乱的后果。但是与此不同的是，琶杰在演唱曲目时尽可能地使用纯正的蒙古语，展示蒙古语的丰富与优美，从而为说书艺人树立了学习的榜样。

　　第四，具有浓厚的科尔沁方言特色。琶杰生长于内蒙古扎鲁特草原，所以他的语言有很强的科尔沁地域特色。例如，他在其胡仁·乌力格尔、好来宝中将"boroγan nara tengneǰü xem, bodas uryuxu ügei geǰü bain_a uu da"（阳光雨露相齐，万物怎能不生长）（《勤俭生活赞歌》），"xamuγ bey_e ni süilegeneged, xaniyalγaǰu baiγ_a tere isige"（浑身抽搐急喘，咳嗽不止的羊羔）（《两只羊羔的对话》），"arban naimatai xadan baγatur ali baixu xüčü-ber-iyan γuyadaγsan-ača"（十八岁的哈丹巴特尔使尽了浑身力气去鞭打）（《牧羊儿哈丹巴特尔》），"olan-nu xelegsen üge-yi obailaǰu yerü degen abdaγ ügei gen_e"（把别人说的话当成耳旁风），"semeǰen egüle xübülǰegsen ügei saixan edür"（风和日丽的一天）（《酒鬼阿木古楞的结局》）等具有科尔沁方言色彩的词语用得恰到好处。②另外，他说书时将科尔沁方言中把"tʃ"音发成"ʃ"音的地方方言特色也保留下来。

　　第五，灵活运用修辞手法。琶杰能够巧妙运用夸张、借代、拟人、比

---

　　① 乌·苏古拉编：《琶杰作品选》（蒙古文），呼和浩特：内蒙古人民出版社，1983年，第120—121页。

　　② 乌·苏古拉编：《琶杰作品选》（蒙古文），呼和浩特：内蒙古人民出版社，1983年，第118—177页。

喻、反复等文学修辞手法，有效地增强了语言的感染力，提高了语言表达效果。例如，将骏马的速度夸张地描述为：

egüle biši tulada degdedeg ügei,	非云故不能浮，
jigür ügei tulada nisdeg ügei,	无翼故不能飞，
segül le tulada xočordag ügei,	只有尾巴不被落下，
següder le tulada gegegdedeg ügei.	只有影子不被甩远。①

而在《胡琴颂歌》中用拟人化手法，用胡琴替代自身，进行了深情的赞颂。在《跳蚤》和《人间》中，运用重复的手法，多次重复了"跳蚤"和"人间"，强化了所要表达的主题思想。

正是由于琶杰的语言有上述特点，因此在群众中流传着"语言推琶杰"的说法。琶杰的得意门生、作家道尔吉也曾评价他："琶杰的语言丰富，文辞是生动的，他真的是能夸到天上，也能贬到入地。"②琶杰的确是位令人钦佩的语言巨匠，因此巴·布林贝赫也敬重地说道："我一直把琶杰老人奉为自己的艺师。"③

三、琶杰作品的内容主题

巴·布林贝赫在《长了翅膀的歌 —— 忆琶杰老人》中描写道："他，作为一个深受人民爱戴的艺术家，一个对党无限忠诚的宣传员，曾用闪光的诗句在风雪里召唤过春雷，在温煦的季节里赞颂过红太阳，在'大跃进'的年代里鞭策过千里马 …… "④巴·布林贝赫不仅运用诗化的概括来

---

① 乌·苏古拉编：《琶杰作品选》（蒙古文），呼和浩特：内蒙古人民出版社，1983年，第70页。

② 乌·苏古拉：《民间艺人琶杰的创作特色》，载《蒙古语言文学》1982年第3期。

③ 巴·布林贝赫：《长了翅膀的歌 —— 忆琶杰老人》，载《巴·布林贝赫文存》第2卷，呼和浩特：内蒙古人民出版社，2003年，第25页。

④ 巴·布林贝赫：《长了翅膀的歌 —— 忆琶杰老人》，载《巴·布林贝赫文存》第2卷，呼和浩特：内蒙古人民出版社，2003年，第25页。

总结芭杰的好来宝说唱的内容主题，而且还形象地表达出其诗歌都是人民的心声："歌声婉转的鸟儿爱在檀香树上筑窝，芭杰老人在人民的心中筑成了一个永恒的诗之窝。他的诗是从人民的心里涌出，重又渗入人民的心里。"①从巴·布林贝赫的描述中，我们能清楚地了解到芭杰作品内容的丰富多彩及主题的鲜明突出，芭杰也以此征服了听众，赢得了赞誉。

芭杰早期作品主要为说唱以下三种内容题材的胡仁·乌力格尔、好来宝等。第一，说唱汉族古典小说内容的胡仁·乌力格尔，如《三国演义》《水浒传》《隋唐演义》《东汉演义》《西汉演义》等。第二，传唱或重新创作演唱的好来宝、祝赞词、民歌、胡仁·乌力格尔中的套语等，如《人间》《跳蚤》《农民桑杰》《色布金格》《弓箭赞》《婚礼赞》《骏马赞》《故乡颂》《道尔吉署长》《白虎哥哥》《在诺岩庙上》《玛日苏先生》《农民玛尼》《宝贝陶格斯》《将军出征》等。第三，从1946年开始说唱革命故事。关于这点，纳·阿斯日拉图谈道："近几年来他不再说唱传统胡仁·乌力格尔了，而是说唱关于新闻报纸上刊登的英雄模范人物事迹的胡仁·乌力格尔、好来宝。"②

芭杰在社会主义革命时期依然在说唱三种内容主题的作品。第一，新创作的作品。内蒙古解放后，芭杰不仅获得了真正的解放，还在党的领导下沿着社会主义道路前行，作出过诸多贡献，获得过很多荣誉。芭杰觉得这些都是共产党、毛主席的恩泽。因此，这时期的芭杰创作演唱了《歌唱共产党》《共产主义花朵》《歌唱毛主席》《新年》等诸多赞颂共产党、毛主席的好来宝。在共产党和毛主席的恩泽下，得到解放的内蒙古人民满怀感激之情投身革命事业的历史大事件，也被芭杰用胡琴伴奏的好来宝赞歌表达了出来。不仅如此，芭杰的好来宝还充分反映了当时的其他历史事件。正如莫·托门所言："芭杰在土地改革兴起、抗美援朝、合作社、人民公社建设等运动时期扎根到人民群众中，用好来宝、诗歌做宣传工作，所以他那时期的作品有很多。"③例如：合作社时期芭杰演唱了《合作社好》《两只

① 巴·布林贝赫：《长了翅膀的歌——忆芭杰老人》，载《巴·布林贝赫文存》第2卷，呼和浩特：内蒙古人民出版社，2003年，第25—26页。

② 纳·阿斯日拉图：《著名胡尔奇芭杰介绍》，载《蒙古历史语文》1958年第11期。

③ 莫·托门：《蒙古族民间艺人芭杰及其创作》，载《内蒙古师范学院学报》1960年第4期。

羊羔的对话》等，赞颂了合作社的好处，呼吁有些不愿加入合作社的牧民参加进来。抗美援朝时期，芭杰以一首题为《中朝友谊》的好来宝号召广大群众积极参加抗美援朝、保家卫国。新中国成立后，芭杰所创编、演述的好来宝不仅展现了内蒙古历史大事件和政治运动，还展现了具有重大历史意义的世界性事件。如1961年4月12日，苏联发射了人类历史上第一艘载人太空飞船"东方一号"，为此，芭杰创作了题为《人类理想使者》的叙事好来宝，将星空拟人化，赞美了宇航员加加林的创举。因此，人们称芭杰的作品是"时代的声音"并非空话。第二，再次改编创作的英雄史诗。如《芭杰格斯尔》《镇压蟒古思》《阿拉坦格日乐图汗的大将朝伦巴特尔》《孤胆英雄》等。其中，《芭杰格斯尔》是基于1716年北京木刻版《格斯尔》而创作演唱的史诗，《镇压蟒古思》是芭杰20世纪50年代初演述的史诗。"这部史诗突出的特点在于她在蒙古族文学宝库中刻画了蟒古思的家园，又成功地塑造了一窝蟒古思的形象。"①《阿拉坦格日乐图汗的大将朝伦巴特尔》中表达了反抗侵略的思想，塑造了朝伦巴特尔的形象。芭杰创编的《孤胆英雄》通过展现额尔登芒来汗镇压蟒古斯的故事，表达了重忠义、反侵略的思想。正因为芭杰创编演唱了多部英雄史诗，故巴·布林贝赫在《长了翅膀的歌 —— 忆芭杰老人》的结尾写道："芭杰老人去世之后，一个晚上，当我打开收音机时，又听到了他那熟悉而又感人的声音：

mangɣus-yin egülder arilul_a,	魔鬼魑魅消灭净。
manan xüdeng ǰamxaral_a,	妖焰孽氛驱除清，
engxe ǰirɣal-yin naran,	温和安详的红太阳，
ečige tngri-dü mandul_a.	冉冉升上蓝天顶。②

巴·布林贝赫在此特别将芭杰演唱的史诗记录下来，纪念其为史诗传承作出的贡献。第三，从汉族或蒙古族古今文学作品中选唱的胡仁·乌力

---

① 乌·苏古拉编：《芭杰作品选》（蒙古文），呼和浩特：内蒙古人民出版社，1983年，"绪论"，第29页。

② 巴·布林贝赫：《长了翅膀的歌 —— 忆芭杰老人》，载《巴·布林贝赫文存》第2卷，呼和浩特：内蒙古人民出版社，2003年，第26页。

格尔。他在土地改革时期说唱了《白毛女》，抗美援朝时期编唱了《杨根思》《黄继光》《中朝友谊》等作品。为了宣传革命英雄主义，编创了《长征的故事》《赵一曼》《刘胡兰》《女英雄郭俊青》《丹娘》《苏和巴特尔》等胡仁·乌力格尔。另外，这个时期芭杰还继续说唱了传统胡仁·乌力格尔《水浒传》《隋唐演义》《西汉演义》《东汉演义》等。

"天空高阔而晴朗，空气清新而凉爽，月亮皎白而沉默。一缕薄纱似的白云慢悠悠地在天上浮动，好像在向四面八方传播着他刚才的说书声。啊，这是芭杰老人的灵魂驾着祥云周游着自己的故乡吧！于是，我好像得到了安慰，心儿慢慢地、慢慢地平静了下来。"①虽然芭杰离开了我们，但他的英灵依然在为人民演唱胡仁·乌力格尔、英雄史诗、好来宝、民歌，愉悦着人们的身心。正如巴·布林贝赫所说，芭杰胡尔奇并没有离开人民，而是依然与人民同在。因为芭杰的作品被陆续出版，芭杰演唱的胡仁·乌力格尔、英雄史诗、好来宝和民歌依然在广播电台播放，在网站、微信中被转载着，芭杰的纪念碑、肖像依然被雕刻、制作着，芭杰的形象和歌喉在人民心中千古流芳。

散文《长了翅膀的歌——忆芭杰老人》正是诗人巴·布林贝赫通过追忆人民艺术家芭杰，对民间艺人为蒙古族文化艺术事业作出杰出贡献的崇高礼赞。这篇文章指出：芭杰是位能随心所欲地"控制着听众的灵魂"的曲艺大师；芭杰的语言优美丰富、生动形象，是朴实纯正的内蒙古科尔沁方言；芭杰是位能巧妙运用夸张、借代、拟人、比喻、反复等修辞手法的人民艺术家；芭杰的语句均为合辙押韵，富有节奏感的诗句；芭杰除了说唱蒙古族英雄史诗《格斯尔》、汉族《三国演义》等经典名作之外，还创作演唱了歌颂共产党、毛主席、社会主义及新人新事的作品，丰富了胡仁·乌力格尔和好来宝的传统主题。

（原载于《民族文学研究》2020年第4期）

---

① 巴·布林贝赫：《长了翅膀的歌——忆芭杰老人》，载《巴·布林贝赫文存》第2卷，呼和浩特：内蒙古人民出版社，2003年，第26—27页。

论张爱玲的童年书写及其意义

毕海

摘要： 张爱玲的作品为我们提供了中国现代女作家书写童年反思生命和时代文化最为典型的例证。新文化伦理变革过程对"进步"追求的偏执，传统家庭的坍塌和现代女性运动对儿童权利的漠视，是造成张爱玲童年创伤并影响其一生创作的根本原因。细读张爱玲的童年书写，能让我们深入认知中国现代家庭观念变革中的个人记忆、情感结构和文化形态，在历史视域中反思现代童年文化和女性文化的形态与内涵、进步与局限。研究张爱玲的童年书写，提醒我们需妥善处理女性个人发展权与母权的平衡，构建既体现女性个性又尊重母性的现代儿童/女性文化。

关键词： 张爱玲；童年书写；新女性；"五四"新文化

在中国现当代文学史上，书写童年记忆最为典型和最为彻底的作家，无疑是张爱玲。张爱玲偏好阅读"记录体"，认为"一切好的文艺都是传记性的"①，并用自己的写作实践了对这一观念的推崇。从成名作《沉香屑·第一炉香》到生涯末期的"自传三部曲"，利用散文，也利用小说，张爱玲不断书写和重构童年经验，展开对自我和时代的反思。从这个角度看，张爱玲或许可以称得上是最"执拗"的"自传性作家"。当然，所有作家都是在书写自己的经验，正如小说家米兰·昆德拉所指出，"我们

作者简介：毕海，文学博士，中央民族大学文学院副教授、硕士研究生导师，主要研究方向为中国现当代文学。

基金项目：国家社会科学基金项目"中国当代文学问题史研究"（19BZW095）。

① 张爱玲：《谈看书》，载《对照记》，北京：北京十月文艺出版社，2007年，第140页。

能做的"，"不过是说自己的故事，其他都是妄用权力，其他都是谎话"。①但与一般作家不同，张爱玲似乎纠缠在自己的童年记忆里无法自拔。20世纪60年代至70年代，张爱玲反复重写和改写自传体小说《雷峰塔》《易经》和《小团圆》；1994年，74岁的张爱玲依然郑重其事地出版图文结合的自传散文集《对照记》。王德威认为"可以将张爱玲的重写习惯归结为一种弗洛伊德式的冲动，借着一再回到童年创伤的现场，她试图克服创伤所带来的原初震撼。我们也可以将她故事的多个版本解读为她对'家庭罗曼史'的多重叙述；对过往琐事每一次的改写都是诠释学的实践"②。从这个意义上说，张爱玲以其童年书写——塑造母亲形象，重构家庭记忆，审视时代文化思潮，为我们提供了中国现代女作家书写童年反思生命最为典型的例证。细读张爱玲的童年书写，能让我们深入认知中国现代家庭伦理观念变革中的个人记忆、情感结构和文化形态，在历史视域中反思现代童年文化和女性文化的形态与内涵、进步与局限，为当代中国的"儿童/女性"问题提供思考路径。

一、母亲形象与对"新女性"的质疑

在张爱玲的童年记忆中，很少有机会接触到美丽而自由的母亲，但她"一直是用一种罗曼蒂克的爱"来爱着自己的母亲。辽远而神秘的母亲，对张爱玲有着非比寻常的影响力。母亲领着张爱玲出去，穿过马路的时候，拉住她的手，这唯一的一次牵手经验和感受，被张爱玲在散文《童言无忌》和小说《雷峰塔》《小团圆》中反复书写。面对父亲姨太太的追问，说出喜欢她更甚于母亲，这一貌似对母亲背叛的事件，一直让张爱玲耿耿于怀。母亲回国后，坐在抽水马桶上看老舍的《二马》，一面读一面笑。张爱玲说，虽然老舍后来的《离婚》《火车》全比《二马》好得多，但因为母亲的关系，她一直还是喜欢《二马》。自传体小说《雷峰塔》中

---

① 转引自葛浩文：《〈商市街〉后记：萧红的商市街》，载《葛浩文随笔》，北京：现代出版社，2014年，第62页。

② 王德威：《雷峰塔下的张爱玲：〈雷峰塔〉〈易经〉与"回旋"和"衍生"的美学》，载《现代中文学刊》2010年第6期。

小女孩沈琵琶不喜欢钢琴，也坚持要学下去，"因为钢琴是她与母亲以及西方唯一的联系"。在琵琶的心中，"她母亲总是来来去去，像神仙，来到人间一趟，又回到天庭去，下到凡尘的时候就赏善罚恶，几家欢乐几家愁"①。孩童时的张爱玲对母亲无比依恋，牢记有关母亲的一切生活细节，反复倾诉着对母亲的感情。

与此相反，作为独立的"五四"新女性，张爱玲笔下的母亲形象，多为金钱算计和现实困境考虑，似乎并没有与女儿对母亲的依恋形成同步。张爱玲4岁时，母亲即和姑姑一道出国。从4岁到16岁，母爱对于成长期的张爱玲而言近乎"缺席"。母亲在培养费上的斤斤计较，更让张爱玲感觉"赤裸裸地站在天底下被裁判着"，"母亲的家不复是柔和的了"②。母亲的遗弃和伤害，成为张爱玲终身难以摆脱的"精神创伤"。1932年，张爱玲写出了她的第一篇小说《不幸的她》。作家的写作起点往往具有重要的创作心理学意义。12岁的张爱玲运用忧郁缠绵的笔调把自己经历和感受到的亲情的痛苦转化为艺术创作，表现纠结于心的童年记忆，倾诉对于母亲的依恋，叙说着失去家庭温暖的痛苦与哀伤。"母与女的矛盾和冲突""家庭破碎的无助与痛苦"，成为张爱玲纠缠一生的创作"母题"。在张爱玲早期的文学书写中，多有母女诡谲怪异关系的表述——曹七巧对长安婚姻的恶毒破坏（《金锁记》），白老太太对白流苏寄寓娘家的刻薄处置（《倾城之恋》），川嫦母亲旁观女儿病死的冷漠（《花凋》），顾曼桢母亲默许女儿遭遇不幸（《半生缘》）……母女冲突，母亲伤害女儿的情节一再上演，直到《小团圆》《雷峰塔》《易经》出版后，读者才恍然意识到张爱玲笔下的母女故事绝非想象，而是她隐秘而真实的情感体验。从这个意义上看，张爱玲晚年创作《小团圆》《雷峰塔》《易经》，不仅构成了她的自传体小说三部曲，更重要的是补实了张爱玲在成长过程中种种母女嫌隙、过节与细节。通过叙述女童琵琶、九莉对母亲的依恋与反叛，张爱玲袒露和控诉了母亲对她造成的痛苦与伤害，表达了对于母亲的怨气和愤怒。《雷峰塔》中，女孩琵琶对母亲的态度逐渐发生转变，起初琵琶很

---

① 张爱玲：《雷峰塔》，赵丕慧译，北京：北京十月文艺出版社，2011年，第215页、第242页。

② 张爱玲：《私语》，载《流言》，北京：北京十月文艺出版社，2012年，第125页。

愿意和母亲分享她的感受，却发现"随便说什么都会招出一顿教训"①。在《易经》中，张爱玲不惜笔墨，展示女童琵琶和母亲杨露之间的矛盾，令人吃惊地表达了对母亲的强烈不满："我们是在互相毁灭，从前我们不是这样的。别将她（母亲）整个毁了。"②这样的不满，甚至让琵琶对生活都失去了信心，起了"自杀"的念头。《小团圆》里九莉生病卧床时，"（母亲）蕊秋忽然盛气走来说道：'反正你活着就是害人！像你这样只能让你自生自灭。'九莉听着像诅咒，没作声。"③许子东指出："《小团圆》的文学史意义，其实不仅在于小说解析了一段与'五四'以来很多爱情小说都截然不同的男女关系，还在于（甚至更在于）小说刻画了一种在现代文学中十分罕见的母女关系。"④在后期自传性作品中，张爱玲肆无忌惮、近乎疯狂地叙述着自己和母亲之间各种隐秘的旧事，而"揭露母亲的隐私，就是揭露张爱玲对母亲曾经的猜忌、怨毒"，"贯彻着她潜意识中强烈的报复心愿"⑤。可以说，张爱玲通过女童的倾诉和控诉，借由回忆书写塑造母亲形象清算母女关系，完成了自己的"忏悔录"。

与一般现代作家在女性解放浪潮中极力批判男权意识不同，张爱玲对于现代女性奋斗成为"娜拉"的行径不乏讥讽。《谈女人》一文中，张爱玲写道："女人的缺点全是环境所致，然则近代和男子一般受了高等教育的女人何以常常使人失望"，"把一切都怪在男子身上，也不是彻底的答复，似乎有不负责任的嫌疑"⑥。在吞吞吐吐暧昧不明的性别叙述中表达着自己对理想女性的认同，"如果有那么一天我获得了信仰，大约信的就是奥涅尔《大神勃朗》一剧中的地母娘娘"。在张爱玲看来，所谓"完美女人"——具备母性意识，"是真正的母亲"，对孩子尽职尽责。由此，我们才能理解，在《小团圆》中，借主人公九莉之口张爱玲明确表示——

---

① 张爱玲：《雷峰塔》，赵丕慧译，北京：北京十月文艺出版社，2011年，第165页。

② 张爱玲：《易经》，赵丕慧译，北京：北京十月文艺出版社，2011年，第60页。

③ 张爱玲：《小团圆》，北京：北京十月文艺出版社，2009年，第130页。

④ 许子东：《〈小团圆〉中的母女关系》，载《新文学史料》2011年第1期。

⑤ 杨联芬：《〈小团圆〉：张爱玲的"忏悔录"》，载《中国现代文学研究丛刊》2011年第3期。

⑥ 张爱玲：《谈女人》，载《流言》，北京：北京十月文艺出版社，2012年，第64页。

"伤害她的人"是她深爱的母亲！在倾诉依恋母爱的同时，张爱玲利用童年书写控诉了母亲对母权的漠视。对于母亲抛弃自己和弟弟离家出国追求"新女性"的自由，张爱玲始终不能释怀。她所有的创作，似乎都在"审视她和她母亲的关系"。这是张爱玲精神"创伤"的根本由来，也是作家张爱玲童年创伤记忆反复书写的核心机制。只有细致审视张爱玲的童年经验，将其放在张爱玲对母性人物塑造的系列谱系的书写逻辑层面，才能理解张爱玲笔下母亲形象的真实含义。20世纪初期的"新文化运动"和伦理革命，促使中国文化由传统家庭文化向资本主义个体文化转型，现代女性追求"独立""解放"而"离家出走"，却将孩子遗弃在情感的沙漠，张爱玲借由自身的经验和对"母亲"形象的反复书写与重塑，对"五四"新女性和现代女性文化展开别具一格的反思。

二、家庭记忆重构与对"五四"新文化的批判

张爱玲曾经"把世界强行分作两半，光明与黑暗，善与恶，神与魔。属于我父亲这一边的必定是不好的"，抽鸦片烟，纳妾等，不一而足，"什么都看不起"；而"所知道的最好的一切，不论是精神上还是物质上的"，都在母亲和姑姑家。①在张爱玲早期创作中，新女性母亲和"离婚出走"代表着进步，父亲和旧家庭则代表着腐朽和落后，这是新旧鼎革时代二元对立思想的表征。向父亲和家庭反抗及"复仇"，是张爱玲接受"五四"反家庭伦理革命等激进主义思潮的典型表现。但与此同时，自幼热爱文学艺术长期浸蕴在传统文化中的张爱玲，对于父亲和传统旧式家庭，感情又是极其复杂的。伴随着自身思想的成熟和文化思考的深入，张爱玲对家庭以及时代文化的情感态度逐渐发生了微妙而显著的变化。自传体小说《易经》中张爱玲借琵琶之口，表明对家族的认同 —— 母亲姑姑或许会在战争和困窘中将她（琵琶）遗弃，但"祖父母不会丢下她，因为他们过世了 …… 就静静躺在她的血液中"②。她甚至开始信奉神秘的遗传

①　张爱玲：《私语》，载《流言》，北京：北京十月文艺出版社，2009年，第120页。

②　张爱玲：《易经》，赵丕慧译，北京：北京十月文艺出版社，2011年，第24页。

基因，"我没赶上看见他们，所以跟他们的关系仅只是属于彼此，一种沉默的无条件的支持，看似无用，无效，却是我最需要的。他们只静静地躺在我的血液里，等我死的时候再死一次。我爱他们"①。对童年经验的多次反顾，影响了张爱玲的创作，也逐渐改变了她对于父亲形象和家庭记忆的建构。《小团圆》里九莉眼中的父亲——乃德脾气非常好，终日在家无所事事，绕着屋子大声背书，中气十足。"只要是念过几本线装书的人就知道这该费多少时间精力，九莉替他觉得痛心。"②虽然与时代脱节，却自有一番传统文人的风姿，悲凉中流露出几分朴质。《雷峰塔》中叙事者琵琶更是直接表达了对父亲的同情和谅解，"可怜的爸爸。他是个废物，就连挥霍无度这样的恶名也沾不上边"。"从另一层看，榆溪倒也像露与珊瑚一样反抗传统。"③不难发现，反顾童年记忆的张爱玲对被"新文化"所"抛弃"的旧式父亲及家庭展开了同情的"凝视"和"体谅的认同"。诚如许子东所说："对上一代家人的带情感的审判，也是20世纪中国作家恋恋不舍地解构剥离自己与时代与传统的关系。"④显然，张爱玲晚期创作中思想观念的转变，既表明她对父亲及父亲所代表的传统家族文化的"再理解"，也影射出她对"五四"新文化之"新旧"二元对立刻板观念的省察和批判。

由反视童年记忆展开对传统家族文化的复调表述，使张爱玲的创作有别于同时期的新文学作家；重复书写发展出的一种"衍生""回旋"的创作美学，使其穿越修辞、文类以及语言的界限，以一种"否定的辩证"（negative）方式体现中国现代历史的复杂性。其一，张爱玲对"五四"新文化有着一定程度的认可。在她看来，新文化帮助女性完成独立和自由，时代终究是进步了。通过对比琵琶母亲和表舅妈不同的性别观念，张爱玲指出新文化的"革命"意义："表舅妈已是古人。琵琶没想到她母亲也只比表舅妈小十岁，但差十岁就完全两样。"⑤其二，张爱玲对新文学-新文化又始终保持着谨慎反思的态度。在回应傅雷等人对自己创作脱离时代

---

① 张爱玲：《对照记》，北京：北京十月文艺出版社，2007年，第45页。

② 张爱玲：《小团圆》，北京：北京十月文艺出版社，2009年，第82页。

③ 张爱玲：《雷峰塔》，赵丕慧译，北京：北京十月文艺出版社，2011年，第322—323页。

④ 许子东：《〈小团圆〉中的母女关系》，载《新文学史料》2011年第1期。

⑤ 张爱玲：《易经》，赵丕慧译，北京：北京十月文艺出版社，2011年，第52页。

的批评时，她认为主流文学观往往只注重斗争的一面，而忽略安稳和谐的一面。这固然是为自己的创作辩解，但何尝不是从童年经验出发，对"五四"新文学"另一种暴力"的质疑和批判？在《雷峰塔》中，张爱玲借叙述者之口，通过对父亲的省察表达了对新文化的多维透视和审慎批判："世纪交换的年代出生的中国人常被说成是谷子，在磨坊里碾压，被东西双方拉扯。榆溪却不然，为了他自己的便利，时而守旧时而摩登，也乐于购买舶来品。"[1]在张爱玲看来，她母亲这一代人甚至包括看似保守的父亲，接受了进化主义的"五四"思想影响，很大程度上是趋利的现实主义者，"以维护个人最切身的权益为限"，却又因为思想的错位，成为时代的"多余人"。

20世纪50年代中期，张爱玲写作《五四遗事》，叙述一桩吊诡的家庭婚姻故事，戏谑式呈现出"五四"新文化伦理革命实践的"另一种"面相，并借机一吐她对主流"进步"文化的长久怨愤。小说主人公罗文涛在1924年受"五四"时代风潮影响，意图与妻子离婚，"在当时的中国，恋爱完全是一种新的经验，仅只这一点点已经很够味了"，却遭到母亲和家族的反对，拖了六年才终于办了下来。又因为和自由恋爱的情人密斯范赌气，娶了王小姐。最后多方斡旋，1936年罗文涛娶回三位太太，凑成了一桩三美团圆的趣事。在至少名义上一夫一妻的社会里，罗却"拥着三位娇妻在湖上偕游"。时代思潮与社会实践如此背离，表明新文化情感口号层面的浪漫激进远远大过实际层面对社会进步的推动。而如果结合张爱玲一生反复对家庭关系的思考和书写，这无疑是经历童年创伤的张爱玲对家庭伦理革命嘲弄式的质疑和反省 —— 何为"进步"和"现代"？对于像她父亲一样的时代"多余人"，"五四"新文化并没有为他们留下发出自己声音的空间。时代变革中传统/现代交错并置的诡谲形态，显示出新文化伦理革命主流叙述的片面与脆弱。现代文化转型留给张爱玲的，不过是纠缠一生家庭破碎的梦魇。通过对家族记忆的回顾和建构，对"腐朽"父亲形象的改写和重构，张爱玲表达了自己的眷念、不安和愤怒，完成了对家庭记忆的清算，也重审了"新文化"的进步与局限。

---

[1] 张爱玲：《雷峰塔》，赵丕慧译，北京：北京十月文艺出版社，2011年，第174页。

三、对张爱玲童年书写的反思

张瑞芬在论析张爱玲自传体小说《雷峰塔》和《易经》时指出："一般人总以为父亲和胡兰成是张爱玲一生的痛点，看完《雷峰塔》与《易经》，你才发觉伤害她更深的，其实是母亲。'雷峰塔'一词，囚禁女性意味浓厚，也几乎有《阁楼上的疯妇》(*The Madwoman in the Attic*)的隐喻。……女儿总是复制母亲的悲剧，无止无歇，于张爱玲，还加上了对母亲的不信任，雷峰塔于是轰然倒塌。"①童年书写是张爱玲写作的起点和终点，母亲、家庭，如同囚禁她一生的枷锁，她奋力挣扎却又无力摆脱。童年记忆的"纠结"和对童年创伤的不断"反视"，最终生长出"古怪的孩子"张爱玲，升华出一辈子反复书写童年审视亲情和人性的张爱玲的独特写作。

"五四"时期，鼓励女性走出家庭，打碎封建旧家庭的精神枷锁，成为正义伦理的时代"进步"话语。1919年沈兼士发表《儿童公育》明确提出，家族制度是私有制社会的"恶性传统物"，由家庭问题带来的儿童问题，是一切社会问题的关键，"解决社会一切问题，非先解决妇人问题不可，欲解决妇人问题，非先解决家族问题不可；欲解决家族问题，非先解决家庭问题不可；欲解决家庭问题，非先解决儿童问题不可。解决儿童问题之唯一良法，曰'儿童公育'"②。1920年，从解放女性的角度出发，《妇女评论》创刊号更是极力批判家庭制度，呼吁废除家庭，强调只有摆脱了家庭的束缚，才能打破施于女性的种种束缚，才能让女性的能力得到自由发展。在当时的妇女运动者看来，诸多的社会问题，男女分工的差异和结果，均源自女性抚育孩童的困境，"实在因为女子生育的牵累"。③强烈的"反家庭"的伦理革命，导致了现代"新女性"对于家庭尤其是儿童的有意"拒绝"或无意"遗弃"，儿童不幸成为牺牲品。张爱玲恰逢其会，

---

① 张瑞芬：《童女的路途——张爱玲〈雷峰塔〉与〈易经〉》，载《雷峰塔》，北京：北京十月文艺出版社，2011年，第11—12页。

② 沈兼士：《儿童公育》，载《新青年》1919年第6卷第6号。

③ 郭妙然：《女子教育的三个时期》，载《五四时期妇女问题文选》，北京：生活·读书·新知三联书店，1981年，第279页。

新女性母亲的"浪漫出走"，"五四"新文化对旧式家庭的冲击和摧毁，让她成为缺乏"母爱"和"家庭温暖"的"被遗弃的孩子"，一辈子停留在情感的荒漠中，终身难以摆脱"创伤"，只得用"文学书写"反复舔舐伤口，疏解痛苦和哀伤。

张爱玲用童年书写对激进"浪漫"的"五四"新文化进行了"片面却不乏深刻"的思考和表述，为我们提供了另一种观察新文化伦理的视角，也促使我们进一步思考儿童、女性与现代性的关系。

第一，保障儿童的权利，尤其是儿童获得家庭爱抚的权利。现代儿童权利论认为，儿童享有生存权、全面发展权、受教育权、参与权等多项权利，以确保儿童与社会和谐健康发展。在这些权利中，儿童由家庭和母亲那里获取的抚爱和充分发展的权利，无疑是第一位的。时代转型过程中新旧家庭伦理所引发的"错位"和矛盾冲突，最终的伤害都由孩子来承担。张爱玲的童年书写提醒我们，家庭的慰藉是儿童健康成长的关键，缺失成长之爱的孩子是悲苦的。现代中国迫切需要改变既有家庭文化对儿童身心健康发展的漠视，以避免再度造成如同张爱玲式的悲剧。鲁迅早就指出中国文化在"育儿"层面的缺失和"缺陷"，"中国的孩子，只要生，不管他好不好，只要多，不管他才不才。生他的人，不负教他的责任。虽然'人口众多'这一句话，很可以闭了眼睛自负，然而这许多人口，便只在尘土中辗转，小的时候，不把他当人，大了以后，也做不了人"①。由此，鲁迅才强调要做"人之父""人之母"，一旦养育孩子，就要负担起为父为母的责任，让他们成为"一个完全的人"。

第二，如何理解和保障女性的权利，尤其是女性个人发展权与母权的平衡。中国现代女作家的童年书写，既是在呈现一个时代的儿童现实生活，也是在反映特定历史时期的"儿童观"和女性生育观，更涉及对儿童、家庭、性别等一系列伦理问题的思考。张爱玲的童年书写是悲怆的，表现了她刻骨难忘的个体生命体验和记忆。除了愚昧落后的传统文化因袭，新文化伦理变革过程对"进步"追求的偏执，现代女性运动导致中国家庭在

---

① 鲁迅：《随想录二十五》，载《鲁迅全集》第1卷，北京：人民文学出版社，2005年，第312页。

传统与现代观念上的分裂冲突，是造成张爱玲悲苦的童年创伤的重要原因。"女性的发现"既带来"儿童的发现"，还带来"儿童的伤害"。现代性发展过程中的这种吊诡"悖论"，无疑是值得我们深思的。实质上，家庭、母权对于儿童成长的重要意义，"五四"论者也并非没有洞察。沈雁冰曾介绍爱伦凯的"母性论"，指出新文化运动时期流行的妇女解放论者存在的某些狭隘和偏颇，最为突出的一点是"把母职的价值重新估定，不幸估定得很不堪"，尤其是"儿童公育"，在爱伦凯看来，存在着明显的弊端，"忽视了母性的价值"，对于儿童本身毫无利益。实则是"看低了母职的意义，惟知有肉体哺育而不知有精神训练"[1]。爱伦凯强调，母性是女性的本性，是爱和付出，对于儿童的发展意义重大，"凡儿童的一切品性，都是受之于母"。潘光旦在《中国之家庭问题》一文中也明确表示不认可"儿童公育"和现代家庭革命对儿童抚养、教育相关权益的忽略，因为"儿童公育"完全无视每一个儿童个体在体力、智力、性情的差异，丝毫没有因人而异的施教，与"个人主义"的时代要求相去甚远[2]。但从总体看，"五四"时期强调母权重视"家庭"意义的理性声音显得十分微弱，很快淹没在追求"进步"的时代革命文化浪潮中。

实质上，现代革命文化实践追求"个人自由"和"自我解放"，并不应该以牺牲家庭和儿童为代价。近年来有学者注意到在新文学视域中被"忽略"的女性的"母权"问题，意识到中国现代文学"弃儿"主题与新文化伦理变革之间复杂吊诡之关系。女性的解放和发展固然是一种"正义"和"进步"，但如何在肯定正义伦理的同时，考虑关怀伦理的价值，如何在女性权利和母权–儿童权利之间寻找一种平衡，是我们重返文学历史记忆关切现实的重要议题。"知识的范畴是人类建构出来的，反抗传统偏见的女性主义，可能因置身于同一个知识范畴，而产生另一种偏执。……女性生命过程中特有的'母性'经验，及涵泳其中的关怀与爱，无疑是人类道德发展过程中，在正义、理性、功利的标准之外，另一

① 沈雁冰：《爱伦凯的母性论》，载东方杂志社编：《妇女职业与母性论》，北京：商务印书馆，1924年，第33页。

② 潘光旦：《中国之家庭问题》，载《潘光旦文集》第1卷，北京：北京大学出版社，2000年，第212页。

种必须纳入的标准。"①母爱、家庭对于儿童的成长至关重要，张爱玲由童年书写所表述的对"新女性"母亲的强烈控诉和对现代革命文化的冷静审视，透露出母亲、家庭、文化观念对于儿童成长的意义和价值。如果从女性作家童年书写的角度看，新文学从"救救孩子"出发，结果走了"先救自己"的路。时代女性所遭遇的童年悲怆，注定只能由她们自己默默地痛苦承受。反观和考察张爱玲的童年书写，提醒我们应该关切"自己的话语""自己的声音"，需要在一个更为丰富——既体现女性个性，又尊重母性共性——的多元文化层面，展开对现代儿童/女性问题的全面而整体的思考。

重新审视和反思张爱玲童年书写中的儿童/女性问题，并不是旧思潮的"沉渣泛起"，更不是要否定现代女性文化，只是希望通过对个体情感体验更为丰富的呈现，审视中国新文化运动百年进程中的成败得失，以更加理性的态度思考中国现代儿童、女性的真实的历史境遇，为当下的相关议题提供借鉴。

（原载于《江汉论坛》2020年第9期）

---

① 杨联芬：《浪漫的中国——性别视角下激进主义思潮与文学（1890—1940）》，北京：人民文学出版社，2016年，第338页。

文艺理论研究

论古希腊罗马思想中的光之美学

宋旭红

摘要： 在西方文明史中，光是一个横跨哲学史、科学史和艺术史的重要概念，但是现代学术对光的研究一直偏重于科学角度。本文从美学角度梳理分析古希腊罗马时期关于光的思想，以期找出光在西方文明史上的重要性与独特性之根由。在古希腊的自然哲学时代，光不是一个独立的哲学概念，而是隐藏于以太、火和太阳等相关概念的内涵之中；柏拉图将光从上述概念中独立出来，并赋予其形而上学内涵，宣称可见之光即为美，视之为沟通理式世界与现实世界的唯一通道；亚里士多德从物理学角度解析了光在现实世界中发生作用的机制，其思想被斯多亚学派纳入"世界美"的概念之中，成为第二条光之美学路线；新柏拉图主义则完全抛弃了光的可见性规定，把它改造成一个纯粹形而上学概念，并以形式概念为中介阐释了不可见之光的美学内涵。

关键词： 光；古希腊美学；柏拉图；亚里士多德；普罗提诺

在西方文明史上，"光"（Φως, light）是一个极为特殊和重要的概念，其特殊性在于：它几乎是我们能想到的唯一一个横跨哲学史、科学史和艺术史，并且在上述每一领域都极为重要的概念。除此之外，在时间维度上，它也自古至今备受关注，始终吸引着人们不断描述、言说、解析、定

作者简介：宋旭红，文学博士，中央民族大学文学院教授、博士研究生导师，主要研究方向为文艺理论、西方文论、西方美学、比较诗学。

基金项目：教育部人文社会科学研究规划基金项目"西方光之美学思想史研究"（22YJA720007）。

义或重新定义。然而笔者注意到，当代西方人文学术界对光的思想史研究并不充分，并且很可能有不少偏颇之处，比如最近的一位研究者指出，在17世纪以前，"光学的原初目的不是要解释光及其物理显现，而是要从物理学和心理学的各个方面解释视觉感知和认识事物的原因"。因此，他得出结论说，近代以前的西方关于光的理论都是附属于视觉理论的。①不仅如此，在17世纪以后，随着近代物理光学的诞生，西方文明对于光的研究越发偏重于科学一维。相应地，自20世纪后半期以来，西方学术界对于光的思想史的梳理研究多数也仍然囿于视觉史或科学史角度。②

　　本文认为，虽然在古希腊文明发轫之初，哲学与科学本为一体，有关光的理论既是哲学的，也是科学的，然而随着历史的发展，在学科分野日益清晰之后，哲学对于光的研究与言说必然会有科学视角所不能囊括的内容。鉴于此，本文试图从哲学的一个特殊领域 —— 美学 —— 的角度来梳理和解析古希腊罗马时期有关光的思想，因为唯有在美学视域中，光的物理属性与哲学意义被赋予了美学内涵，从而为光在后世进入西方艺术史准备了条件。换言之，美学视角是探究光的独特内涵及其在西方文化中独特地位的最佳进路。

一、以太、火、太阳与光 ：自然哲学传统

　　根据赫西俄德（Hesiod）《神谱》，古希腊创世神话最早一批诞生的神灵中就有一位光明之神埃忒耳（αἰθήρ，Aether，其更加广为接受的中文译法为"以太"，因此本文以下即采用此译法），他是直接从混沌卡俄斯Chaos生出的黑暗之神Erebus和夜神Nyx的儿子。但是以太并不是唯一的光明之神。在他之后，提坦诸神中的许佩里翁（Hyperion）和忒亚（Theia）

---

① A. Mark Smith, *From Sight to Light: The Passage from Ancient to Modern Optics*, Chicago & London: The University of Chicago Press, 2015. p. ix.

② 代表性著作有：Vasco Ronchi, *The Nature of Light: An History Survey*, trans. V. Barocas（Cambridge, MA: Harvard University Press, 1970）; David Linberg, *Theories of Vision from al-Kindi to Kepler*（Chicago: University of Chicago Press, 1976）; David Park, *The Fire within the Eye: A History Essay on the Nature and Meaning of Light*（Princeton, NJ: Princeton University Press, 1997）；等等。

也都是光明之神，由他们结合才产生了太阳赫利俄斯（Helios）、月亮塞勒涅（Selene）以及黎明厄俄斯（Eos）。①很显然，这是两个完全不同的光明之神的序列：以太出自黑暗，是初始宇宙的二元秩序之一，而提坦神族中的光明众神才是我们生活于其中的这个世界诸种可见光明的神话原型。这种神话叙事奠定了西方文明关于光的二元属性（形而上学属性/物理属性）之认知的最初基石。

进入自然哲学时代以后，希腊哲人们探讨过众多与光有关的问题，但他们大多都不是直接或单纯讨论光，而是将关注的焦点集中于三个重要主题：其一是太阳（Κυρ，Sun）、月亮、星辰等自然界的发光星体，其二是被视为世界基本要素和本原的火（Φωτιά，fire），其三则是以太。这三种主题均有着重要的神话来源。不过，与神话时代先有神圣始基再到人间万象的世界观结构不同，自然哲学遵循从自然世界中领悟宇宙真理的相反进路，因而与人类日常生活息息相关的太阳与火成为讨论的重点。首先，日月星辰作为自然界至关重要之存在、万物生命之所系、光明之来源，是自然哲学家们必须予以解释的。就现存材料残篇来看，希腊先哲们主要基于朴素的本体论观念和宇宙论模型来解释日月之光发光发热的物理性质，其中一个比较普遍的观点是将"火"视为星体的来源或本质，比如阿那克西曼德（Anaximader of Miletus）认为日月星辰都是"从世界大火中分离开来、被空气包围着的一个火的圈环中生成……（太阳是）较地球28倍大的一个圈环，近似于一个战车轮子，有着中空的轮圈，充满了火，在某个部分通过一个孔穴将火显露出来，就像通过一个风箱喷嘴一样"②。埃利亚学派的创始人克赛诺芬尼（Xenophanes）则认为："太阳每一天从聚集起来的微小的火里被生成……而且有无数的太阳月亮。"③赫拉克利特（Heraclitus）则把诸天体想象为盛满火的大碗："在其中明亮的蒸汽聚

① 参见[古希腊]赫西俄德：《神谱》，载《工作与时日 神谱》，张竹明、蒋平译，北京：商务印书馆，2011年，第31页、第39页。

② [英]G.S. 基尔克、J.E. 拉文、M. 斯科菲尔德：《前苏格拉底哲学家——原文精选的批评史》，聂敏里译，上海：华东师范大学出版社，2014年，第202页。

③ [英]G.S. 基尔克、J.E. 拉文、M. 斯科菲尔德：《前苏格拉底哲学家——原文精选的批评史》，聂敏里译，上海：华东师范大学出版社，2014年，第258页。

集起来的火焰，它们就是诸星辰。太阳的火焰是最明亮、最炽热的。"①恩培多克勒（Empedoclus）也说太阳是从火中生成的。然而我们需注意到，这些观点看似赋予了太阳较其他星体更重要的地位，但这显然只是一种基于人类日常经验的表达，就对其本质的哲学认知而言，自然哲学家眼中的太阳与其他星体并无差异，也没有对之作神圣化阐释；至于火，哲学家们视之为一种宇宙构成的基本元素，它不仅意味着光，具有"明亮"的特征，更重要的它还意味着"热"或"温暖"，以及"运动"——后者是"气"的特征，因此"火"的概念其实融合了火、光、气三种自然物的特征。正因如此，火与气被认为是最为相近的两种元素，它们与另两种元素土和水之间可以构成一种彼此转化、循环生成的关系，因而在巴门尼德（Parmenides）和恩培多克勒之后，哲学家们越来越倾向于不以某种单一元素、而以四种元素的相互转化作为宇宙生成的本原结构。但是仅仅早于他们十数年，赫拉克利特作为史上最著名的"火"本原论者，仍然宣称"这个世界既不是某个神也不是某个人创造的，而一直总是并且现在是而且将来是：永恒的活火"②。研究者认为，这种纯粹的永恒之火，即宇宙之火（cosmic fire），"有可能被赫拉克利特等同于以太，充满闪亮的天空并且包围世界的明亮和火性的物质"，而这个"以太被广泛地认为既是神圣的又是灵魂的所在"③。这就涉及第三个概念以太。关于以太，《神谱》中除了在另一处提到它是神王宙斯所居之处外，再无更多信息；《荷马史诗》中提到以太之处也多指"高空"，因此后世人们普遍将这位古老的神灵视为太空的化身，它是诸神之居所，是蓝色、明亮、透明、布满苍穹的火或气。对于巴门尼德而言，以太是"在（宇宙的）最上面包围着一切，在其下排列了这个我们已经称作天空的火样的东西"④。恩培多克勒也把以太看

---

①　[英]G.S. 基尔克、J.E. 拉文、M. 斯科菲尔德：《前苏格拉底哲学家——原文精选的批评史》，聂敏里译，上海：华东师范大学出版社，2014年，第300页。

②　[英]G.S. 基尔克、J.E. 拉文、M. 斯科菲尔德：《前苏格拉底哲学家——原文精选的批评史》，聂敏里译，上海：华东师范大学出版社，2014年，第295页。

③　[英]G.S. 基尔克、J.E. 拉文、M. 斯科菲尔德：《前苏格拉底哲学家——原文精选的批评史》，聂敏里译，上海：华东师范大学出版社，2014年，第296页。

④　[英]G.S. 基尔克、J.E. 拉文、M. 斯科菲尔德：《前苏格拉底哲学家——原文精选的批评史》，聂敏里译，上海：华东师范大学出版社，2014年，第401页。

作"圆周地紧紧包裹一切的提坦"。在他们具有光明/黑暗二元结构的宇宙观中，以太显然是光明、闪亮、神圣的至高所在。

以上三个主题彼此交织，但各有侧重：对太阳的解释主要从其物理属性出发，但与火元素密切相关；而火的概念一方面具有形而上学性，即作为宇宙基本元素的普遍性，另一方面也强调其温暖、明亮、运动等具体可感的特征；以太的神圣性最强，因为它是创世神话中最早出现的光明神，它所代表的高空被认为是神灵所居。然而我们注意到，尽管这些主题均内含"光"的意义，但它们都不仅仅是光。这意味着光在此时尚不是一个独立的概念。除了以上三种主题，哲人们单独谈到光的情况似乎就是在讨论视觉之时，比如，赫拉克利特的"人在夜晚为自己点着光，因为视力消失了"[①]；恩培多克勒认为人的眼睛有"向外射出的光"[②]等。这些显然是后世"光学附属于视觉理论"之现象的最初根源。

尽管在先哲们留下的只言片语中有动人的诗句，也有精彩的想象，但是未见这些关于光的思想与美有何直接关联。或者毋宁说，在古希腊思想早期，"美"也尚不是一个独立的哲学概念。"光"和"美"成为重要的哲学主题，并实现彼此的相遇与结合，从而生成一种全新的美学进路，这些创举均出自下一个时代的哲学巨人柏拉图。

二、美本身之光：柏拉图的光之美学

众所周知，柏拉图在《国家篇》第七卷中提出了著名的"洞穴比喻"，对太阳作出了形而上学化的解释，将之比喻为哲学的最高真理，因为"正是太阳造成了四季交替和年岁周期，并主宰着可见世界的所有事物"，同时它"也是他们过去曾经看到过的一切事物的原因"[③]。太阳所象征的最高

---

① [英]G.S. 基尔克、J.E. 拉文、M. 斯科菲尔德：《前苏格拉底哲学家 —— 原文精选的批评史》，聂敏里译，上海：华东师范大学出版社，2014年，第306页。

② [英]G.S. 基尔克、J.E. 拉文、M. 斯科菲尔德：《前苏格拉底哲学家 —— 原文精选的批评史》，聂敏里译，上海：华东师范大学出版社，2014年，第484页。

③ [古希腊]柏拉图：《国家篇》，载《柏拉图全集》第2卷，王晓朝译，北京：人民出版社，2003年，第513页。

真理，柏拉图称之为"善的型"，它是"一切正义的、美好的事物的原因，它在可见世界中产生了光，是光的创造者，而它本身在可知世界里就是真理和理性的真正源泉"①。如前所述，在自然哲学时代，哲人们主要从宇宙论和物理学角度表达其对太阳的认知。太阳虽被认为是最重要的天体，但其本质与其他星辰并无差异。柏拉图则开启了将太阳神圣化、唯一化和形而上学化的思想进程。太阳不再是广阔宇宙中的一颗与我们关系最为密切的星体，而是成为神圣真理的化身、世间万物的主宰。不仅如此，柏拉图在此处忽略了太阳"温暖"和"运动"等特性，仅仅强调了光。在第六卷中，柏拉图详细讨论过光与太阳的关系。光来自太阳，同时又是"使我们的视力能够很好地看，使可见事物很好地被看"②的原因。因此他说，如果把太阳比喻为"把真理赋予知识对象"，又"使认知者拥有认识能力"的"善"之型，那么光就是知识与真理。它虽非至善，却源于至善，并能为人类灵魂（类比于眼睛）所见。③笔者认为正是由此开始，光成为一个正式的哲学范畴，且其重要性超越了火和以太，成为"可见世界"一切事物的原因。

柏拉图当然也继承了很多自然哲学家宇宙论的遗产，他关于万物始基和宇宙生成的描述沿袭了诸多前代哲学家们的说法。比如，"火"依然被视为物体的始基性元素之一④。但是当我们看到他在《蒂迈欧篇》中写"神用火创造了大部分神圣的星体，使它成为可见的最明亮、最美丽的东西"⑤，在《伊庇诺米篇》中也反复强调"对眼睛来说，星辰的运行

①　[古希腊]柏拉图：《国家篇》，载《柏拉图全集》第2卷，王晓朝译，北京：人民出版社，2003年，第514页。

②　[古希腊]柏拉图：《国家篇》，载《柏拉图全集》第2卷，王晓朝译，北京：人民出版社，2003年，第505页。

③　[古希腊]柏拉图：《国家篇》，载《柏拉图全集》第2卷，王晓朝译，北京：人民出版社，2003年，第506页。

④　柏拉图在此篇对话中认为有五种万物始基，除了传统的土、火、水、气以外，增加了"以太"作为第五种元素。

⑤　[古希腊]柏拉图：《蒂迈欧篇》，载《柏拉图全集》第3卷，王晓朝译，北京：人民出版社，2003年，第291页。

是最美丽的景象"①，我们相信这就是在西方思想史和艺术史上均影响深远的光之美学的源头。柏拉图曾明确区分过三种不同的"火"，称其中第二种是"火焰发射出来的东西，它并不燃烧，仅为眼睛提供光明"②，这显然是指"火"中之"光"，它不涉及"热"和"运动"的特征，仅与视觉相关，因此柏拉图这里所说的可见的"星辰最美丽"指的也不是"神圣星体"的热量和运动，而是它的可见光辉。由此，"光"不仅获得了区别于"火""太阳""以太"等所有相关概念的根本特征：可见性，并且由于该特征而与美结下了不解之缘。光来自神圣世界，但它又是可见的，这可见之光即为美。或者说，人类在看见神圣星体的光芒时即感受到美，这种美被称为"美本身"。在《斐德诺篇》中，柏拉图借苏格拉底之口讲到灵魂在未堕入尘世之前在天上见到"美本身"，称其是"光辉灿烂的"。他说："美本身在天外境界与它的伴侣同放异彩，而在这个世界上，我们用最敏锐的感官来感受美，看到它是那样清晰，那样灿烂。……（神圣世界里）能被我们看见的只有美，因为只有美才被规定为最能向感官显现的，对感官来说，美是最可爱的。"③由此可见，作为柏拉图美学之基石的"美本身"，其本质内涵就是光。那恒久星体发射出来的灿烂光辉是人类唯一能够亲眼所见的神圣世界的景象，也就是最高的、本原的美。在《国家篇》末尾的宇宙模型中，那道"自上而下贯通天地，颜色像彩虹，但比彩虹更加明亮和纯净"的光柱④可谓是柏拉图光之美学的形象写照：光同时兼具神圣性和可见性，是最本真最纯净的美，也是沟通神圣世界与可见世界的唯一通道。

综上所述，柏拉图以"可见性"为核心内涵，将"光"从自然哲学时代众多相关概念中分离出来，同时又通过将光与至善、至美本身等范畴相

---

① [古希腊]柏拉图，《伊庇诺米篇》，载《柏拉图全集》第4卷，王晓朝译，北京：人民出版社，2003年，第11—12页。

② [古希腊]柏拉图：《蒂迈欧篇》，载《柏拉图全集》第3卷，王晓朝译，北京：人民出版社，2003年，第311页。

③ [古希腊]柏拉图：《蒂迈欧篇》，载《柏拉图全集》第3卷，王晓朝译，北京：人民出版社，2003年，第164—165页。

④ [古希腊]柏拉图：《国家篇》，载《柏拉图全集》第2卷，王晓朝译，北京：人民出版社，2003年，第642页。

联系，确立其形而上学属性，使得光在其思想体系中获得了独特的地位，从而诞生出一种全新的美学进路。如果说柏拉图的二元世界图景在可见世界和可知世界（理式世界）之间划出了鸿沟的话，对身处可见世界的人类而言，唯一可能跨越这条鸿沟的机会就是美。这是柏拉图主义光之美学的根本命意。从西方美学史来看，柏拉图"光之美学"思想不啻一个伟大的创举，因为众所周知，在柏拉图的时代以及之后很长一段时间，主宰着古典世界的美学观念是"美在比例"说，这一点我们从柏拉图本人及其他众多著述家那里都可以得到证实。"比例说"由毕达哥拉斯学派奠定、基于数学原则，翁布托·艾柯称之为"量的美学"（aesthetics of quantity）。与之相比，光的美学被视为一种"质的美学"（aesthetics of quality）[①]。笔者认为这一界定可以成立，因为如前所述，光之美的确根源于光的本质特征——将神圣性与可见性完美结合在一起的双重属性。

三、世界因光而美：亚里士多德与斯多亚学派光之美学

如果说柏拉图的光之美学是直接将兼具神圣性与可见性的光命名为美本身，从而为光在形而上学层面进入美学开辟了道路，那么我们不得不说，仅有这条道路是不足以令光长留美学史并最终发展出无比精彩丰富的艺术实践的，因为唯有在现实层面得到充分的确证，光之美才会拥有穿透历史的生命力。据笔者分析，这后一条道路在西方古典时期主要是由斯多亚学派在综合赫拉克利特和亚里士多德思想的基础上完成的。

在有关光的思想上，亚里士多德很少遵循他的老师的观点，相关的讨论就篇幅而言也相对有限，主要集中于《论灵魂》《论感觉及其对象》等少数文章中。[②]然而从这些讨论中可以明显看出，亚氏基本不在形而上学层面，而是善于在物理学层面分析光的性质和功用。对亚氏而言，与光关系最为密切的概念是颜色，其次就是视觉。在《论灵魂》中，亚里士多德

[①]　Umberto Eco, *Art and Beauty in the Middle Ages*, New Haven and London: Yale University Press, 1986. p.43.

[②]　另有《论颜色》《论宇宙》等几篇有大量相关内容但因被大多数研究者认为乃是伪作，本文一般不予采用。

给出了光的如下定义："光是颜色的本质和致使实现着的透明物运动的东西，光是透明物的完全现实性。"①颜色又是什么呢？"颜色是在本性意义上的可见物"，所谓"本性意义上可见"，则是指"在它自身之内即存在着可见物的原因"②，即光。换言之，在亚里士多德这里，与光等同互换的概念不是美，而是颜色。这是与现代人的科学认知基本相符的。而所谓"透明物"，其实是指光传播的媒介，如空气和水等。因此在亚氏看来，光并不是一种物质，而是物体的颜色透过某种透明物质为人所见的原因和过程。可见世界的一切都是因为光而成为可见。此外，亚氏沿袭了将光纳入视觉理论的传统。不过他并不认可柏拉图关于"眼睛最像太阳"因而能发出光线、并与物体发给的光相遇从而形成视像的观点。他认为，眼睛由水构成，是一种能透光的透明物；在眼睛与物体之间则有空气作为透明物，光通过空气传导至眼睛，与眼睛内部的光在眼球晶体薄膜上相遇，从而形成视觉。在这里，他不仅否定了柏拉图关于"肉体的眼睛"和"灵魂的眼睛"之间的二元类比关系，直接将眼睛内部的光称为"灵魂的眼睛"，而且通过作为运动或潜能之实现的光的概念，将颜色理论与视觉理论连接起来，从而完整清晰地描绘出光在可见世界中的作用机制与重要地位。然而我们需要注意的是，亚里士多德并没有直接将颜色或光命名为美或美的。这是因为在为什么是美的问题上，亚里士多德仍然是古老的毕达哥拉斯学派"比例论"的信徒。在《形而上学》中，他斩钉截铁地说："美的最高形式是秩序、对称和确定性，数学正是最明白地揭示它们。"③而光却恰恰不是数学可以量化的。

　　亚里士多德对光的现实性解读直到古典主义中后期才逐渐与柏拉图主义相融合，进而生成新的与光相关的美学进路，即"宇宙（整体）之美"，而这种融合主要是在斯多亚学派那里完成的。据说，斯多亚学派的创始人

---

　　①　[古希腊]亚里士多德：《论灵魂》，载秦典华译，苗力田主编：《亚里士多德全集》第3卷，北京：中国人民大学出版社，2015年，第48页。

　　②　[古希腊]亚里士多德：《论灵魂》，载秦典华译，苗力田主编：《亚里士多德全集》第3卷，北京：中国人民大学出版社，2015年，第46页。

　　③　[古希腊]亚里士多德：《形而上学》，载苗力田译，苗力田主编：《亚里士多德全集》第7卷，北京：中国人民大学出版社，2015年，第296页。

芝诺因不满于柏拉图主义二元论世界观令现实世界陷入悲观绝望的境地，遂祖赫拉克利特以"火"为世界之本原的思想来建立自己的哲学。因此在有关光的思想上，斯多亚学派也没有追随柏拉图主要围绕太阳意象展开的理论方向，而是以"火"为中心，并将之与另一个古老且更具形而上学性的概念——"以太"——紧密结合起来。据说芝诺把以太等同于神，芝诺的学生克莱安赛斯（Cleanthes）则把以太视为"环绕高空之气的火"①，亦称之为主神。如果西塞罗此说不是他依据自己的哲学立场杜撰的话，那说明斯多亚学派从一开始就显露出综合神话传统和自然哲学传统的雄心。不仅如此，他们还试图借恢复赫拉克利特式的自然哲学传统来克服柏拉图主义的二元论：将以太或火等同于神是为了为整个宇宙确立一个连续性的统一构成力量。至于这个构成力量或神的具体名称，不同的思想家有不同的理解，据说克莱安赛斯认为应该是太阳，而早期斯多亚学派的中流砥柱克律西波认为是"天"，即"以太中最为纯净的部分"，这部分"作为首要的神，能在空气中以我们能够看到的方式穿过，而且渗透于所有动物和植物之中，并且以张力的形式渗透于土自身之中"②。这句话的前半部分显然是指光的特征，但若如此，后半部分的"渗透"却不能在同样的原理下被理解。或许正因如此，已经见识过希腊哲学辉煌时代的斯多亚学者们很快区分了作为世界生成运行之本原力量的形而上学的"火"和日常生活世界中的"火"，改称前者为"普纽玛"（Pneuma，可译为"生命气息"），该词保留了传统"火"元素中的"热"和"运动"两种特征，独独剥离了"光"的特征。在一定程度上，这种区分暴露了斯多亚学派与柏拉图主义的关联，具有二元论之嫌疑，其间与该学派反二元论之初衷的自相矛盾之处唯有借助于亚里士多德主义方可望化解。

公元前二世纪以后，斯多亚学派与柏拉图主义逐渐合流，史称中期斯多亚学派。与此同时，它也越来越多地借重于亚里士多德主义的思想资源，这使得上述化解成为可能。然而由于早期和中期斯多亚学派众多学者的著作已全部遗失，我们今天可见的只有晚期诸公的著作，对于早中期学

① ［古罗马］西塞罗：《论神性》，石敏敏译，北京：商务印书馆，2012年，第19页。

② 汪子嵩、陈村富、包利民等：《希腊哲学史》第4卷（上），北京：人民出版社，2014年，第415页。

派思想的了解也只能通过这些晚期著作及同期其他思想家作品中的引述部分达成。因此本文无法完整描述出斯多亚学派在有关光的理论方面是如何综合柏拉图主义和亚里士多德主义的，唯有根据现存著作的转述发现：斯多亚学派的宇宙观至少在两方面继承并大大发扬了柏拉图主义，一是强调宇宙的神圣来源，一是强调宇宙的有机整一性。这两个观点都可见于《蒂迈欧篇》。但斯多亚学派的突出之处在于他们进而特别强调宇宙整体的完美，特别是可见世界的美："没有任何其他事物能像作为一个整体的宇宙那样，无所匮乏，它的每个部分都是完善、完美的。"①宇宙的完美源于它本身乃是神的造物，且表现为基于和谐秩序的自然法则，这些都是老生常谈，然而斯多亚学派更加强调创造之神的理性与意志，以及宇宙之美对于人而言的可感受性，即可见性。在《论神性》中，西塞罗假借一位斯多亚主义者之口说道："让我们把所有似是而非的论证放在一边，只用我们的眼睛看清这个光辉灿烂的世界，这个我们确信由神意创造出来的世界。"②为了增加权威性，他还搬出了据说是亚里士多德一篇已佚失的文章《论哲学》中的一段话加以佐证："让我们假设有这样一族人，他们一直生活在地下 …… 假定在某个时刻，大地裂开了口子，使他们能够离开那些隐蔽的居所而上到我们生活的地方来。于是他们马上看到了陆地、海洋和天空，观赏到云彩的壮丽，感受到风的威力，注视到太阳的光辉，因此他们逐渐理解了太阳的力量，明白了它如何将光明带给世界，如何把光芒撒向天空 …… 当他们看到这一切时，难道不会马上相信诸神的存在，相信所有奇迹都是诸神的作品吗？"③这段话明显是对柏拉图"洞穴比喻"的再阐释。假如它真是出自亚氏，那么说明亚里士多德是认同视觉之美和可见世界的整体美的，并且将这美归之于神的创造。不过依据现代亚里士多德研究的规范，这段话的主题与风格很有可能使之被判定为伪作，甚至有可能是西塞罗本人的杜撰。不过无论如何，它至少能表明在西塞罗的时代，人们普遍认为强调宇宙整体之美是斯多亚学派自然哲学的典型观念，且这一观念与亚里士多德关系密切。如果将亚里士多德的颜色理论与视觉理论运

---

① [古罗马]西塞罗：《论神性》，石敏敏译，北京：商务印书馆，2012年，第76页。

② [古罗马]西塞罗：《论神性》，石敏敏译，北京：商务印书馆，2012年，第105页。

③ [古罗马]西塞罗：《论神性》，石敏敏译，北京：商务印书馆，2012年，第104页。

用于柏拉图"洞穴比喻"场景之中，的确可以得出"光给世界带来美"的结论。世间万物本身固然并非如美本身一般光辉灿烂，但却因光明的照耀而显现出缤纷色彩和勃勃生机。这是古希腊罗马思想所孕育出的第二条光之美学进路。

四、光 — 形式 — 美：新柏拉图主义光之美学

无论是柏拉图、亚里士多德还是斯多亚主义，他们对光的分析与界定都是以其可见性为基础的，当然，柏拉图主义同时也在一定意义上赋予了光神圣属性。但是到了古典主义晚期，新柏拉图主义颠覆了这一基础。它极大地彰显了光的形而上学属性及其在世界观图景中的重要性，从而建立起一种新的光之美学。

与斯多亚学派相比，新柏拉图主义对柏拉图的继承可谓理直气壮，但却并非一成不变。普罗提诺沿袭了柏拉图对光的形而上学定位，但不是以比喻或象征的方式，而是直接宣称"太一发光而自身保持不变"①，"光是无形的，是构成力量，是形式"②。如前所述，在古典主义的漫长传统中，光在多数情况下还是依其物理属性附着于其他相关概念的，即日月星辰、以太和火。即使是柏拉图或亚里士多德在特定论题中将之作为一个独立的哲学概念加以探讨，其所言说之光仍然有着清晰的现实依据，也就是说，光始终不是一个纯粹的形而上学概念。但是普罗提诺的上述界定显然改变了这一传统。太一是一个纯粹、抽象的形而上学概念，是新柏拉图主义世界图景中的唯一至高神圣者，它并非如前述其他概念那样具有可发光的物理属性。因此，当普罗提诺说"太一发光"时，其所言之光也不再具有任何物理意义，而是同样变成了一个纯粹的形而上学概念。这样的光是无形的，因而也就不可见。但是正因如此，普罗提诺才得以将光等同于另一个在柏拉图主义和亚里士多德主义中均至关重要的形而上学概念 —— 形

①　[古罗马]普罗提诺：《九章集》下册，石敏敏译，北京：中国社会科学出版社，2009年，第552页。

②　[古罗马]普罗提诺：《九章集》上册，石敏敏译，北京：中国社会科学出版社，2009年，第61页。

式，从而建立起一个真正由神圣之光统率一切的宇宙图景。

普罗提诺对光的重视在他对柏拉图《蒂迈欧篇》的解释中即已表露无遗。我们知道，柏拉图在该篇对话中遵循自然哲学传统，讲述神用火和土创世，以及四元素相互转化形成万物的过程。但是在普罗提诺看来，所谓元素间的结合与转化是有可疑之处的，因为元素若不能单独存在就不能称其为元素。尤其是火与土，星辰或许大部分由火构成，但也拥有代表坚固的土，但是地上的土中何以有火呢？对此，普罗提诺解释说："蒂迈欧并不是说土的存在需要火，而是说要看见土和其他元素需要火。…… 这并不是说火必须存在于土里，其实有光就够了。比如雪和许多冰冷的事物不包含火，却照样明亮 …… "①还有太阳，《蒂迈欧篇》说那是"神在地之上的第二道圈环里点了一堆大火"，但普罗提诺说："他所说的不是别的，就是光 …… 这光不是火焰，而是和煦的光②。"如前所述，在自然哲学传统中，光只是火元素的特征之一。在此之前人们虽然已经意识到二者的区别，但即使是柏拉图也从未如此明确地将光从作为世界本原的火中剥离出来，并赋予其比火更为重要的地位。光是万物可见的原因。普罗提诺十分巧妙地将这个区分与亚里士多德的质料／形式学说叠加在一起，从而诞生了在其哲学体系中至关重要的一个命题：光是形式。事物的产生乃是不可见的形式进入质料，而"每个事物的深处就是质料，因此所有的质料都是黑暗的③"。相应地，形式即是光，它进入并照亮质料的黑暗，从而使事物成为可见的。于人而言，成为可见便是存在的发生。

凭借"光是形式"的命题，普罗提诺为"光之美"提出了有力的辩护，使之真正成为可以与"比例论"美学并肩而立的美学路线。他说，根据比例论美学，"单一而单纯的事物不可能有美"，所以像美的色彩、太阳的光线这些事物都要被排除在美之外。但是这种看法是错误的，因为美

---

① ［古罗马］普罗提诺：《九章集》上册，石敏敏译，北京：中国社会科学出版社，2009年，第104 — 105页。

② ［古罗马］普罗提诺：《九章集》上册，石敏敏译，北京：中国社会科学出版社，2009年，第104 — 105页。

③ ［古罗马］普罗提诺：《九章集》上册，石敏敏译，北京：中国社会科学出版社，2009年，第137页。

的事物之所以美，不是因为它有着和谐的比例，而是因为它"分有了某种构成力量，而这种构成力量来源于神圣的形式"①。而灵魂正是人的形式。所以，"当感知觉看到物体中的形式制约并主宰着与它相反、没有形状的本性（即质料），看到形式荣耀地凌驾于形状之上，就会把四处分散的事物集合成一体，把它带回来……吸收到灵魂内部，将它呈现给那与它一致、与它吻合也是它所珍爱的内在之物。正像善人在年轻人身上看到德行的痕迹，（灵魂）看到与它自己的内在真理相一致的事物，就会深感喜悦②"。换言之，视觉的美感并非来自和谐的比例，而是来自灵魂在事物中看见了与它自身同样的形式，也就是看见了光。这个说法有着明显的亚里士多德视觉理论的影子，因为如前所述，亚氏认为灵魂的眼睛就是人眼睛内部的光，它与事物的色彩之光相互连接方能形成视觉。对于普罗提诺而言，灵魂与理智，乃至整个宇宙都是拥有理性、意志和感受能力的，因而他认为这种"同类相知"必会给灵魂带来愉悦，而这种愉悦感才是真正的美感。

以"形式"概念为中介，普罗提诺把他自己"一元多层"的宇宙图景阐释成了一个充盈着光之美的世界。在这个世界里，至善是原初的美，是"美的源泉和源头"③，最能表现其特点的例子便是太阳；至善之下便是理智。普罗提诺说过"理智就是美本身"④，它"是万物中最美的，它处在纯洁的光和清澈的光芒之中，包含着真实存在物的本性"⑤。理智又把美赋予灵魂，因为"灵魂是从理智生出来的，就如它周围的一束光，直接依赖

① [古罗马]普罗提诺：《九章集》下册，石敏敏译，北京：中国社会科学出版社，2009年，第60页。

② [古罗马]普罗提诺：《九章集》下册，石敏敏译，北京：中国社会科学出版社，2009年，第60页。

③ [古罗马]普罗提诺：《九章集》下册，石敏敏译，北京：中国社会科学出版社，2009年，第69—70页。

④ [古罗马]普罗提诺：《九章集》下册，石敏敏译，北京：中国社会科学出版社，2009年，第646页。

⑤ [古罗马]普罗提诺：《九章集》下册，石敏敏译，北京：中国社会科学出版社，2009年，第362页。

于它"①。在《论认识本体和超越者》一文中，普罗提诺又把理智比作阳光。灵魂出自理智，因而也分有了理智之光，并被这光照亮，成为与理智一样的光。同时，灵魂又作为形式进入具体的事物形体之中，从而使事物因分有形式而拥有了美。②于是我们看到，普罗提诺以柏拉图《会饮篇》中"美的阶梯"为蓝本，营造出一个"一元多层"的、光—形式—美"三位一体"的世界观体系。在其中，处于核心与枢纽地位的是理智与灵魂，二者是光—形式—美"三位一体"之存在的最佳体现。因此普罗提诺说："无论怎么说，美都是存在于可理知世界的③。"这个可理知的美的世界是真理的世界，神圣的世界，也是光的世界，因为它"一切都是透明的，没有任何黑暗和隐晦。每一事物相互之间都通体透彻，因为光之于光怎能不透明"④。

普罗提诺通常被视为柏拉图主义向中世纪基督教思想过渡的中介。然而我们看到，在对于光的美学阐释上，他看似处处踏着柏拉图的足迹前行，事实上却走上了不同的道路。在他之后，光之美到底是可见的，还是可理知的？这仍然是留给中世纪思想家们的一道难题。不过无论如何，古希腊罗马哲人们对光的性质、特征与功用的探讨，以及他们对光带给人类的视觉美感和心灵震撼的描述与感悟，都为后世西方思想史继续探索光的奥秘准备了道路、奠定了方向。

（《宗教与哲学》2019年第8辑，《人大报刊复印资料·美学》2020年第2期全文转载）

---

① [古罗马]普罗提诺：《九章集》下册，石敏敏译，北京：中国社会科学出版社，2009年，第577页。

② [古罗马]普罗提诺：《九章集》下册，石敏敏译，北京：中国社会科学出版社，2009年，第576页。

③ [古罗马]普罗提诺：《九章集》下册，石敏敏译，北京：中国社会科学出版社，2009年，第70页。

④ [古罗马]普罗提诺：《九章集》下册，石敏敏译，北京：中国社会科学出版社，2009年，第631页。

乡村振兴战略视野下民间文学的传承与传播

—— 基于喇叭沟门满族乡的分析

王卫华　　霍志刚

摘要：民间文学是实施乡村振兴战略的重要资源和途径，但面临着传承与传播的困境。从纵向发展角度看，年轻人的城市化流动伴随着乡村社区的老龄化，使民间文学的代际传承呈现阻滞倾向；从横向传播角度看，生活方式的私密空间化，使传统民间叙事讲述活动的公共空间日渐萎缩；从认知结构看，部分民间叙事的知识基础改变，其存在的合理性受到质疑。乡村振兴战略为民间文学传承与传播提供了良好的动力与契机，其当下传承与传播策略包括：变自发传承为主动传播，脱离"被保护"状态，积极融入市场经济，实现民间文学产业化；将无形的民俗文化与有形传播空间相联动，以多种形式建立民间文学传承的新空间；把口头传统与书面记录及影视、网络等现代传媒手段结合起来，充分运用现代化技术的优势，拓展民间文学的传播途径。经过专业训练的学者也应参与到民间文学的传承实践，以优秀的民间文学激发村落社会的内生力量，建立乡村文化自信，提升乡村居民的幸福感与创造力。喇叭沟门满族乡的民间文学传承经验对民族地区民间文学的当代传承与传播策略具有借鉴意义。

关键词：乡村振兴战略；民间文学；喇叭沟门满族乡；文化传播

作者简介：王卫华，法学博士，中央民族大学文学院教授、博士研究生导师，主要研究方向为民间文学、民俗学；霍志刚，北京师范大学文学院博士研究生，主要研究方向为民间文学。

基金项目：国家社会科学基金项目"北运河流域民间文学资源传承与区域文化建设研究"（19BZW168）。

　　实施乡村振兴战略是党的十九大作出的重大决策，乡村振兴的重要性已成为全社会的共识。振兴乡村是一项复杂工程，文化振兴是重要组成部分。其中，民间文学是不可忽视的重要资源。民间文学是一个地域的民众集体创作并传承的神话、传说、民间故事等口头文本及其相关的表达模式和口头艺术。民间文学作为民众世代相传的文化资源，承载着老百姓的历史观念和集体记忆，传达出民众的真实心声与生活智慧，是中华民族的宝贵财富。中国各民族优秀的民间文学是建立中华民族文化自信的重要资源，是实现乡村振兴战略的有效途径。

　　关于民间文学在乡村振兴战略实施过程中的重要性，已有多位学者发表自己的观点。如张士闪在《乡民艺术的文化解读 —— 鲁中四村考察》一书中提出："在乡村振兴的过程中，我们其实有很好的民俗文化资源，就是村落口头传统和村落表演艺术。"[①]萧放在《民俗传统与乡村振兴》一文中指出："讲好村落故事，是我们在乡村振兴中需要足够重视的方面。"[②]袁瑾在《地域民间信仰与乡民艺术》一书中谈道："在乡村振兴过程中，要重视乡村的口头传统和表演艺术。"[③]如何实现民间文学的顺利传承与传播需要深入探讨。

　　随着现代化浪潮的迅速发展，社会生产与生活模式发生改变，民间文学的传承和传播受到巨大冲击，也迎来新的挑战和机遇。如何应对现代化发展的新形式，使民间文学形成新的传播和传承机制，在乡村振兴战略中发挥应有的作用，是值得深入探讨的问题。目前关于民间文学的研究多集中于列入各级非物质文化遗产名录的故事村和讲述人，对普通村落的关注较少。但是，未进入非遗名录的少数民族聚居区，同样有良好的民间叙事传统。这样的社区因其数量上的普遍性和传承状态的自发性，更需要关注和研究。北京喇叭沟门满族乡便是一个典型代表。这里是满族聚居区，有丰富的民间叙事资源，是研究民间叙事传统的理想田野。

---

　　① 张士闪：《乡民艺术的文化解读 —— 鲁中四村考察》，济南：山东人民出版社，2005年，第16页。

　　② 萧放：《民俗传统与乡村振兴》，载《西南民族大学学报》（人文社会科学版）2019年第5期。

　　③ 袁瑾：《地域民间信仰与乡民艺术》，北京：中国社会科学出版社，2017年，第117页。

一、喇叭沟门满族乡民间文学概况

北京市有五个少数民族乡，怀柔区喇叭沟门满族乡是北京市少数民族人口比率最高的乡，满族人口占全乡总人口的 50%。这里地处北京市最北端，位于喇叭形的汤河口汇聚处，林木覆盖率高达百分之九十以上，环境优美，气候宜人。

独具特色的自然生态与人文环境，为喇叭沟门满族乡民间文学提供了丰富的滋养。每个民族的生态伦理文化，既是他们与大自然对话的产物，更是他们与大自然"互动"的结果。①喇叭沟门的许多民间口头叙事中都有关于山林洞穴和动植物的传说。大自然为喇叭沟门满族乡的民间叙事提供了生态土壤，民间文学则是民众与自然的一种互动方式。在这里，民间叙事活动与生态环境、地方历史、民族风俗等有机交织在一起，至今仍是民众生活的组成部分。笔者从2015年开始对喇叭沟门满族乡口头传统进行实地调研，访谈民间故事讲述人、政府工作人员、村民、游客等多种身份人员，搜集到该乡的民间叙事文本共计200余则。这些文本的地域特色和民族特色突出，凝聚着民众对民族文化的自信和家乡故土的感情，也反映出他们形象而浪漫的思维逻辑。

喇叭沟门满族乡的民间文学资源主要包括叙事文本和民间叙事讲述人两个要素。叙事文本包括神话、传说、故事等类型。其中传说数量最多，占文本总数的百分之八十以上。一些村名传说既是对村落历史的追问，也是村落文化符号意蕴的展现，不但增强地方文化认同，而且有利于树立村民的文化自信心；以抗日战争、解放战争和抗美援朝等历次保家卫国的战争为背景的红色历史传说，则表现出"天下兴亡，匹夫有责"的担当意识与英勇无畏的革命情怀；部分历史人物传说故事既赞颂祖先的英雄业绩，也表达了自强不息的价值追求。这些民间叙事文本饱含喇叭沟门人的家乡情怀与心灵记忆，特别有助于增强当地民众对于乡村振兴的信心和动力。

民间叙事讲述人是民间文学传承的主力军。在民间文学的延续史上，

---

① 苏日娜：《论民族生态伦理与民族生存环境的关系》，载《云南民族大学学报》（哲学社会科学版）2007年第3期。

许多具有创造性才能的个人发挥着很重要的作用。①

喇叭沟门满族乡有一批热心的民间叙事讲述人，他们是口头传统得以传承的关键环节。这些讲述人大多是当地的精英人士。他们的职业身份多为小学教师、乡村医生、退伍军人、技术退休人员等。这些人因为相对较好的教育背景、较为丰富的人生经历或者职业原因而受到乡里人的尊重，也自觉地承担起乡村文化的传承使命。这些讲述人把自己的人生阅历和智慧融入民间叙事，传递着感情真挚的乡村情怀与质朴灵活的演述技艺。虽然没有"传承人"称号，没有嘉奖和报酬，但他们对民间叙事充满热情，一旦村里人、采访者或者研究者请他们参与讲述活动，他们都极为热心地提供帮助。这些人是乡村传统文化之根的守护者，也是民族文化传承的重要力量和关键纽带。民间叙事讲述人与叙事文本相辅相成，共同构成民间文化传承的基础，是地方文化自信建设的基石，也是实施乡村振兴战略的重要力量和资源。

二、民间文学的传承与传播困境

在传统观念中，民间文学的传承与传播方式是"口口相传"，口头创作与流传是其基本存在形态。随着社会生产与生活方式的急剧变革，民间文学的传承与传播面临巨大困境，传统的流传方式难以为继。其主要表现有以下几个方面：

1. 从纵向发展角度看，民间叙事的代际传承呈现阻滞倾向

在农耕文明状态下的乡村社区，民间文学的传承是自然进行的。民间文学本身就是民众的一种生活方式，②人们在节奏缓慢、娱乐单调的乡村生活中享受民间文学的滋养。随着科学技术的发展，生产力水平迅速提高，人们的生产与生活方式发生变化。城镇以更好的物质文化生活条件与更为便利的就业机会，吸引着年轻的乡村居民离开祖辈的土地，进入城市。

---

① 安德明：《表演理论对中国民间文学研究的意义》，载《民族艺术》2016年第1期。

② 万建中：《民间文学引论》，北京：北京大学出版社，2006年，第188页。

喇叭沟门满族乡的许多中年人和青年人到北京城区或怀柔区里工作、生活或学习，平时很少回到村里居住，乡村社区以老年人为主要居民。这动摇了民间叙事传承的根基。据村里的老人们讲："我们和孩子们平时连聊天的机会都少，更别说讲老故事了，他们也不爱听呀。"繁华的都市生活环境使年轻人更习惯于城市休闲娱乐方式，从而逐渐失去了对家乡民间叙事的兴趣。哈布瓦赫在《论集体记忆》中谈到老人与传统的关系时提到，老人阅历丰富，关注过去，常充当传统的护卫者①。喇叭沟门满族乡的民间叙事讲述人如今以老年人为主体，我们在调研中访谈到的民间叙事讲述人多为60岁以上的老人，年龄最大的已经93岁。这些人在守护着民间叙事传统，但是把传承的接力棒交给谁，他们却显得迷茫。

年轻人把城市作为生活的主要地方，长期远离乡村，逐渐淡化乡土归属感，也正在失去对民间叙事的了解和兴趣。民间故事、歌谣等要在地方民众的日常交流实践过程中理解。②老年人虽然愿意通过传统的口传形式教育和影响下一代，但他们在空间和时间上缺少与后代（子辈和孙辈）的相处机会，情感上得不到后代的呼应，很难完成传承链接。民间叙事的代际传承正面临阻滞，纵向发展形势不容乐观。

2. 从横向传播角度看，民间文学讲述的公共空间萎缩

民间文学是一个完整系统，由讲述环境、讲述人、讲述文本、听众等多因素共同组成一个特殊的空间，传播活动方可顺利进行。与代际传承的纵向发展相似，横向传播也是民间叙事得以延续的基本条件。

在传统的农耕社会，人们娱乐的方式较为简单，晚饭后或农闲季节的街口、大门外的小场地或大树下，就是讲故事的理想区域；各个年龄段的村民都是潜在的听众。传统的民间叙事传承活动由讲述人和听众共同完成。正如日本学者饭丰道男所言："民间故事如没有听众则不能成立，同

---

① [法]莫里斯·哈布瓦赫：《论集体记忆》，毕然、郭金华译，上海：上海人民出版社，2002年，第85页。

② 毛小帅：《中国民俗学转型发展与表演理论的对话关系》，载《民俗研究》2018年第4期。

时也就失去了应有的魅力。"①听众是民间叙事不可缺少的组成部分。他们和讲述人随时交流，共同完成讲述活动。讲述者必须始终与同处一个时空的其他因素互动。②现在的喇叭沟门，几乎每个社区都能找到热心的故事讲述人，他们愿意讲述，但是，缺少听众。曾几何时，"我们坐在高高的谷堆旁边，听妈妈讲那过去的故事"，几乎是每个人的童年记忆。现在，街口和场院还在，讲述人还有，听众却在远离。当我们的调查人员在夏日傍晚遇到聚在村口的老人时，他们多是闲适或落寞地静静坐在那里。

在自由又相对稳定的公共空间里讲故事和听故事，曾是乡村居民接受价值观教育、学习生活经验及教训、建构人际关系的重要方式，如今这些方式迅速改变。现在人们更愿意通过电视、手机和电脑等途径来接受知识和休闲娱乐。不需要离开房间，不需要凑在一起，就可以很便捷地度过闲暇时光。没有了讲述，缺少了互动，乡村生活的公共空间正在被私人空间所取代。传统的民间叙事便也失去其传播空间。

3.从认知结构看，部分民间叙事的知识基础消失

与动物、植物相关的民间传说和故事常基于人们对大自然的认知，是人对自然界的理解和思维模式的反映。当人们的认知结构发生变化时，这类民间叙事也会随之受到影响。

喇叭沟门满族乡的一些民间故事是与当地民众的民间信仰紧密联系的。在讲述关于蛇、狐狸、兔等生物显灵的故事时，人们心存敬畏。这些故事反映出人们对超自然力量的崇拜。现在，随着学校教育的普及和信息化水平的发展，人们对自然界的认识已经发生改变，部分与民间信仰相关的故事传说，被视为迷信荒诞不再被关注。

与民间信仰相关的叙事传统是了解民众心理与地方文化的一把钥匙，且生物崇拜常蕴含着人们对大自然的敬畏之情，有时在客观上起到保护自然生态的作用。当简单地以"迷信"来彻底否定它们的时候，这把钥匙也就不存在了。

---

① ［日］饭丰道男：《采录调查的方法》，载《日本故事学新论》，张冬雪、张莉莉译，沈阳：辽宁大学出版社，1992年，第144—145页。

② 江帆：《口承故事的"表演"空间分析》，载《民俗研究》2001年第2期。

三、民间叙事传统的传承与传播策略

从长远角度看，任何一种文化形态的传承都是要"适者生存"。政府资金投入、抢救式记录保存、相关法规的制定等措施都能对传统文化起到保护作用；但另一方面，只停留在被"保护"层面的文化形态将会逐渐脱离民众，失去其发展动力。要使民间叙事传统在新的时代继续生存并发展，就要立足自身特征，在传承空间与传承方式上进行开拓与创新。

近年来，随着科学技术的发展与经济基础的增强，中国人越来越重视文化建设。坚定文化自信，对优秀传统文化深入挖掘并继承创新，成为国家层面的意识与追求。特别是随着乡村振兴战略的提出与实施，民间文化受到重视。这种时代要求为民间叙事传统提供了传承机遇，民间文学作为传统文化的组成部分，面临蓬勃发展的强大助力。另一方面，现代科技也为民间文学的传承与传播提供了更多的手段和途径。时代的召唤与科学技术的发展为民间文学带来了新的传承契机，也催生了新的发展策略。

1.变自发传承为主动传播，实现民间文学产业化

传统社会的民间文学基本不涉及物质利益。它由民众自创自享、自娱自乐，处于地域性封闭形态，其传承处于自发状态。但是，当代中国农村社会都程度不同地与现代化和市场相关联，民间文学要生存下去，必须与产业化、市场化的开放形态相关联，并自觉地加入文化传播的行列。

传播是普遍存在于人类社会中的一种信息流动与共享过程，是信息交流的主体凭借某种渠道、手段有意识或者无意识地把某种符号所蕴含的信息传递给受众，从而实现信息的交流和共享。[①]能够及时传播的文化才具有发展的生命力。产业化是文化传播的有效手段，通过各种产业化方式，对民间文学作品的形式与内容进行宣传和推广，能够加深民众对民间文学的了解与尊重。通过产业化还可以培养更多受众，消除民间文学传承者的落寞感。[②]民间文学产业化有各种形式，如推出故事形象艺术品、节日演

---

① 韩晓：《传播学视角下民俗文化国际传播体系建构及译者主体性》，载《牡丹江大学学报》2018年第9期。

② 林移刚：《产业化视角下的民族民间文学类非遗保护》，载《贵州民族研究》2014年第6期。

出、书场讲述等，产业化运作能够推动民间文学的扩布和传承。

喇叭沟门满族乡在民间叙事传统的创新性传承上，进行了探索。其比较成功的做法是把民间叙事资源与旅游结合起来，让民间文学与旅游行业相互运用，共同提升。旅游项目的文化内涵是近年活跃在旅游产业的时尚话题。民间文学作为民间文化的组成部分，接近日常生活，深受民众喜爱，是非常好的旅游资源；而民间文学与旅游产业合作，借此提升自己的知名度，扩大影响。

喇叭沟门满族乡的地方文化精英、民间叙事讲述人与企业经营者把二者结合起来，产生了良好的成效。黄甸子村WGH①的经历就是一个典型例子。WGH早年毕业于林业专科学校。他利用自己良好的民间叙事能力和丰富的林业领域专业知识，把地方传说和动植物知识融入导游词，在喇叭沟门原始森林公园担任多年景区导游，深受欢迎。这种把民间叙事传统融入旅游服务的做法，产生了良好的效果，不但增加了旅游的文化色彩，提高了人们的游览兴趣和审美趣味，而且也扩大了民间文学的影响面。

2.无形民俗与有形场域相联动，扩展民间叙事传承新空间

民间文学是一个完整系统，每一个因素都不可缺失，传承与传播方可顺利进行。在保护民间叙事传统时，需要几个方面同时关注：宽松自如的讲述环境、经验丰富的讲述人、热心的听众、有趣的文本等共同促成民间叙事活动的顺利进行。要保护民间文学，应该对当地的自然生态、生计方式以及人生礼仪、节日风俗等民俗规范进行整体关注和保护。一个生命体需要各种机能和谐发展，方能生机勃勃。民间文学就是一个生命体，它也需要各组成部分的健全发展，才能顺利传承下去并焕发生机。正如刘魁立所言："对具体文化事象的保护，要尊重其内在的丰富性和生命特点。不但要保护非物质文化遗产的自身及其有形外观，更要注意它们所依赖、所因应的结构性环境。"②民间文学是无形的，但其传播场域是有形的。无形的文化需借助有形的空间完成信息的传递与扩布。

喇叭沟门满族乡是北京满族人口比率最高的乡，这里从清代初期以来

---

① 为保护个人隐私，本文对讲述人姓名进行了学术化处理，以拼音字母代替。

② 刘魁立：《非物质文化遗产及其保护的整体性原则》，载《广西师范学院学报》2004年第4期。

居住人口就以满族为主，具有鲜明的民族特色。守卫北京的特殊地理位置与历史地位，又涵育了其独特而深厚的文化底蕴。近年来，因为经济、文化发展的需要，乡政府积极挖掘并宣传满族乡的民族特色，大力宣传具有地域风情的民俗活动，力图借助传统文化传承与创新，提升地域文化自信。其中两个颇有成效的举措是民俗节日构建与博物馆建设，它们为口头传统提供了新的传承空间。

"汤河川满族风情节"是由政府倡导、民间响应而形成的民俗节日，经过最近十几年的发展，已成为该区域的一张文化标签。喇叭沟门满族乡与邻近的长哨营满族乡、河口镇依次由北向南分布在汤河两岸，历史上统称为"汤河川"。每年举办一次的"汤河川满族风情节"，主要开展具有民族与地域特色的文艺表演、民间竞技、饮食展示等活动。节日期间的文艺表演常借助民间叙事文本，如2016年7月风情节期间就演出了根据满族神话改编的舞台剧，反响热烈。热闹的人群、带有民族特色的文艺与竞技展示以及相对固定的表演场地，为民间叙事传统营造了潜在的传承新空间。

"喇叭沟门满族民俗博物馆"的建立为包括民间文学在内的民族文化开拓了地理传承空间。民俗博物馆大门两侧的墙壁上绘制了两幅大型金属浮雕，浮雕的内容皆采用民间叙事题材。

3.现代传媒与书面文本相结合，建立民间文学的传播新途径

现代科技为民间叙事提供了新的传承与传播途径。民间叙事要保持活力，必须生存于民众的生活，应该处于活态传承状态。"活态传承"是非物质文化遗产的一个重要概念，它涉及保存文化基因与保持文化传统生命活性之间的关系及其对文化发展的意义。[1]传承不能僵化地保存文化符号，而是应该让文化走进生活。民间叙事来自生活，亦应保存于生活，活跃于生活，成为某个区域居民生活的组成部分。在电影、电视、网络等提供了丰富又便捷的娱乐方式后，让民众回到茶余饭后相聚起来讲故事、听故事的状态是不现实的，但现代社会提供了别样的传承方式。

随着学校教育的普及提高，书面文本成为记载与保护民间叙事传统的重要方式。虽然书面文本不能完美呈现民间叙事传统的语境，但它在民间

---

[1] 高小康：《非遗活态传承的悖论：保存与发展》，载《文化遗产》2016年第5期。

叙事文本的长久保存和传播方面无疑具有巨大优势。喇叭沟门满族乡在故事集与村落史的编纂上进行了尝试。2004年刊印的《喇叭沟门满族民间故事集》与2010年至2018年编写的《怀柔百村史话》（已出版三集），整理保存了大量的当地民间文学文本。文本也是口头传统的重要组成部分，在阅读成为可能、文字信息交流普遍的现代社会，书面材料因其良好的保存与传播功能，成为民间文学传承的有效手段。

电影、电视、广播、网络等现代传媒为民间叙事提供了广阔的传播途径。近年来备受观众欢迎的《捉妖记》《大鱼海棠》《大圣归来》《画皮》《寻龙诀》等影视作品都是对中国传统神话故事的改编，其个性鲜明的人物、曲折跌宕的情节与神秘奇幻的环境，引起人们的极大兴趣。"喜马拉雅FM"作为音频分享平台，已拥有了数以亿计的用户，其播讲的儿童故事正在成为不少孩子的睡前必听内容，这些故事有哈利·波特、格林童话、一千零一夜等。我们的民间文学，也可以通过这样的平台进入孩子们的生活，让我们的新生代从童年时期就了解自己祖先创造的文化，从而为我们的传统文化赋予新的生命活力。

四、结语

21世纪即将走过二十年，对于中国社会来说，这是变革与发展的关键期。中国是农业大国，重农是安民的基础，也是固国的根基，乡村振兴战略是及时并深有远见的发展规划。乡村振兴战略的实施为民间文学的当下传承与传播提供了良好的机遇。我们应当珍惜这一机遇，从文化建设、学术研究、产业经济等层面，对民间叙事传统进行系统性、在地性保护，实现民间叙事的生活性和民众共享化。同时，以优秀的民间文学激发村落社会的内生力量，建立乡村文化自信，提升居民的幸福感与创造力。喇叭沟门满族乡的经验对其他民族地区的民间文学的传承与传播具有借鉴意义。坚定中华民族文化自信是时代的号召，合理保护与传承优秀的民间文学、增强民众的归属感和幸福感，是社会科学相关领域的工作者义不容辞的责任。

［原载于《中央民族大学学报》（哲学社会科学版）2020年第2期］

新诗：一种愿以拯救性"教义"为自我的文体

—— 以西渡为例

敬文东

摘要： 在现代性当家和全球化作主的日子里，命运之不可测完美地呼应于人生无常，被偶然性紧紧包围的现代人被称为偶然人，面临着歧路和穷途，新诗应运成为展示偶然人的认知经验和生活体验的语言装置。每一个被现代汉语形塑的中国人／偶然人对事情的陈述，使得事情由此进入由现代汉语构筑起来的语义空间，并被这种语言赋予饱满的现代性和中国性。无论是新诗制作者的呕吐、新诗的文体主张，还是新诗中抒情主人公的自创生行为，都必须在结构性的耦合中寻求／协商某种动态平衡：新诗的制作者必须与作为文体的新诗合作，支持新诗坚守诗的立场和本位，让新诗的自我得到维护；深入、真实地揭示抒情主人公遭遇的境况，则是作诗者和新诗共同的义务；作诗者也得以消耗掉某些焦虑。三者的相互成全也是对各自之自我的完成，同时更有可能生成更广的时空、更多层次的洁净和拯救。

关键词： 偶然人；新诗；抒情主人公；拯救性"教义"；西渡；动态平衡

作者简介：敬文东，文学博士，中央民族大学文学院教授，主要研究方向为现代诗学、中国现当代文学思想史。

一、歧路、偶然和呕吐

话说"杨子见歧路而哭之，为其可以南，可以北；墨子见练丝而泣之，为其可以黄，可以黑"①。这个经典传说，对后世中国的诗文影响甚巨；借之为典以浇自家块垒者，在古典中国代不乏人。竹林人士有诗曰："杨朱泣歧路，墨子悲染丝。"（阮籍《咏怀》之二十）世传阮嗣宗一生有三次著名的恸哭；效法杨朱的穷途之哭最为有名。正史（而非谣言或小道消息）有云："（阮籍）时率意独驾，不由径路，车迹所穷，辄恸哭而反。"②咏诵杨子和墨子的阮步兵及其"恸哭而反"，也自此成为典故，不绝如缕于后世的中国诗文。西渡赓续前贤，做有短诗一首，题曰《他出去痛哭……》（2016年）。此诗区区四节，每节征用一个著名的典故，以求谋构诗篇：墨翟哭染丝、杨朱泣歧路、阮籍效法穷途之哭、彼得出门痛洒热泪③。墨翟、杨朱、彼得要么是某个学派（或教派）的创始人，要么就是某个教派（或学派）的重要继承者，唯阮步兵以诗人名世，大型组诗《咏怀》可以被认作效法穷途之哭的正宗产品。该产品的核心乃是感叹，但更有可能是感叹的极端化（亦即痛哭）④。"礼岂为我辈设也？"⑤的歪头、斜视复兼"青白眼"⑥之问，是否当真能够成为他佯狂、自救的依傍⑦？

在《他出去痛哭……》中，四个典故仿佛身处四个分量相等彼此平行的袖珍宇宙。它们相互映射、互为镜像，彼此间没有高低、贵贱、冷暖、小大之别。这种被特意谋划、精心制作出来的诗学安排，让短诗《他出去痛哭……》大有深意：教主和诗人生而面对的，都必将是人生的歧

① 《淮南子·说林训》。

② 房玄龄等：《晋书·阮籍传》；刘义庆：《世说新语·栖逸》刘孝标注引《魏氏春秋》。

③ 引自《圣经》典故。

④ 参见敬文东：《感叹与诗》，《诗刊》2017年第2期。

⑤ 《世说新语·任诞》。

⑥ 史载："（阮）籍能为青白眼，见凡俗之士，以白眼对之。"（参见《世说新语·简傲》注引《晋百官名》）

⑦ 此处之所以有此一问，并非无事生非，因为陆游就对阮籍此言大为忿恚，他怒斥阮籍曰："天生父子立君臣，万世宁容乱大伦！籍辈可诛无复议，礼非为我为何人？"（陆游《读〈阮籍传〉》）。

路（或穷途，又曰末路），没有谁当真可以例外，或者幸免。在古旧的中国，"虞舜窘于井廪，伊尹负于鼎俎，傅说匿于傅险，吕尚困于棘津，夷吾桎梏，百里饭牛，仲尼畏匡，菜色陈、蔡"①。诗人却无法确认他（或她）究竟应该踏上哪一条道路，才算得上得体的举止，才配称正确的选择，何况名唤诗人者有时还自觉无路可走，比如屈原、徐渭、朱湘、海子、戈麦（但不包括顾城）。前者形成了"教义"，是绝对肯定性的、正面的；后者凝结为诗篇，更倾向于怀疑，甚或绝望，却同样不能被轻易地看作消极或者负面——事实就是事实，无所谓负面或者消极②。

在此基础上，《他出去痛哭……》乐于继续暗示：肯定性的"教义"自信能够一劳永逸地消解歧路和穷途，如果它成功地捕获了信众；怀疑性的诗篇将永远为面临歧路和穷途的人生而歌，而哭，如果诗人愿意诚实地正视穷途、诚恳地直面歧路。从逻辑上说，诗有机会发育、成长为另一种具有消解性、拯救性的"教义"。斯蒂芬·斯彭德（Stephen Spender）早已有言在先："人们大体上可以承认，诗本身并非诗的唯一目标。或者，人们更应该认为：纯诗之外还有一个目标——宗教的幻觉。"③诗人以写作怀疑性的诗篇以自救，仿佛危险一经说出就没有了危险，或者恰如鲁迅所言："其实地上本没有路，走的人多了，也便成了路。"④这就是钟嵘说过的："使穷贱易安，幽居靡闷，莫尚于诗。"⑤西渡也早已有言："诗歌是人类大逃亡途中最后的驿站。诗歌的曙光出现在哪里，拯救的希望就出现在哪里……在一个消费时代，写作，尤其是诗歌写作……是一声不那么响亮却坚定的'不'。虽然微弱，却是我们拯救自身的一个有限

---

①　司马迁：《史记·游侠列传》。

②　原始事实（brute fact）就是事情；事情的整体和片段被语言所吸纳则为经验事实（empirical evidence）。原始事实自在自为自足，不关人的事；经验事实因为有事情（原始事实）从旁控制，它在被人理解–解释之前，也自在自为自足（参见敬文东：《随"贝格尔号"出游》，郑州：河南大学出版社，2010年，第47—63页）。因此，事实无所谓正面和负面、积极和消极或者偏激和持中。

③　Stephen Spender, "Rilke and Eliot", in F. Baron, E.S. Dick and W.R. Maurer, eds., *Rilke: The Alchemy of Alienation*, Lawrence: Regents Press of Kansas, 1980, p.47.

④　鲁迅：《呐喊·故乡》，《鲁迅全集》第1卷，人民文学出版社，2005年，第510页。

⑤　钟嵘：《诗品·序》。

的机遇。"①但它也正是臧棣特别想说的：虽然"每一首诗都可能是/一条蛇；但写出后，世界就不一样了"（臧棣《为什么会是蛇协会》）。似乎很容易设想：被"写出后"的这个"不一样"的世界值得拥有，值得栖息、信赖，甚至值得赞美；它安全、舒适、宜居，适合一场类似于牛郎织女般的恋爱，一次刑场上的婚礼。雪莱（Percy Bysshe Shelley）有更上层楼的咏诵："最甜美的诗歌就是那些诉说最忧伤的思想的。"缪塞（Alfred de Musset）则云："最美丽的诗歌就是最绝望的，有些不朽的篇章是纯粹的眼泪。"②在神学时代或充满上帝语义的空间内，诗不过是某种更高力量的婢女或仆从；所谓"为诗辩护"，所谓以诗为手段觅取新感性，不过是从神本走向人本后的正常之举、无奈之举，但更是自救之举③。从《他出去痛哭……》暗示的方向望过去，诗正可谓一种没有教堂——亦无需教堂——的自救性"教义"。

　　一部古代中国思想史有分教：和穷途比起来，歧路更为常人所常见④。在长江边自感面临歧路的王勃有自伤之言："关山难越，谁悲失路之人；……勃，三尺微命，一介书生，无路请缨。"为增加自伤之感，王勃还顺便提及"恸哭而反"者："阮籍猖狂，岂效穷途之哭?"⑤王勃的自伤之言，既将阮籍的穷途之哭认作对杨朱的效法，也将穷途和歧路的关系摆明了：穷途更应当被视作歧路的极端形式。汉人王阳奉先人遗体返乡，途经蜀地邛崃之九折阪，更可谓歧路之极数（"九"为数之极也）⑥——这从量的角度，定义了歧路的极端形式。西渡另有一首短诗，也在平实地叙说某人面临歧途时到底该做何抉择，究竟该如何抉择。在这个小小的诗篇中，抒情主人公，亦即"中年的还乡者"，也就是像离家千年重返故里的

---

① 西渡：《灵魂的未来》，郑州：河南大学出版社，2009年，第215—216页。

② 转引自钱钟书：《七缀集》，北京：生活·读书·新知三联书店，2002年，第125页。

③ 参见[美]赫伯特·马尔库塞：《单向度的人》，刘继译，上海：上海译文出版社，1989年，第129—152页。

④ 关于这个问题，李零的著作《中国方术考》（中华书局，2006年）、《中国方术续考》（中华书局，2006年）最能给人带来启示；如果没有歧路，方术就没有存在的理由。

⑤ 王勃：《滕王阁序》。

⑥ 参见班固：《汉书》卷76。

丁令威一样念叨着"城郭如故人民非"①的那个人，再次目睹自己三十年前离村出走时面临的那两条可以南、可以北的道路，禁不住大发感慨。此人暗自默念，并自忖道："三十年前，你用/穿解放鞋的双脚一步步/丈量过的那条路，通向了/今天的这条路吗？"几经自我驳诘之后醒悟过来，抒情主人公，那个"中年的还乡者"，也就是当代的丁令威，并没有像四个典故中人那般以泪洗面，反倒更加坚定了自己的信念：

> 假如卅年前的一切重来
> 你能够选择的道路也不会
> 多于这一条。
> 这是群山对你的教育。
> 弗罗斯特担心的
> 千差万别从没有发生；
> 倒塌的石墙下，
> 穿过蛛网的风告诫你，
> 这就是所有道路的秘密。
>
> （西渡《再驳弗罗斯特》，2017年）

弗罗斯特（Robert Frost）在其名诗中是这么写的："两条路在树林里分叉，而我 ——/我选择了那条少人行走的路，/这，造成了此后一切的不同。"（弗罗斯特《未选择的路》，杨铁军译）老弗罗斯特以这几个满是感慨的诗句，兑现了他在同一首名作中预先给出的承诺："我将轻声叹息把往事回顾。"（I shall be telling this with a sigh.）西渡的《再驳弗罗斯特》否定了弗氏的叹息，却并非有意抬杠；《再驳弗罗斯特》乐于认同的，依然是《他出去痛哭 ……》给予的暗示：只要暗自作为"教义"而无需教堂的诗存活于世，所有曾经被选择的道路都将是正确之路，或至少可以从心理上被认作正确的道途；在成型的诗篇和作诗这个动作面前，歧路（甚至包括极端如九折阪者）要么不那么重要，要么能够被克服，甚至已经

---

① 佚名：《搜神后记》卷1。

被克服。选择这条道途的抒情主人公"我"，就是理应出现的"应是"之"我"（亦即 ought to be 所蕴含的 to be），不是受制于环境、情势甚或必然性的"所是"之"我"（亦即 to be as it is）。

《他出去痛哭……》早已将墨子、杨子、彼得和阮嗣宗现代汉语化了，因而把他们高度地现代化和中国化了①。被现代化的阮籍格外值得认真、仔细、小心地诉说。此人象征着或隐喻着的诗人和诗，乃现代诗人和新诗（而非古典诗人和古诗），毕竟媒介即讯息，"不可欺以方圆"②。从极端的角度看过去，现代汉语中的阮籍，亦即《他出去痛哭……》中的阮步兵，不过是魏晋时期那个阮籍的反环境，就像堤岸仅仅是鲫鱼、河豚的反环境。何况依卡尔·克劳斯（Karl Kraus）之见，"通过文字劫持了价值观"乃是轻而易举、唾手可得之事③。"王阳怀畏道，阮籍泪穷途"（文天祥《卜神》）、"驾言穷所之，途穷涕亦浪"（员兴宗《阮籍》）……诸如此类押着古韵的阮嗣宗象征着和隐喻着的，才是真正的古诗和古典诗人。

与古代汉语诗（亦即古诗）相较，新诗（或曰现代汉语诗）作为自救性的"教义"更具有紧迫性，这是因为在逻各斯的持久性操持下，有效法逻各斯的现代汉语从旁助威、掠阵，现代中国人所能拥有的，更可能是他们（或她们）不喜欢的"所是"，并非渴求中的"应是"；现代中国人时刻面对的，不仅是教主们和阮步兵曾经面对的歧路（或歧路的极端化），更有每时每刻随处可能遭遇到的偶然或偶然性。米兰·昆德拉（Milan Kundera）认为，一个绝对真理粉碎后，取而代之的，必然是数百个相对

---

　　①　这里涉及一个至关重要的问题：和"写什么"相比，"怎么写"更重要；"怎么写"能决定被"写"的那个"什么"最终呈现出"什么"样态，因为"怎么写"意味着如何"看出一个名堂、说出一个意义"（human beings make sense of the world by telling stories about it），并最终，形塑（to form）了它意欲形塑的"名堂"和"意义"（Jerome S Bruner, *The Culture of Education*, Harvard University Press, 1996, p.129.）。墨子、杨子、彼得和阮籍因现代汉语化而现代化和中国化了。

　　②　《荀子·礼论》。

　　③　参见[英]艾瑞克·霍布斯鲍姆（Eric Hobsbawm）：《断裂的年代》，林华译，北京：中信出版社，2014年，第126页。

真理①；叶芝暗示的则是：具有向心力的中心粉碎而"四散"后，替代它的，必然是数不清的偶然和偶然性。在此，奥克塔维奥·帕斯（Octavio Paz）的见解来得极为直白和干脆：人不过是"时光和偶然性的玩物"而已②。偶然也许有理由被忽略，哪怕它很可能还是幸福的，比如"可怜/而渺小的人，偶然而稀见的幸福……"（西渡《2017年6月10日，毛州岛》，2017年）。这种样态的忽略固然非常可惜，甚或值得为之抱憾，却并不令人绝望，还够不上里尔克道及的那个"严重的时刻"。偶然性必须得到重视，因为偶然性必须被视为歧路的加强版，但更应当被视作多倍——而非仅仅双倍——的歧路，足以陷现代人于难缠的泥淖，绝非可惜甚或为之抱憾可堪比拟。

19世纪60年代，惠特曼（Walt Whitman）在其诗作中幸福地宣称："我歌唱自己。/……我歌唱'现代人'。"（惠特曼《我歌唱自己》，赵萝蕤译）"今天，在纽约美餐、到巴黎才感到消化不良的事情太容易发生了。"③这等有趣而常见的事体，固然像麦克卢汉认为的那样意味着全球化，但更意味着隐藏在全球化腹心地带的偶然性，并且是被习惯性放大、被习惯性聚焦的偶然性。全球化在意味着过多的其他要素之际，也意味着过度地制造偶然性，意味着时时处于激活偶然性的亢奋状态。过多的偶然性实在让人晕眩：早上兴冲冲出门，晚上因各种意想不到的偶然性躺在医院或火葬场的机会比比皆是，就像苏珊·桑塔格说："照片的偶然性确认一切都是易凋亡的。"④

此处有理由将现代人直接谓之为偶然人，因为他们（或她们）被密集的偶然性所包围，难以动弹，更难以脱身。令终身怀揣一颗少年心性的

---

①　参见[法]米兰·昆德拉：《小说的艺术》，孟湄译，北京：生活·读书·新知三联书店，1995年，第5页。

②　[墨西哥]奥克塔维奥·帕斯：《双重火焰——爱与欲》，蒋显璟、真漫亚译，北京：东方出版社，1998年，第113页。

③　[加]马歇尔·麦克卢汉：《理解媒介》，何道宽译，南京：译林出版社，2011年，第177页。

④　[美]苏珊·桑塔格：《论摄影》，黄灿然译，上海：上海译文出版社，2014年，第88页。

惠特曼①再一次意想不到的是，偶然人更容易也更倾向于相信"'偶然的爱情'似乎比'必然的爱情'/更易于使他确认自己的存在"（西渡《存在主义者》，1999年）。在现代性和全球化横行的时代，"偶然的爱情"在数量和机会上，肯定大大多于必然真理尚未粉碎的年月、中心尚未四散的时日；"必然的爱情"更倾向于媒妁之言，更倾心于"与子偕老"（《诗经·击鼓》），更愿意被中心和绝对真理所拥有。在西渡另一个体量不大的诗作中，抒情主人公对此给出了明确而真诚的呼应："但不管仁心还是医术都救/不了背叛的爱情。在这个/四散的时代，一切美好的/似乎都只用来背叛。"（西渡《戴望舒在萧红墓前》，2017年）无论是对《存在主义者》来说，还是对《戴望舒在萧红墓前》而言，"似乎"一词都显得过于客气，但尤其显得过于老套：它更常见于"老掉牙的（西方）诗歌传统"②；唯有"肯定"才是它们的真实内里。《存在主义者》里的那个"他"指称的不仅是让-保罗·萨特；从隐喻的角度看，可以泛指一切被逻各斯绑架、挟持和教唆的现代人（亦即偶然人）。

有精确的计时机器给予担保和助拳，高铁能精确到分，NBA（美国职业篮球联赛亦即 National Basketball Association 的缩写）可以落实到秒；在各类时间表（schedule；time-table）的安排和鼓励下，每一个人都知道下一个小时到底该做什么，究竟应当出现在哪里。因此，偶然人的生活看上去很符合逻辑，也几乎必然性地具有必然性。在此范围内，偶然性要么早已知趣地自动消失，要么早就甘于被化解于无形。但这只是电影中才可能出现的假象。萨特说得很诚实、很真诚："大街上没有必然性"，而"当我走出电影院时，我发现了偶然性"③。此人有一部小说名作题名曰《恶心》（又译作《呕吐》），其主角唤作洛根丁。洛根丁剖析过真实的生活（充满了偶然性）和电影里的生活（充满了必然性）之间的差异性。在晚年的

---

①　按照中国李锐的观察，美国人拥有沧桑感而抛却少年心，是很晚近的事。参见李锐：《终于过了青春期的美国》，载《天涯》1996年第2期。

②　[英]詹姆斯·伍德（James Wood）：《小说机杼》，黄远帆译，郑州：河南大学出版社，2015年，第13页。

③　转引自高青海、李家巍：《萨特存在给自由带上镣铐》，沈阳：辽海出版社，1999年，第18页。

回忆录中，萨特一脸真诚地说："我就是洛根丁，我在他身上展示了我的生活脉络。"①洛根丁因此获取了代萨特立言的机会："在生活中，什么事情都不会发生。只不过背景经常变换，有人上场，有人下场，如此而已。在生活中无所谓开始。日子毫无意义地积累起来，这是一种永无休止的、单调的增加。…… 是的，这就是生活。可是等到我们叙述生活的时候，一切又变了 …… 故事从后面叙述起，每一分钟时间都不是乱七八糟地堆砌起来，而是被故事的结尾紧紧咬住，拖着向前；每一分钟本身又把它前面的一分钟拖着向前。"②很容易想见，时时被偶然性包围的现代人，较之于魏晋时期的阮嗣宗，而非《他出去痛哭 …… 》中的阮籍，更需要救助；这等性质的救助，似乎更具有无须讨论的迫切性。因此，与偶然人密切相关的新诗较之于古诗，更应该拥有"教义"的品格、"教义"的容貌，当然，还有"教义"的腰身。

诞生于1999年的《存在主义者》敏锐地指出：被偶然性包围的现代人早已丧失了行动的能力。那些偶然人，比如萨特，唯有"用思想的唾沫调和生活中难以消化的部分/使它适合虚弱的脾胃"。书斋里的想象性革命，那茶杯里的风波，代替了波德莱尔时代真刀真枪的街垒式暴动，就更不消说残阳如血般莽莽苍苍的史诗时代。后者是用脚步丈量河山的行动性岁月。英雄们以其对族人的责任感，视歧路为必须征服的障碍和堡垒；唯有在歧路的交汇点找准生路，在没有路的地方开辟道途，族人才有存活下去的一线希望。唯有行动，才是史诗时代的内核；行动上的雷同和格式化，甚至支持了结构主义者的结构主义理论③。虽然古代汉语诗或愿意自我标榜曰"无为在歧路，儿女共沾巾"（王勃《送杜少府之任蜀州》），

---

① [法]让保罗·萨特：《词语》，潘培庆译，北京：生活·读书·新知三联书店，1996年，第180页。

② [法]让保罗·萨特：《萨特小说集》，亚丁等译，合肥：安徽文艺出版社，1998年，第512—513页。陈寅恪有更精辟的看法："今日之谈中国古代哲学者，大抵即谈其今日自身之哲学者也；所著之中国哲学史者，即其今日自身之哲学史者也。其言论愈有条理系统，则去古人学说之真相愈远；此弊至今日之谈墨学而极矣。"[陈寅恪：《审查报告一》，载冯友兰：《中国哲学史》（上），北京：生活·读书·新知三联书店，2009年，第448页。]

③ 史诗的行动特性的格式化甚至让普罗普（Vladimir Propp）写出了举世闻名的大著《故事形态学》（贾放译，北京：中华书局，2006年），即为明证。

或乐于自我宣称曰"行到水穷处，坐看云起时"（王维《终南别业》），但迫于歧路及其极端状态（亦即穷途或"水穷处"）蕴含的危机感和紧张感，最终，还是组建了一个或可被视作以性格为地标的诗学空间。屈子的香草美人之喻、陶诗的洒脱、杜诗的沉郁、李白歌行的佯狂不羁，子瞻诗词的放达豪迈，皆可谓之为面对歧路时有意示人的鲜明性格。如果再考虑到"诗言志"，以及"诗言志"导致的诗与人的合二为一，这个判断就显得更加笃定无疑。被偶然性像空气那般紧紧包围的现代人，则没那么幸运（或那么不幸）：面对多倍的歧路，或面对歧路的加强版，他们（或她们）唯有存乎于内心的复杂而难以释怀的感受①，却没有肱二头肌和腓肠肌参与其间的行动，甚至连性格都省去了，至少"性格"一词的前边不一定必须饰之以"鲜明的"②。卢卡契（Geong Lukács）很有可能点明了此中真相，找到了此间的"七寸"和"练门"："现实越是彻底地合理化，它的每一个现象越是能更多地被织进这些规律体系和被把握，这样一种预测的可能性也就越大。但是另一方面，同样清楚的是，现实和行为主体的态度越是接近这种类型，主体也就越发变为只是对被认识的规律提供的机遇加以接受的机体。他的行为也就更局限在采取这样一种立场，以使这些规律根据他的意思，按照他的利益产生作用。主体的态度 —— 从哲学的意义上来看 —— 将变成纯直观的。"③偶然性早已化为现代人的现实；这个"现实"，也早已"实现"了它"彻底地合理化"。因此，偶然人乐于"承认对于生

---

①　在鲁迅写给许广平的信中，有如下表述："走'人生'的长途，最易遇到的有两大难关，其一是'歧路'，倘若是墨翟先生，相传是恸哭而返的。但我不哭也不返，先在歧路头坐下，歇一会，或者睡一觉，于是选一条似乎可走的路再走，倘遇见老实人，也许夺他食物来充饥，但也不问路，因为我料定他并不知道。如果遇见老虎，我就爬上树去，等它饿得走去了再下来，倘若它竟不走，我就自己饿死在树上，而且先用带子缚住，连死尸也绝不给它吃。但倘若没有树呢？那么，没有法子，只好请它吃了，但也不妨也咬它一口。其二便是'穷途'了，听说阮籍先生也大哭而回，我却也像在歧路上的办法一样，还是跨进去，在刺丛里姑且走走。但我也并未遇到全是荆棘毫无可走的地方过，不知道是否世上本无所谓穷途，还是我幸而没有遇着。"（《鲁迅全集》第3卷，乌鲁木齐：新疆人民出版社，1995年，第91页。）从鲁迅逻辑谨严、层次分明的絮叨中，可以感受到的无他，正是"感受"而已矣。

②　耿占春：《叙事美学》，郑州：郑州大学出版社，2002年，第37 — 50页。

③　[匈牙利]卢卡契：《历史与阶级意识》，杜章智译，北京：商务印书馆，1992年，第202 — 203页。

活/他胃口不佳；骑马，游泳和旅行/一切行动都使他疲惫"（西渡《存在主义者》）。这种人进而还乐于十分坦率地承认"我最终的命运是成为/一本书，一些词语……"（西渡《存在主义者》）。没有必要怀疑，书是语言的凝聚物，词语则是语言的基本单位。作为20世纪最著名的偶然人之一，海德格尔貌似精辟地认为："探讨语言意味着，恰恰不是把语言，而是把我们，带到语言之本质那里，也即：聚集入居有事件之中。"①但也仅仅是"聚集"而已矣；它指称的，仍然不大可能是行动，仅仅是或者更多的是感受。事实上，海德格尔的所有著作，都可被视作对感受的絮叨或呈现。

看起来，偶然人对自己的"应是"状态似乎要求不算太高，却仍然显得有点自以为是；这种并非高调的自以为显然值得商榷。呕吐（或恶心）来自偶然人面对迷雾和迷途时的无能为力；迷雾和迷途则分明来自稠密的偶然性，或偶然性的过于稠密。更准确的表述在这里：迷雾和迷途就是偶然性的稠密地带，就像巴赫金说，对话是语言的稠密地带。对于迷途的命运特性，海德格尔有过上好的絮叨："真正的世界历史在存在之命运中。存在之命运的时代本质来自存在之悬搁。每每当存在在其命运中自行抑制之际，世界便突兀而出人意表地发生了，世界历史的任何悬搁都是迷途之悬搁。"②对于迷雾的命运特性，马克·波斯特（Mark Poster）也有过极佳的絮叨："在这个半机械人（cyborgs）、赛博空间和虚拟现实的纪元中，无论多么唯物和辩证，社群的外表都不会轻而易举地从历史的迷雾中辨别出来。"③卢卡契的言外之意似乎可以与海氏、波氏相唱和：迷雾和迷途有必要被直接视作现代人，亦即那些可怜的偶然人，逃无可逃的命运或宿命。否则，就谈不上"主体的态度——从哲学的意义上来看——将变成纯直观的"，毕竟"纯直观的"很可能意味着感受，或者更多地倾向于感受。因为唯有感受，才称得上人对外物和对自身最直接、最迅速的反应，近乎本能，"有着针在痛中的速度"④。对于命运，赵汀阳有精彩的议

①　[德]海德格尔：《在通向语言的途中》，孙周兴译，北京：商务印书馆，1997年，第2页。

②　[德]海德格尔：《林中路》，孙周兴译，上海：上海译文出版社，2008年，第308页。

③　[美]马克·波斯特：《第二媒介时代》，范静晔译，南京：南京大学出版社，2001年，第129页。

④　欧阳江河：《柏桦诗歌中的道德承诺》，民刊《象罔》（柏桦专号，1991年，成都）。

论："人的存在因其自相关性而不确定和不可测，因此人的存在有了命运问题。命运之不可测，不是指自然的偶然性，而是人为的创造性和自由度。命运由人们所做之事所定义，事可成也可不成，命运不是自己能够独立完成的，而必定与他人有关，因此，命运是人与他人的关系，人际就是命运之所在。"①但无论如何，在现代性当家和全球化作主的日子里，命运之不可测亦即古人所谓的人生无常，首先应当相关于无处不在的偶然性；偶然性更乐于遵循测不准原理，显得喜怒无常，因而能够完美地呼应于人生无常。对人而言，从来就不存在纯自然的偶然性，毕竟唯有从自在的万物万事那里获取意义，人才获得了与世界打交道的能力和可能性②。这是因为只有人才是语言的动物，只有人才有能力从万事万物那里索取意义，并且即时即地或者异时异地消费意义。山洪、地震、海啸、蝗灾，甚至彗星撞地球，从表面上看恰似 —— 更应该说成疑似 —— 纯自然的偶然性。它们从来就是在不自然中，相关于人类的命运；甚至它们的来历、出处和渊薮，也未必真的全然无关于苍穹底下的人类。罗兰·巴特的看法来得很及时："符号学告诉我们，神话负有的责任就是把历史的意图建立在自然的基础之上，偶然性以永恒性为依据。"③

西渡写道：

　　呵，月亮
　　它的忠贞欣然迷途于
　　五月的绿色的夜。
　　　　（西渡《风景》，2005年）

　　我骑在风暴的颈上
　　缰绳在命运的手上
　　我揪痛风暴的鳞介

---

① 赵汀阳：《每个人的政治》，北京：社会科学文献出版社，2010年，第168页。

② 参见赵毅衡：《论艺术的"自身再现"》，载《文艺争鸣》2019年第9期。

③ ［法］罗兰·巴特：《神话修辞术》，屠友祥译，上海：上海人民出版社，2016年，第173页。

密集的箭雨瞄准我

（西渡《庚子正月的哀悼·志愿者》，2020年）

这个春天有重重关卡

娇弱的翅膀无力飞过

我命运中有重重迷雾

再也望不到她的故乡

（西渡《庚子正月的哀悼·养蜂人之死》，2020年）

　　月亮的忠贞总是并且依然迷途于五月之夜，缰绳只可能掌握在命运的手上，而命运中自有重重迷雾，以至于家乡难以被指望……这些源于偶然性的现实，这些出自偶然性的稠密地带的命运，这些面对命运和现实顷刻间产生的莫名感受，可以直接将"我再也不会为它呕吐了"判为虚妄不实之言，或者自以为是的诳语。戴维·弗里斯比（David Frisby）说得委实不赖："现代体验的不连续性，对现代性之过渡、飞逝、任意或者偶然性的承认，引发了研究探询的诸多问题。"①果如是言，则"再也不会为它呕吐"不仅显得更加难以成立，呕吐还更值得更进一步地研究和探寻。现代人游走于作为歧路之加强版的偶然性，颇有些类似于他们（或她们）小心翼翼、心怀恐惧地站立在游轮的甲板上，而此时的游轮正航行于惊涛骇浪中的百慕大（Bermuda）。密集的偶然性让命运的终端产品获取了一个恰如其分也合乎逻辑的隐喻性造型：呕吐。呕吐是偶然人的宿命，就像哭泣是墨子、杨朱、嵇康、陈子昂（"独怆然而涕下"）、杜甫（"少陵野老吞声哭"）的宿命。

　　古代汉语诗的源起，曾被有心人认作颂歌与赞词②；但人生歧路的无所不在，以及歧路的过早被发现、被袒开，遂使以哀悲为叹的怨刺很早就有机会取代赞词与颂歌。一曲"慨当以慷，忧思难忘"（曹操《短歌行》）

---

　　①　[英]戴维·弗里斯比：《现代性的碎片：齐美尔、克拉考尔和本雅明作品中的现代性理论》，卢晖临等译，北京：商务印书馆，2013年，第359页。

　　②　参见龚鹏程：《汉代思潮》，北京：商务印书馆，2005年，第84页；钱穆：《中国学术思想史论丛》卷1，北京：生活·读书·新知三联书店，2009年，第129页。

的《黍离》，亦即那曲"知我者，谓我心忧；不知我者，谓我何求。悠悠苍天，此何人哉"的深沉之问，开启了古代汉语诗以哀悲为叹的怨刺之旅。这使得以哀悲为叹打一开始，就显得音调深沉、嗓音喑哑，并且欲哭无泪。托马斯·卡莱尔（Thomas Carlyle）说："未曾哭过长夜的人，不足以语人生。"①过来人莫不清楚：欲哭无泪正可以被恰如其分地视作恸哭的至境，是痛苦的极致状态。所谓"诗言志"，所谓"诗缘情"，不过是古代汉语诗在履行分内的工具性职责：让面对歧路或末路的诗人哭出声来；让诗人在痛哭后获得自救，再次投身或火热或冰冷的生活。比如，阮籍"恸哭而反"后，尤其是八十二首《述怀》写成后，一点不影响他和另外六位同人"集于竹林之下，肆意酣畅"②；即使在母丧期间，也不妨碍他当着晋文王之面"饮啖不辍，神色自若"③。中国古代的作诗者更倾向于儒家的天命之我④，古诗也乐于萧规曹随般追随作诗者，以儒家的天命之我为其自我 —— 假如有此必要的话⑤。因此，古代的作诗者及其趁手的工具

---

① 刘再复：《天岸书写 —— 刘再复学术文化随笔选集》，厦门：厦门大学出版社，2014年，第211页。

② 《世说新语·任诞》。

③ 《世说新语·任诞》。

④ 即便是号称"礼岂为我辈设也？"的阮籍，即便此人在母丧期间饮酒自如，但正是这个阮籍当要葬母时："蒸一肥豚，饮酒二斗，然后临诀，直言：'穷矣！'都得一号，因吐血，废顿良久。"（《世说新语·任诞》）

⑤ 尽管如此，古诗纵有千般容颜、万般变化，却不以"我是谁"为主题。徐复观认为，由于深受儒家思想的熏染，"中国文化的主流，是人间的性格，是现世的性格"。（徐复观：《中国艺术精神》，上海：华东师范大学出版社，2001年，第1页。）刘若愚（James J.Y. Liu）虽然很感慨地说：《庄子》"比任何一本书都更深刻地影响了中国文人的艺术感觉"，但刘氏并没有否认：就诗文而言，儒家思想始终占据优势地位，甚至具有碾压性和统治性（参见James J.Y. Liu, *Chinese Theories of Literatyre*, University of Chicago Press 1975, p.31）。这等事实导致的诗学后果更有可能是：古诗必须直面儒家的天命之我，它将不以"我是谁"为其承载的内容。与古诗的秉性相呼应，被配备了儒家天命之我的中国古代诗人则不以"我是谁"为其诗作的主题。零星的例外当然存在，比如张若虚的《春江花月夜》（"江畔何人初见月？江月何年初照人？人生代代无穷已，江月年年望相似。不知江月待何人，但见长江送流水。"）、爱新觉罗·福临的《顺治归山诗》（"未曾生我谁是我？生我之时我是谁？长大成人方是我，合眼朦胧又是谁？"）；《天问》或许可以被看作唯一一宗特大诗学事故。事实上，古代诗人只需把古诗的焦点对准"人间"与"现世"，古诗大体上就算完成了使命。

（亦即古诗），既不会遭遇数百个相对真理，也不会遭遇稠密的偶然性，因而不会陷自身于迷雾与迷途的不义之境。古代汉语诗作为一种具有拯救性——而无需教堂——的“教义”，乃是作诗者亲自赋予的，是被作诗者亲身委派的。作为思想性动作的委派和赋予，既表达了作诗者对古代汉语诗的感激之情，也让古诗因其主人的个性差异，各自获取了既鲜明又迥然不同的精彩性格。

　　归根结底，是分析性过于强劲的现代汉语而非任何其他因素，导致了密集的偶然性，以及偶然性的稠密地带，致使偶然人不得不认领迷雾和迷途为其自身的命运[①]。由此，呕吐成为偶然人在命运维度上的隐喻性造型。作为一种前所未有的新文体，新诗不仅是现代汉语的产物，像胡适认为的那样[②]；也不仅是为了应对前所未有的现代经验而出现，像闻一多认为的那样[③]。新诗降临现代汉语空间的另一个重要原因，正是偶然人的隐喻性造型。或许还可以这样表述：因为呕吐着的偶然人急需获取帮助，所以，呼唤出了作为新文体的汉语新诗，毕竟需求才是某物被发明出来的最大动力、最大理由。直抒胸臆的思想独白，是古诗的基本表达方式和基本个性[④]；在西方，诗和小说的独白特性源于有教堂的祈祷[⑤]，古代汉语诗的思想独白却直接等同于没有教堂的“教义”。和甘于工具身份因而没有自我意识的古诗迥然不同，新诗打一开始就渴望自我，而且如愿以偿地拥有了自我[⑥]；作为偶然人的新诗作者，或新诗作者制造出来的作为偶然人的抒情主人公，要想从呕吐中获救，就得让新诗同意将另一种“教义”，亦即

-----

　　①　关于这个问题的详细分析，请参见敬文东：《李洱诗学问题》（上），载《文艺争鸣》2019年第7期。

　　②　参见胡适：《谈新诗》，载《星期评论》“双十”纪念专号（1919年10月10日）。

　　③　参见闻一多：《闻一多全集》第3卷，北京：生活·读书·新知三联书店，1982年，第351—360页。

　　④　参见陈爱中：《20世纪汉语新诗语言研究》，北京：人民出版社，2013年，第45—46页。

　　⑤　参见[英]詹姆斯·伍德（James Wood）：《小说机杼》，黄远帆译，郑州：河南大学出版社，2015年，第101页。

　　⑥　参见赵飞：《论现代汉诗叙述主体“我”的差异性——以张枣和臧棣为例》，载《求索》2017年第11期。

具有拯救性的"教义"，认作它的自我内涵。这样的美事竟然很凑巧、很幸运地发生了：偶然人需要从呕吐中走出，新诗则同意将拯救性"教义"认作自己的本性（而非工具），用以容纳偶然人面对数百个相对真理和四散的碎片时生发的感受。

二、纯诗、杜甫问题以及"教义"的限度

梭罗（Henry David Thoreau）说得有意思："无论什么书都是第一人称在发言，我们却常把这点忘掉了。"①现代诗致力于去个人化，它以表现自我的浪漫主义诗学为不远之殷鉴。众所周知，新诗的观念源自欧美（而非中国传统）②；虽然在新诗的草创阶段，浪漫主义的成色显得过于浓厚，甚至引起过外人——比如朱利安·贝尔（Julian Bell）——的不满、不解和不屑③，但新诗顺应自身逻辑很快就调整方向，回归了文学现代主义和文学的现代性④。因此，新诗中的发声者不会也不该是制作新诗的那些偶然人。这个戒律，应当被所有真正的现代主义诗人——鲁迅、李金发、卞之琳、废名、林庚、穆旦而非郭沫若、徐志摩、朱湘——铭刻在心，不得"把这点忘掉了"。真正的现代主义诗人很清楚：拥有自我并时刻忠于其自我的汉语新诗，不允许诗人亲自披挂上场，不允许他们（或她们）直接现身于诗作。诗人直接充当抒情主人公，意味着新诗不过是被诗人宰割的羔羊，宛若古诗那样，仅仅被善意地认作诗人的某个器官；即使新诗是其制作者最重要的那个器官，新诗的自我也会逻辑性地被否定、被掐灭。事实上，在诗人和新诗之间，早已结成了一种主体间

① [美]梭罗：《瓦尔登湖》，徐迟译，上海：上海译文出版社，2009年，第1页。

② 参见刘新民：《意象派与中国新诗》，载《外国文学》1994年第2期。

③ 和徐志摩很熟悉的朱利安·贝尔就指责徐志摩等人"突出个性、突出反抗精神的个性化的浪漫主义"。参见[美]帕特丽卡·劳伦斯（P. Laurence）：《丽莉·布瑞斯珂的中国眼睛》，万江波等译，上海：上海书店出版社，2008年，第165页。

④ 参见赵小琪：《梁宗岱的纯诗系统论》，载《文艺研究》2004年第2期；欧阳文风：《通向感悟：梁宗岱对西方纯诗理论的醇化》，载《中国现代文学研究丛刊》2010年第2期。

性（Intersubjectivity）的关系①；写作现代汉语诗的人，必须与作为文体的新诗谈判、合作，以便联手完成对抒情主人公的虚构。对于其后得以成型的新诗诗篇而言，此项工作可谓至关重要；而抒情主人公的被虚构特性，可以被视作新诗现代性最主要的指标之一②。被虚构出来的主人公必须同时得到诗人和新诗的认可，才真正具有身份上的合法性③。托多罗夫（Tzvetan Todorow）乐于如是断言："我们从来无法确切知晓某个虚构作品中的陈述是否道出了作者的心声。"④西渡则曰："诗歌虚构的世界与现实并不相涉，它从根本性质上说是不及物的。"⑤托多罗夫和西渡敢于如此这般冒险放言的底气，很可能部分性地来源于被虚构的抒情主人公。此公既然是被虚构的，那此公道出的就不会也不大可能是作者的心声，否则，

① 有人认为，主体间性"这个概念在现象学那里曾被用来提出和讨论'生活世界'的问题，在逻辑经验主义那里曾被用来解释和澄清'客观性'的问题"。（童世骏：《"主体间性"概念是可以用来做重要的哲学工作的 —— 以哈贝马斯的规则论为例》，载《华东师范大学学报》2002年第4期）但要准确地讨论生活世界的问题、客观性问题，必须得让主体和主体处于相互平等的位置，才有更准确的答案，也才对得起"主体间性"这个被发明出来的概念。

② 值得注意的是，抒情主人公的被虚构，不同于20世纪70年代大兴于法国文学中的"自我虚构"（Autofiction）。后者的意思是：努力表现"进行书写的主体'我'与被书写的客体'我'之间、生活经历与文字叙述之间、现实与真实之间的断裂"，以此获取对作者之自我的认知（车琳：《自我虚构》，载《外国文学》2019年第1期）。抒情主人公的被虚构是为了更准确地刻画反讽时代；经由这种性质的主人公，新诗作为反讽主义者独有的文体更能起到这种文体独有的作用。

③ 韦恩·布思（Wayne C. Booth）认为，诗人有必要在诗中隐藏自己，他给出的理由是："假如我们不加修饰，不假思索地倾倒出真诚的情感和想法，生活难道不会变得难以忍受吗？假如餐馆老板让服务生在真的想微笑的时候才微笑，你会想去这样的餐馆吗？假如你的行政领导不允许你以更为愉快、更有知识的面貌在课堂上出现，而要求你以走向教室的那种平常状态来教课，你还想继续教下去吗？假如叶芝的诗仅仅是对他充满烦忧的生活的原始记录，你还会想读他的诗吗？假如每一个人都发誓要每时每刻都'诚心诚意'，我们的生活就整个会变得非常糟糕。"[美]韦恩·布思：《隐含作者的复活：为何要操心？》，载佩吉·费伦（Peggy Phelan）等主编：《当代叙事理论指南》，申丹等译，北京：北京大学出版社，2007年，第66页。但布思显然是在经验主义的角度考虑问题，丝毫没有从现代主义诗歌拥有自我的角度思考问题；但如果再加上布思的思考，虚构主人公就有更加完备的理由。

④ [法]托多罗夫：《日常生活颂歌》，曹丹红译，上海：华东师范大学出版社，2012年，第91页。

⑤ 西渡：《灵魂的未来》，郑州：河南大学出版社，2009年，第13页。

就会生产众多消极的事情、负面的情绪。被虚构的此公面对的，也不仅仅是纯粹的事情本身，恰如张枣贡献的极端之论："没有文学，哪来的现实呢？"①

如果从新诗的受众那边观察，事情可能会显得更加有趣。乔治·斯坦纳说："有证据表明，一种对于文字生活的训练有素而坚持不懈的献身以及一种能够深切批判地认同于虚构人物或情感的能力，削减了直观性以及实际环境的尖利锋芒。相比于邻人的苦难，我们对文学中的悲伤更为敏感。"在另一处，乔治·斯坦纳更乐于如是放言："任何人身上的虚构反思能力或道德冒险能力都很有限，它能被虚构作品迅速吸收。因此，诗歌中的呼喊也许比外面街头的呼喊声音更大、更急迫、更真实。"②虽然居伊·德波（Guy Debord）说："始终住在顶层的人们无法感受到来自街上的影响。"③但乔治·斯坦纳的暗示还是不难得到理解：被虚构的抒情主人公较之于诗人，更容易获取受众的承认、赢得读者的同情，也更容易激发读诗者的感受力④。诗人的真实形象，不难从其传记材料中被受众所知晓；如果诗人披挂上阵直接现身于诗篇，他（或她）产生的诗学效应反倒会因其形象被广为知晓大打折扣，因为被给定的形象容易让受众形成固定的心理预期，心理预期一旦落空，不满足、不满意等负面情绪就会自动降临⑤。这正是乔纳森·卡勒（Jonathan Culler）早就指出过的事实："诗歌和小说都是以要求认同的方式对我们述说的，而认同是可以创造身份的：我

---

① 张枣：《张枣随笔选》，北京：人民文学出版社，2012年，第219页。

② [美]乔治·斯坦纳：《语言与沉默》，李小均译，上海：上海人民出版社，2013年，第11页、第72页。

③ [美]安迪·梅里菲尔德（Andy Merrifield）：《居伊·德波》，赵柔柔等译，北京：北京大学出版社，2011年，第22页。

④ 很显然，乔治·斯坦纳的观念充满了现代性，而在18、19世纪，作家们的信念与斯坦纳刚好相反。比如，18世纪的英国随笔作家阿狄生（Joseph Addison）就公开表示："我曾默察：人当读书之际，先要知道作者肤色是深是浅、头发是黑是黄、脾气是好是坏、已婚还是单身，方才能够欣然开卷，因为诸如此类的详情细节对正确了解一个作家是大为有利的"，并且因为对作家的了解更能理解出自作家笔下的作品（[英]阿狄生：《旁观者自述》，载阿狄生等著：《伦敦的叫卖声》，刘炳善译，上海：上海译文出版社，2006年，第6页）。

⑤ 参见P.J. Rabinowitz, *BeforeReading: Narrative Conventions and the Politics of Interpretation*, Ohio State University Press, 1987, p.17。

们在与我们所读的那些人物的认同中成为我们自己。"①被虚构的抒情主人公因新诗强烈的自我意识必须被虚构，但也刚好因其被虚构，更容易引发诗学效应。这是新诗的自我意识捎带出来的后果，堪称美满，富有喜剧性，让新诗欣慰；其情其形，恰合洛伊·C.巴斯特所言：

> 真理的一半是理想
> 它的四分之三是虚构出来的。

　　如果某首新诗作品中出现的是第一人称"我"，这个"我"除了是被虚构的抒情主人公外，还很有可能是代言者，代言者亦步亦趋地模仿被代言者而发言，有如被代言者附体于代言者②；如果出现的是第二人称"你"或第三人称"他"（或"她"），这个被呼唤的"你"，这个被陈述的"他"（或"她"），背后一定站着被有意隐藏起来的抒情主人公，此人同样是被诗人和新诗联手虚构出来的，也就是梭罗特意强调的第一人称"我"，却不可能也不必是制作新诗的那个偶然人。无论新诗作品中出现的是第一人称、第二人称还是第三人称，无论这三种人称是单数还是复数，也无论是明显还是隐藏，抒情主人公都是单数"我"③。对于永远"站在虚构这边"的新诗来说④，围绕包括人在内的物⑤组建起来的事情并不重要，真正重要的是：事情首先得到了现代汉语的陈述，事情由此进入了由现代汉语构筑起来的语义空间。无论事情曾经存乎于何种性质、何种形式与何种型号的时空之中，只要它被现代汉语所诉说，它在理论上就一定会变作现代汉语空间中的事实，一定会被这种语言所塑造，进而被这种语言赋予饱满的现代性和中国性⑥。《他出去痛哭……》中的阮籍更有可能是现代的阮

---

①　[美]乔纳森·卡勒：《文学理论入门》，李平译，南京：译林出版社，2013年，第118页。

②　参见龚鹏程：《中国诗歌史论》，北京：北京大学出版社，2008年，第93页。

③　参见袁可嘉：《论新诗现代化》，北京：生活·读书·新知三联书店，1988年，第25页。

④　关于这个问题，可以参见欧阳江河《站在虚构这边》（北京：生活·读书·新知三联书店，2001年）一书中相关而精彩的论述。

⑤　"物"作为概念，在荀子那里被认作大共名，其间就包括人（参见《荀子·正名》）。

⑥　参见敬文东：《随"贝格尔号出游"》，郑州：河南大学出版社，2010年，第56—63页。

籍，喝着酒精度数很高的茅台，而非魏晋时期因技术原因酒精含量很低的米酒；用筷子夹梅菜扣肉的频率高于用刀叉切割七分熟的牛排。但饶是如此，现代汉语中如何表述事情，仍然远比事情被现代汉语所陈述重要得多。莱斯利·A.菲德勒（Leslie A. Fiedler）似乎道出了其间的原因："视角问题的基点是一个深刻的伦理复合体，它反映在作品本身的构成之中。"①如此说来，现代汉语究竟在如何表述事情，就更有能力决定事情在新诗中的地位、成色和其他各种属性，尤其是更能决定事情在新诗中如何充当任何种形态的诗学要素；如何诉说事情，将赋予被诉说的事情在语义空间中的全部形貌②。事情必须听命于新诗和诗人联合锻造而成的自我意志③。

从这个角度望过去，便不难发现：新诗更愿意成为一种反现象学的文体；所谓现象学，就是"对直观到的本质和直观本身进行实事求是的描述"④。新诗不从围绕物——这个大共名——组建起来的事情本身出发，它更乐意以其自我意志为启程的码头；新诗的自我意志可以、能够也乐于形塑（to form）事情在诗中的长相和腰身。因此，被虚构出来的抒情主人公（亦即"我"）和诗人一样，必定是偶然人，必将被密集的偶然性所包围，会时刻遭遇多倍的歧路（甚至被极数定义过的九折阪），这个"我"

---

① [美]莱斯利·A.菲德勒：《中间反两头》，钱满素译，载[英]戴维·洛奇（David Lodge）编：《二十世纪文学评论》下册，葛林等译，上海：上海译文出版社，1987年，第220页。

② 事情被现代汉语所表述，并不是决定事情是否获得现代性的决定性因素；现代汉语在如何表述事情，才更有可能是事情获取现代性的一锤定音者。这就解释了为什么并非所有的现代汉语诗都是现代主义诗，都具有现代性，也能解释为什么戴望舒对其成名作《雨巷》并不那么看重，"因为它确实太靠近传统了，甚至干脆就是对古典意境的直接挪用"。（参见敬文东：《宋炜的下南道》，载《收获》2016年第5期。）

③ [英]特里·伊格尔顿（Terry Eagleton）有趣地说："传统的英国绅士厌恶令人苦恼的劳作，竟不愿正确地发音，因而有了贵族式含糊的发音和拖腔。"（特里·伊格尔顿：《理论之后》，商正译，北京：商务印书馆，2010年，第8页。）但伊格尔顿百密一疏，极有可能把此间的因果关系搞反了。让-保罗·萨特深谙这个中要诀，其大著《恶心》的某个主人公就精辟地认为：要么生活，要么叙述。因为据萨某保证：要使最乏味的事情成为奇遇，只需叙述就足够了（参见[美]A.C.丹图：《萨特》，安延明译，北京：工人出版社，1986年，第10页）。由此不难发现，表述事情远比事情本身重要得多。

④ 彭锋：《诗可以兴》，合肥：安徽教育出版社，2003年，第5页。

也许不哭泣，却会密集性地呕吐；在极端的情况下，"我"还能以痛哭充任呕吐的表现形式，比如，被现代化的墨翟、杨朱、阮籍，以及被中国化的彼得①。每一个被现代汉语形塑的中国人，除了拥有偶然人这个身份外，不管他（或她）是否承认、是否乐意，都还另有两重身份：孤独者、反讽主体（或曰反讽主义者）。所谓孤独者，就是人与人彼此之间视对方为可抛弃物，或多余物②。所谓反讽主体，是指现代人原本以A为追求的目标，最终到达的目的地，却是令他（或她）目瞪口呆的-A；A与-A不但同时成立、同时成真，还必须互为前提、互为镜像③。这就是说"真理的对立面也可能是真理"④。反讽主体和偶然人必定是孤独者，必将深陷于迷雾与迷途以及这两者组成的命运，其自我也将处于失明状态和不确定的状态；但偶然人依然称得上更胜一筹（或曰"更上一层楼"）：他（或她）呕吐。这意味着，抒情主人公从一开始就拥有三重身份，以及三重身份各自必须携带的诸多要素：孤独、身陷迷雾和迷途、密集性地呕吐；"我"的自我意志也将命中注定地处于风雨飘摇之中：

> 你有，是你的未来
> 我存在，是我的顷刻
> 袒露无边的荒野。
> 　　　　（西渡《针》，2010年）

---

①　杨键超大篇幅的长诗《哭庙》不一定是成功的新诗作品，但其满纸哭声的内里正是现代意义上的呕吐的特殊形式（参见陈建华：《"哭"的记忆与救赎——读杨键〈哭庙〉》，载《东吴学术》2016年第2期）。

②　参见敬文东：《艺术与垃圾》，北京：作家出版社，2016年，第10—23页。

③　参见敬文东：《李洱诗学问题》（中），载《文艺争鸣》2019年第8期。西渡在其诗中已经将反讽主体如何周旋于A与-A之间的情形描画了出来："你走到所有的意料之外，也走到/自己的反面，犹如一阵急骤的风/翻转一片秋天的树叶；或者起于/星空深处的一声轻叹，倾覆了/黑暗之上的航船。那是来自/命运的律令吗？"（西渡《你走到所有的意料之外……》，2014年）苏联有一个笑话，很形象地说明了何为反讽主义者，兹陈述在此：话说监狱里的有犯人甲乙丙。甲问乙："你为什么进来？"乙曰："我支持伊万诺维奇。"乙问甲："那你呢？"甲曰："我反对伊万诺维奇。"甲、乙问丙："那你呢？"丙曰："我就是伊万诺维奇。"

④　李洱：《问答录》，上海：上海文艺出版社，2013年，第237页。

　　和抒情主人公相比，诗人自有其特殊性，虽然诗人和抒情主人公一样，也是集反讽主义者、偶然人和孤独者于一身，但诗人至少认同他（或她）的诗人身份。他（或她）甚至乐于冒险确信："诗人们为一切生活事件提供了具体的操作性智慧。"①诗人虽然也免不了孤独、呕吐、在A与-A之间摇摆不定，却拥有一份理想的确定性自我。奥登对此说得很得意："我觉得诗根本上就是无聊的娱乐。我之所以写诗仅仅是因为我喜欢为之。"②所有暗自认可"喜欢为之"的诗人，都对自己的诗人身份深信不疑、怡然自得，还格外愿意恪守一个现代主义诗人不可不恪守的职业操守。职业操守意味着：新诗的制作者必须与作为文体的新诗合作，支持新诗坚守诗的立场和本位，护住诗的贞操；在此基础上，深入并且真实地揭示抒情主人公面临的孤独、呕吐和反讽境地。让新诗坚守诗的本位、诗的立场，意味着新诗的自我得到了很好的维护；深入、真实地揭示抒情主人公遭遇的境况，则是作诗者和新诗共同的义务，也是两者在相互成全对方时，对各自之自我的完成：诗人和新诗践履了自己对自己肩负的责任，尽到了自己对于自己应尽的义务。肉体上的有疾之人必须用药石帮助和辅佐，以身体康复为痊愈的标志，以痊愈为治疗的终极目标；作为精神上的有疾之人，抒情主人公从不敢奢望痊愈（因为不可能有真正的痊愈），"我"只得以自身的处境始而得到展示和关照，继而情绪得到宣泄和缓和，终而获取心理上的慰安，但也不排除偶尔可以获取暂时性地愈合。与此同时，诗人因恪尽职守而自救，因忠于作为诗人的自我而获救。

　　任何不受约束的自我都必定倾向于自恋；新诗的自我像所有其他形式的自我一样，更钟情于它自身，但更像麦克卢汉指斥的那喀索斯（Narcissus）一样"全然麻木了"，全然"适应了自己延伸的形象，变成了一个封闭的系统"③。因此，纯诗（Poèsie Pure）成为新诗在自我形象上一种本能性的选择和追求，便丝毫不令人意外；纯诗成为现代汉语诗心目中最理想的自我状态，就是再自然不过的事情。纯诗是一种典型的现代观

①　[加] 马歇尔·麦克卢汉：《理解媒介》，何道宽译，南京：译林出版社，第10—11页。

②　Alan Ansen, *The Table Talk of W H Auden*, ed. Nicholas Jenkins. Ontario Review Press, 1990, p.119.

③　[加] 马歇尔·麦克卢汉：《理解媒介》，何道宽译，南京：译林出版社，第58页。

念：它反对浪漫主义诗学将诗视为纯粹的工具。现代诗迫切要求它自己回到诗本身（poem itself）①。魏尔伦（Paul Verlaine）扬言道："诗的绝对形式和纯粹性"，就是纯诗②。梁宗岱受到魏尔伦的启发，进而认为："所谓的纯诗，便是摒除一切客观的写景、叙事，说理以至感伤的情调，而纯粹凭借那构成它底形体的原素 —— 音乐和色彩 —— 产生一种符咒似的暗示力，以唤起我们感官与想象底感应，而超度我们底灵魂到一种神游物表的光明极乐的境域。"③但魏尔伦、梁宗岱道明的情形，或许仅仅是纯诗应该具有的表面现象、拥有的及格线，还无法满足新诗对自我的设定和期许。和魏尔伦、瓦莱里相比，穆木天只算得上小角色，但他关于纯诗的言说，也许离真相反倒更近。穆氏有言："我们如果想找诗，我们思想时，得当诗去思想（penserenpoésie, to think in poetry）。"④这话听上去很不错、很"巴适"⑤：像诗本身那样去思想，即为纯诗。所谓诗本身，应该首先被明确地认作诗的自我；诗本身既作为运思的工具，又必须成为运思的唯一目的。新诗只想成为它应该成为的那个样子（亦即 ought to be 所蕴含的 to be），像那喀索斯，像极权者；它受其自我的教唆本能性地将自身认作目的："诗歌以超然的态度运用语言：它不直接对着读者说话。"⑥现代诗在处于它自身的纯诗状态（亦即最理想的状态）时，甚至有理由不愿意、不屑于对读者说任何话。因此，根本就无须深究兰波（Arthur Rimbaud）在令人费解的《元音》中到底说了什么，因为那终究不过是《元音》愿意说给《元音》听的一些私房话。胡戈·弗里德里希说得很恳切："诗歌本身

①　西方人（尤其是唯美的法国人）提倡纯诗，是为了反击浪漫主义诗学；李金发、穆木天、梁宗岱、李健吾等人倡导纯诗，是为了反击早期新诗的散文化，以及由散文化导致的反诗化（参见陈太胜：《走向诗的本体：中国现代"纯诗"理论》，载《社会科学》2005年第5期）。

②　魏尔伦：《加布里埃尔·维凯尔的〈在那美丽的丛林里〉》，载黄晋凯等主编：《象征主义·意象派》，北京：中国人民大学出版社，1989年，第27页。

③　梁宗岱：《诗与真·诗与真二集》，北京：外国文学出版社，1984年，第95页。

④　穆木天：《谭诗》，载杨匡汉、刘福春编：《中国现代诗论》（上编），广州：花城出版社，1985年，第101页。

⑤　蜀语，意思是安逸、舒服。

⑥　[加]诺斯罗普·弗莱：《批评的解剖》，陈慧等译，天津：百花文艺出版社，2006年，第6页。

是自我封闭的构造物。它既不传达真理，也不传达'心灵的沉醉'，根本就不传达任何事物，而只是自为存在的诗歌（the poem per se）。"①唯其如此，方为纯诗；纯诗只为心智高洁者或意欲高洁者所渴望，阴谋家和弄权者永远不在此列。如此情景，恰如杀兄娶嫂的丹麦国王的喃喃自语："我的言语高高飞起，我的思想滞留地下；没有思想的言语永远不会上升天界。"②

以马拉美（Stéphane Mallarmé）之见，"（纯）诗应当永远是个谜"，它只能"叫人一点一点去猜想"③。当新诗撇开诗人，仰仗其自我单独制造抒情主人公时，被制造出来的抒情主人公仅仅是新诗的自我的代言人，或新诗的自我的影子，"以"影——而非"如"影——随行于新诗的自我。此人不呕吐，不迷茫，不周旋往来于A与-A；一切都显得完美无缺，正好是新诗自恋中认为自己最应该成为的那个样子。这种样态的纯诗就像西渡笔下的风，在自己追随自己的"来龙去脉"时，"一首伟大的诗在暗中完成"（西渡《对风的一种修辞学观察》，2002年）。这首被"暗中完成"的"伟大的诗"意味着：它只为自己而完成它自己。但这首只为自己"而'生'"的伟大的诗篇，却永远不可能"诞'生'"。即便是为纯诗大声鼓噪的瓦莱里也不得不承认：纯诗只能是一种理想状态，"纯诗的概念是一个达不到的类型，是诗人的愿望、努力和力量的理想的一个边界"④。明眼人莫不清楚：所谓边界，就是不可逾越更不能逾越的意思。福柯曾在某处表达过一个观点：冒犯边界是不祥之事⑤。瓦莱里虽然坦率地承认纯诗乃虚妄不实之物，却不愿意深入道及其间的原委。事实上，任何事物都可不能毫不边际地放纵自我；任何事物的自我都不可能自顾自地单独绽放。每

---

① [德]胡戈·弗里德里希：《现代诗歌的结构——19世纪中期至20世纪中期的抒情诗》，李双志译，南京：译林出版社，2010年，第38页。

② [英]莎士比亚：《哈姆雷特》，朱生豪译，南京：译林出版社，第71页。

③ [法]马拉美：《关于文学的发展》，载王道乾译，伍蠡甫主编：《西方文论选》下卷，上海：上海译文出版社，1979年，第262页。

④ [法]瓦雷里：《纯诗》，载丰华瞻译，伍蠡甫主编：《现代西方文论选》，上海：上海译文出版社，1983年，第29页。

⑤ 参见[法]福柯：《规训与惩罚》，刘成北等译，北京：生活·读书·新知三联书店，1999年，第259—354页。

一个事物都必须、必然、必定存乎于彼此间组成的关系之中。当此至为关键的时刻，有一个被虚构的抒情主人公颇为适时也很懂事地如是放言，听上去十分"巴适"——

> 风景是我的一只桨，诗是另一只。
> 有时我们写出的比我们高贵，
> 但我们写出的也叫我们高贵。
> （西渡《同舟》，2015年）

如此这般出色地放言正好表明：抒情主人公在向新诗和诗人发出呼喊，恳请诗人的自我和新诗的自我彼此约束，处于"互动的关系"[①]之中，不像那喀索斯，不像极权。唯有两者存乎于理想的互动关系，被虚构的抒情主人公才可以让诗高贵的同时，也趁机让自己高贵。两种高贵拯救了新诗，让新诗放弃对自己不切实际的纯诗想象，转而令自己成为现实中的理想诗篇，只因为所有的抒情主人公都愿意祈祷："我们心爱的诗有权利活下去。"（西渡《你走到所有的意料之外……》，2014年）但两种高贵也拯救了抒情主人公；抒情主人公处于高贵状态，意味着这个偶然人的内心得到了抚慰："我"呕吐并高贵着。新诗不可能独自成为某种具有拯救性的"教义"；唯有选择主动与诗人合作，新诗才能重新获得自我，才能从现实的层面——而非绝对理想的层面——上，获得对自我的认同。某个偶然人或反讽主体一旦成为诗人，意味着他（或她）在反讽时代获得了理想的确定性自我，也意味着他（或她）赢取了稳定的立足点。这个名曰诗人者在关心诗、思谋诗篇的同时，必定会关心他（或她）寄居的现实、他（或她）吞吐其间的场域，因为他（或她）不仅是偶然人、反讽主义者，还是被生活包围并且天天向生活讨生活的人。诗人仰仗其自我意识，一旦关注错综复杂的外部世界（或曰生活世界），就不可能任由新诗放飞自我独自凌空蹈虚；这让新诗企图拥有自我的纯诗状态，仅仅是个虚妄不实的臆想。只要新诗的自我不忘坚守它的诗本位立场，就不可能任由诗人放飞

[①]　赵汀阳：《每个人的政治》，北京：社会科学文献出版社，2010年，第167页。

自我专一于现实的肠肠肚肚；这让诗人不可能将他（或她）关注的现实细节，一厢情愿地搬进新诗的语义空间 —— 哪怕诗人出于高尚的情操，谨遵道德–伦理发出的指令，也不得无视新诗的颜面如此放肆胡为。就是在这种彼此牵扯构成的互动关系中，抒情主人公被虚构出来了。如果诗人和新诗在合作时处于最佳状态，抒情主人公就理应拥有最饱满、最理想的状态。面对偶然人存身的苍茫大地，面对反讽主体面对的满目疮痍，面对普遍的呕吐和呕吐物，这等质地的抒情主人公能将新诗带至既有饱满现实又有浓郁诗意的绝佳之境，甚或令人心醉的完美之境；既让新诗虽不纯却高贵，也让抒情主人公虽高贵却呕吐，诗人则因新诗和抒情主人公的高贵兀自高贵不已。

　　但这恰恰是为诗之道中最困难的事情。"中庸之为德也，其至矣乎！民鲜久矣。"[①]埃米尔·齐奥朗（Emile Michel Cioran）则感叹道："误入歧途的恐惧，梦呓的血淋淋的诱惑，唤醒了中庸本能的回应 ……"[②]面对"其至矣乎"的中庸之德，不仅"民鲜久矣"，新诗和制作新诗的人同样"鲜久矣"、久违也：不是走向极端之一，亦即追求不切实际的纯诗而未果、未遂[③]；就是走向极端之二，亦即基于道德–伦理，将现实细节过多输入新诗让新诗严重缺乏诗味，同样陷新诗于未遂、未果的境地[④]：

> 福喜自幼丧父，他的寡母
> 在族人的白眼中把他带大。
> 那年我们一块从老家跑来北京
> 碰运气，他娘拉着他的手不放，
> 好像从此再见不到他了。为了

---

　　① 《论语·雍也》。

　　② [罗马尼亚]埃米尔·齐奥朗：《思想的黄昏》，陆象淦译，广州：花城出版社，2019年，第104页。

　　③ 关于追求纯诗而未遂的论述，可参见欧阳江河：《89后国内诗歌写作 —— 本土气质、中年特征与知识分子身份》，载《花城》1994年第5期。

　　④ 关于这两个极端，刘继业有非常深入的描述和分析（参见刘继业：《新诗的大众化和纯诗化》，北京：北京大学出版社，2008年），此处不赘。

> 拴住儿子的心，老太太在家
>
> 给他相了一门亲事。福喜回去了，
>
> 捎回两包喜糖，看他美滋滋的样儿，
>
> 谁会想到他这辈子就毁于这头亲事？
>
> 　　　　　（西渡《福喜之死》，1998年）

有诸多迹象表明，西渡对纯诗怀有不灭的执拗之心，从未放弃过对于纯诗的念想（或幻想），却又冒险写有一大批诸如《福喜之死》一类的作品①。这很可能首先出于一个偶然人的道义，源自一个反讽主义者的良知，以及由此而来的愤激、高尚的心境，还有存乎于这种心境的感受（而非行动和性格）。"良心发见之最先者，苟能充之四海皆春"②固然不假，问题是：新诗的自我一直在强调它的诗本位立场，这是新诗为自己设置的最低限度；只有守住这道红线，诸如以拯救性"教义"一类东西充任新诗的自我，才可能得到新诗的首肯。简而言之，这类东西顶多是新诗的第二自我，或者附加性自我；它可能具有必要性，却不一定真的拥有必然性。《福喜之死》的抒情主人公——"我"——体现得更多的，是诗人的自我意志。新诗的自我因诗人的自我过于强势，遭到了较为严重的忽略和侵蚀；抒情主人公只有成色不高、比例很低的虚构性，新诗因此有再度被降格为工具的可能，这种情形在新诗史上曾屡次重现、反复出现，至今不休。所谓降格，以巴赫金之见，就是故意贬低珍贵物品的珍贵特性，充满了首尾倒置带来的喜剧感③。没有必要讳言，《福喜之死》从新诗的纯诗状态，走向了另一个极端：非诗化。这里涉及自有新诗以来一直挥之不去的杜甫问

---

① 在并不漫长的新诗史上，西渡也许是较为罕见的那种既心向纯诗又不忘纷纭现实的诗人。从比喻的角度看过去，西渡正可谓李商隐和杜甫的合体。长诗《蛇》（2000年）、《雪》（1998年）、《一个钟表匠人的回忆》（1998年）、《奔月》（2019年）……堪称唯美主义维度上的杰出作品；《风烛》（2016年）、《庚子正月的哀悼》（2020年）、《你走到所有的意料之外》（2014年）……则可以被视作有意效法杜甫的锥心之作。从这个角度而言，西渡是我们再次深入认识新诗之内里的一个极佳解剖对象，尤其值得重视。

② 吴澄：《草庐吴文正公全集》卷4。

③ ［苏联］巴赫金：《拉伯雷的创作与中世纪和文艺复兴时期的民间文化》，李兆林等译，石家庄：河北教育出版社，1998年，第432页。

题①。杜甫问题的内涵非常清楚：该怎样恰如其分地处理新诗与现实的关系（古诗如何处理与现实的关系早已不成问题）。众所周知，和新诗一路相伴同行的，是百余年来中国既波澜壮阔又多灾多难的历史境况，陈超既形象又准确地将之称作"噬心主题"，急需要被新诗所表达②。诗人出于道德-伦理方面的考虑而热衷于噬心主题，很有可能是值得赞扬的事情。

在艰苦卓绝的抗战岁月，七月派诗人蒲风本着良心、良知，而有诚挚、恳切之言："'九一八'以后，一切都趋于尖锐化，再不容你伤春悲秋或作童年的回忆了。"③面对耽于纯诗幻想、致力于"雕虫纪历"，却罔顾噬心主题的何其芳、卞之琳，早有人幻想着"历史的车轮"已经"推他们上了没落的墓道"④。放在古代汉语诗的黄金岁月，诸如此类的言论几乎不存在任何问题。古诗是供诗人驱遣的工具，它"言"诗人之"志"，"缘"诗人之"情"。"今夫举大木者，前呼邪许，后亦应之，此举重劝力之歌也。"⑤而"饥者歌其食，劳者歌其事"⑥本身就是歌，是诗；诗人替饥者歌其食，替劳者歌其事，就不仅是歌，是诗，而且这诗、这歌更有来自道德-伦理层面上的加持和保障，因此，它有理由更是诗，更是歌。道德-伦理本身就是古诗成其为古诗的重要元素、依据和组成部分；关于这个枢纽性的诗学问题，《毛诗序》一类的文论决不会有错⑦，孔夫子更不会有误。正是在此基础上，元稹才如此这般赞扬杜甫："近代唯诗人杜甫《悲陈陶》《哀江头》《兵车》《丽人》等，凡所歌行，率皆即事名篇，无复倚傍。"⑧

---

① 参见孔令环：《杜甫对中国现代新诗的影响 —— 以胡适、闻一多、冯至为例》，载《中州学刊》2007年第5期；马德富：《真与美的范式：杜诗艺术精神对新诗的启示》，载《杜甫研究学刊》2001年第2期。

② 参见陈超：《生命诗学论稿》，石家庄：河北教育出版社，1994年，第19页。

③ 蒲风：《五四到现在的中国诗坛鸟瞰》，载《诗歌季刊》第1卷第1—2期（1934—1935年）。

④ 彭康：《什么是"健康"与"尊严"》，载《创造月刊》第1卷第12期，1928年7月。

⑤ 《淮南子·道应训》。

⑥ 《公羊传·宣公十五年》（何休《解诂》）。

⑦ 参见钱钟书：《管锥编》，北京：中华书局，1986年，第60页、第79页、第100—102页、第109—110页、第121—122页的相关论述。

⑧ 元稹：《元氏长庆集》卷23。

白居易在写给元稹的大札中，对杜甫也多有称赞："又诗之豪者，世称李杜。李之作，才矣奇矣，人不逮矣。索其风雅比兴，十无一焉。杜诗最多，可传者千余首，至于贯穿今古，覼缕格律，尽工尽善，又过于李。然撮其《新安、石壕、潼关吏》《芦子》《花门》之章，'朱门酒肉臭，路有冻死骨'之句，亦不过十三四。杜尚如此，况不逮杜者乎?"①虽然有论者对杜甫直接就时事以韵语发言颇有疑义②，但终归无伤大雅。

　　新诗固然可以 —— 甚至必须 —— 将诗人对道德-伦理的考虑考虑进去，但它更顾忌、更重视自己的最低限度：新诗以坚守诗本位为其自身伦理（亦即新诗伦理）。诗人秉持的道德-伦理不能自动成为新诗的组成部分，它得过新诗伦理这一关。有证据表明，相似的情形似乎在西方出现得更早。对此，胡戈·弗里德里希有确切的观察："自从古典时期以来，将美学力量与认知及伦理力量划归为一的通常做法被取消了。艺术天才被赋予了一个独立的秩序。"③莱昂内尔·特里林（Lionel Trilling）一贯倡导西方自古就倡导的诚挚（Sincerus）④，他对这个问题的言论听上去像是在致悼词："道德可能性正在逐渐缩小，而它所隐含的自由意志和个人价值也日渐消失，而这一切事实上都是由那种认为人类可以达到完美境界的观念所引发的 —— 这真是一个具有悲剧色彩的反讽。"⑤古诗将拯救性"教义"认作自身的功能和责任，必然自动成立；新诗要想认拯救性"教义"为其自我，却条件极为苛刻。抗战年间指斥卞之琳、何其芳的批评者满可以反

---

① 白居易：《白氏长庆集》卷45。

② 比如杨慎就认为："宋人以杜子美能以韵语纪时事，谓之'诗史'。鄙哉宋人之见，不足以论诗也。"杨慎以《诗经》为样本责怪杜甫："三百篇皆约情合性而归之道德也，然未尝有道德字也，未尝有道德性情句也"，"皆意在言外，使人自悟"，不像杜诗直陈其事（杨慎：《升庵诗话》卷11）。放在本文的语境观察，"以韵语纪时事"亦即"直陈其事"相当于纯诗的对立一极：非诗化。

③ [德]胡戈·弗里德里希：《现代诗歌的结构 —— 19世纪中期至20世纪中期的抒情诗》，李双志译，南京：译林出版社，2010年，第12页。

④ 参见[美]莱昂内尔·特里林：《诚与真》，刘佳林译，南京：江苏教育出版社，2006年，第4 — 25页。

⑤ [美]莱昂内尔·特里林：《知性乃道德职责》，严志军等译，南京：译林出版社，2011年，第29页。

思一下：如果一首诗在诗学的意义上并不成立（亦即非诗），它的力量到底在哪里呢①？道德–伦理当然自有力量，在条件适当时，还会为新诗提供助力（闻一多、艾青、穆旦、昌耀、北岛可以被视作这方面的典范），但到底不是诗学力量，尤其不能自动成为诗学力量。新诗自知其限度居于何处：要想将某种拯救性的"教义"当作新诗的附加性自我（或曰第二自我），就必须首先是诗。和中国古代的诗人不一样，新诗的制作者，那些偶然人和反讽主体，必须在新诗伦理和诗人自身的伦理之间反复周旋、多方掂量；在纠缠中不断努力靠近中庸之德。这既是新诗复杂难缠之处，也是新诗独具魅力之所在，值得诗人为之付出一生的光阴。西渡对此有令人信服、令人欣慰之言：

> 　　就新诗的当代历史而言，从朦胧诗开始，诗歌与意识形态的暧昧的婚姻关系已经结束了，诗歌不再是意识形态的同谋，或者它的对立面，成为意识形态的反叛者，而是自觉选择作为臧棣所说的"历史的异端"。这样一种诗歌，将想方设法创造自己的读者，而不大可能为了大众化的利益放弃自身在美学和伦理学上的追求。就诗歌的这一新目标而言，它在美学上愈激进、愈彻底、愈达到极致，它在伦理学上就愈成功。也就是说，美学的抱负应该成为诗歌唯一的道德②。

---

①　废名对古诗、新诗的区别有很精确的观察："我发见了一个界限，如果要做新诗，一定要这个诗是诗的内容，而写这个诗的文字要用散文的文字。以往的诗文学，无论旧诗也好，词也好，乃是散文的内容，而其所用的文字是诗的文字。我们只要有了这个诗的内容，我们就可以大胆地写我们的新诗，不受一切的束缚……我们写的是诗，我们用的文字是散文的文字，就是所谓的自由诗。"（废名、朱英诞：《新诗讲稿》，陈均编，北京：北京大学出版社，2008年，第12—13页。）废名所说的"诗的文字"指古诗的形式：平仄、押韵。只要有了"诗的文字"，诗人的道德–伦理将自动加持古诗为诗；相反，即使有了"诗的文字"，如果诗人道德–伦理有亏，古诗也不会成其为诗。比如，有人这样说过："书画以人重，信不诬也。历代工书画者，宋之蔡京、秦桧，明之严嵩，爵位尊崇，书法、文学皆臻高品，何以后人吐弃之？湮没不传，实因其人大节已亏，其余技更一钱不值矣。吾辈学书画，第一先讲人品。"（松年《颐园论画》）宋人张怀有几乎完全相同的看法："故昧于理者，心为绪使，性为物迁，汩于尘氛，扰于利役，徒为笔墨之所使耳，安足以语天地之真哉！"（张怀《山水纯全集·后序》）"书画以人重""吾辈学书画，第一先讲人品"，诗文又岂可例外？

②　西渡：《灵魂的未来》，郑州：河南大学出版社，2009年，第46页。

三、感受、絮叨，还有爱

面对多倍的歧路（甚至极数级别的九折版），面对偶然性的稠密地带，面对经由迷途和迷雾构筑起来的现代命运，自命现代诗人的那些人究竟意欲何为呢？事实上，他（或她）必须首先得像胡戈·弗里德里希倡言的那样，实施去个人化（depersonalization）的行为①——T.S.艾略特将之称作"逃避自我"②；这样做，至少可以让诗人在一个普遍自恋甚或鼓励自恋的时代③，免于自恋的宿命。虽然自恋更有可能是偶然人特有的病灶④，但自恋对诗和诗人的杀伤力到底有多大，一部人类文学史自有分教。在面对如此这般的窘境之后，现代诗人还比较彻底地丧失了让抒情主人公起而行动的能力，顶多让"我"（亦即抒情主人公）滋生纯粹心理性的感受。对此，沈雁冰有着极为准确也极为早熟的观察：包括现代诗在内的现代主义文学作品，都宁愿"牺牲了动作的描写而移以注意于人物心理变化的描写"⑤。所谓感受，依照语言哲学的ABC，不过是一桩桩密集性的语言事件（language events）⑥，不可也不能以"是否具有鲜明的性格"作为衡量

---

① 参见[德]胡戈·弗里德里希：《现代诗歌的结构——19世纪中期至20世纪中期的抒情诗》，李双志译，南京：译林出版社，2010年，第22页。

② 参见[英]艾略特：《艾略特文学论文集》，李赋宁译，南昌：百花洲文艺出版社，1994年，第4—10页。

③ 韩炳哲（Byung-Chul Han）指出了这个状况和这种状况带来的后果："我们生活在一个越来越自恋的社会。力比多首先被投注到了自我的主体世界中。自恋（Narzissmus）与自爱（Eigenliebe）不同。自爱的主体以自我为出发点，与他者明确划清界限；自恋的主体界限是模糊的，整个世界只是'自我'的一个倒影。他者身上的差异性无法被感知和认可，在任何时空中能被一再感知的只有'自我'。在到处都是'自我'的深渊中漂流，直至溺亡。"（[德]韩炳哲：《爱欲之死》，宋娀译，北京：中信出版集团，2019年，第13页。）

④ 参见敬文东：《论垃圾》，载《西部》2015年第4期。

⑤ 沈雁冰：《人物的研究》，载《小说月报》16卷3号（1925年3月）。

⑥ Wilfrid Sellars, *Empiricism and the Philosophy of Mind*, Harvard University Press, 1997, p.63.

的标准①。苏珊·桑塔格的看法也许值得重视，她认为："艺术如今是一种新的工具，一种用来改造意识、形成新的感受力模式的工具。"②包括诗在内的所有门类的现代艺术，都被桑塔格赋予了工具属性；以桑女士之见，现代艺术的目的不是服务于某种或某些面相古怪的主义，而是致力于培植人的感受力，以应对让人越来越麻木、越来越格式化的现代社会。所谓感受力，就是对纯粹心理性、语言性感受的感受能力：感受力的强度，则建基于对感受的感受力度。人类最早的艺术与人对其自身命运的关切高度有染，因此艺术被视作必备、必需之物③。谢默斯·希尼（Seamus Heaney）与桑塔格英雄所见略同。希尼认为，包括诗在内的现代艺术虽然不再直接相关于人类的命运，但它之所以还有存在的必要性，端在于现代艺术能让受众"成为敏感的人"（to be sensitively human）④，以应对让人格式化、让人麻木的现代社会。

西渡既执拗于纯诗，也受制于一个偶然人以良知为核心组建起来的道德–伦理，但他进行的新诗写作乐于暗示的仍然是：新诗拥有独立的自我；新诗与抒情主人公深度合作的首要目的，是把抒情主人公对偶然性的感受攫取出来（即使是对福喜的命运的感受也在被攫取之列，哪怕攫取的

---

① 赵汀阳对此的论述是有力的："希腊戏剧或古典戏剧表达的是人与命运的冲突，或悲或喜之命运是人们的共同问题或是普遍存在的问题，于是人们找到了可以不断反复交流而不厌其烦的事情，人们也因此建构了心灵的相互性，无论悲剧喜剧，人们都能够在可分享的经验中印证什么是值得信任的价值。可是现代戏剧却转而去揭示人与人的冲突，这虽然消极但仍然不失为某种可以共同抱怨的事情，而极端现代的戏剧（或者是后现代）则表达了自我内在此冲突或无从选择的荒谬状态，此种荒谬状态即使是深刻的也是对生活意义的釜底抽薪，是对生活的否定，它表明自我既不是一条道路也不是家园。"（赵汀阳：《第一哲学的支点》，北京：生活·读书·新知三联书店，2013年，第133—134页。）

② [美]苏珊·桑塔格：《反对阐释》，程巍译，上海：上海译文出版社，2011年，第325页。

③ 参见[德]格罗塞（Ernst Grosse）：《艺术的起源》，蔡慕晖译，北京：商务印书馆，1984年，第174—213页。徐中舒认为：在甲骨文中，"言"为祭名、告祭；疑为官职名（徐中舒主编：《甲骨文字典》，成都：四川辞书出版社，1989年，第221页）。而名为告祭者，很可能就是原始意义上最早的诗人（参见赵沛霖：《兴的源起》，北京：中国社会科学出版社，1987年，第5—10页）。

④ [爱尔兰]希尼：《希尼诗文集》，吴德安译，北京：作家出版社，2000年，第3页。

方式有可能是非诗的，或者近乎非诗的）。至于如何培植受众的感受力，要么原本就不在新诗的考虑范围之内，要么仅仅是新诗次要的目标，甚至只是新诗附带的任务或义务。在属于地球村的凉薄时代，或在仅属于偶然人的轻薄年月，感受力（亦即对感受的感受能力）确实具有道德－伦理方面的效用，值得夸奖，值得炫耀①；作为感受力必须感受的对象，亦即纯粹心理性、语言性的感受，却并非美妙之物：那是诸多 —— 以至于无穷种 —— 相关于呕吐的感受，是诸多以至于无穷样态的语言事件。有胜于苏珊·桑塔格和谢默斯·希尼的，是接受美学和读者—反应理论；这一类自命不凡的教条主义倾向于认为：纯粹心理性、语言性的感受能唤醒新诗读者的感受力，能一次又一次刷新读者的敏感度、开垦他们（或她们）的敏感带。但这些理论却普遍忽视了一个根本性的问题：心理性、语言性感受首先是对抒情主人公自身处境的真实反映；它一直在 —— 并且首先在 —— 渴求抒情主人公被救助。但又不能因之而认为：语言性和心理性的感受一定是纯然消极之物。事实上，对偶然性的感受以其自身的诚实和诚恳，从一开始就把问题摆明了：抒情主人公因呕吐以及对呕吐的真切感受，其自我打一开始就陷入了失明之境，就处于不确定的摇晃状态当中；抒情主人公犹如站在剧烈颠簸的游轮上，正航行于令人禁不住心生惧意的百慕大。因此，新诗和诗人努力达至中庸之德后的当务之急，就不是更新读者的感受力；中庸之境被获取之后面对的首要目标，乃是在抒情主人公展示它不确定性自我的过程中，描述抒情主人公面对偶然性时生发的心理感受：

> 秋天，这最后的光我已目睹，
> 秋天呵，我为什么身陷其中？

---

① 比如，西渡就很具体地认为，波德莱尔的诗作《失去的光环》"为那些已经被工具理性－物质主义现实损害了心灵完整、失去了诗歌感悟力的现代人搭起一座进入诗歌的桥梁。…… 解除了'单面'的现代人（也就是'散文'的人）对诗歌的抵制，并成功地把他们诱入诗歌的领域"（西渡：《散文诗的性质与可能》，载《诗刊》2020年第3期），从而被更新了感受力，因而让感受力具有道德－伦理方面的效用。但对于这个问题的综述，还可参见刘小枫：《诗化哲学》，济南：山东文艺出版社，1986年，第48 — 120页。

> 靠着这最后的光芒，我静静立着，
> 像一株白桦，像一个裸身的少女。
>
> （西渡《秋歌》，2000年）

　　在这里，"秋天"并不意味古老的"秋之为言愁也"①，或者意味着"何处合成愁？离人心上秋"（吴文英《唐多令·惜别》），也不意味着令人欣喜的丰收，甚至不意味着海子的惆怅："丰收之后荒凉的大地/人们取走了一年的收成/取走了粮食骑走了马。"（海子《黑夜的献诗》）无论是"言愁也""心上秋"，还是丰收或惆怅，都是农耕文明的产物、农耕经验制造的情绪。如前所述，在古代汉语形成的整一性语境中，秋天要么值得庆幸和欣喜："秋收其实今于粲满筥"（方回《王御史野塘图歌》）；要么值得"怅望千秋一洒泪"（杜甫《咏怀古迹五首·其二》），正所谓"碧云天，黄叶地……酒入愁肠，化作相思泪"（范仲淹《苏幕遮·怀旧》）；或曰"愁人不寐畏枕席，暗虫唧唧绕我傍"（张籍《秋夜长》）。《秋歌》将古代汉语中值得以悲、以喜的情绪来承载的秋天，转换为卢卡契心目中那个早已"实现"了的"现实"；这个"现实"在它"实现"自身的同时，就已经被马克思主义者卢卡契认为"彻底地合理化"了。这毋宁是说：在用现代汉语写成的《秋歌》一诗中，秋天更有可能是偶然人寄身其间的充满偶然性的场域，是偶然人逃无可逃的栖身之所，却携带着古代汉语遗留下来的苍凉的余绪；有现代汉语关照，再加上新诗和诗人如此这般的运作，秋天至少隐喻或象征了孤独的反讽主体存身其间的那个时空。"在列斐伏尔看来，实际的空间是感情的、'热的'，充满了感官上的亲昵；构想的空间则是理智的、抽象的、'冷的'，它疏远人。各种构想的空间虽然也能激发人的热情，但它们的重点是心灵而不是肉身。"②《秋歌》以其热烈的口吻，似乎至少有能力部分性地否定列斐伏尔（Henri Lefebvre）的断言；事实上，《秋歌》的抒情主人公对这个场域的热切感受，以发问的方式，得到了抒情性地描述："秋天呵，我为什么身陷其中？""我"假装不明白

---

　　① 《礼记·乡饮酒义》。

　　② [美]爱德华·索亚（Edward W. Soja）：《第三空间》，陆扬等译，上海：上海教育出版社，2005年，第37页。

一个现代人很容易理解的事实："我"是被偶然性偶然地随机抛掷于世的，在普遍的呕吐中，成长为迷途的佳偶、迷雾的绝配；"我"碰巧来到这种质地的秋天，充满了过多无解的神秘性①。在秋天的逼迫下，"我"甚至在向"我"的逼迫者乞求答案，从中，正可见出秋天对于偶然人的分量，或曰绝对性的碾压力。但渴求答案的口吻，却令人意外地在苍凉中混合了些许的 —— 仅仅是些许的 —— 温柔。苍凉意味着偶然人对自身处境的感慨，甚至不乏自我同情；温柔却如钟鸣所言："不是作为纯粹情怀和修养来理解的，而是作为一种可以从个人延伸到人类生存的意识和知解力来理解。"②这个苍凉着同时又温柔着的抒情主人公非常清楚："我"的生存，必须以接受自我的摇晃状态为前提，以接受自我的不确定性为出发点；紧随着这个出发点或前提而来的，是九折阪那样的极数级别的歧路，是更深刻、更尖锐、呈直角状态的偶然性。因此，抒情主人公更乐于、也更倾向于如此诚恳和诚实的抒情："往前走，有更多的道路带着自我/质询的热情，纠缠成深深的疑团。/被称作回头路的那一条，则越来越/像模糊的裸体裹进了白茫茫的雾中。"（西渡《发明》，2002年）于此之间，迷雾加深了迷途的程度；迷途则再次诱使迷雾趁机扩大自己的腰身……

　　无论古今，还是中外，除了少数幸运之人，写诗以及一切与诗有关的事项，似乎都不太可能成为某人用以谋生的职业和手段；写诗者反倒很可能被授予"社会寄生虫"一类的"光荣称号"，有如布罗茨基（Josef Brodsky）在彼得堡曾经享受过的那种待遇③。但每一个诗人都发自肺腑地认同他（或她）的诗人身份；毕竟除了他（或她）自己，没有任何人能够逼迫他（或她）成为诗人。即使诗人如同舒婷的抒情主人公认为的那

① 有学者人为，维特根斯坦《伦理学讲稿》中的那句话："世界竟会存在，这是多么奇怪啊！"与贯穿海德格尔一生思想的一句话相应："为什么存在者存在而非什么都不存在？"这个问题被海氏称之为"哲学的基本问题"。参见 [奥] 弗里德里希·魏斯曼（Friedrich Waismann）记录：《维特根斯坦：论海德格尔》，何卫平译，载湖北大学哲学研究所《德国哲学论丛》编委会编：《德国哲学论丛》（1998年卷），北京：中国人民大学出版社，1999年，第81 — 82页。这就是此处所谓的神秘性。

② 钟鸣：《秋天的戏剧》，上海：学林出版社，2002年，第48页。

③ 参见 [俄] 尼古拉·亚基姆丘克（Nicolaj AleksievitchYakimchuk）：《"我的工作就是写诗" —— 约瑟夫·布罗茨基案件》，载《外国文艺》2006年第6期。

样，既戴着有刺并且沉重的"荆冠"（参见舒婷《啊，母亲》），还有可能被钉在"诗歌的十字架上"（舒婷《在诗歌的十字架上——献给我北方的妈妈》），那也是诗人心甘情愿甚或一厢情愿之事，怪不得其他任何人。因此，诗人从他（或她）成为诗人的那一刻起，就十分幸运地拥有了一份理想的确定性自我。所谓诗人是通灵者，所谓诗人是宇宙间的立法者云云，莫不昭示着古典主义诗人或浪漫主义诗人对自身价值的超级自信，以至于达到了传说中自我膨胀的程度。菲利普·锡德尼（Philip Sidney）说过："在罗马人中间诗人被称为瓦底士（vates），这是等于神意的忖度者，有先见的人，未卜先知的人，如由其组合成的词vaticininu（预言）和vaticinari（预先道出）所显示出来的。"除了将诗人认作有神论的先知，菲利普·锡德尼还从世俗的角度称颂诗人："我们的诗人是君王。"①即便是把作诗视为工作与手艺的现代主义诗人，比如庞德、里尔克、奥登、瓦莱里或艾略特，也对自己的作诗者身份确信无疑，倍感自豪②。对诗人而言，诗人的身份意味着对诗人的拯救；写诗原本就是一种自救的行为。写诗和诗人身份之于诗人，直接意味着某种富有拯救性的"教义"。在新冠病毒肆虐之际（新冠病毒本身就可以被认作偶然性的绝佳体现），被封锁于武汉的诗人张执浩对此体认甚深："我也第一次终于通过写作体会到了'自救'的内涵，体会出，为什么有人会把诗歌当成是'绝境的艺术'，它近乎凝望沉沉黑夜时无端滚落的热泪，也如晨光照到脸庞上时心怀莫名的感激，更是孤苦人瑟缩桥洞时的泡面矿泉水。"③作为汉语文学历史上一种前所未有的文体，新诗被偶然人央求着现身于世的目的，就是拯救偶然人；新诗伦理有可能在某些时刻被某个人所冒犯，或被某种特定的情势所忤逆，以至于新诗好像真的深陷于非确定性的自我状态之中，但最后，都

---

① [英]菲利普·锡德尼：《为诗辩护》，钱学熙译，北京：人民文学出版社，1998年，第7—8页、第28页。

② 弗雷东·林纳（Fridrun Rinner）在谈论20世纪欧美文坛的象征主义诗人时，明确地说：这伙人愿意以"波西米亚人、花花公子、'零余人''现代恶魔诗人'，或者以贵族自居，扮演的是一个预言家或者通灵者的角色。"（转引自张枣：《现代性的追寻》，亚思明译，成都：四川文艺出版社，2020年，第101页。）

③ 张执浩：《写作是一种自救行为》，载《诗刊》2020年第10期。

是冒犯新诗者 —— 无论是个人还是特定的情势 —— 被新诗所惩罚。虽然抒情主人公也有可能得到拯救，但此人对自己的处境心知肚明：新诗和诗人从未对此人有过任何承诺；因此，抒情主人公无法像诗人那样，确信自己一定会获救。即便如此，抒情主人公却依然自有主张：名词的作诗者和动词的作诗者必须首先遭受质疑，才有可能接着获取信任 —— 这是西方哲学自打笛卡尔起就存在的老套路，所谓"我思故我在"（I think therefore I am）。抒情主人公像新诗的受众一样相信：需要感受力去感受的优秀诗篇固然难得，能够拯救抒情主人公的诗篇尤其难得，更何况能够拯救抒情主人公的优秀诗篇呢？而"中庸之为德也"，又岂是轻易就能达至的境地？因此，抒情主人公终于再一次开始絮絮叨叨：

> 朝饮木兰，夕餐秋菊，诗300，唐诗300，
> 超过此数的都是纸灰。
> 你拼了一生的努力，就想钻进那个把你认作多余的圈子。
> 你拼命写诗，浪费了多少纸张，牺牲了多少树木浓荫，
> 但永远挤不进那300禁地，倒生生把你变成
> 一个想吃唐僧肉急红了眼的妖精。
> 你是多余的 ……
>
> （西渡《多余的人，多余的生活》，2017年）

有必要刺破这些诗行的表面意涵，深入其内里，才可能真正理解这首看似简单的诗篇；《多余的人，多余的生活》必须首先被视作关于诗的诗，才更能见出其间的道理。在此，原诗意味着：关于诗的深度相关于围绕诗组建起来的一切要素，也就是诗人、新诗和抒情主人公，以及作为反讽主义者和偶然人的抒情主人公对其感受 —— 而非感受力 —— 的絮絮叨叨①。潜藏在表面意涵之下的言外之意大约是：能够拯救抒情主人公

---

① 此处有必要预先指出的是，西渡虚构的抒情主人公并不总是在自恋式地絮叨，此人会将絮叨推向一个新的境地；抒情主人公"我"认同钟鸣多年前对自己，也就是对旁观者或曰多余人的告诫："人不能老是唠唠叨叨的。痛苦何其渺小。性情乖张，究竟证明了什么呢 —— 事情是可以穷竭的。"（钟鸣：《旁观者》，海口：海南出版公司，1998年，第193 — 194页。）

的诗篇（而非仅仅优秀的诗篇），永远存乎于象征性的"诗300"和"唐诗300"。因此，被虚构、被隐藏起来的抒情主人公才以略带嘲讽的语气，数落写诗的"你"为"多余的人"，指斥"多余的人"在过着"多余的生活"。如果转换一下角度，数落和指斥更有可能源于抒情主人公的酸葡萄心理："我"（亦即抒情主人公）对自身境况感到严重不满和自哀，才是"我"嘲讽诗人为多余人的真实由头。抒情主人公的真实想法很可能是这样的：诗人"拼命写诗，浪费了多少纸张，牺牲了多少树木浓荫"，却"永远挤不进那300禁地"，以至于无法让"我"（亦即抒情主人公）免于呕吐导致的迷途和迷雾。这样的念头和酸葡萄心理当然是一闪而过，抒情主人公接下来很诚实地默认了一个基本事实：写诗的"你"虽为多余人，却绝非陷于死地之人，或像至圣先师那般成为"菜色陈、蔡"之人，更不是无事可做之人。"我"甚至还更进一步地默认：多余人是幸运之人，因为多余人更有可能是余下来的人，是被偶然性当道的世界和时代除不尽的余数，诗人也因为甘于多余人的生命状态再次获救。夏可君认为，多余首先意味着"多"而且有"余"，并非无用①；许慎曰：余者，"（丰）饶也"②。这正是诗人钟鸣想说的话："告诉你们吧，我们旁观者，小人物，多余的人，在鞋底寻找真理的人，其实就是些用眼睛为灵魂拍'快照'的人。"③但这更是狂人杨度想说的话："市井有谁知国士，江湖容汝作诗人。"（杨度《病中吟》）因此，洞明此间真相的抒情主人公有更进一步的反讽之言：

> 我完全赞同这一计划，空洞的月亮
> 无用而且有害，就像诗歌
> …………
>
>
> 就像没有诗歌，我们就会有
> 更多的时间从事有用的工作，

---

① 参见夏可君：《策兰〈露〉：生命破碎的余者》，载《诗建设》2014年秋季号，北京：作家出版社，2014年，第186页。

② 许慎：《说文解字》食部。

③ 钟鸣：《旁观者》，海南：海南出版公司，1998年，第234页。

好让全世界的资本家为此认真庆祝一番

（西渡《闻俄罗斯科学家炸月计划有感》，2017年）

　　充满反讽的口吻在此意味着：抒情主人公宁愿选择对新诗和诗人持信任的态度；新诗和作为多余人的诗人尽皆无用于"有用的工作"，过着"多余的生活"，却正是诗人和新诗的尊严之所在、高贵之所在。抒情主人公深知：新诗、诗人和抒情主人公是组成诗篇的三大要素，在三者之中，唯有抒情主人公的自我处于失明和不确定的状态。因此，亟待拯救者，非此公莫属也。但正是抒情主人公对偶然性的感受，尤其是此人对这种感受的絮叨，拯救了作为抒情主人公的"我"——仿佛危险一经被絮叨，危险就暂时不见了。乔治·巴塔耶（Georges Bataille）似乎说到了抒情主人公的心坎上："任何一个狡猾地想要避免痛楚的人都把他自己和宇宙之全体相混同，审判着每一个事物，仿佛他就是它们。……我们把这些朦胧的幻觉，作为一种承受生命的必要的麻醉剂，同生命一起接受了。但当我们从麻醉中醒来，得知我们之所是的时候，我们又遭遇了什么？在一个黑夜里迷失于一群絮叨之人，我们只能仇恨那来自胡言乱语的光明表象。"①对于抒情主人公来说，那群"絮叨之人"的"胡言乱语"作为"光明表象"，不仅不能被"仇恨"，还需要被抒情主人公所珍惜，并弯腰拾起，恰如"一场酣笑后/一场痛哭后，弯腰拾起的/那诗句啊暖烘烘……"（敬文东《房间》，1989年）；抒情主人公既是那群"絮叨之人"，也是迷失于那群"絮叨之人"当中的"我们"，宛若光自相矛盾地既是波，又是粒子，光在自己（波）充当传播自己（粒子）的媒介。

　　对感受的絮叨甚至仅仅是对之虚弱无力的絮叨，更有理由被视作现代主义诗学的核心之一；创作者及其主人公齐刷刷地丧失了行动的能力，才是整个现代主义思潮的真正内里②。自波德莱尔起，所谓诗，不过是对有罪的现实人生的絮叨而已。有证据表明，《荒原》不一定是最大，却无

---

　　①　[法]乔治·巴塔耶：《内在体验》，尉光吉译，南宁：广西师范大学出版社，2016年，第5页。

　　②　参见[英]彼得·福克纳：《现代主义》，付礼军译，北京：昆仑出版社，1989年，第12—30页。

疑是最为有名的絮叨性诗篇①，就更不用说原本就以意识为主角的《尤利西斯》《到灯塔去》《喧哗与骚动》，但最不用说的，还是奥威尔（George Orwell）心目中作为"次最伟大小说"的《追忆逝水年华》；海德格尔则是从事哲学的人物中体量最大的絮叨者。依乔伊斯（James Joyce）之高见，这些作品、这些人、这些辩论性的著述，不过是些絮叨着的"人体循环的史诗"（epic of the cycle of the human body）而已②。作为现代诗的某种特殊形态，新诗难逃如此这般的指控：新诗也是"有罪的成人"之诗③。这倒不是出于"词语备有预设好的有罪名称"④，而是因为现代人（亦即偶然人）虽然心甘情愿地费时、费力、费钱、费尽心机去追逐健康或苗条其身体，却相信唯有疾病才具有唯一的真实性。产生这种情形的原因不过是：现代人尽皆呕吐着的偶然人，凡这种人的过眼之处，尽皆呕吐之物，呕吐物即疾病；疾病正可以被视作罪行或有罪的上佳隐喻⑤。因此，从表面上看，"有罪的成人"的首选者，当然是诗人；但这顶满是荆棘的桂冠，更应当为抒情主人公所认领。这是因为较之于诗人，抒情主人公获取拯救的心情更为迫切、更加猴急。

　　不用说，絮叨可以被视为"有罪的成人"（亦即抒情主人公）所做的忏悔；但絮叨并不意味着抒情主人公居然在与某个更高的神灵进行对话活动——现代人永久性地丧失了这样的机会，更何况始终寄居于世俗社会当中的偶然人。所谓絮叨者，独白也，喃喃自语也。所谓喃喃自语，所谓独白，不过是对呕吐状态以及呕吐的稠密地带（亦即迷雾、迷途或由此两者构成的命运）所做的语言性咀嚼，时而音调低婉、喑哑，时而语气激昂、深沉。这就是说，作为潜在的密集性语言事件，感受被絮叨有意识地

① 对此问题有所触及的文章很少，但刘立辉的论文《变形的鱼王：艾略特〈荒原〉的身体叙述》（《外国文学研究》2009年第1期）似乎对此有难得一见的暗示。

② 转引自王江：《身体修辞文化批评》，载《国外文学》2012年第3期。

③ 兰色姆（John Crowe Ransom）语，参见赵毅衡：《重访新批评》，南昌：百花文艺出版社，2009年，第10页。

④ [法]罗兰·巴特：《神话修辞术》，屠友祥译，上海：上海人民出版社，2016年，第173页。

⑤ 参见[美]苏珊·桑塔格：《反对阐释》，程巍译，上海：上海译文出版社，2003年，第56页。

声音化了；原本一直默然在心的感受经由絮叨终得以和絮叨一道，拥有它自身的音响形象，被形容性的声音所环绕、所装饰①：

> 啊，钟山！钟情的山。
> 　　　　（西渡《梅花三弄》，2008年）

> 唉，我们对人世的要求只是
> 那么渺小的一点，一张书桌
> 一个爱人的微笑，一些
> 可爱的、志趣相投的朋友……
> 　　　　（西渡《戴望舒在萧红墓前》，2017年）

> 唉，我在黑夜中虚构了和解，理应
> 得到太阳的惩罚，得到我的无所有
> …………
> 唉，我们的身体也飘过地狱气息……
> 　　　　（西渡《风烛》，2016年）

> 啊，刺目的枯树，仿佛
> 一排排烧焦的骨头，惊恐的喊叫
> 还堵着嗓子。
> 　　　　（西渡《奔月》，2019年）

　　无论是古代汉语还是现代汉语，都以感叹（或曰叹息）为其自身之内

———————

①　至晚自庞德开始，形容词在现代诗中就不受待见，庞德甚至认为，形容词"不能说明任何东西"以至于和"多余的字句"相等同（参见[美]埃兹拉·庞德：《回顾》，郑敏译，载[英]戴维·洛奇编：《二十世纪文学评论》上册，葛林等译，上海：上海译文出版社，1987年，第109页）；但事情的真相并非庞德所言，形容词自有妙用，它对万事万物的属性和程度有精妙的描摹，不可或缺（参见周晓枫：《安静的风暴》，载《上海文学》2018年第1期）。

里；叹息（或曰感叹）可以被视作汉语之魂魄①。西渡与新诗联手虚构的抒情主人公在独白中，在喃喃自语中，乐于如此这般地感叹着感叹："这是早晨，成熟的草莓田宛如新妆的／女神，刚刚采摘的草莓含在你的唇间／仿佛尚未吐露的宇宙的叹息。"（西渡《草莓田》，2017年）但叹息（或曰感叹）不会仅仅处于或者居然止于"仿佛"的状态；依照"媒介即讯息"②的铁律，作为特殊媒介的汉语自然会让感叹遍布于汉语笼罩下的万事万物（上引经由西渡所出的众多诗行可以为证）。叹词（比如"唉"和"啊"）正是声音性感叹（或曰叹息）的视觉性记号（sign）。对待万事万物直至深不可测的命运，汉语，尤其是被司马迁、杜甫、苏东坡、曹雪芹等先贤大哲反复使用过的古代汉语，倾向于感叹而非反抗，所谓"存，吾顺事；殁，吾宁也"③。说到荣宁二公，警幻不禁叹曰："吾家自国朝定鼎以来，功名奕世，富贵流传，已历百年，奈运终数尽，不可挽回。"④即使是现代诗人吴兴华，他的抒情主人公也乐于叹息着说："我'只叹息然后降入劳苦的世界中'（吴兴华《岘山》）。"阮步兵深为古代汉语所把控，他"尝登广武，观楚、汉战处，叹曰：'时无英雄，使竖子成名！'登武牢山，望京邑而叹，于是赋《豪杰诗》"⑤。很显然，《豪杰诗》乃叹的展开；叹乃《豪杰诗》的内里和实质。吕叔湘揭示了"实质""内里"和"展开"之间亲密与共的关系："感叹词就是独立的语气词，我们感情激动时，感叹之声先脱口而出，以后才继以说明的语句。"⑥而在语用学上，"唉"被认为在更多的时候，与惋惜和哀叹靠得更近；"啊"在大多数时刻，则被认为更愿意亲近赞美和歌颂⑦。虽然抒情主人公始终是在对不洁、不安的感受进行絮叨，但此公却乐于将絮叨感叹化；经由这个途径，最终，将此公自身

---

　　① 参见敬文东：《兴与感叹》，载《首都师范大学学报》2016年第3期。

　　② [美]昆廷·菲奥里、[美]杰罗姆·阿吉尔编，[加]马歇尔·麦克卢汉：《媒介即按摩：麦克卢汉媒介效应一览》，何道宽译，北京：机械工业出版社，2016年，第5页。

　　③ 张载：《西铭》。

　　④ 曹雪芹：《红楼梦》第五回。

　　⑤ 房玄龄等：《晋书·阮籍传》。

　　⑥ 吕叔湘：《中国文法要略》，沈阳：辽宁教育出版社，2002年，第317页。

　　⑦ 参见郭攀：《叹词、语气词共现所标示的混分性情绪结构及其基本类型》，载《语言研究》2014年第3期。

的感受彻底地感叹化。

此等情形，很可能会导致两个相互牵连的诗学后果：第一，无论感叹更靠近赞美和歌颂，还是惋惜和哀叹，都将更容易满足西渡赞赏和偏爱的诗人伦理，以及诗人愤激、高尚的心境，直至向杜甫致敬，顺便回应杜甫问题；在感叹中，即使吸纳更多的现实细节，也终将无损于新诗伦理，因为这些细节浸泡在感叹之中，被感叹所抚摸。西渡漫长的写作生涯中比比皆是的佳构、杰作，可以为此作证。第二，对呕吐的语言性感受被新诗感叹化（亦即声音化）意味着：偶然人及其寄居的场域，亦即"我为什么身陷其中"的那个"秋天"，归根到底值得同情，值得施之以抚慰，西渡在他的几乎所有新诗作品中，都体现甚或突出了这个理念。钟鸣的观点似乎可被视作对西渡的呼应。钟鸣认为："人或许会失去机会，因为，社会比人更早地失去了机会⋯⋯人性之善在尚未充分展现时，时代便预先堕落了。"[1]钟鸣没有来得及明示的潜台词在这里：偶然人固然值得同情，但偶然人寄居其间的"秋天"（或曰"时代"）更值得同情[2]。"虽然叹词即结论（因为猝不及防时的呼喊预先给出了情绪上的结论），但它需要回声，顶好是来自某个、某些句子尾巴上的助词，因为助词即答案（语气助词是对某种特定情绪的共时性认可和加重）。"[3]在悼念一位自杀者的漫长诗篇中，西渡和新诗虚构的抒情主人公有这样的絮叨："'我一人走在你们的前面，承担/我的责任⋯⋯'虚妄之人啊！"（西渡《风烛：纪念江绪林》，2016年）在这里，可以合理地将絮叨之词——"虚妄之人啊"——当中的语尾助词"啊"，看作抒情主人公给予那个"秋天"的答案；这个不凡而且坚定的答案，不仅意味着扎加耶夫斯基（Adam Zagajewski）豪言的"尝试赞美这残缺的世界"（扎加耶夫斯基《尝试赞美这残缺的世界》，黄灿然译），更意味着直接爱上这个摇晃的世界。在看清真相后，西渡的抒情主人公对其自身的感受的絮叨终归是积极的——

　　在我们身上，正有一对新人

---

① 钟鸣：《旁观者》，海南：海南出版公司，1998年，第85页、第220页。

② 参见敬文东：《抒情的盆地》，长沙：湖南文艺出版社，2006年，第206页。

③ 敬文东：《感叹诗学》，北京：作家出版社，2017年，第97页。

　　神秘地脱胎，向着亘古的新。

　　如此人间，是美好的……
　　　　　（西渡《喀纳斯——致蒋浩》，2007年）

　　下临无地。于苍莽古崖间
　　挥涕：永远握不住你的手。
　　天地无言，星斗如芒，恸哭而不能返。
　　这是人间。然而，也是我所爱的。
　　　　　（西渡《天地间》，2010年）

　　不同的诗人与作为相同文体的新诗深度合作，被虚构出来的抒情主人公在性情上竟至于如此千差万别。当诗螺旋式上升到它的絮叨阶段（而非行动和性格阶段），西渡的抒情主人公却更愿意极力倡言爱和美好，无论如何都算得上一个十分打眼的诗学现象。在《荒原》的题目之下（或曰之后）、正文之上（或曰之前），艾略特有意给出的文字是这样的："是的，我亲眼看见古米的西比尔（译注：女先知）吊在一个笼子里。孩子们在问她：'西比尔，你要什么'的时候，她回答说：'我要死'。"①艾略特的这段文字，有理由被看作"有罪的成人"之诗发出的一个小小的宣言：现代诗在其絮叨阶段的主要任务，乃是将现代人对呕吐的感受声音化（感叹化只是其中的方式之一）。作为一个影响深远的著名絮叨者，博尔赫斯不过是在轻声的絮叨中埋怨自己："我已犯下了一个人能够犯下的／最大的罪。我从来不曾／快乐……"（博尔赫斯《愧疚》，陈东飙译）另一个著名的絮叨者波德莱尔，却以丑陋不堪的街头腐尸譬比自己尚处在鲜花盛开阶段的美丽女友。作为诸多絮叨者的著名评论者，布鲁克斯（Cleanth Brooks）毫不留情地宣称："情人不再被尊为女神——即使出于礼节也不会受到如此恭维。她就是生命过程的聚集，她身体的每一个毛孔都是必死性的

─────────

　　① [英]艾略特：《荒原》，赵萝蕤译，载诗刊社编：《诺贝尔文学奖获得者诗选》，北京：中国文联出版公司，1986年，第126页。

证据。"①作为更加悲观的絮叨者，张枣表现得似乎更加决绝：谁愿意相信人世间还有美好、爱、幸福可言，谁就是原始人②。仅此一点就可以证明：即便是在诗的絮叨阶段，诗人的心性仍然无比重要，并不因现代汉语全面取代古代汉语而沦为无用之物。艾略特倡导的"逃避自我"在其道理满满的同时，难逃虚妄软弱之嫌；杜甫问题在被新诗及新诗伦理小心、谨慎地排除之后，仍然有它值得打量、重视的地方。肖开愚的著名长诗《向杜甫致敬》自有力量，因为它得到了道德－伦理方面的加持。

　　古代汉语诗一向主心③，围绕心组建其身体建筑。在古老的汉语思想里，心兼具好恶和思维两种功能④，这个事实在心被英译为heart−mind⑤的过程中，最可见出。古代汉语诗乐于以善（或诚）为伦理，认定美源于善⑥。新诗因媒介变换的原因更乐于主脑⑦，脑倾心于算计，与准确或精确靠得最近；新诗更乐于以真为伦理，它认定美源自真⑧。主心的危险是：诗有可能深陷于情（或冷暖）而无力自拔，一如缪钺所说："用情专一，沉绵深曲……如春蚕作茧，愈缚愈紧。"⑨主脑的危险是：在达至算计的极端之处时，有可能深陷于唯准确、唯精确而终至于有脑无情的境地，庞德那部体量巨大的《诗章》正可谓总其成。诗的絮叨（或曰将对呕吐的感

---

① ［美］布鲁克斯：《精致的瓮》，郭乙瑶等译，上海：上海文艺出版社，2008年，第79页。

② 参见柏桦：《张枣》，载宋琳、柏桦编《亲爱的张枣》，北京：中信出版社，2015年，第29页。

③ 参见敬文东：《从心说起》，载《天涯》2014年第5期。

④ 参见［英］葛瑞汉（Angus Charles Graham）：《论道者：中国古代哲学论辩》，张海晏译，北京：中国社会科学出版社，2003年，第115页。

⑤ 参见［美］M. 斯洛特（Michael Slote）：《阴－阳与心》，牛纪凤译，载《世界哲学》2017年第6期。

⑥ 在前孔子时代，"'美'与'善'两字在不少情况下是同义词，所谓'美'实际上就是'善'"（李泽厚、刘纲纪：《中国美学史》第1卷，北京：中国社会科学出版社，1984年，第78页。）孔子较为严格地区分了善与美，但在他和原始儒家那里，善不仅大于美，还是美的主要出源地，比如《论语·八佾》中："子谓《韶》：'尽美矣，又尽善也。'谓《武》：'尽美矣，未尽善也。'"美是善与其表现形式的完满统一。

⑦ 参见敬文东：《从唯一之词到任意一词》（上），载《东吴学术》2018年第3期。

⑧ 参见［德］黑格尔：《美学》第1卷，朱光潜译，北京：商务印书馆，1979年，第142页。

⑨ 缪钺：《古典文学论丛》，杭州：浙江大学出版社，2009年，第80—81页。

受声音化），必将依靠主脑带来的准确或精确；受制于新诗的自我意志，西渡和新诗一道，首先将精确或准确视作诗篇成败利钝的圭臬，但新诗和西渡又不忍心放弃对心的重视与守望。古人云："有胸襟，然后能载其性情智慧。"①但一个人为何拥有这种而非那种胸襟，却是无法解释的阿基米德点（Archimedean point）②，弗洛伊德用于算计人类心理的现代巫术对此于事无补③。虽然"股市飞了，挟着股民一起飞/人心飞了，拖家带口一起飞/不想飞的我，一脚跌进污秽的市场"（西渡《任我飞》，2016年），但实在用不着怀疑，在视感叹为自身之魂的古代汉语看来，作为heart-mind的心拥有移山剖海的功夫④。虽然中国古人深深相信"人心不同，各如其面"，⑤但也坚信"人同此心"⑥，毕竟在古老的汉语思想中，"万物皆向心而在"⑦。西渡或许有感于感叹自带的洪荒之力；作为诗人，西渡从其自身难以解释的神秘心性出发，说服新诗与自己一道宁愿相信："爱才是诗的真正起源，恨是/消极的感情，诗人不能被它左右。"（西渡《你走到所有的意料之外……》，2014年）絮叨原本毫无力量可言，但考虑到感叹拥有移山剖海的功夫，便不难想见：絮叨将感受感叹化之后导致的爱到底有多大力量，诗的拯救性"教义"到底有多强劲。这等令人意外的景象，会让艾略特一类的絮叨性诗人惊讶不已，也会让絮叨阶段的诗本身目瞪口呆：它对自己居然拥有这番模样实在难以置信。

---

① 薛雪：《一瓢诗话》。

② 参见刘小枫：《拯救与逍遥》，上海：华东师范大学出版社，2007年，第346页。

③ 参见[美]弗洛姆（Erich Fromm）：《心理分析与禅佛教》，载[日]林木大拙、[美]弗洛姆等：《禅与心理分析》，孟祥森译，海口：海南出版社，2012年，第122页、第127页。

④ 一个看似荒诞不经的神话故事可以证明这个问题。周亮工在其著述中记载了一个故事："昔有鹦鹉飞集他山……山中大火，鹦鹉遥见，入水濡羽，飞而洒之。天神言：'汝虽有志意，何足云也？'对曰：'尝侨居是山，不忍见耳！'天神嘉感，即为灭火。"周亮工借朋友之口有言："余亦鹦鹉翼间水耳，安知不感动天神，为余灭火耶！"（参见周亮工：《因树屋书影》卷2）

⑤ 《左传·襄公三十一年》。

⑥ 参见《孟子·告子上》。

⑦ 赵汀阳：《每个人的政治》，北京：社会科学文献出版社，2010年，第180页。

四、洁净

现代人生存的场域（或曰秋天）被“偶然的爱情”一遍又一遍地定义过、定义着。在中心再也难保并且四散开去的时代，在数百个相对真理充当统治者的岁月，爱早已成为让人羞于启齿的语词，八方流浪，居无定所，又岂止区区迷途可堪比拟、区区迷雾可堪形容。爱很难逮着某个机会附体于和委身于某个偶然人，或居然会有某个反讽主义者愿意以身相许接纳爱，以至于解除爱的流浪命运。虽然圣奥古斯丁（Saint Augustine）宣称“自恋是对上帝的不敬”（Amor sui usqueadcontemptum Dei）①，但自恋到底还算不得爱，它不过是反讽主体深陷孤独状态时的自慰之举②。爱无能是反讽主义者的常态③；爱之癌，而非宋炜所说的没有谁“能拒绝潜伏在癌中”的“爱”（宋炜《在中山医院探宋强父亲，旁听一番训斥之言，不绝如缕，念及亡父。乃记之成诗，赠宋强，并以此共勉》），才是秋天之爱的真实境况和本来面目。受某种神秘的心性悉心栽培，诗人西渡居然要在充满爱之癌的场域重提爱，要在爱无能的时代重塑爱。诗的絮叨阶段和秋天正相般配，琴瑟和谐；在这等质地的语境中，诗人将爱与自己联系在一起虽然荒诞不经，理由却并不复杂，需要的条件不算苛刻，仅仅源于连诗人自己都无法拒绝的神秘的决心，宛如里尔克喊出：“大地，亲爱的大地，我要！”（里尔克《杜伊诺哀歌》第九首，林克译）他想要的就自动来临。在无爱的时代，在爱之癌深入骨髓的年月，某些诗人竟然受制于连他自己都无从理解、无从摆脱的神秘心性；这样的诗人和爱的关系，反倒更像上帝与世界的关系：“神说：‘要有光。’就有了光。”④诗人说，要有爱，诗人和新诗一起虚构的抒情主人公就呼唤出了爱。这大概是抒情主人公在秋天唯一可能遭遇的奇迹。罗兰·巴特善解人意，他说：“不是要你让我

---

① 转引自[匈牙利]艾斯特哈兹·彼得（Esterházy Péter）：《赫拉巴尔之书》，余泽民译，上海：上海人民出版社，2010年，第200页。

② 参见敬文东：《艺术与垃圾》，北京：作家出版社，2016年，第38—48页。

③ 参见敬文东：《李洱诗学问题》（下），载《文艺争鸣》2019年第9期。

④ 《圣经·创世记》1：3。

们相信你说的话，而是要你让我们相信你说这些话的决心。"①在一片狼藉之地，诗人的决心因无名心性的滋养确实具有创世的作用。

但这样的决心不是无条件的，它需要征得作为文体的新诗同意。如前所述，任何一种不受约束的自我都必定倾向于自恋，像极权者，像那喀索斯。虽然新诗的本能或曰首要任务，是絮叨偶然人的阴暗心理，原本与爱和幸福无涉，但它同时又倾向于自己的纯诗状态。为尽可能多地满足自己的愿望，新诗在不情愿中愿意让渡部分的自恋权利，成全诗人的决心——这可以被视作诗人与新诗走向中庸之境、完成中庸之德的特殊方式。由此被虚构出来的抒情主人公一定是有福之人；此人在新诗和诗人西渡结为秦晋之好的某个特殊时刻，曾以但丁的代言人身份如是发言：

> 我对自己说：
>
> 但丁，你要圣洁地生活，在意大利
> 它正是神的启示，我的内心因此格外紧张
> 就像在红色帷幕内部，此刻正酝酿伟大的剧情
> 　　　　（西渡《但丁：1290，大雪中（之一）》，1990年）

新诗向诗人让渡它的自我，成全了诗人的决心；但诗人也以但丁的代言人满面忧郁为方式，在向新诗示好：这是诗人依照对等原则，必须作出的妥协。按照新诗不受束缚的自我意愿，被新诗独自虚构出的抒情主人公一定是快乐的、幸福的，甚至洋洋自得的，因为新诗只想看到最美好、最理想的那个"我"，亦即"应是"之"我"；但丁的代言人满面忧郁，正可被视作诗人对新诗的慷慨回报。帕特里齐亚·隆巴多（Patrizia Lombardo）在这样数落罗兰·巴特这个号称坚定的形式主义者："历史意识与形式主义魅力之间的妥协就是我所称的罗兰·巴特的第一个悖论。"②

---

① [法]罗兰·巴特：《批评与真实》，温晋仪译，上海：上海人民出版社，1999年，第72页。
② [美]帕特里齐亚·隆巴多：《罗兰·巴特的三个悖论》，田建国等译，上海：华东师范大学出版社，2017年，第2页。

很显然，西渡和新诗之间的相互妥协不能被视作悖论，因为诗人和新诗原本就是合则齐美离则两伤的关系。忧郁的抒情主人公，但丁的代言人，因为受新诗和诗人之命呼唤爱，而自动陷身于爱。在神秘心性的栽培下，诗人西渡因抗拒不了神秘的心性，并经由新诗授权，暗自表达了他的诗学决心：不但要去过圣洁的生活，还得让以絮叨为本质的新诗尽可能净洁——尽管新诗理想中的纯诗境地依然遥不可及。

这里有一个特别值得注意的关键点：现代汉语以如此这般的方式表述但丁，但丁因此便被如此这般地现代中国化，"圣洁"一词也就随之丧失它本该拥有的神学色彩，自动等价于世俗性的"洁净"；洁净在古老的汉语思想中地位显赫，但它首先跟心性联系在一起①。在偶然人存身的秋天，如此这般的洁净显得很悲壮，正合克林斯·布鲁克斯之言："'真实、美好、珍贵的情感'仍旧隐含在灰烬中，就算我们费尽心力，最终得到的只是灰烬本身而已。"②布鲁克斯自然言下无虚，但这依然不能表明：灰烬状态的净洁就算不上洁净；事实上，唯有它才更配称净洁。布罗茨基曾在某处说过，每一首诗都是一次爱的举动③。布罗茨基的言下之意是：无论诗的主题是什么，作诗本身就是一种爱的行为；被作出来的以絮叨为本质的诗，则是爱的行为的物质化版本，或雕像。西渡对此持赞同态度：诗人的身份和作诗之于诗人本身就意味着拯救；如果诗人在自身心性的栽培下，和新诗一道创造出的抒情主人公虽忧郁却沐浴在爱之中，虽沐浴在爱之中却忧郁，那简直就是双倍的爱的行为。这样的抒情主人公拥有非凡的生殖能力：发明爱。此公在忧郁中坚信：

> 活着，就是挑战生存的意志；
> 这世界上，只有爱是一种发明，

---

① 参见徐复观：《中国艺术精神》，上海：华东师范大学出版社，2001年，第18页。

② ［美］克林斯·布鲁克斯：《精致的瓮》，郭乙瑶等译，上海：上海文艺出版社，2008年，第22页。

③ 参见［美］约瑟夫·布罗茨基：《文明的孩子》，刘文飞译，北京：中央编译出版社，2007年，第181—182页。

教会我们选择，创造人的生活。

（西渡《天使之箭》，2010年）

弗雷德里克·詹姆逊（F.R. Jameson）断言：在资本主义社会，"集体的空间在人类学的意义上似乎根本是不洁净的"①。这很有可能意味着：在偶然人寄居的秋天所能拥有的所有形式的净洁中，发明爱或对爱的发明，才堪称最高形式，也才是最值得庆贺的形式。这样的抒情主人公坚信奥克塔维奥·帕斯的断言："疾病和老年使身体变丑，使灵魂迷失道路。但是爱情是人类发明的一个对策，以便直面死亡。"②拥有如此信念的抒情主人公正是在对洁净所怀有的绝对信念中，获取了拯救；同时，也让新诗把具有拯救性的"教义"，当作了自己的第二自我（或附加性自我）。

（原载于《中国现代文学研究丛刊》2020年第11期）

---

① [美]弗雷德里克·詹姆逊：《时间的种子》，王逢振译，北京：中国人民大学出版社，2018年，第140页。
② [墨西哥]奥克塔维奥·帕斯：《双重火焰——爱与欲》，蒋显璟、真漫亚译，北京：东方出版社，1998年，第113页。

国际中文教育研究

国际汉语词汇教学材料的选择、处理与提升

曾立英　　任倩倩

摘要： 国际汉语词汇教学应该精选教学材料，注意教学材料的分级和分层处理。在词汇教学内容上，注重词的音、形、义的教学和语素教学。在此基础上，教师还应发挥自身创造性，提升词汇材料的教学，如进行词的联想教学、贴合语境进行教学以及鼓励学生适度猜测词义等，从而帮助学生提高词汇的理解与产出能力。

关键词： 汉语词汇；教学材料

国际汉语教学中的词汇教学，像语法教学一样，也存在着"教什么，如何教"的问题。当一位新手教师或者入职不久的教师，在海外或国内的教学环境下，面对着不同水平的外国学生，如何选择汉语词汇教学材料，并对其进行处理与提升，是词汇教学中的重要问题。

一、词汇教学材料的选择

Ruth 和 Stuart（1986）比较全面地探讨了英语词汇教学内容的取舍问题，提到在课堂上，哪些因素会影响教师选择和组织词语教学，同时，学

作者简介：曾立英，语言学及应用语言学博士，中央民族大学国际教育学院教授、博士研究生导师，主要研究方向为汉语语言学及语言教学研究；任倩倩，中央民族大学国际教育学院博士研究生，主要研究方向为面向国际中文教育的本体研究。

基金项目：教育部中外语言交流合作中心2021年国际中文教育创新项目"云案例库"（21YH031CX2）。

习者在教师做决定时扮演了什么角色，指出了教师和学生在词语选取时的责任、词语选择的标准等教学问题[1]。汉语词汇教学中，教师和学生同样存在着材料选取的责任、选择的标准问题。

关于国际汉语词汇教学材料的来源，首选是汉语教材、词汇教学大纲等。

词汇教学的材料除了来源于教材中比较显性的课文和生词表中的词语外，还包括一些比较隐性的词语教学，如语法结构、段落练习、句型、会话、角色扮演、讲演活动、视频教学中的词语等，虽可能不是以新知的形式出现，但也可以充当词汇教学材料，甚至于课堂指令也可以充当生词教学的来源。

针对外国学生的汉语词汇教学大纲，也是很好的词汇教学材料来源。这些词汇大纲是基于词频和专家指导制订出来的，教师应对词汇大纲了如指掌，便于展开教学。汉语词汇教学大纲立足于外国学生的学习实践，收词5000～11000条，收词量要比母语者的中型语文词典少很多。如《汉语水平词汇与汉字等级大纲》（修订本，2001）共收词8822条，《汉语国际教育用音节汉字词汇等级划分》（2010）收词数最多，达11092条。另外，词汇可以在学生的课外阅读和口语交际等方面伴随性产生，这种词汇学习是学生的自主性学习的体现，容易产生较好的学习效果，应该鼓励学生去进行这类探索式学习。

有了汉语词汇教学的材料，又该如何教学呢？国际汉语词汇教学中，需遵从二语教学中的共性教学，如根据学生的水平进行分层教学等。除此之外，还应该注重现代汉语自身的特点而教，引导学习者认识汉语词汇的特点，注重对汉语词汇教学内容的把握，运用适当的汉语词汇教学法，以获得词汇教学的良好效果。

二、词汇的分层教学

本文的词汇分层教学主要从两方面来探讨，一是词汇教学材料的分级处理，一是面对不同层次学生的因材施教问题，这两方面在教学中是糅合在一起的。

关于词汇教学材料的分级处理，可依据国际汉语词汇教学的等级大纲来进行，目前针对外国留学生的教学大纲和考试大纲都分阶段、分等级列出了词汇表。如《汉语水平词汇与汉字等级大纲》（1992/2001）将词汇分成甲乙丙丁四个等级，《汉语国际教育用音节汉字词汇等级划分》（2010）将词汇分为普及化等级、中级、高级三大等级。目前使用最多的《新汉语水平考试大纲》（2009/2010）是将词汇分成6个等级，且一级到六级的词汇量是呈阶梯状分布并成倍增长的，一级词150个，二级词300个，三级词600个，四级词1200个，五级词2500个，六级词5000及以上。后《HSK考试大纲》（一级到六级）（2015）对该大纲进行了修订。

但是，仅有词汇教学大纲是不够的，因为处于初级阶段的词，比如"学习"，虽然是《HSK考试大纲》一级词，但会在初级、中级、高级等不同水平的学生中体现词的深度学习，"学习"在《HSK标准教程》（一级到六级）中多次出现：

HSK一级：我去中国学习汉语/我在学习呢

HSK二级：您从几岁开始学习跳舞？/我的学习比他好一点儿

HSK三级：学习数学/学习习惯/你每天认真学习/少玩儿一会儿电子游戏吧，别影响了学习

HSK四级：学习与同事交流的方法/多学习才是最重要的

HSK五级：学习了两则成语故事/勤奋地学习/善于学习/学习上的收获/学习的气氛

HSK六级：帮他策划学习方案/我的学习方式绝对对学习效果有利，当然弊端也不少

"学习"是动词，可以带宾语，但为何"学习汉语""学习跳舞、学习数学、学习与同事交流的方法、学习了两则成语故事"分别为一级、二级、三级、四级和五级的教学内容呢？原因在于，后面充当宾语的词的难度不一，"汉语""跳舞""数学""方法""故事"分别是《HSK考试大纲》中的一级、二级、三级、四级和五级词。另外，"学习"还可以作主语、宾语、定语等，故出现了"我的学习、影响学习、学习习惯"等多种搭配，这实际是在加深"学习"的句法知识的应用。

即使是同一个班的同一堂汉语词汇课，学生的程度、水平也不完全一

样，学生的需求、态度、学习习惯等也存在较大差异。教师在完成课程的词汇教学目的时，应适时照顾和提升外国学生的不同水平与能力。面对水平稍低的学生的词汇水平，帮助他们理解词语和完成产出任务；面对水平稍高的学生的词汇水平，在学生理解词语的基础上，达成较高质量的产出任务。在此教学原则下，思考教材对学生是否合适，需要增删什么内容，了解班级的整体水平与个体水平，因材施教，逆向设计，分层教学，让每个学生在课堂里都能获得词汇学习的成就感。

三、汉语词汇教学的内容与侧重

1.词的音、形、义

现代汉语词的音、形、义，也是汉语二语教学的基本内容。关于词的声音形式的教学，一直贯穿于汉语教学的始终，不仅有"洋腔洋调"的问题，还有意义的理解问题。比如在《发展汉语中级听力》（Ⅱ）的课文中，出现了"看厕所可以赚钱"，很多学生都不理解，原因在于"看厕所"的"看"，这里声调为阴平，但学生一般读去声，所以这里就要强调词的多音教学。

除了词的多音的问题，还有字形混淆造成的读音错误，比如在《HSK标准教程》（六级上）的教学中，泰国学生朗读课文时，多次将"监视"读成"篮视"，原因在于学生先习得"篮球"的"篮"，碰到"监视"的"监"时，误认为是"篮"了。

二语学习者理解汉语的词义时，大多数是借助母语翻译转换的，转换时很容易造成意义上的"失真"，比如韩国某学生在陈述自己的迷路经历时，说道：

（1）我经常迷了路，朝反对的方向走。

例（1）混淆了"反对"与"相反"这两个词，这是中国学生不会出现的错误，但外国学生会认为"反对"与"相反"都是opposite，意义相近，当外国学生产出词语时，由于词汇量有限，他们一般会选用一个自己学过的词来表达。况且汉语词的词性，缺乏形态标志，外国学生意识不到二者词性上的区别，不了解"反对"是动词，"相反"是形容词和连词的兼类，因而造成偏误。

二语教学中词义的教学，不仅是解释词的理性意义，还包括对词汇的语义结构研究与教学，正如Richards（1976）所强调的，词语能力包括对词的功能性和情景性的掌握、对词的句法作用的掌握、对词与其他词的联想网络中的位置的了解、对一词多义性的了解等方面[2]。汉语也应该重视词的句法作用等方面的教学，如一位哈萨克斯坦学生在论文答辩时说："根据朱老师的意见，我会去改变。"后面还接着陈述："这篇论文我会去改变。"实际上，这位学生的意思是"会去修改论文"，但连着两次出现了将"修改"误用为"改变"的情况，说明当两种语言碰撞时，学生并不清楚"修改"与"改变"的精细表达，而只是根据自己现有的词汇知识，用上一个理性意义相近的词，而没有意识到二者在搭配上的不同。

2.语素教学

语素是汉语词汇教学的一个重要内容，体现了汉语词汇教学的特点。汉语的语素集合是有限的，是基本的、稳定可控的底层单位，通常一个语素书写出来就对应一个汉字，汉字的常用量也就3000条左右，但汉语的词，如《现代汉语词典》却是能达到7万条左右，并且汉语的词是由语素构成的，所以语素教学在词汇教学中起着举足轻重的作用。

所谓语素释义法，是指用语素义对生词进行解释。汉语的合成词在意义上跟构词成分有一定联系，因此，用语素义解释合成词的词义可以帮助学生更好地理解和记忆。例如学了"甭说"之后，就可以理解"甭"和"听"组合成的"甭听"，同样道理，告诉了学生"白吃"中的"白"是"免费的，不要钱的"含义后，接着解释"白吃、白用、白拿"就可以类推了。

汉语词大多以单音节语素为构词单位，按照构词法组合而成，语素意义与词的意义有关联。学生基本掌握了汉语语素的意义和构词法，具备了一定的词语学习策略后，就可以更加深入地理解词义，学习新词时能举一反三，扩大词汇量。

国际汉语词汇教学，相比于英语作为第二语言的教学，在复合词的构词法上有着自身特点，复合以合成为主，很多复合词含有共同语素，如"抱歉、道歉"含有共同语素"歉"，"适合、合适"含有共同语素"适"和"合"，这些词群里的词属于汉语的同素词，也是汉语词汇教学的重点之一。

汉语同素构词的特点，一方面便于外国学生理解这些含共同语素的新词，如在讲解《发展汉语中级听力》（Ⅱ）中的"淘汰"一词时，教师启发外国学生用"淘"组词，一中亚学生毫不犹豫地组词为"淘宝"，教师应予以肯定。"淘汰、淘宝"词的联想教学，既说明了语素教学的重要性，也说明了利用网络词语能提高学生的兴趣。

但汉语构词的特点，也会给外国学生造成很多困扰，面对这些由共同语素构成的词，外国学生常常不知如何选择和运用，经常出现偏误，如：

（2）我对他很<u>道歉</u>。

（3）我自认为贵社的职务很<u>合适</u>我。

（4）每天锻炼身体让<u>心理</u>更开朗。

例（2）中的"抱歉"和"道歉"，学生经常会出现混淆，主要在于学生不明白二者的词性不同，"抱歉"为形容词，"道歉"为动词；例（3）中的"合适""适合"的词性也分别为形容词和动词，但由于汉语是缺乏形态的语言，外国学生不容易辨别这类词在词性上的差别，因而混用；例（4）是某一泰国学生的例句，可以将"心理"这个名词改为"心情"，泰语的"心理"与"心情"为同一个词，但汉语中，二者的理性意义有一些比较精细的差异，"心情"指"感情状态"，而"心理"主要指人脑的思维活动，或者内心活动。

3.汉外同形词

汉语和日语、韩语和越南语等汉字文化圈中的语言有很多汉外同形词，这些词有时会帮助这些国家的学习者更快地学习汉语，有时也会形成母语的干扰。

韩语中至今仍保留了约70%左右的汉字词，这些汉字词源于汉语，与汉语发音相似、词义相近，但也有不同，比如韩语中"食堂"的意思是跟"餐厅"类似，韩国人开始学汉语时，常常分不清楚。又如韩国学生在作电影报告时，有几位韩国同学说某部电影来自真实的故事时，都异口同声地说"电影是实话"，意思是说"电影来自真实的故事"，韩语的"实话"和汉语的"实话"不同。下面的例子也是韩国学习者出现的由同形词造成的偏误：

（5）给他们安眠药和镇静剂，不如消除他们对死亡的恐惧更加贤明。

例（5）中的"贤明"应改为"明智"，造成此偏误的原因是汉语的"明智"和"贤明"在韩语中对应的都是"贤明"。

对日本学生的汉语教学，也会因日语和汉语有些同形词而出现偏误，如日本学生出现这样的句子：

（6）我们第一天晚上跟前辈去吃饭。

（7）我来中国以后，第一次经验北京的夏天。

例（6）中的"前辈"指的是"师兄"。原因是日语里有"前辈"一词，指同辈的"师兄"或"师姐"，日语和汉语在"前辈"这个称呼上有区别，直接迁移就会形成负迁移。例（7）中的"经验"应改为"经历"，表示"体验的过程"，日语的"经验"一词在意义和用法上大致对应于汉语的"经验"和"经历"两个词，因此日本学生常将"经验"用作"经历"。

越南学习者学习汉语会有汉越词及其形成的干扰，如：

（8）我在越南百科高等学校学了一年。

（9）他有突出的事，恐怕不能来了。

例（8）中的越南学生想表达的不是汉语里的高等学校，而是想表示"大学专科"，因为越南语有 Truong Cao Dang，按语素翻译成汉语是"高等学校"。造成例（9）的错误，是由于在越南语中，"突出"是指"意外的，突然出现的"，因此会在汉语中将"突出"与"突然"混淆。

四、词汇教学材料的提升

汉语词汇教学也不能完全拘泥于教材和大纲，教师需对词汇材料有所取舍，选择完词汇材料后，而且应该会处理和提升教学材料，发挥教师的创造性，从而引导学生更好地去习得汉语词语。汉语的词汇教学过程也是具有创造性和建设性的互动过程，为了发展学生的词汇能力，不断地和学生互动。老师不仅仅是一个供应师，提供有价值的建筑材料，还是一个建筑工程师，帮助提高建筑的技巧，并给予机会让学生有创造发展的空间。

1.注重词的联想教学

网络化是词汇系统化的一个重要体现，注意词语的联想网络群，利用词语的网络化特点，可以以一个节点带动一片，迅速扩大学生的词汇量，有助于学生汉语心理词库的形成。教师应该利用汉语词形和语义两个方面，帮助学生联想已经学过的词语，建立词语网络。Schmitt（2010）总结了词汇习得研究和词汇使用的十个要点，其中第四点就是网络接连（联想）。

傅海燕（2007）在词汇表中列举出了"跟学习相关的词汇"，如"学校""学习""上学""大学""中学""小学""学生""大学生""中学生""小学生"，并串联出了很多和"学习相关"的句子，如"大学生上大学"等。

当代社会，离不开网络，汉语中以"网"构成的词，在教学材料中会有例示，如：《发展汉语中级听力》（Ⅱ）第23课中就出现了"网址、网站"这样的生词，教师需要扩展以"网"为语素构成的新词，需让学生说出几个由"网"构成的新词，如"网友""网吧""网民""网购""上网""网址"等，还可联系生活实际来扩展教学，如下面关于汉语"网"词群的教学：

师：你们在网上买过书吗？上什么网买书？买什么书？上Amazon？Amazon的网址是：http://www.amazon.com。

生：买过 Secret Garden（《秘密花园》）。

师：怎样在亚马逊上买《秘密花园》这本书？请操作一下。介绍"搜索、注册、付钱、运费、评价"等生词。

师：圣诞节要到了，你在网上搜索过什么？怎么搜索？

师：你看见过网友的评价吗？网友对什么进行了评价？

师：你们上网订过餐吗？叫过外卖吗？用的是美团网，还是大众点评网？

师：你在网上买过衣服吗？是直接在网上买呢？还是先到服装店看，再上网买呢？

如果学生是成年的大学生，大部分人对经济、人文感兴趣，水平较高，可引导学生结合自身购物习惯和国情，对"网上购物"和"实体店购物"的优劣进行讨论，也可引导学生将自己国家的网购、实体店购物、经济政策等和中国的进行对比，提升留学生的语篇表达能力。

汉语教学词汇的提升也源自学生的疑问或要求。如国际学生在学习《发展汉语中级听力》（Ⅱ）的句子时，碰到了下面的句子：

（10）其实，最好的办法还是早睡早起，别让闹钟把自己吵醒。

有一位塔吉克斯坦的男生课堂上当时就问"吵醒"的"吵"是不是"吵架"的"吵"，这个男生注意到了两个词的共同点。虽然他平常学习不是很认真，作业不能按时交，但是他此时注意到了汉语的共同语素造词的情况，善于联想，应该给予肯定。教师还可针对中级阶段水平的外国学生，补充"大吵、吵闹"等词。

2.贴合词的语境教学

词的意义必须在语境中教，而不能完全按照不关联的词表去教。词语教学不是"就词讲词"，应该是"词不离句、句不离篇"，词的意义只有在具体语境中才能明确，离开具体语境，我们很难理解词的含义并掌握其用法，因此，词语教学必须结合语境来进行（万艺玲，2010）。Nation（2010）明确指出教词汇的第一要务，就是词的意义必须在语境中教，而不是按照不关联的词表去教。

比如在《HSK标准教程》（六级上）的教学中，课文中出现了这样一句话：

（11）他女儿在上海，中秋节快到了，要给他寄盒月饼，可他白天在工地，地址没法写，想请我帮他代收一下。

这句话比较长，在课文理解和复述中，"代收"是一个比较重要的动词，可以用语素义来解释"代收"的词义，如"代替接收"等，中高级阶段的学生理解"代收"这个词几乎没有难度。但是，课堂上当教师发现词汇难度偏低学生可能收获不大或兴趣不浓时，教师将"代收"这个词扩展为"代购"进行讲解，马上就有一位爱尔兰的学生发言，说"某某让她帮忙在爱尔兰代购化妆品"的事情，课堂气氛顿时活跃起来，也适应了国际学生的词汇使用需求。另外，"代购"比"代收"的使用频次高，在《中国语言生活状况报告》（2015）媒体高频词语表中，"代购"的频次为5640次，而"代收"的频次为1505次，从词频的角度看，教学中也可以扩展"代购"一词。

注重词的语境教学，包括很多虚词的教学、多义词教学、近义词教学都得结合一些典型语境进行举例说明。在教学中，除了词不离句外，更应该注意将词放在某一个主题中去教学，如"网购、旅游、自我介绍"等主题中的词，词与词之间容易形成词网，学生也容易理解某个主题下生词的意义，并产出整句或段落。

3.透过猜测词义训练反思教学

教师应该注意培养和激发学生的创造性，提供各种活动或手段让学习者保持兴趣，以帮助他们理解和产出丰富性的词语，比如填空测试、近义词匹配、补全句子、造句、朗读等，以此来强化学习者的学习过程。这里重点提一下语境中的汉语猜测词义训练。

刘颂浩（2001）提到了在语境中猜测词义通常被认为是阅读技能的一部分，同时阐释了猜测词义是一个受多种因素影响的复杂的过程，对这些因素的把握有助于提高猜测词义训练的水平。比如在面向初级水平和中级水平的泰国学生时，要考虑哪些词在教学中可以让学生去猜测，哪些词是学生很难猜测正确的。

林可唯（2016）从教材《成功之路》进步篇2中的1200条生词表里，先进行了15人的前测，选择了"出现、调查、离婚、前妻、能力、查找、取得、电饭锅、安心、眼泪、代替、宝贵、交流、浏览、亲生、和平、参考、理想、承受、把握、高薪、体面、失败、通知、重复、大方、成功、保姆、村长、继续、进行"等词进行了60名泰国大学生的猜测词义调查，例句如：

（12）在网上还可以查找到很多有用的参考资料。在年轻人中，电子邮件、网络聊天儿等新的交流、沟通方式已经逐渐代替了传统的书信。

例（12）中4个有下划线的生词，即"查找""代替""交流""参考"，分别有31人、24人、18人、5人猜对了这些生词的意义。其中，"查找"一词猜测词义的正确率最高，"参考"最低，大多数泰国学生认为"参考"的意思是"参加考试"。调查总体显示，泰国学生对"出现、调查、离婚、前妻、能力、查找、取得、电饭锅、安心、眼泪、代替、宝贵"等词猜测词义的正确率高。

上面的调查还显示，学生在语篇中猜测词义的正确率普遍高于单句中猜测词义的正确率，比如下面例（13）、例（14）中的"把握、通知"这两个词，猜对的人数都只有2人，例（15）中"保姆"一词猜对的只有1人，例句如：

（13）亲朋好友都希望他能留在这里，可是愿望能不能实现他一点儿信心和把握都没有。

（14）接到面试通知的前一晚总是紧张得睡不着觉。

（15）家里布置得很豪华，还雇着两个保姆，分别负责打扫房间和做饭。老太太人不错，每次付工钱时，都会另外再给我一些小费。

从对泰国学生的访谈中得知，学生对"把握"这个词的语素义项不熟悉，所以无法猜出词义；学生猜错例（14）中"通知"的词义，是因为把"通"看成"痛"，将"通知"猜为"痛苦"的意思；学生大多猜不出例（15）中"保姆"这个词的词义，是因为不了解"保"和"姆"的语素义，虽然有一些学生注意到"姆"的"女"字旁，但还是不足以猜出词义。我们思考"保姆"一词猜测词义的正确率低的原因，还有一个因素，即"保姆"前的动词"雇"，在《HSK考试大纲》中没有出现，属于难度较高的词，同一个句子中出现两个难词，会加大学生猜测词义的难度。

猜测词义正确率较低的现象反映了学生的词汇习得难点，如语境义的模糊、语素义的生疏、词义的透明度低或者词形的混淆等。猜测词义正确率较高的结果也是阅读或习得中伴随性词汇习得的反映。

总之，面向二语学习者的汉语词汇教学，和英语作为第二语言的词汇教学有共同之处，存在着词汇教学材料的选择与分层处理的过程，注意词的音、形、义的教学，教学方法上重视词的联想网络和语境教学。但汉语词汇教学更应该重视汉语词汇自身的特点，特别是汉语语素构词的规律，重视汉语同素词的异同，在教给学生词汇学习内容和方法的基础上，适度鼓励学生猜测词义，发挥学生词汇学习的创造性。

参考文献：

傅海燕，2007. 汉语教与学必备：教什么？怎么教？（上）[M]. 北京：北京语言大学出版社：98-100.

教育部语言文字信息管理司，2015. 中国语言生活状况报告[M]. 北京：商务印书馆.

林可唯，2016. 泰国学生初中级阶段猜词情况分析[D]. 北京：中央民族大学.

刘颂浩，2001. 关于语境中猜测词义的调查[J]. 汉语学习，（1）：45–49.

万艺玲，2010. 汉语词汇教学[M]. 北京：北京语言大学出版社：168.

NATION I S P, 2010. Learning and Teaching Vocabulary: Collected Writings[M].
　上海：上海外语教育出版社：263.

RICHARDS J C, 1976. The role of vocabulary teaching[J]. TESOL Quarterly,
　(1): 77–89.

RUTH G, STUART R, 1986. Working with words: a guide to teaching and
　learning vocabulary[M]. Cambridge: Cambridge University Press: 54–72.

SCHMITT N, 2010. Researching vocabulary: a vocabulary research manual[M].
　London: palgrave Macmillan.

（原载于《中国大学教学》2020年第9期）

大数据时代国际汉语教师数据素养研究透视

袁萍　刘玉屏

摘要：本文从内涵和要素、评价指标、现状及发展研究三个方面梳理国内外教师数据素养研究，并对国际汉语教师数据素养研究现状及存在问题进行分析，据此从理论研究和应用研究两个方面对国际汉语教师数据素养研究发展趋势予以透视。基础理论研究方面：解构国际汉语教师数据素养内涵，构建国际汉语教师数据素养模型；结合学科属性，逐步建立并完善国际汉语教师数据素养基础理论。应用研究方面：在明确教师数据素养要求的基础上，从原则、结构、内容等方面制定国际汉语教师数据素养标准；聚焦现状调查和素养教育，开展国际汉语教师数据素养实证研究。最后，从提升数据驱动教学能力及教师专业发展的角度出发，提出国际汉语教师应充分利用汉语教学实践中与教学有关的各类数据开展行动研究，在研究实践中不断提升数据素养。

关键词：大数据；教师数据素养；教师素养；国际汉语教师

一、引言

随着大数据时代的到来，数据的价值在各行各业都受到了前所未有的

作者简介：袁萍，语言学及应用语言学博士，中央民族大学国际教育学院讲师，主要研究方向为汉语作为第二语言教学；刘玉屏，语言学及应用语言学博士，中央民族大学国际教育学院教授、博士研究生导师，主要研究方向为汉语作为第二语言教学。

基金项目：国家社会科学基金重大项目"汉语国际传播动态数据库建设及发展监测研究"（17ZDA306）；中央民族大学"双一流"建设重点课题（20SYL012）。

重视。在教育领域，大数据技术、移动互联、MOOC等与教学深度融合，产生了海量学生学习行为的非结构性数据，[1]数据驱动教学的时代已经到来。数据驱动教学时代需要对教育大数据进行深入挖掘，使其充分发挥作用，成为变革教育的重要力量。

数据素养（Data Literacy）是大数据时代背景下对公民的新要求，也是人们必备的素质，受到各个领域的关注。在"大数据＋教育"背景下，数据素养是大数据时代教师应该具备的核心素养之一，具有多重价值，无论对教学抑或教师发展都有重要意义。大数据时代第二语言教学方式发生了诸多变化，[2]对教师素养提出了新的要求。作为教学中的重要主体和关键因素，教师是当前国际汉语教学领域研究的焦点之一。本文在梳理已有教师数据素养研究的基础上，对国际汉语教师数据素养研究的现状及趋势予以透视，为大数据时代国际汉语教师研究提供新的研究视角，也为国际汉语教师素养提升及专业发展提供参考。

二、教师数据素养研究

已有教师数据素养研究既有理论探讨，也有实证研究。理论探讨主要涉及教师数据素养的价值、内涵和构成要素、评价指标，实证研究主要考察教师数据素养现状、发展及教育。

（一）教师数据素养的内涵和要素

国内外学者围绕教师数据素养的内涵进行了诸多探讨，但目前仍未有一致界定。埃伦・B.曼迪纳契（Ellen B. Mandinach）、伊迪丝・S.古莫（Edith S. Gummer）调查了55位数据驱动决策及相关领域专家对教师数据素养的界定，并将其归为四类：关注问题（Problem Focus），即关注教育者数据处理中使用的问题；关注数据（Data Focus），即关注教育者对数据的实际运用；关注过程（Process Focus），即关注数据驱动决策的过程；其他（Disciplinary, Topical, Dispositional, and Other Knowledge），即不属于上述三类的其他界定，包括学科知识、数据使用倾向、相关领域知识等[3]。杨文建认为教师数据素养并非一个独立的概念，可分别从教师的社会属性、职业发展、工作特性等不同角度界定[4]。

　　总的来看，目前对教师数据素养内涵的界定可大致分为意识说、技术说、能力说三类。其中，意识说认为教师数据素养是一种内在的意识；技术说认为教师数据素养是教师对教育数据的操作技能，关注技术的应用。[5]相较之下，能力说是教师数据素养界定的主流观点，即将数据素养看作教师的一种综合能力。比如，古莫、曼迪纳契的代表性定义："通过收集、分析和解释各类数据，将信息转化为可操作的教学知识和实践的能力。"[6]其他类似界定还有"教育者设定目标，收集、分析和解释数据以及采取教学行动的能力"[7]。

　　在"综合能力说"的基础上，很多学者对教师数据素养的构成要素进行了解构，代表性观点详见表1。

表 1　教师数据素养构成要素代表性观点

来源	构成要素
《大数据背景下教师数据素养的内涵、价值与发展路径》	数据意识、数据能力、数据伦理[1]
What does it mean for teachers to be data literate: Laying out the skills, knowledge,and dispositions	识别问题和构想问题、使用数据、将数据转换为信息、将信息转换为决策、评估结果[8]
《教师数据素养的构成、功用与发展策略》	数据处理的基本能力、数据的教学应用能力[9]
《大数据环境下的教师数据素养研究》	数据意识、数据采集能力、数据处理能力、数据批判能力、数据重用能力、数据伦理[4]
Data literacy:What do educators learn and struggle with during a data use intervention?	设定目标、收集数据、分析数据、解释数据、采取教学行动[7]
《大数据时代教师数据素养模型构建》	数据意识与态度、数据基础知识、数据核心技能、数据思维方法[5]
《大数据时代美国发展教师数据素养的基础与路径》	数据意识、数据知识、数据能力[10]

来源	构成要素
《基于KSAO模型的教师数据素养培养研究》	基础知识、操作技能、一般能力、其他特质[11]
《混合式教学模式下教师的数据素养内涵研究》	数据应用意识、数据基础知识、数据应用核心技能[12]

从表1可以看出，学者们对教师数据素养构成要素的认识不一。通过对各个要素内涵的梳理发现，学者们普遍认为数据能力是教师数据素养中的构成要素之一，被视为教师数据素养的核心要素。在关于数据能力的具体解析中，数据采集获取能力、分析解读能力、应用交流能力是共有要素。可见，对教师数据能力具体要素的研究紧密围绕数据在教学中的应用流程，"关注教学数据的使用领域"[6]。除了数据能力，数据意识和数据伦理道德也被多数学者作为教师数据素养的重要构成要素。此外，有些学者提出教师数据素养构成中还应包括数据知识。由此可见，"知识""意识""能力""伦理"是构成教师数据素养的四个重要方面。

（二）教师数据素养的评价指标

构成要素研究是对教师数据素养的大致解构，侧重分析教师数据素养构成的主要维度；评价指标研究则通过对教师数据素养的多维细化分析，构建教师数据素养评价的指标体系或框架模型，使得对教师数据素养的评价具有可操作性。

贾维尔·卡尔扎达·普拉多（Javier Calzada Prado）等受信息素养标准一般结构的启发，将教师数据素养转化为教学主题和单元，构建了一个教师数据素养框架，该框架包括5个一级指标（理解数据；发现和/或获得数据；读取、解释和评估数据；管理数据；使用数据）和10个二级指标，并分别从能力和内容两个方面对二级指标进行了具体解释[13]。曼迪纳契、古莫构建的教师数据素养框架基于对教师数据素养构成要素的解构，此外，还补充了7个与数据使用整合有关的关键知识领域：内容知识、一般教学知识、课程知识、教学内容知识、学习者及其特征的知识、教育背景知识、教育目的和价值的知识[8]。刘雅馨等从意识态度、基础知识、核心技能及思维方法4个层面构建了教师数据素养通用模型，并对每个层面的具体指标进行了详细阐述[5]。郭赟嘉、赵晓敏构建了远程教育教师数据素养能力模型，从意识层、知识层、技能层和实践层分别拟定各个层次不同维度的具体指标[14]。胡斌武等借鉴人力资源管理中的K（知识）S（技能）A（能力）O（其他）模型，构建了以意识为引领、以知识为基础、以技能为重心、以能力为支撑的数据素养结构模型[11]。

相较数据素养模型，明确提出构建教师数据素养评价指标体系的研究较少。隆茜从数据意识、数据获取能力、数据处理与分析能力、数据交流能力、数据评价能力及数据道德等6个维度构建了高校师生数据素养能力评价指标体系，每个维度均给出了具体的评价指标[15]。李青、赵欢欢构建的教师数据素养评价指标体系共有三级指标，其中包括4个一级指标、10个二级指标、26个三级指标[16]。

可以看出，国内外学者构建了多个教师数据素养模型和评价指标体系。从内容来看：构建的模型或评价指标体系均为多层次结构；一级指标大同小异，且与教师数据素养构成要素划分类似，大都可归为"知识""意识""能力""伦理"四个方面；二级或三级指标的表述方式多侧重描述教师数据素养的"应然"目标，用教师"能够做某事"的格式进行阐述。从方法来看，教师数据素养模型或评价指标体系的构建多为基于文献的思辨性研究，少数研究为多种方法的综合运用，包括文献分析法、德尔菲法、层次分析法等。

（三）教师数据素养现状和发展研究

教师数据素养现状研究多针对某一教师群体，基于已有或自建的指标体系，设计调查问卷对教师数据素养现状进行调查。比如，隆茜基于构建的数据素养能力评价维度与具体指标体系，调研了高校不同群体（大学教师、博士生、硕士生、本科生）的数据素养现状[15]。郝媛玲、沈婷婷从数据素养认知和数据观念等方面设计调查问卷，对上海地区6所高校文理科教师的数据素养现状和需求进行了对比与分析[17]。

教师数据素养发展研究多采用实验方法，侧重考察某种干预或方式对教师数据素养发展变化的影响。其中，有不少研究关注职前教师数据素养的发展。史蒂文·Z.阿塔纳斯（Steven Z. Athanases）等对80名中学职前英语教师进行了长达6年的追踪调查，结果显示，两个因素有助于提升数据素养：基于课堂的数据收集的广度和分析的深度[18]。托德·D.里维斯（Todd D. Reeves）、谢丽尔·L.霍尼（Sheryl L. Honig）调查了64名职前教师对6小时数据素养干预（Intervention）影响的看法[19]。迈克尔·凯里（Michael Carey）等调查了为期5个星期的数据素养课程前后职前教师数据素养的变化。以上研究结果均显示，相关干预措施能够提升职前教师的数据素养，职前教师数据素养相关知识和技能得到显著增加[20]。还有的研究关注教育工作者（包括在职教师、教学管理人员等）的数据素养发展。玛丽克·范·吉尔（Marieke Van Geel）等通过一项为期两年的基于数据的决策干预过程，调查了1182名教师关于学生监控系统数据的素养，结果显示，教师的数据素养得到了显著改善，且不同教师之间的"知识鸿沟"也得以消除[21]。基普斯等的研究显示，教育工作者在数据使用干预过程中的数据素养显著提升[7]。

　　总的来看，国外关于教师数据素养的研究比较丰富，涉及的教师类型和层次多样，既有英语、科学、数学等多个学科教师的数据素养研究，也有职前教师、在职教师、教学管理人员等的数据素养研究。国内关于教师数据素养的实证研究相对较少，鲜有教师数据素养发展研究。

三、国际汉语教师数据素养研究的现状与问题

　　教师是国际汉语教学"三教"问题的关键与核心，教材和教法问题均与教师相关。在国际汉语教师研究中，教师素养问题很早就引起汉语教学领域的关注，是教师研究的中心议题之一。早期对汉语教师素养的研究多基于教学实践经验，结合汉语教学的特点，提出汉语教师应当具备的综合素养，研究视角多为探讨教师素养和能力的外部规范。

　　由中国国家汉语国际推广领导小组办公室组织海内外近百名专家和学者参与研制，并广泛征求国内外一线教师的意见，于2007年颁布的《国际汉语教师标准》可以看作国际汉语教师素质研究的集大成之作。在修订版的标准2中，明确提出"了解现代教育技术，并能应用于教学"的要求。郭睿专门研究了国际汉语教师的教学能力，其中"汉语教学实施能力"论

及教师对教育技术的运用。[22]以上对国际汉语教师素质的讨论仅涉及教师对现代教育技术的应用，与大数据时代国际汉语教师应具备的数据素养有着较大区别。

近年来，与国际汉语教师信息素养或数据素养相关的问题逐渐引起学界关注。徐娟、宋继华解析了对外汉语教师信息素养的内涵，并按照初级、中级、高级3个层次设计了对外汉语教师信息素养评价指标体系[23]。郑艳群探讨了汉语教师具备信息素养的必要性及教师信息素养教育问题[24]。林海燕、赵寰宇结合"一带一路"倡议的提出，以及国际汉语教师在语言互通中的重要作用，借鉴国外高等教育信息素养标准，构建了国际汉语教师信息素养评价体系及培养结构模型[25]。袁萍、刘玉屏以汉语国际教育专业的留学生为研究对象，通过问卷调查，从数字意识、数字技术和数字需求3个维度调查了职前汉语教师数字素养现状，并论述了具体培养策略[26]。

总的来看，国际汉语教学研究领域关于汉语教师数据素养的研究尚处于起步阶段，虽已有一定的研究成果，但与国外及国内其他领域相比，国际汉语教师数据素养研究无论在数量、内容还是研究方法方面都还有很大的发展空间。具体来看，国际汉语教学研究领域教师数据素养研究主要存在以下问题：（1）理论研究薄弱。国际汉语教师数据素养内涵、模型等基础理论问题亟待研究，应系统梳理既有成果，并关注相关研究动态，为开展国际汉语教师数据素养理论研究提供参考。（2）应用研究不足。美国已先后出台了多项发展教师数据素养的政策与规划，要求教师利用教学各种数据来驱动并改进教学。相较之下，我国类似的政策与规划制定滞后，国际汉语教学研究领域也无相关的规划出台。此外，针对国际汉语教师数据素养现状、发展等的实证研究也有待开展。

四、国际汉语教师数据素养研究趋势

梳理国内外关于教师数据素养的研究及国际汉语教师数据素养相关研究，可以看出，大数据时代背景下国际汉语教师数据素养很多研究课题尚未涉及，有诸多亟待拓展并深化的研究领域。这些课题及研究的推进不仅可以弥补国际汉语教师数据素养研究的不足，还可促进国际汉语教师研究的发展。

（一）基础理论研究

1.解构国际汉语教师数据素养内涵，构建国际汉语教师数据素养模型

内涵、构成要素和评价指标等是教师数据素养理论研究的基础问题，也是国际汉语教师数据素养基础理论研究亟待拓展的领域之一。

一方面，应对国际汉语教师数据素养内涵进行解构。内涵界定是基础理论研究中的基本问题，国际汉语教师数据素养内涵解构可综合借鉴普通教育学、国际汉语教学等领域研究成果，从"知识""意识""能力""伦理"等方面具体分析国际汉语教师数据素养的构成要素。另一方面，构建国际汉语教师数据素养模型。已有相关研究可从内容、方法等角度为国际汉语教师数据素养模型构建提供借鉴，比如国际汉语教学研究领域对教师信息素养评价指标体系的研究。数据素养作为信息素养在大数据时代的延伸，很多研究正是借鉴了既往信息素养的研究成果，如普拉多等构建的教师数据素养模型便是借鉴了信息素养标准的结构[13]。因此，可借鉴汉语教师信息素养评价指标体系研究成果，进一步探索国际汉语教师数据素养模型的构建。

2.结合学科属性，逐步建立并完善国际汉语教师数据素养基础理论

国际汉语教学有自身的学科特性，对国际汉语教师数据素养构成和评价指标体系等的研究需要有针对性，需密切结合国际汉语教学的学科性质，比如内涵解构。除了基本的"意识""能力""伦理"等要素，教师数据素养还需包括一些关键教学知识，包括内容知识、教学内容知识等。[8]不同学科教师需要具备的相关知识不尽相同。国际汉语教师数据素养研究需要考虑国际汉语教学中的关键教学知识，如教学目的知识、学科内容知识、课程知识、学习者及其特征知识等。因此，对国际汉语教师数据素养构成的研究，既要分析国际汉语教学与其他学科教学的共性，也要考虑国际汉语教学的个性，从"知识""意识""能力""伦理"等方面具体探讨。总之，应加强基础理论研究，既要探索国际汉语教师数据素养基本问题，更要关注国际汉语教师数据素养特殊问题。

（二）应用研究

1. 从原则、结构、内容等方面制定国际汉语教师数据素养标准

标准的制定可使教师教育、培训有据可依。现有的《国际汉语教师标准》体现了汉语国际教育发展新形势下对汉语教师素养的要求，其中对教师运用现代教育技术进行教学的要求反映出国际汉语教学领域已关注到教育信息化对国际汉语教师素养的影响。

制定教师数据素养标准需要明确对教师数据素养的要求，比如美国州际教师评估和支持联合会（Interstate New Teacher Assessment and Support Consortium，简称InTASC）、州际学校首席官员委员会（the Council of Chief State School Officers，简称CCSSO）、州际学校领导执照联合会（International School Leaders Licensure Consortium，简称ISLLC）等的教师标准中都明确要求教师对数据的使用。InTASC标准中将教师数据使用分成了将近40项知识、倾向、表现等方面。[27]美国各类教师最新标准都将数据素养作为发展主题之一。相较之下，国际汉语教学领域目前尚无对国际汉语教师数据素养的标准或规定。标准的制定不是一件容易的事情，在制定出专门的国际汉语教师数据素养标准之前，可先完善《国际汉语教师标准》，使其与时俱进，将教师数据素养相关要求纳入其中。

除了将教师数据素养相关要求纳入既有的教师标准，还可分别从原则、结构、内容等方面制定国际汉语教师数据素养标准。以原则为例，结合已有对教师数据素养的研究，笔者认为，国际汉语教师数据素养标准建设的核心原则可概括为教师对数据的运用，即以教师数据运用为核心原则。标准的结构包括框架和具体层级，内容涉及各个层级的具体描述或量化指标，这些既需要基础理论研究的成果，也有赖于对国际汉语教师数据素养的调查。

2. 聚焦现状调查和素养教育，开展国际汉语教师数据素养实证研究

一方面，开展国际汉语教师数据素养调查研究，了解国际汉语教师数据素养现状。根据已有的教师数据素养评价指标或框架，结合国际汉语教师数据素养理论探索，设计包含若干维度的国际汉语教师数据素养调查问卷，调查国际汉语教师数据素养现状。同时，还可结合访谈、课堂（录像）观察等手段，综合考察国际汉语教师对数据素养的看法、需求等。此外，国际汉语教师还可从不同角度进行分类，比如，职前汉语教师、在职汉语教师和教师教育者；国内汉语教师、海外本土汉语教师等。可分别对不同类型汉语教师的数据素养进行调查并开展对比研究。

另一方面，开展国际汉语教师数据素养教育研究，考察国际汉语教师数据素养的发展，总结有效对策。可借鉴已有教师数据素养发展研究中的研究方法，设计教师数据素养课程等干预措施，通过前测、后测及访谈等，研究国际汉语教师数据素养的培养和发展。此外，还可结合现状调查结果，将国际汉语教师数据素养分级，开展实验研究，考察不同数据素养水平国际汉语教师的教学效果，从而进一步探究教师数据素养与教学实践之间的关系。

五、余论

大数据时代教育信息化推进过程中的关键因素是教师，数据驱动教学的决策者也是教师。国际汉语教学信息化的有效推进及数据对教学的有效驱动都依赖于教师良好的数据素养。关于教师数据素养教育问题，即如何培养或提升教师的数据素养，可以从政府（地区）、学校、个人等三个层面展开，其中教师应有意识地培养自己的数据意识和批判思维能力。[28]笔者认为，教师既是国际汉语教师数据素养研究的对象，也是研究的主体。从提升数据驱动教学能力及教师专业发展的角度出发，国际汉语教师应充分利用汉语教学实践中与教学有关的各类数据开展行动研究，"在做中学"，在研究实践中不断提升数据意识和能力。

国际汉语教学实践过程中有大量与教学有关的各类数据，比如，与学生有关的数据（测评成绩、学生行为数据等）、与学校/课堂有关的数据（学校环境、课堂氛围等）；历时的数据、即时的数据等[6]。通过行动研究，教师可有意识、有目的地利用各类数据，研究教学相关数据的价值，推动数据驱动教学实践。大数据时代还出现了多种信息技术与汉语教学深度融合的教学方式，比如翻转课堂、混合学习。目前各个MOOC平台上已有数十门汉语教学MOOC，此外还有多个汉语教学网络平台等。这些教学方式中均存在与传统汉语教学不同的更多、更细的各类教学数据，如何更好地利用这些数据的价值，也需要汉语教师开展更多的行动研究。通过对各类教学数据的收集、分析、解释、利用、反思等，汉语教师既能基于数据制定有效的教学决策，提高教学质量和效果，还能使自己的数据素养得到提升。

大数据时代很多国家都非常重视教育信息化过程中产生的海量数据的价值以及教师的数据素养。大数据时代为国际汉语教学和国际汉语教师发展提供了多种可能，也对国际汉语教师素养提出了更多要求。国际汉语教师应当具备怎样的数据素养才能适应大数据时代的国际汉语教学，这一课题亟待研究。本文在梳理已有教师数据素养研究的基础上，透视了国际汉语教师数据素养研究趋势。教师数据素养研究拓展了国际汉语教师研究领域，为国际汉语教师研究提供了新的研究课题。国际汉语教学研究领域应密切关注大数据时代背景下国际汉语教师数据素养研究，理论探索与实证研究并进，理论探索为实证研究提供必要的框架和依据，实证研究为理论探索提供数据支持，二者有效结合，互相促进。

参考文献：

[1] 张进良，李保臻.大数据背景下教师数据素养的内涵、价值与发展路径[J].电化教育研究，2015，36（7）：14–19.

[2] 郑艳群.汉语教学数据挖掘：意义和方法[J].语言文字应用，2016（4）：116–124.

[3] MANDINACH E B, GUMMER E S. Defining data literacy: A report on a convening of experts[J]. Journal of educational research and policy studies, 2013, 13(2): 6–28.

[4] 杨文建.大数据环境下的教师数据素养研究[J].图书馆理论与实践，2017（11）：102–107.

[5] 刘雅馨，杨现民，李新，等.大数据时代教师数据素养模型构建[J].电化教育研究，2018，39（2）：109–116.

[6] GUMMER E S, MANDINACH E B. Building a conceptual framework for data literacy[J]. Teachers college record, 2015,117（4）: 1–22.

[7] KIPPERS W B, POORTMAN C L, SCHILDKAMP K, et al. Data

literacy: What do educators learn and struggle with during a data use intervention?[J]. Studies in educational evaluation, 2018, 56: 21–31.

[8] MANDINACH E B, GUMMER E S. What does it mean for teachers to be data literate: Laying out the skills, knowledge, and dispositions[J]. Teaching and teacher education, 2016(8): 366–376.

[9] 阮士桂，郑燕林. 教师数据素养的构成、功用与发展策略[J]. 现代远距离教育，2016（1）：60–65.

[10] 王正青，张力文. 大数据时代美国发展教师数据素养的基础与路径[J]. 比较教育研究，2018，40（2）：68–75.

[11] 胡斌武，林山丁，沈吉. 基于KSAO模型的教师数据素养培养研究[J]. 教育探索，2019（5）：90–94.

[12] 廖喜凤，史小平，陈玲霞. 混合式教学模式下教师的数据素养内涵研究[J]. 中国教育信息化，2019（2）：74–77.

[13] PRADO J C, MARZAL M. Incorporating data literacy into information literacy programs: Core competencies and contents[J]. Libri, 2013, 63(2): 123–134.

[14] 郭赟嘉，赵晓敏. 远程教育教师数据素养能力的模型构建和实践路径探析[J]. 当代继续教育，2019，37（6）：65–71.

[15] 隆茜. 数据素养能力指标体系构建及高校师生数据素养能力现状调查与分析[J]. 图书馆，2015（12）：51–56，62.

[16] 李青，赵欢欢. 教师数据素养评价指标体系研究[J]. 电化教育研究，2018，39（10）：104–110.

[17] 郝媛玲，沈婷婷. 大数据环境下高校教师数据素养现状及提升策略探析：基于上海地区高校的调查分析[J]. 现代情报，2016，36（1）：102–106，113.

[18] ATHANASES S Z, BENNETT L H, WAHLEITHNER J M. Fostering data literacy through preservice teacher inquiry in English language arts[J]. The teacher educator, 2013, 48(1): 8–28.

[19] REEVES T D, HONIG S L. A classroom data literacy intervention for pre-service teachers[J]. Teaching and teacher education, 2015, 50: 90–

101.

[20] CAREY M, GRAINGER P, CHRISTIE M. Preparing preservice teachers to be data literate: A Queensland case study[J]. Asia–Pacific journal of teacher education, 2017, 46(3): 267–278.

[21] VAN GEEL M, KEUNING T, VISSCHER A, et al. Changes in educators' data literacy during a data–based decision making intervention[J]. Teaching and teacher education, 2017, 64: 187–198.

[22] 郭睿. 国际汉语教师教学能力框架[M]. 北京：北京语言大学出版社，2017：4.

[23] 徐娟，宋继华. 对外汉语教师信息素养的内涵、评价体系与培养[J]. 国际汉语教学动态与研究，2006（1）：26–31.

[24] 郑艳群. 对外汉语教育技术概论[M]. 北京：商务印书馆，2012：246–264.

[25] 林海燕，赵寰宇."一带一路"倡议下国际汉语教师信息素养培育研究[J]. 情报科学，2020，38（4）：108–115.

[26] 袁萍，刘玉屏. 汉语国际教育专业留学生数字能力调查与培养研究[J]. 汉字文化，2019（S1）：73–74，79.

[27] MANDINACH E B, GUMMER E S. A systematic view of implementing data literacy in educator preparation[J]. Educational researcher, 2013, 42(1): 30–37.

[28] 李青，任一姝. 国外教师数据素养教育研究与实践现状述评[J]. 电化教育研究，2016，37（5）：120–128.

（原载于《民族教育研究》2020年第6期）

后　记

本卷为"新时代中国语言文学研究"丛书2020年卷。我们有幸收录了中央民族大学中国语言文学学部下属3个单位的在职教师于2020年在国内核心期刊上公开发表的部分学术论文。由于篇幅所限，原则上每位教师只选择一篇使用国家通用语言文字撰写的代表性作品，在国际期刊上使用其他语言文字撰写的论文并未收入本书。

本卷共收录18篇精彩的研究论文，主要涉及五大研究领域：语言学与语言政策研究、古代文学研究、现当代文学研究、文艺理论研究、国际中文教育研究。通过对这些论文的阅读，我们可以深刻感受到，随着社会的发展和时代的变迁，我国语言政策的制定与完善、文学理论的多元性、少数民族语言文化的保护、国际中文教育的推广等研究日益深入。

其中，"语言学与语言政策研究"版块共收录论文8篇。学者们通过对彝文、布依语、藏语等语言的深入研究，揭示了语言中的语法化路径、音韵特点、语义量特征等方面的规律，探讨了如何保护和传承语言文化的方法和路径。例如，《藏语cing类连词语法化》一文以语法化理论为指导，基于八通藏文早期碑文和八卷敦煌藏文历史文献中出现的例句，对这类虚词的来源进行探究，观察这类连词在人类语言共性中的地位，为研究藏语语法发展提供了新的研究思路。

"古代文学研究"版块共收录论文3篇。学者们分别从不同角度、不同层面展示了中国古代文学的多元性：对《红楼梦》律诗出韵现象以及版本演变、《修洁堂初稿》的考据、"法尔哈德与西琳"的传说等材料进行了系统且细致的探究。例如，《"法尔哈德与西琳"故事源流考》在比较文学的研究框架内，结合文献考证和实地考察，分析作为丝绸之路沿线国家重要文学主题的"法尔哈德与西琳"传说的起源与传承，进一步完善了我国维吾尔古典文学史关于这一主题叙事诗及其相关诗歌意象的研究，同时也促进了对"一带一路"文化交流史的研究。

"现当代文学研究"版块共收录论文2篇。例如，《诗人对民间艺人的礼赞：以巴·布林贝赫散文〈长了翅膀的歌——忆琶杰老人〉为主线》一文，通过对民间说唱大师琶杰吸引听众的技艺、精湛的语言艺术及他的胡仁·乌力格尔说书、英雄史诗、好来宝、民歌的内容主题的综合分析，从诗人的视角阐释了琶杰是蒙古族杰出艺术家、语言大师以及当代民间艺人们学习的楷模。又如，《论张爱玲的童年书写及其意义》一文使我们深入认知中国现代家庭观念变革中的个人记忆、情感结构和文化形态，在历史视域中反思现代童年文化和女性文化的形态与内涵、进步与局限，提醒我们妥善处理女性个人发展权与母权的平衡。

"文艺理论研究"版块共收录论文3篇。学者们分别探讨了美学、民间文学、诗歌等不同主题。例如，《论古希腊罗马思想中的光之美学》从美学角度探讨了古希腊罗马时期关于光的思想，并分析了其在西方文明史上的重要性与独特性。虽然本版块的3篇论文探讨的主题、研究的方法不同，但研究视角均很新颖，材料充分，分析深入，为相关领域研究提供了新的角度与思路。

"国际中文教育研究"版块收录论文2篇，主要探讨面对外国学生的中文教学问题。其中，《国际汉语词汇教学材料的选择、处理与提升》一文提出国际汉语教师应该精选教学材料，注意教学材料的分级、分层处理，强调应该注重语素教学，提高学生的词汇理解和产出能力。《大数据时代国际汉语教师数据素养研究透视》一文则主要讨论国际汉语教师的数据素养，强调提升数据素养对于教师专业发展的重要性。总的来说，这两篇论文都为国际中文教学提供了有益的探索和思考，强调了教师在教学实践中应该注重基础理论与应用研究的相互结合，发挥自身的创造性，不断提高自身的教学水平和专业素养，从而更好地促进学生的学习和发展。

最后，我们要真挚感谢所有为本论文集作出贡献的专家、学者们。正是有了你们的支持与付出，我们才有机会收集到如此多的精彩论文。你们的研究成果和思想观点为我们研究新时代中国语言文学提供了新的视角和

思路，希望本卷的出版能够为中国语言、文学、文化的保护、传承、发展
和研究以及国际中文教育的推广等作出更大的贡献。

陈天序
2024年4月11日